露清帝国と
カザフ＝ハン国

野田 仁

東京大学出版会

The "Kazakh Khanate":
Between Russian and Qing Empires

Jin NODA

University of Tokyo Press, 2011
ISBN 978-4-13-026139-5

目　次

凡　例
地図（カザフ＝ハン国とロシア・清朝）

序　章　中央ユーラシア世界におけるカザフ＝ハン国 ……………… 1

　1．カザフ草原の歴史と「カザフ＝ハン国」　1
　2．問題の提起　4
　3．方法と意義　7
　4．本書の構成　10
　5．史料について　11

第一部　中央ユーラシアの国際関係と「カザフ＝ハン国」

第1章　カザフ＝ハン国の東方関係再考 …………………………… 17

　はじめに　17
　1．カザフ＝ハン国についての研究史　17
　2．カザフ＝清朝関係にかんする研究史　19
　3．カザフ草原と新疆間の歴史的関係──『東方五史』の視点　33
　小結　43

第2章　ロシア帝国の中央アジア進出とカザフ＝ロシア関係 ……………………………………………………………………… 45

　はじめに　45
　1．ロシア臣籍の請願とコーランへの誓い　45
　2．カザフのハンの称号　56

3．中ジュズにおける 1822 年規約体制の成立　65
小結　80

第二部　カザフ＝清朝関係の基層

第 3 章　カザフの帰属問題と中央アジアにおける露清関係…… 85
はじめに　85
1．露清関係におけるジューンガルと中央アジア　87
2．トシ使節の提議（1731 年）と露清交渉　94
3．1756–58 年における露清交渉と中央アジア　101
小結　115

第 4 章　カザフの 3 ジュズと哈薩克三「部」………………………… 119
──カザフについての清朝の認識──

はじめに　119
1．18–19 世紀のカザフ族の遊牧体系と清朝史料　120
2．清朝史料上の「哈薩克」　125
3．カザフの 3 ジュズと清朝の関係　136
4．カザフにとっての三部　143
小結　146

第 5 章　清朝によるカザフへの爵位授与……………………………… 149
はじめに　149
1．清朝からカザフに与えられた爵位の意味　150
2．グバイドゥッラの「汗爵辞退」の事件（1824 年）　159
3．その後のカザフの爵位　171
小結　178

第三部　露清関係とカザフ=ハン国の命運

第6章　西シベリア=新疆間の露清貿易とカザフの関与 ……… 183
はじめに　183
1. キャフタ貿易と西シベリア経由の露清貿易　184
2. ロシアと清の貿易政策　187
3. 露清貿易の媒介としてのカザフ　197
4. 貿易構造の変化　211

小結　219

第7章　露清関係の変容と「カザフ=ハン国」の解体 ………… 221
はじめに　221
1. 2帝国の辺境統治（西シベリア総督府と伊犁将軍府）　221
2. 露清関係におけるカザフ草原　229
3. 変動の中のスルタンたち　241
4. 大ジュズの併合をめぐる摩擦と1851年の露清通商条約締結　247

小結　255

終　章　中央ユーラシア国際関係史の展開 ……………………… 257

参考文献一覧　267
カザフ=ハン国系図　283
初出一覧　284
あとがき　285
索　引　289

凡　例

　本書の表記方法について記しておく．
　ロシア帝国の文書史料については，慣行に従って，［文書館略号：f. (fond 所蔵分類) op. (opis' 目録) d. (delo 案件) l. (list 葉)］のように示す．たとえばカザフ国立文書館の所蔵分類 338 目録 1 第 400 案件第 3–4 葉の場合は，［TsGARK: f.338, op.1, d.400, ll.3–4］となる．ロシア文書の日付は基本的に発信日である．また中国第一歴史檔案館（北京）の檔案史料については，これも慣例に従い，［檔案分類名：檔案番号／マイクロフィルム番号］のように示す．ただし月摺檔の場合は，マイクロフィルムと檔冊が完全に対応しているので，マイクロフィルムのコマ数は省略する．清朝の上奏文も発信の日付を基本としているが，不明な場合は，皇帝により硃批が書き込まれた日付を示している（日付の後に「奉硃批」と明示する）．
　表記の方法については，ロシア語，カザフ語などのキリル文字を用いる言語は『中央ユーラシアを知る事典』［小松ほか 2005］の転写方法に，またチャガタイ=トルコ語やタタール語などのアラビア文字を用いる言語はエックマン［Eckmann 1966］に（ただし本書では ج（ジーム）は C ではなく J で写すことにする），満洲文字はメルレンドルフ［Mollendorff 1892］の方式（ただし固有名詞は語頭を大文字とする）にそれぞれ従って，ラテン文字に写して示すこととする．なお引用文中の傍点および下線は筆者による強調であり，［　］は筆者の補足を示している．引用文中では，イタリック体ラテン文字が原綴を表す．また，人名の後の括弧内の年号は，生没年を示している．
　本書の月日の表記は，原則としてロシアのユリウス暦によって算用数字で示し，清朝の暦を示す時は漢数字を用いた上で年号を加えるか，「陰暦」と明記する．18 世紀においては，ユリウス暦に 11 日を，19 世紀においては 12 日を加えると現行のグレゴリウス暦となる．

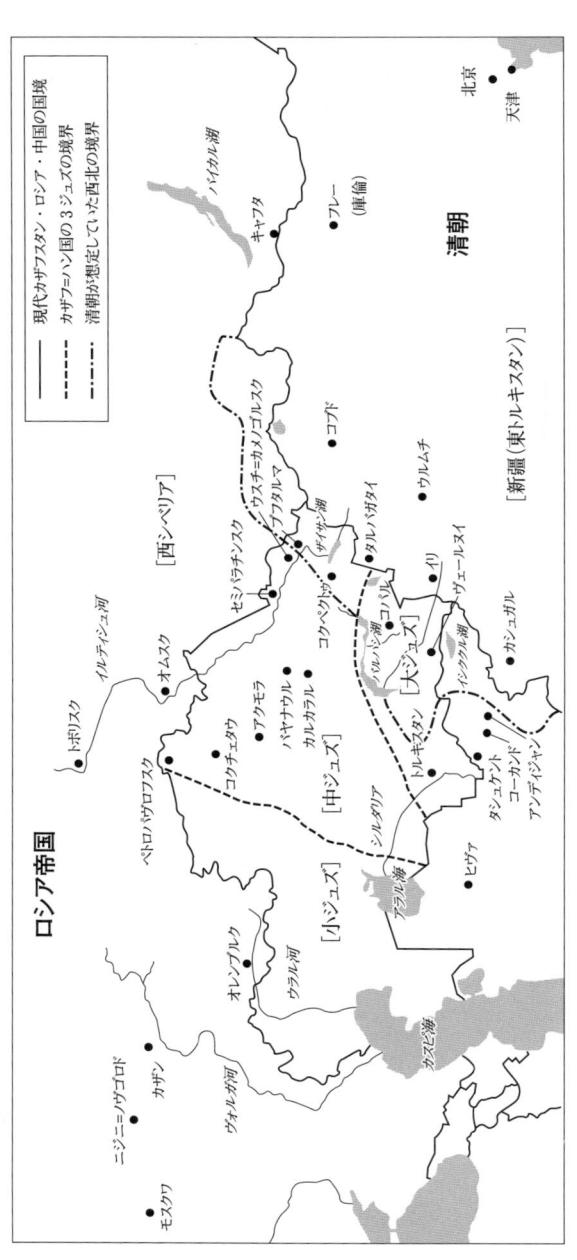

カザフ=ハン国とロシア・清朝

序　章

中央ユーラシア世界におけるカザフ=ハン国

1. カザフ草原の歴史と「カザフ=ハン国」

　本書の目的は，ロシアと清朝（中国）という2つの帝国と，その間に位置していた「カザフ=ハン国」との国際関係の進展を軸に，18–19世紀の中央ユーラシアにおける国際秩序の在り方を問い直すことにある．露・清の2国については改めて説明を加える必要もないだろうが，もう一方の「カザフ=ハン国」が我が国において自明の存在になっているとは言い難く，その地理と歴史とについて説明するところから本書の叙述を始めることにしたい．

　ユーラシア[1]の「中央」を占める現在のカザフスタン共和国から，西北の南ロシアを経てウクライナに抜ける草原地帯は，古代よりさまざまな遊牧集団が移動する場となっていた．のちに，モンゴル帝国の遠征の対象となったことが示すように，東方のモンゴル高原ともつながっていた．11世紀ころより，キプチャク族がこの地に遊牧していたことから，この草原はキプチャク草原と呼ばれていた．その後，モンゴル帝国を構成していたジョチ=ウルスの再編にともなって，キプチャク草原の東半部はカザク遊牧民が領有するところとなった．この「カザク qazāq」が現在のカザフ民族の祖とされている．彼らを統率していたのは，ジョチ=ウルスの王族の流れを汲む者，すなわちチンギズ=カンの後裔たちであった．カザフの統率者たちもまた，「ハン ḥān」の称号を帯びていたが，最初のカザクのハンとして知られるのは，15世紀のジャニベクとギレイであり，それ以来，独自の遊牧政権が形成されたのである．同時代の文献での呼称は多様であるが，現在では，この政権を指して「カザフ=ハン国」と呼ぶこ

---

[1] 本書での概念は，[小松ほか 2005: 346]の定義にほぼ重なっている．対して「中央アジア」はより狭い意味で，旧ソ連5カ国に中国新疆を加えた地域とその周縁を指すこととする．

とが一般的になっている[2]．以下，慣用にしたがって，カザクを「カザフ」と，またカザフ遊牧民が拠点としていたキプチャク草原東部を「カザフ草原」と呼ぶことにしたい．

モンゴル帝国解体後の中央ユーラシアの歴史においては，ティムール帝国や，その後を継いだシャイバーン朝のような遊牧連合政権が滅びたあと，南部のオアシス地帯においては，ヒヴァ＝ハン国 (1512–1920 年)，ブハラ＝ハン国 (1500–1756 年) などの都市の繁栄を背景とする国々が勢力を持つようになっていった．

それに対して北部の草原地帯には，都市を基盤とする勢力は浸透せず，カザフ＝ハン国も，南のウズベクをはじめとする諸勢力と抗争を繰り返しつつ，遊牧を基本とする生活に基づき独立を維持していた．しかし，17 世紀半ばより，強大な軍事力を有するジューンガル遊牧政権からの圧迫を受けるようになっていたカザフ＝ハン国は，18 世紀になるとまず西方のロシア帝国へ，次いでこのジューンガルを滅ぼした東方の清朝に対して使者を派遣し，双方に臣従するかのような立場を見せるようになった [野田 2005b]．清朝との関係を構築する契機として特筆すべきは，1757 (乾隆二十二) 年のカザフのアブライによる遣使であった．

その後 19 世紀前半になって，ロシアの統治がカザフ草原に及ぶと，ハン国は解体の過程をたどり，19 世紀後半には，清朝の領域にいる一部のカザフを除いて，大方の遊牧地はロシア帝国に併合された．19 世紀を通じてカザフ社会においては，ロシア統治の拡大に対する抵抗運動——ハン一族のケネサルらによる反乱 (1837–47 年) がよく知られている——が広がったものの，それらが成功することはなかった．なお，ロシア領となった領域はソ連へと引き継がれ，ソ連邦を構成する一社会主義共和国となった (1936 年–)．それはソ連邦解体により，1991 年にカザフスタン共和国として独立を果たし，現在にいたっている．

現在のカザフスタンの境界の基礎となったのは，1864 年の露清間に結ばれたタルバガタイ条約であり，その後の追加条約によって，ロシアと清朝の国境線が定まり，中ソ国境，中国＝カザフスタン国境へ引き継がれている．1864 年以前は，冒頭の地図が示すように，清朝自身が意識していた境界線はより西にあり，カザフの遊牧地と重なっていたことに注目したい．

次にカザフ＝ハン家の系譜 (図 1) を示しておこう．3 ジュズの内，大ジュズの

---

[2] その成立史と王統の基盤については [長峰 2009] また [野田 2007a] を参照．

序　章　中央ユーラシア世界におけるカザフ＝ハン国　3

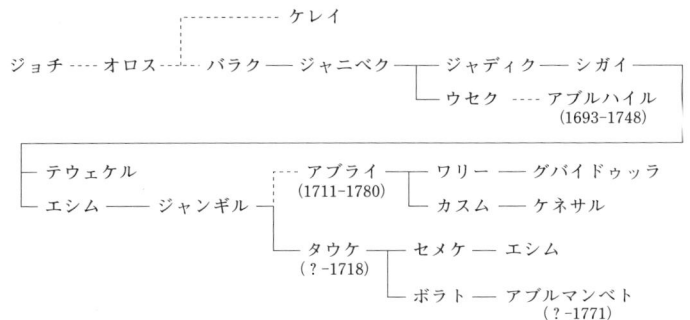

図1　系譜：カザフ＝ハン家略系図
注）　系譜については［赤坂 2005］巻末に掲載された系図も参考にしている．

ハンの系統ははっきりとしないため，ここには記していない（その事情については，第4章で論ずることになる）．

　現代カザフスタンと重なる領域において形成されてきたこのカザフ＝ハン国の特徴としては，まずモンゴル帝国の継承政権であった点が挙げられる．それは，とりわけチンギズ＝カンの血を引くという君主の血統（「トレ」，もしくは「スルタン」の称号で呼ばれるハン一族が権力を有していた）と「ハン」号の象徴的な意味に表れており，くわしくは第2章および第5章で検討したい．

　次にカザフ＝ハン国の構造を概観しておこう．カザフ遊牧民社会は，3つの「ジュズ jüz」[3]（大 ŭlï ジュズ，中 orta ジュズ，小 kíshí ジュズ）という部族連合体で構成され，各ジュズは10–20ほどの「部族」（ルウ ru）から成る．1718年のタウケ＝ハン死後は，1人のハンがカザフ全体を統べる時代は終わった．18世紀前半以降，ハンの権威は各ジュズ内に限定されていき[4]，それぞれのジュズの

---

[3]　ジュズとはカザフ語であり，18世紀以降のロシア語史料ではむしろ，帳幕を意味する「Orda」と記されることが多かった．宇山智彦は，ジュズを「亜民族」とみなし［宇山 1999: 97］，「部族連合」と定義している［小松ほか 2005: 248–249］．現代カザフスタン社会を考察する藤本［2008］の用法によれば，ルウは父系クランであり，ジュズは連合である．吉田［2004］も同様に現代クルグズ社会を説明している．しかし，近代以前の歴史的な文脈では，父系クランの階層構造そのものが重要であり，その上下関係をより明確にする必要がある．そのため，「部族」の持つ否定的なニュアンスは自覚した上で，本書ではルウには「部族」を，より下位の集団には「支族」の語を当てて考察を進めることにしたい．

[4]　少なくともロシア史料の記述は，このようなジュズとハンの権力の相関を示している．くわしくは第2章で改めて述べることとする．

動向にも独立的傾向を見ることができるため，カザフ=ハン国史研究のためには，ジュズを通しての把握が不可欠である．18世紀半ばより，ロシア帝国はハンの選出過程への介入を始め，最終的には，1820年代に小ジュズ・中ジュズのハン位を廃止するまでになった．なお，清朝はカザフ集団全体に対して，ときにジュズを「部」——漢語の「部」は全体に対して分けられた部分を意味する——と名づけ，ルウに相当する集団には，モンゴル系遊牧集団について用いる「鄂托克(オトク)」の語を当てはめていた（ジュズ以下の階層構造の意味や，「部」に代表されるカザフについての清朝の認識については，本書第4章で検討する）．

2. 問題の提起

　カザフ=ハン国は，多様な遊牧集団が興亡を繰り広げた中央ユーラシアにおいて，最後まで存続した遊牧民の政権であった．19世紀初頭には，40万弱の戸数を有していたとも伝えられる（第4章を参照）．したがって，モンゴル帝国以降，オアシス定住民の側から語られることの多かった中央ユーラシア史の展開を把握する上で，カザフ=ハン国史を中心に置いて研究を進めることは，これを相対化する1つの視座を生み出す可能性を持つ．

　これを受けてカザフ=ハン国史研究の課題を考えるとき，カザフ自らが史料を残すことは稀であったこと，また単純なカザフスタン一国史の再構築が我々の目的でないことを考えれば，おのずと焦点は，その対外関係に絞られる．事実，広大な草原世界を移動するカザフ遊牧民が，とくに18世紀以降，ユーラシアの東西の2帝国，すなわちロシアと清朝をつなぐ結節点の役割を持っていたことはたしかであった．また記録の乏しいカザフ社会そのものについても，対外関係に映し出される所を手掛かりにして，本書の考察に組み込むこともできるだろう．

　上のような理由から，本書における第一の課題を，カザフ=ハン国の対外関係史——とりわけダイナミックな国際関係の中に置かれていた18–19世紀の歴史——を解明することに設定したい．少なくとも我が国においては，後述するように佐口透や小沼孝博の業績が清朝史の立場からカザフの動向について叙述するものの，それを除けばほとんど未開拓のままと言ってよい分野であった．

もちろんロシア帝国期以来，海外においては研究の蓄積がある．しかしながら——仔細な検討は後に譲るが——カザフ＝ハン国についての先行研究を通覧すると，1つの傾向が見えてくることに注意しなければならない．それは，明らかにロシアとの関係を見ることに偏りがあり，対清朝関係は主要なテーマとはなっていなかったことである．

　18–19世紀において，カザフ＝ハン国がどのような位置にあったのかを冒頭の地図によって確認しておこう．ここからも自明なように，カザフの3ジュズの内，中ジュズと大ジュズの東方は清朝と境を接しており，清との関係もまた，ハン国の歴史に大きな影響をおよぼしていたと考えねばなるまい．

　数少ないカザフ＝清朝関係にかかわる研究を検討してみると，まず佐口透が示した露清への「二重朝貢」のモデルがある[5]．しかし，それはむしろ中国辺境史の立場からの考察であり，その背後にある露清関係については扱いが不十分であったと考えられる．近年の小沼孝博の諸論考は，中央アジアを清朝の支配論理の中に位置づけようとする注目すべきものだが，ロシアのファクターはそこには反映されていない[6]．もちろんソ連およびカザフスタンにおいて，カザフ＝清朝関係について言及されることはあったが，ロシアと清朝それぞれの立場に対する理解に欠けるため，一面的な解釈になりがちであった[7]．19世紀のリョーフシンによる，カザフが露清の間で「どちらつかず $dvusmyslennyi$ であった」[Levshin 1996: 236] という定義は，その後のソ連における研究にまで大きな影響を与えている．だが，これはカザフのロシアへの臣従を前提にし，かつロシア史料のみに依拠するに留まるため，公平さを欠いている[8]．一方の中国側では，アルタンオチルがロシア語史料とともに清代の檔案（文書）史料を分析するなど [Altan-Ochir 2007]，新しい手法も出始めている．しかし，研究史

---

5) ［佐口 1963；佐口 1966；佐口 1986］を参照．
6) カザフに関連するものとしては［小沼 2001；小沼 2003；小沼 2006］．小沼の論考（とくに最新の［小沼 2010］）は，周囲のコーカンドやクルグズなどの動向とも比較しながら清朝から見たカザフとの関係を考察している点で評価できる．
7) 18世紀に関するソ連期の研究は［Suleimenov; Moiseev 1988］に整理されている．Gurevich［1983］は，カザフ以外の中央アジアの諸勢力についても考慮し，広く国際関係を扱うものの，カザフとロシアの関係に主軸を置き，カザフを媒介とした露清間の交渉に注意を払っていない．またKhafizova［1995］は中国との関係に主眼を置いた結果，ロシアとの関係が及ぼした影響を明らかにしていないなど，幾つかの問題点を指摘できる．
8) たとえば［Suleimenov; Moiseev 1988: 161–162］．

全体の傾向としては，カザフ＝清朝関係史にかんして，カザフ＝ロシア関係との対比の上に統合的な分析を行う方向には進んでいないことが指摘できるだろう．別の言い方をすれば，史料においても，研究視角においてもロシア帝国・清朝の枠組み，さらにそれを受け継いだソ連・中国という区分からは，いまだ自由にはなっていない．

　本書の第一の課題として，カザフ＝ハン国の対外関係史の研究を提示したが，これまでの研究動向も踏まえてより広い視野から未解決の問題を検討したとき，第二の課題となるのが，カザフ＝清朝間の国際関係なのである．この点を精査するためには，カザフ・ロシア・清朝の3者間の関係の中で，カザフ＝清朝関係がどのように描かれてきたのかを整理するところから出発する必要がある（第1章がそれに相当する）．

　もう1つ重要な点として，上の3者間関係における露清関係（ロシア＝清朝関係）の把握のしかたがある．露清関係については吉田金一のすぐれた概説があり［吉田 1974］，同じく概説的ではあるが，柳澤明が近年の成果を補っている［柳澤 2009］．なお，本書において露清の2国に「帝国」を冠しているのは，その多民族支配[9]に注目しながら中央ユーラシアにおける国際秩序を再検討しようとする意図によっている．

　西のロシアは，モスクワ大公国から発展し，16世紀末のシベリア遠征を経て広大な領域を占めるようになっていった．皇帝の称号を受けたピョートル1世（在位 1682–1725 年）の時代はロシア帝国の成立期であったが，対外関係においても，このときに西ヨーロッパに範を取った外交の仕組みを整え［Potemkin 1941: 271］，北方戦争後，おもにヨーロッパ諸国との外交交渉を司る官署として，これまでの使節庁を外務参議会へと再編している（1720年）．他方，東の清朝は，1616年の後金国の建国を経て1644年に明に代わって新しい中国の帝国となった，満洲人を支配民族とする王朝であり，のちにモンゴル，チベット，新疆を含む広大な帝国を作り上げることになる．少なくとも中国世界に対して中華の正統王朝としてふるまう清朝は，周辺諸勢力との関係においても伝統的な華夷秩序観に基づく秩序を構築し［茂木 2001］，その中で，ロシアは理藩院が管轄す

---

9)　「帝国」の多元的支配の構造については山室［2003: 96］の整理などを参照．

る「朝貢国」として扱われると考えられてきた[10]．しかしながら，露清間の交渉は，実際は使節の派遣，交渉，条約の締結が行われるなど，ヨーロッパにおける「外交」関係に近いものとなっていたことに注目すべきである．また一方的ではあったが，ロシアから清朝の都である北京に派遣されていたロシア正教伝道団は一種の外交代表の役割を果たしていた［吉田 1974: 209］．

さて，両帝国の関係は，清朝の勃興とロシアの東シベリアへの進出が重なる17世紀に始まり，黒竜江地方の境界をめぐるネルチンスク条約（1689年）と，両国間の貿易を問題にしたキャフタ条約（1727年）によって規定されるようになる．この概要からもわかるように，ロシアと清朝は長大な境界によって接していたにもかかわらず，研究史の中で取り上げられるのは，極東・東シベリアをめぐるいわば「東側の露清関係」であった．しかし，ロシア帝国がシベリア遠征以来，東方の経営に乗り出す中で，中央アジアを経由したインド方面への進出を試みていたことは佐口透が提示した構図からも明らかである［佐口 1966: 90–94］[11]．また一方の清朝も，ジューンガル遠征の過程で，東トルキスタン（現在の新疆地方）をも征服し，中央アジアに対して自らの勢力下に収めようとする意図を持っていたことは間違いない．それにもかかわらず，中央アジア・西シベリアにおける露清関係が分析の対象となるのは，おおむね1851年の伊犂通商条約締結[12]以後のことがらであり，18世紀前半以降150年近くの「西側の露清関係」は等閑に付されてきたと言っても過言ではない．

3．方法と意義

前節に見た研究史上の空白を克服し，課題を解決するための手法と，そのような研究の意義について確認しておく必要があろう．

---

10) ただし，乾隆『大清会典』において，朝貢国の内には含まれていないことに注意したい．通商の観点からすると，後述するキャフタ貿易や本書第6章における中央アジア経由の貿易に見えるように，清朝と「互市」をする関係としてとらえることができる［寺 2009: 26–27］．関連する記述として［乾隆会典 巻52: 53］あるいは［嘉慶会典事例 巻746: 3］を参照．

11) この著作については，中央アジアをめぐる露清の外交関係が貿易に与えた影響に議論の余地があろう．当時の史料の制約を考慮しなければならないが，18世紀半ば以降の，ロシアの中央アジア貿易への意図や関与については，より大きな比重を置くべきと考えるからである．

12) ここにいたる流れは第6章，第7章で改めて検討する．

第1章で詳細にその原因を追究するが，大国に翻弄された近現代を反映して，カザフ＝ハン国についての研究史も周囲の大国（おもにソ連と中国）の意図に影響される部分が大きく，それが，これまでの研究に偏りを生み出していたことは間違いない．したがって，本書が目指す新しい研究が必要とするのは，第一に，カザフ＝ハン国史を，中国の辺境としてではなく，もちろんロシア帝国の外縁ととらえるのでもなく，あくまでもカザフ＝ハン国を中心に位置づけた時に，両帝国との関係がどのように姿を変えるのかを明らかにすることである．それゆえ，本書ではロシア史料と清朝史料とを出来る限り対照し比較する手法を取る．

　第二に，カザフ＝清朝関係にあらためて注目し，その諸相を読み解くことによって，これまで先行研究が明らかにしてきたカザフ＝ハン国の対ロシア関係と，対清朝関係とのあいだの相関に注目することが可能になる．それは，全体として，次頁の図2のような構図で，カザフ＝ハン国の対外関係をとらえうることを意味している．

　このA・Bの双方向に目を配り，さらにC：中央アジアをめぐる露清の外交交渉（第3章および第7章で検討する）におけるカザフの立場を明確にすることで，1757（乾隆二十二）年以降に成立していた三角関係の構造が見えてくることが期待される．当然のことだが，このA・B・Cの三辺はたがいに作用しあっており，とくにカザフ＝清朝関係については，その背後につねにあったロシアへの配慮に注目すべきである．軸となるこれらの関係の変動を見ることは，単にカザフ草原の歴史展開を検討するだけでなく，ロシア帝国の中央アジア進出過程の一端や清朝の新疆統治における変容を示すことにもつながるはずである．また，Cの露清関係が，中央での交渉と現地（西シベリア・新疆）での交渉の二層で構成されていることへの注目も，新しい視点を導くと言えるだろう．

　次に本書における考察が持つ意義について確認しておこう．

　第一に，中央ユーラシア研究における意義として，現代の国境にとらわれず，むしろそれを越えた地域のつながりの史的展開を考察する点がある．それは，図2の図式を借りれば，A・B・C三辺が互いに作用していることを前提に，カザフから露清帝国への双方向の働きかけ（A・B）を相対化する――これは，両帝国のカザフへの対応の相対化でもある――試みを行うことを意味している．その際におもな叙述の対象となるのは，地図上に表れている，カザフスタン東

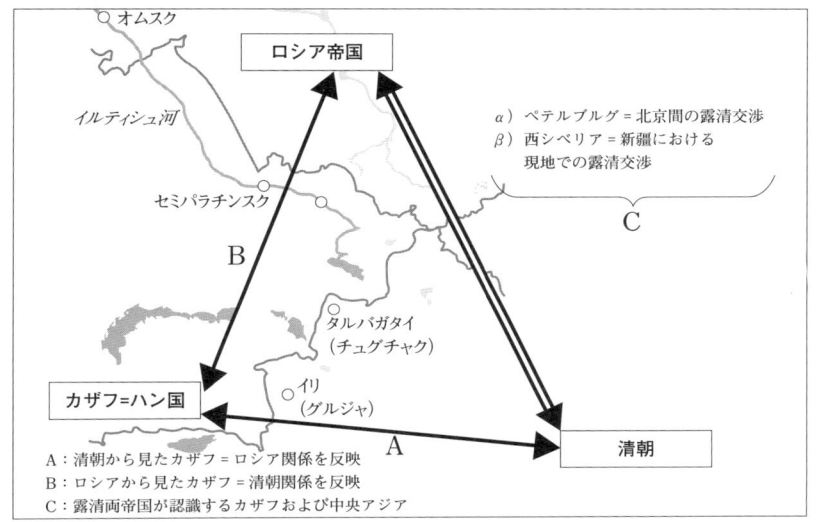

図2 カザフ＝ハン国と露清帝国の関係（ただし国境線は現在のもの）

部，ロシアの西シベリア，中国新疆（東トルキスタン）となる．

第二に，世界史上の意義として，ロシア帝国の膨張，中央ユーラシア全体としての構造の変化，露清関係の変動を交えたより広い視野の中に，カザフ＝ハン国史を位置づけようとする点がある．以下の各章の考察が明らかにするように，18–19世紀という近代へ向かう変動の時代において，ロシア・清朝という2つの大国の狭間に置かれたカザフ＝ハン国の動向を3者間関係の中に位置づけることは，ユーラシアの国際秩序の枠組みを問いなおす好例を提供するに違いない．

第三に，近年盛んになっている帝国論への関与がある．清朝については，杉山清彦の諸論をはじめ考察は深まりつつある[13]．筆者も利用する満文（満洲語）文書が，新疆に派遣された満蒙の旗人が直接皇帝に上奏するという奏摺のシステムに基づくもので，満洲人王朝としての清朝の性格を映し出すとするならば，本書における議論も，清朝の帝国としての異民族政策・辺境統治におのずとか

---

13) 杉山［2007；2008］は，清朝の統治構造の中にカザフ＝ハン国を位置づけている．単一の「国」として見ていたかどうかは別にしても，清朝が，カザフ遊牧民について，帝国を構成する一要素としてみなす時期があったことは確かである．

かわってくるであろう．また，帝国の支配論理を議論する上で問題となることの多い朝貢の問題についても，清朝が中央アジアをどのように把握していたのかを示す中で，新たな視点を提示することができると考えられる．ロシア帝国の場合[14]も同様に，その異民族政策・中央と地方の関係などに言及することは必然であり，カザフ＝ハン国とそれを囲む2つの帝国との関係は，つねに双方向に──カザフからの働きかけと帝国側の統制の動きに──作用していたことを意識せねばなるまい．

第四に，国際関係史上の意義として，ソ連（現在はロシア）と中国との間にも引き継がれた国境をめぐる交渉・外交関係へつながる点がある．本書が焦点を当てる中央アジアにおける露清の境界においては，その後も民族の移動がみられ，カザフスタン・中国・ロシアと分かれた現在にいたるまで人と物の移動が注目を集める地域であり続けているからである．

4．本書の構成

つづいて，本書が取りあげる年代と関連する章構成について簡単に述べておこう．この序章と終章を含めて，本書は三部9章で構成される．

第一部では，カザフ＝ハン国，ロシア，清朝という3者間の関係の見直しを行う．

序章に続く第1章は，もっとも新しい年代にかかわり，カザフ＝ハン国解体後に成立した露清帝国によるカザフ草原分割という枠組みの再検討を行う．すなわち，本書が改めて検討すべき課題としたカザフ＝清朝関係について，18世紀から現代に至るその研究史を詳細に見直し，偏った視線が生じた背景を洗い直す．また露清の史料を相対化するべく，『東方五史』というタタール語史料の記述に注目する．第2章は，逆に，カザフ＝ロシア関係の再検討となっている．おもにロシア帝国のカザフ＝ハン国への意識，カザフ草原統治に対する認識を考察する．第1節で扱うアブルハイル＝ハンによるロシア帝国への「臣籍」の請願（1730年）は，カザフ＝ハン国とロシア帝国の関係の1つの契機となっており，本書が扱う出来事もこの前後から始まっている．

---

14) 松里［2008a］の総督府制度にかんする議論を参照．

第二部では，カザフの東方関係，すなわちカザフ＝清朝関係について，その起源，清朝側の認識，基盤となる制度を分析し，露清の狭間に位置したカザフ＝ハン国の立場を明らかにする．
　第3章では，1757年の清朝との関係の開始と，それに対する露清の反応について，露清外交交渉の推移も交えてくわしく検証する．第4，第5章は，ロシア・清朝との双方向の国際関係の中でカザフがどう位置づけられていたかを，帝国の認識と併せて論じる．第4章が，カザフの民族史にも光を当てながら，清朝がカザフ社会に見ていた「部」の概念の再検討を行うのに対して，第5章では，これまで議論されてきたカザフの清朝に対する「朝貢」の基礎となっていた爵位制度に注目し，その意義を1824年の爵位継承の事例から問い直す．
　第三部では，19世紀前半以降の露清両帝国の中央アジアへの関与を比較しつつ，カザフ＝ハン国の東方関係が限定的になっていく過程をたどる．
　ロシアの行政制度が中ジュズの遊牧地に対して導入される契機は，1822年の新しい法制の導入にあった．以後，ロシアの支配はしだいに強化され，対照的に清朝のカザフに対する影響力は失われていく．第6章は，中央アジアとそれを囲む露清帝国にかかわる貿易と経済上の構造の変化を論じ，その中でカザフ遊牧民が果たしていた役割を明らかにする．続く第7章は，両帝国の領域や境界線についての認識の変容を取り上げ，中央ユーラシアの国際秩序における変動に対するカザフの反応を論じる．
　本書の論述は，政治・経済上の変動が，ともにあらたな段階へ移る1851年前後を1つの区切りとする．つまり，本書の各章の議論は，19世紀半ばにいたるカザフ＝ハン国の解体の過程をたどる作業であるとも言える．

5．史料について

　本書が目指す新しい研究のために必要となる史料についてまとめておきたい．そもそもカザフの間には，文字史料はほとんど残されておらず［坂井 1994: 20］，ましてやハン国の年代記史料などというものは存在しえなかった．したがって，周囲の勢力が残した記録に依拠せざるをえない状況がある．ロシア側，清朝側ともに文書史料が――さまざまな制約はあるにせよ――開放された現在，これ

らの根本史料をできるかぎり収集，整理することが不可欠の作業となる．

まず，ロシア側では，ロシア帝国の公文書である（図3）．これは，ロシアの各官庁における行政文書はもとより，テュルク語で記されたカザフのハンたちからの請願文や報告などを含む点でも貴重な記録となっている．筆者は，カザフスタン留学中に，オムスク州庁をはじめとする現地の官署にかかわる案件を収めるカザフスタン国立中央文書館［TsGA RK］[15]の調査を行った．また西シベリア総督府の文書を収めるオムスク州国立文書館［GAOmO］[16]も一通りの調査を終えている．同館所蔵の史料の中には，地方と中央間のやり取りも見られる．

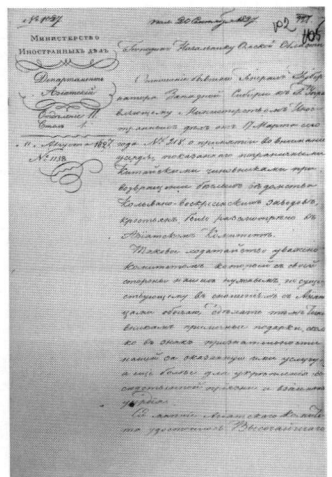

図3 ロシア帝国公文書の例
注） 外務省アジア局からオムスク州長官宛て（1827年）［TsGA RK: f.338, op.1, d.641, l.102］

中央の省庁については，外務参議会，外務省にかかわるロシア帝国外交文書館［AVPRI］，陸軍省にかかわるロシア軍事歴史文書館［RGVIA］を，短期間ではあったが調査する機会を得た．しかし，もっとも豊富な文書史料を有するロシア国立歴史文書館（RGIA）については，いまだ調査を行う機会を得ていない．

なお，上の機関に収められた文書史料については，一部が出版されている．『カザフ＝ロシア関係』［KRO1, 2］，『ロシア帝国の対外政策』［VPR］，『中央アジアの国際関係』［MOTsA］，『清帝国とカザフ＝ハン国』［TsIKKh］[17]，『ロシア＝ジューンガル関係』［RDO］などである程度補うことが可能であると考えられる．

またカザフスタンで行われている史料復刻事業の一環として，カザフスタン国立中央文書館の史料の出版も相次いでいる．とくに『ロシア史料におけるカザフスタン史』［IKRI］のシリーズを挙げておきたい．

とはいえ，いまだに未公刊の文書も多く，さらなる研究は不可欠である．と

---

15) この文書館所蔵史料についての紹介は［野田 2005a］を参照．
16) ただし，2008年の筆者調査時には，露清の国境にかかわる案件は閲覧が認められなかった．
17) モスクワ，オムスクなどに残されているロシア帝国文書と清朝実録の露訳から構成されている．

くにこれまでロシア語史料への偏りがあったが，今後は，現地の認識をより明確に伝える記録として，テュルク語（タタール語あるいはチャガタイ=トルコ語等）文書への注目が必要になるだろう．本書でもできる限りロシア語訳だけではなく，カザフのスルタンが発信したテュルク語文書原本に目を配りたいと考えている．

対する清朝の文書は，北京の第一歴史檔案館に所蔵されるものが中心となる（図4）．とくに，上奏文の控えを主とする軍機処録

図4 清朝の満洲語による文書の例
注） 乾隆二十七（1762）年，カザフのヌラリ=ハンからの文書翻訳［中哈 2: 138］

副奏摺[18]（満洲語または漢語）および抄写された上奏文を月ごとにまとめた月摺檔（おもに満洲語）が重要な記録となっている．新疆の現地担当官からの直接の報告が多くを占め，さらにカザフが清朝に宛てた書簡[19]を一部含んでもいるからである．なお，ロシア側の文書史料が地方，中央のさまざまなレヴェルの官庁の文書で構成されているのに対して，清朝側でよく保存されているのは，皇帝への上奏文である．したがって，両者の史料の間には記述の密度に差異があり，清朝文書では，地方レヴェルでの処理などの細かな内容を欠く場合が多い．

近年，これら第一歴史檔案館所蔵のカザフ関連文書史料が，『清代中哈関係檔案彙編』[20]として公刊され始めたことは特筆すべきことだが，すでに筆者も指摘したように，その選択は極めて恣意的なものであり［野田 2007c］，むしろ公刊されていない史料に注意する必要がある．ただしその点数は膨大にわたるため，筆者がこれまで調査した檔案は，本書第3章，第4章にかかわる1750年代のもの，および第5章にかかわるカザフの爵位継承に関連するものに限られ

---

18) 新疆に関連する満文檔案の目録として［清代辺疆満文檔案目録］がある．また解説として［呉 2000］．［Noda; Onuma 2010: 8］も文書行政の流れを示している．
19) この種の文書史料（トド文字オイラト語あるいはアラビア文字テュルク語）を研究するための第一歩として，史料研究（［Noda; Onuma 2010］）を小沼孝博と共同して刊行した．［QTQD］にも若干の文書がカザフ語訳とともに掲載されている．
20) 第2巻まで刊行されているこのシリーズは原文書の写真版を掲載する．またその内容について，カザフ語訳（原文のローマ字転写を付す）がテーマ別に刊行中である（［Ejenkhanuli 2009a; Ejenkhanuli 2009b］など）．

ることを付言しておく．この点も今後の課題の1つである．

　他方，カザフ＝ブハラ関係を検討したトゥリバエヴァの研究[Tulibaeva 2001]が示すように，ブハラやコーカンドの史料もカザフについての一定の情報を有しているが，写本の形で残されているものも多く，筆者による調査もいまだ不十分のままである．

　以上の史料についての考察を整理しておくと，本書では，すでに刊行されたロシア史料，清朝史料に加えて，筆者が調査を行った旧ソ連圏の各文書館史料，また中国の第一歴史檔案館の清代檔案を利用する．とくにその中に含まれているカザフからの書簡など(テュルク語)に注目したい．このことは，カザフ＝ハン国と露清帝国との関係に映し出されるカザフ社会内部の様相を探る上でも，外交・国際関係から考察することが不可欠であることを意味している．また後代の文献になるが，カザフをはじめとする現地のムスリムがやはりテュルク語で記した歴史書なども可能なかぎり利用する．

　なお，同じく遊牧に従事していたクルグズ(キルギス)については，史料の面から言ってもカザフと並行して検討すべきだが[21]，本書では，カザフの問題に焦点を絞るために，あえて考察の対象には含めていない．

---

21) ディコスモの研究が示すように，両者の清朝との関係には，大きな親和性があり[DiCosmo 2003]，ロシアとの関係においても比較の必要がある．さしあたり，19世紀後半のロシアとクルグズの関係構築の過程については，[秋山 2010]を参照．

第一部

中央ユーラシアの国際関係と
　「カザフ＝ハン国」

第1章

カザフ＝ハン国の東方関係再考

はじめに

　序章で提示したように，本書が注目するのは，カザフ＝ハン国の対外関係，とりわけカザフ＝清朝関係である．中でも重要な鍵となるのは，カザフ・ロシア・清朝の3者間の関係の中で，カザフ＝清朝関係がどのように描かれてきたのかであり，そのカザフ＝ハン国にとっての東方関係の既存の研究における位置づけを見直すことが本章の中心になっている．あえてここでこの作業を行おうとするのは，たんなる研究史の整理を意図するのではなく，研究動向そのものがロシア（ソ連）・清朝（中国）という大国の狭間に身を置いていたカザフの立場を如実に反映していると考えるからである．

　後半では，研究史上の問題を踏まえた上で，新しい研究視角の獲得のために，20世紀初頭に記された文献に着目し，その内容と視点とが新しいカザフ＝ハン国史研究，ひいては本書の研究にどのように貢献しうるのかを示すことにしたい．

1. カザフ＝ハン国についての研究史

　カザフ＝ハン国，あるいはカザフ遊牧民の政治的動向を対象とする調査・研究は，言うまでもなくロシア帝国において始まった．最初期の研究は，18世紀のルイチコフ［Rychkov 1999］や後述するアンドレーエフ［Andreev 1998］などロシア帝国陸軍に勤務する者たちの地誌的な著作であり，次の世代として，リョーフシン（1797–1879年）の『キルギス[1]＝カザクまたはキルギス＝カイサクの諸オ

---

[1]　帝政時代のロシア語文献では，カザフのことを「キルギス *Kirgiz*」と呼んでいた．

ルダと草原の記録』(1832年) [Levshin 1996] である．外務省に勤務しながら，より広範囲に史料をまとめたその著作は，ロシア東洋学におけるカザフ研究の端を開いたものとして知られており[2]，カザフ＝ハン国全体について，広範な史料を基に詳細を記したものとして，まず参照すべき文献となっている．カザフ＝ハン家の出身であるワリハノフの残した論考も含め，帝政時代の文献は，それ自体が史料の集成となっていることも多く，ロシア帝国時代の文書が分散してしまっている現状を鑑みれば，依然として史料的価値を失っていない．

ロシア革命後の時期では，まずトゥヌシュパエフ『キルギズ・カザフ民族の歴史のための資料』(1925年) [Tynyshpaev 1998] があるが，1750年代でその記述は終わっている．ソ連期でカザフ史の研究に最大の貢献をしたのはベクマハノフであろう．18–19世紀の社会・経済にまでわたるその研究の中で，もっともよく知られているのは『19世紀20–40年代のカザフスタン』(1947年) [Bekmakhanov 1947] である．この中で，カザフ＝ハン家のケネサルによるロシア帝国への反乱 (1837–47年) を肯定的に評価したがために，その民族主義的傾向を批判されるに至ったことはよく知られている[3]．この時期は，他の民族解放闘争にも関心が寄せられ，たとえばヴャトキンが，18世紀末に最西部の小ジュズで起こったスルムの反乱を研究の対象としている [Viatkin 1998]．その後は，アポローワ [Apollova 1976] によるロシアとの経済上の関係の研究，またバースィン [Basin 1971] やショインバエフ [Shoinbaev 1982] らのロシア帝国との政治上の関係の研究があり，そこではカザフ＝ハン国のロシアへの併合をどのように評価するかが大きな問題となっていた[4]．

ソ連邦が解体し，カザフスタン共和国が独立した後は，カザフ民族史の立場から歴史の見直しが試みられている．とくに新しく編纂された5巻本『カザフスタン史』の第3巻 [Kozybaev et al. 2000] が，本書が対象とする年代を論じており，冒頭の研究史の回顧も有用である．他方，ブイコフ [Bykov 2003] やベズヴィコンナヤ [Bezvikonnaia 2005] などロシア帝国史の文脈からカザフ草原の歴

---

2) カザフ民族のヘロドトスとみなされたこともあった [Levshin 1996: 5].
3) 当時ソ連の歴史学界で論争の対象となっていた民族解放運動の評価については [立石 2006] を参照．
4) ロシアへの併合がソ連時代にどのように正当化されていたかについては [宇山 2005: 64]．また次節を参照．

史を捉えようとするロシアの研究者も出てきた．

新しい動向としては，叙事詩や系譜など口頭で伝わる伝承への注目があり，これを歴史の史料として利用する動きが見られる［Kozybaev et al. 2000: 62–76］．そのほか，現在は，個人の活動に注目する研究[5]や史料の復刻・整理などに重点が置かれているように見受けられる[6]．1つ注意しなければならないのは，独立後顕著になりつつあるカザフ＝ナショナリズムへの志向であり，カザフスタンあるいはロシアという国家の枠組み——空間的に，また民族的にも——に捉われがちな現状を指摘しておく必要があるだろう．

2．カザフ＝清朝関係にかんする研究史

本節では，カザフ＝清朝関係史の研究動向を仔細に検討するところから，その問題点を改めて浮き彫りにする作業を行う．それぞれの特徴をより明確に示すために，(1)帝政ロシア，(2)ソ連および現代カザフスタン，(3)中国における研究に区分して比較を行うことにする．

(1) カザフ＝ハン国の東方関係にかかわる帝政ロシア期の文献

序章において整理したように，カザフ＝ハン国史の理解のためには，その清朝との関係を十分に把握する必要があることは明白である．カザフ＝ハン国についての研究史をその東方関係に焦点を当てて整理すれば，その主流は，ロシア帝国からソ連，現代カザフスタンにいたる流れの中に位置づけられる．地理的な位置も相まって，ハン国の歴史は，カザフとロシアの関係の中で語られる傾向が強かった．

例示のために1757年のアブライ[7]による清朝への遣使——そこにいたる背

---

5) たとえば18世紀前半のアブルハイル＝ハンにかんする研究［Erofeeva 1999］など．またカスムバエフが18–19世紀のハン一族の中から幾人かに焦点を当てている［Kasymbaev 1999–2001］．
6) たとえばボケイ＝オルダにかんする史料集［Zhanaev et al. 2002］やカザフスタン史にかかわるさまざまな言語の史料を集めた叢書［IKRI］などがある．
7) 中ジュズにおいて力を持っていたスルタン．ロシアとの関係を構築する一方，清朝のジューンガル平定の過程で，1757年に使者を派遣し，清に降伏し臣従する姿勢を見せた．その経緯については［佐口 1963: 269–271］を参照．またその際の降伏文書については小沼［2006］がくわしく分析した．のちに清から汗（ハン）の爵位を与えられ，ロシアからも中ジュズのハンとして認められた．

景については第 3 章を参照されたい——を象徴的な事件として設定し，それが研究史の中でどのように記述されてきたのかを分析してみよう．その理由は，この時のカザフの使者派遣を契機として，清朝が認める「公式」の関係が成立したのみならず[8]，ロシアもまた，それを把握した上でカザフとの関係を維持していたことにある．むろん，その受け止め方にはさまざまな形があり，この分析を通じて，カザフと清の関係がどのように理解されてきたのかを考察することが本節の目的である．カザフ＝清朝関係の一方の当事者であった清朝の史料における扱いについては，第 4 章でより詳しく検討するため，ここではまず，ロシア側での受け止め方を中心に見てみたい．

　文書 (露語アルヒーフ arkhiv) 史料を除いて，最初にカザフと清の関係について本格的に言及したのはアンドレーエフ (1743 年生まれ) だと考えられる．ただしその著作 (1785–90 年に執筆) の中で，アブライの遣使については明記していない．むしろ同じ中ジュズのスルタンであるアブルフェイズ家の動向に注目し——それはアンドレーエフ自身がセミパラチンスクにおいて勤務し，アブルフェイズの遊牧地 (アウル) へ調査に行っていることとも無関係ではないだろう——とくにアブルフェイズからその子ハンホジャへの代替わりに際して，清朝が派遣した使節について詳しい記録を残している[9]．これについては，19 世紀になって『シベリア通報』を編集していたスパススキー (1784–1864 年) やオムスク州長官 (1827–35 年) を務めたブロネフスキー (1786–1858 年)[10] も自らの著作の中で引用するなど，とくにシベリアの軍務官僚たちの知識の源泉となっていたと考えてよいだろう．

　その後，19 世紀前半のリョーフシンの著作では，清朝のジューンガル征服の過程で，「アブライが」清朝より勅書を得たことは記されていても，それが，形式的だったにせよ，カザフ側からの申し立てに基づくものであったことには言及がないのである[11]．おそらくはアンドレーエフに拠って，先に言及したアブ

---

8) 佐口透は，アブライがこの時遣使入貢して清朝の「朝貢国」となったとみるが [佐口 1963: 269]，言うまでもなくこれが清朝側の分類にすぎないことに自覚的でなければならない．その他の清朝史料上に見える「臣服」や「臣属」などの語についても同様のことが当てはまる．
9) [Andreev 1998: 43–44] など．第 5 章を参照．
10) ブロネフスキーは，アンドレーエフの著作と共通する内容に続いて，派遣されてきた清の大臣とハンホジャの会話を挙げている [Bronevskii 1830: 209]．
11) 清の側からカザフに使者が来たとの叙述になっている [Levshin 1996: 235–236]．

ルフェイズが清に「臣属」[12]していたことやその代替わりのときに清朝からの使者が来たことを記すなど，カザフ＝清朝関係に言及していることはたしかである[13]．

またリョーフシンは，

> 清朝皇帝 *Bogdykhan* の政府は…［中略］…全中ジュズ［の牧地］が清の領土で，アブライを清朝の貴族だとみなしていた…［中略］…ワリーがロシアに身を委ねるのを見て，清朝政府は，自らの帝国の地位を維持するためにワリーを他の者にすげかえることを急いだ［Levshin 1996: 257］．

と，アブライの子ワリーと清朝の関係は希薄であったかのように記述するが，これは第2章で考察するように，事実としては正しくない．なお，ワリー以外のアブライの子たちについては，「自らを清朝の臣民 *poddannyi* であるとみなしていた」と記すものの，その経緯を明らかにしてはいない［Levshin 1996: 257–258］．おそらくこれは，ロシアからはもっとも離れた位置で遊牧をしていた大ジュズのスルタンたちを指しているのだろう．

一方，カザフ史研究とは別に露清関係にかんする研究もあった．注目すべきは，バンティシュ＝カメンスキーによる史料研究であり，17世紀初頭から1792年にいたるまでの露清間往復文書を検討している．ただし，あくまで主体がロシア帝国にあるため，ここで示される当時の往復文書を見る限りは，カザフの主体性如何にかかわらず，両帝国間でカザフの帰属を主張し合っていたことしか読み取ることができない[14]．

カザフの東方の遊牧地を分断する結果をもたらすことになる露清間国境画定交渉（1864年）に携わっていたのは，西シベリアの軍属にあったバブコフ（1827–1905年）である．バブコフは，おそらくバンティシュ＝カメンスキーの成果を利用した上で，

---

12) ロシア語で poddannyi と表現されているが，清朝の支配論理を踏まえることなく，ロシア帝国内の秩序の在り方を投影したものと考えられる．ロシア側の「臣籍」（第2章でくわしく検討する）と区別するために，「臣属」の訳語を当てておく．

13) ［Levshin 1996: 257］．ただしアブルフェイズに「ハン」の位を継承させたと記すなど事実の誤認もある．

14) たとえば，乾隆二十三（1758）年七月五日，清朝理藩院からロシア元老院への文書は，「清朝皇帝は，臣属するようになったカザフに爵位と恩恵を与えるだけだ」と主張した［Bantysh: 285］．露清交渉におけるカザフの立場については，第3章で検討する．

［清は］アブライが自発的に清朝に臣属したと主張したが，事実はまったく違っていた．アブライに属するカザフの懲罰のためにカザフ草原に［清の］軍隊が派遣された．…［中略］…ロシア臣籍をすでに宣誓していたにもかかわらず，アブライは清朝の臣属となることを決めた…［中略］…自発的にではなく強いられたものだった．

と分析し，カザフの自主性を否定している[15]．自身の経験も踏まえて，その著作では，露清境界線付近を遊牧するカザフの動向についても，とくに1840年代から60年代にかけてさまざまな情報を有している．

　もちろん第3章で再考するように，清朝側，ロシア側の双方の文書史料とも，1757年のアブライの使者派遣について記録しており，これを歴史的事実とみなすことに問題はないのだが，第一に，関連する史料を網羅的に検討する，次に，ロシア，清朝，そしてカザフという3者の立ち位置を常に確認しながら史料を再検討するという基本作業を欠いていることは，ここまでの検討からも明らかである．

　次の引用文は，19世紀後半までのロシア帝国における研究の1つの到達点を示していると言えよう．

　　　全ジュンガリアは1758年に清朝の権力下に入り，ジューンガルの脅威が復活することはなかった．そのときまでにアブライと清の関係は始まっていた．彼は1756年にはすでに自分をボグドハン［＝清朝皇帝］の臣下と認めていた．しかし，そのことはアブライがロシアの臣民であることを妨げなかった．<u>両大国に服しつつ，アブライは此方に彼方に頭を下げ</u>，贈物と平和を得ていた［Vel'iaminov-Zernov 1855: 202］．

として，アブライ率いるカザフがロシア，清朝の双方と関係を持っていたことを指摘するヴェリヤミノフ＝ゼルノフ（1830–1904年）のように，帝政期には，ある意味で正確な事実に基づいた分析も見られたが，清朝側の史料，あるいは清朝側の立場についての考慮は見られず，ロシア帝国の東洋学の限界を示してもいるだろう．

　アブライ＝ハンの曾孫に当たり，また新疆（東トルキスタン）への調査も行った

---

15) ［Babkov 1912: 150–151］．またバブコフは，両帝国間のカザフについて「はっきりしない立場」にあったとみなしている．

経験を持つショカン=ワリハノフ (1835-65 年) でさえも，その論考「1858-59 年のアルティシャフル，すなわち中国の新疆南路 (小ブハラ) の状況について」の中で，「アブライは 1766 年に自分をボグドハンの臣民 vassal とみなし，貴族の称号を得た」[16]と，アブライの清朝への遺使には触れず，誤った認識を示している．また「古い勅書についての草稿」という論考の中では，1762 年に北京に派遣されたダウレトケレイ=スルタンが持ち帰った清朝皇帝の勅書を分析しながら，「アブライは，ジュンガリアが清朝人によって征服された直後に彼らとの関係に入り，1756 年に清への臣属 vassal'stvo のしるしとして暦を受け取った」としているが[17]，これが 1757 年のアブライの遣使を指すとすれば，史料上にはカザフが正朔を受けた記録はなく，年代も正しくない．

例外的に，ロシア占領期のイリ (グルジャ) 地方に勤務した経験を持つアリストフ (1843 年生まれ) は，清朝とカザフの関係について，『西域図志』の内容を引用している．そこでは 17 世紀のイシム=ハンやジャンギル=ハン以来のカザフ=ハン家の来歴に加えて，清の臣下となることを願うアブライの文書の内容と，「[1757 年の] 秋にアブライは使者を皇帝のもとへ送った」ことが記されており，清朝側の記録の正しい内容を把握していたようである[18]．しかし，稀覯本となったためか，その後の研究ではあまり顧みられなかったようである．

帝政期の研究の中でとくに注目すべきは，コンシン (1864-1937 年)[19] の業績である．新疆北路への窓口となっていたセミパラチンスクに住み，統計委員会に勤務していたコンシンは，カザフの清朝との関係に大きな注意を払い[20]，ロシアの辺境統治の展開と結び付けてこれを把握しようとしていた．西シベリアのイルティシュ要塞線上の各都市と新疆の塔爾巴哈台 (タルバガタイ, チュグチャク)，伊犂 (イリ, グルジャ)，カシュガルの間の結びつきを探ろうとするその視点は，次節でくわし

---

16) [Valikhanov 1985-3: 136] (1861 年に部分的に出版されたもの)．
17) [Valikhanov 1985-3: 303]．「アブライ」と題する論考も同様の内容を持つ [Valikhanov 1985-4: 114]．
18) [Aristov 2001: 435]．原著は 1893 年サンクトペテルブルク刊．アリストフは，ほかにバンティシュ=カメンスキーやヤーキンフ=ビチューリンの著作を情報源としていたようである．当該の引用箇所は，『道光重訂回疆記』および『西域図志』の訳注を行った Imbault-Huart [1881] に拠っている．
19) Turova [2002] によれば，1890 年代からセミパラチンスク州統計委員会書記を務めていた．
20) コンシンの業績については [野田 2002b] を参照．東洋学者バルトリドの注目にもかかわらず [バルトリド 1937: 483]，ソ連時代にはほとんど言及されていなかった．

く紹介するタタール人ムッラーのクルバンガリーによる著作『東方五史』(1910年刊)との親縁性を大いに持っている．ただし，19世紀の文書史料に依拠する手法のため，アブライの遣使を含む18世紀の出来事については，必ずしも正確な認識を持っていないことに注意が必要である．

クルバンガリーと同じころ，カザフの知識人シャカリムも系譜にかんする著作を出版した．19世紀のカザフ＝清朝関係にはほとんど触れていないものの，シャカリムは，「1757年にアブライ＝ハンとアブルフェイズ＝ハンは北京のまちにいる中国のハンの所へ行き，中国に従い，遊牧できるようになり，王 *vān* と呼ばれるようになった」と記し，あいまいな表現ではあるが，カザフ側から使者を派遣したことに言及している [Shakarim 1991: 31]．

中央アジア史研究に大きな足跡を残したバルトリド (1869–1930年) はその『セミレチエ史概説』において，「ジューンガルの政権が崩壊した後，カザフとクルグズはセミレチエに戻り，そこでしばらくの間名目的ながら清朝の臣民となっていた…[中略]…ロシアの権力を認めるまでは，カザフとクルグズは実質的には完全に独立していたのである」[Bartol'd 1943: 88] と述べ，清との関係は重視していない．一方で『東洋研究史』(1911年) においては，清朝側がカザフに服属と貢納を要求したと理解しているが，その根拠は明示されてはいない [バルトリド 1937: 423]．

20世紀初頭にはロシア帝国内のムスリムの間で民族紙の発行が盛んになり，カザフにおいても『アイカプ *Ay qap*』紙 (1911–15年) や『カザク *Qazaq*』紙 (1913–18年) などの刊行を見た [Kozybaev et al. 2000: 81]．たとえばトロイツクで出版された『アイカプ』紙を見てみると，数少ない歴史にかんする記事は，ロシア東洋学の影響を強く受けている印象がある．新疆の通信員からの記事もあり，すでに中華民国の時代となっている新疆にもカザフが居住していることは意識されているものの，やはり，それは1864年条約以降の近代的な露清国境の枠組みにとどまる認識であることに注意したい．

近代カザフ知識人に数えられるトゥヌシュパエフ (1879–1937年) の頃になると，「アクタバン＝シュブルンドゥ (裸足での逃走)」と呼ばれるジューンガルとの戦いの苦難 (1720年代) からアブライ＝ハンの時代へいたる流れで18世紀のカザフ史が語られるようになる．これはリョーフシン以降のロシアの東洋学の

系譜に連なるものとして理解することができる．また1750年代のジューンガルの滅亡後は，カザフが東へ移動し広大な空間を占めたと記すのみで，清朝のファクターが現れていないことは興味深い点である [Tynyshpaev 1998: 166]．

(2) ソ連から現代カザフスタンまでの研究動向

すでに触れたようにソ連期のカザフスタンにかんする歴史学[21]において重要かつ独特の位置を占めているのはベクマハノフである．ただし，その著作の重点は19世紀に置かれているので，ここでは，とくに南方の大ジュズに対する清朝の抑圧を強調していたことを指摘するにとどめておく[22]．

続いて，ソ連時代の各共和国史の編纂について触れる必要がある[23]．カザフ共和国については，次の4種類を考察の対象としたい．

まず1941年版『カザフ共和国史概説』第1巻 [Viatkin 1941] である．この中では，1757年のアブライ遣使について，「アブライが[露清]2つの大国に対して同時に臣民 vassal となった」こと，またここで開始された清との関係が経済的利益をもたらさなかったこと，アブライの子ワリーもまた，双方への「二重臣属 dvoinoe poddanstvo」の状況にあったことが示されており [Viatkin 1941: 175–176, 231]，カザフと清朝の関係も視野に入った記述となっている．

次に，1943年版『カザフ共和国史』[Abdykalykov; Pankratova 1943] でも，1757年の遣使を取りあげて，ジューンガル平定後の清朝の軍勢に，アブライは歯が立たず，「公式に自分が清の臣民であることを認めた」，とはっきり述べた上で，「二重臣属 dvoinoe poddanstvo」の状況にあったアブライが，露清の対立の中で「事実上の独立を得た」ことは，アブライの政策の勝利である，と評価を与えている [Abdykalykov; Pankratova 1943: 166–167]．

第三の1957年版『カザフ共和国史』第1巻（2巻本）（43年版の第3版という位

---

21) かつての Tillett [1969] をはじめ，近年のパンクラートワやベクマハノフ研究の例のように，ソ連時代の史学史そのものも研究の対象となりつつある．
22) その著作においては，清朝政府が，ロシアの大ジュズへの進出を阻害し，清に通じるハン一族（グバイドゥッラやアルトゥンサル）を支援しようとしたこと，また清朝とコーカンドという二重の抑圧に苦しんだ大ジュズ東部のカザフはロシアの臣籍を望んだが，清との関係を配慮するロシアは関心を持たなかったことを指摘している [Bekmakhanov 1957: 137]．19世紀前半のロシア，清朝，カザフの3者間関係については第7章第2節を参照．
23) Bezvikonnaia [2005: 15] も，研究史の回顧の中で共和国史編纂に言及する．

図 1 1957 年版『カザフ共和国史』第 1 巻掲載の『皇清職貢図』
注) [Auezov et al. 1957: 264] (向かって左端がカザフの頭目)

置づけ) [Auezov et al. 1957] は，清朝の史料にも基づき，史実をより正確に記す態度を取っている．アポローワ執筆の第 10 章は，1757 年に「アブライが使者をボグドハンの所に送り，清朝の臣民となることに同意する旨を伝えた」と記し，アブライの降表 (降伏文書) を引用しながら，「この文書には露清間でうまく立ち回る lavirovanie ことにより，自らの権力を守ろうと考えていたアブライの政策が反映されている」と，この出来事がアブライの権力を高めることにつながったことを示している [Auezov et al. 1957: 263–264]．またここで，カザフが清に進んで帰順したとみなされていたことを象徴する『皇清職貢図』[24] を，「宮廷藩属図集成」として掲載していることも注目すべきである．57 年版共和国史は，経済的には清との関係は成果を見なかったとするものの，政治上のカザフ＝清朝関係はきわめて明瞭に描かれており，次代のワリーと清との関係にも言及が見られる点でも注目に値する [Auezov et al. 1957: 303]．

ところが，第四の 1979 年版『カザフ共和国史』第 3 巻 (5 巻本) [Nusupbekov et al. 1979] では，1757 年について言及が見られず，翌 58 年のこととして，「清朝は新疆を占領したが，清の西の境界はそれ以上広がらなかった」と断じ，清

---

24) 乾隆年間に勅命により編纂された絵図である．原文ではカザフが「帰誠」したとの表現になっている [皇清職貢図 巻 2: 26]．

の征服活動を強調するばかりであった[25]．

　以上のように，1957年版までの記述と79年版の間には，中国との関係についての記述の密度が著しく異なっており，79年版では非常に希薄となっていることが明らかである．以下，その理由について考察してみよう．

　第二次世界大戦後のカザフ民族主義への批判［宇山 2005: 64］，あるいはロシア大国主義の台頭の中でのロシアによる中央アジア併合の正当化の動き[26]については，すでに研究されているところであるが，これらもアブライと清朝の関係に代表されるカザフと清の交渉について慎重な記述をする1つの理由になっていると考えられる．

　しかし，もう一つ別の理由は，当時のソ連と中華人民共和国の対立，とりわけ1962年前後の新疆国境線をめぐる両国間の紛争に求められそうである[27]．64年に本格化したソ連＝中国間の交渉において，極東の両国間国境線に焦点を当てつつ，かつての帝政ロシアと清朝との間に結ばれた条約を基礎にする国境線について中国側は異議を唱え［岩下 2007: 199–200］，両国の関係はきわめて緊張していたのである[28]．

　当然，この両国間の対立は，辺境をめぐる歴史叙述，本書の主題との関連で言えば，カザフの東方関係についての研究にも大きな影響を与えた．以後，ソ連と中国の研究はお互いを批判し，歴史叙述も1864年以降のロシアと清朝それぞれの領域内に限定され，分断されていく傾向を見ることができる．

　まずソ連側の動向を整理しておこう．とりわけ79年版『共和国史』にも携わったバースィンの著作は，カザフ＝清朝関係に否定的だった．アブライについて，「いまやロシアと清の間でどちらつかずの政策 *politiki lavirovaniia* を取ることの可能性を感じ」と記しはするものの，アブライの遣使を，あくまでも

---

25) バースィンが執筆している［Nusupbekov et al. 1979: 76–80］．
26) ［Tillet 1969］．たとえば史料集『カザフ＝ロシア関係』［KRO1; KRO2］の出版もこの一環にあると考えられる．その序文には，「カザフスタンのロシアへの併合は，歴史的に正当な理由を持つ進歩的な動き *akt* であって，それは疑いなくこれら［ロシアに併合された］諸民族の発展に肯定的な役割を果たしていたのである」と明記されている［KRO1: III］．
27) 62年の新疆からソ連へのカザフ人逃亡事件の詳細については［李 2002］（初出は1999年）．「1963年中ソ論争の開始には，この事件もある程度影を落としていたかもしれない」という濱田正美［1999: 206］の示唆がある．
28) 1964年に新疆でもソ連に対する軍事的警戒が高まったことについては［李 2004: 562］．1962年事件の影響については［Borisov; Koloskov 1977］も参照．

「貿易の…［中略］…詳細について合意するために」清朝皇帝に使節団を派遣した，と定義しており，その帰属については何も語っていない［Basin 1971: 210–211］．またスレイメノフとの共著では，ジューンガルを滅ぼした清朝に対して，アブライらがどのようにロシアに忠誠を示したかを描く一方で，カザフと清の関係の開始には何も触れていないのである［Suleimenov; Basin 1981: 82–84］．

また，1981年9月には，1730年に初めてロシアの「臣籍」を請願したアブルハイル＝ハンの行動（第2章を参照）を「ロシアへの自主的な編入 *dobrovol'noe prisoedinenie*」とみなし，その250周年を記念する[29]会議が開催された．会議議事録[30]においては，中央アジア国際関係史の視点からすでに単著を執筆していたグレーヴィチ[31]が，「18世紀後半から19世紀前半の清朝の侵略的拡張に対するカザフスタンおよび中央アジアの諸民族の闘争とロシア」と題する論考を寄せ，1979年北京出版の『沙俄侵略中国西北辺疆史』［沙俄侵略 1979］や，王治来の二巻本『中亜史』［王 1980］について，「ロシアの政策に関連するすべての事柄を中傷する試みであるが…［中略］…カザフ＝ロシア関係のすべての歴史は…［中略］…毛沢東主義者 *maoist* の虚構を論破している」と断じている［Gurevich 1983: 220］．このような国際関係史研究の流れは，史料集の出版と密接につながっていた．1989年の『中央アジアにおける国際関係』［MOTsA］である．その編集方針は，たとえば，「清朝はのちに自ら，アブライとその他のカザフの領主たちがすでに早くからロシアの臣民であったことを認めざるをえなくなった」

---

29) 1981年の第15回カザフスタン共産党大会における第一書記クナエフの発言は，「カザフ民族は，250年前から，絶えることなく，自らの意思によって自分たちの歴史的運命をロシア民族と結び付けていたのである」というものであった［Tulepbaev 1982: 16］．

30) 編者でもあるカザフ共和国アカデミー副総裁トゥレプバエフは，論考「カザフスタンのロシアへの自発的な併合とその発展的な意義」において，清朝の攻勢に対するロシアの守護の意義を主張した［Tulepbaev 1982: 50］．併合にかんする研究史の整理においては，43年『共和国史』第1版は，カザフスタンのロシアへの併合の進歩的な特徴を過小評価したとみなしたが，1947年のアポローワの著作から次の共和国史への流れには一定の評価をしている［Tulepbaev 1982: 51］．

31) Gurevich ［1983: 11］（初版1979年）は，クズネツォフの著作（［Kuznetsov 1973］など）が「清朝の侵略」的な史観に立ち，「中国史料を無批判に用い，ロシアのアルヒーフ史料の証言を無視している．それは，残念ながら，ロシアの政策が決定するところが大きかったこの地域の歴史過程の現実的構図の歪曲につながっている．またロシアの政策は，中央アジア辺境における清朝の侵略的意図 *ekspansionistskie ustremleniia* を抑えることに決定的な役割を果たしたのである」として批判した．Kuznetsov ［1983］は，カザフ＝清朝関係の諸相を清朝史料にもロシア史料にも依拠しながらバランスよくまとめているのだが，清朝の檔案史料が利用できるようになった現在では，その価値は低くなってしまったと言える．

ことを示すために特定の文書 (No. 201, 202) を提示するなど [MOTsA1: 18]，結論がやや先行している印象がある[32]．この点については，第3章でも検討を行いたい[33]．

同年に刊行された史料集『清帝国とカザフ＝ハン国』[TsIKKh] も『中央アジアにおける国際関係』と同じメンバーによって編集されたものであり，内部発行のためあまり利用されてこなかったが，両者に共通する恣意的な史料提示の方法があることはたしかであり，貴重な史料も含まれるものの，利用には注意が必要であろう．その編集態度は以下の記述にも表れている．

> 現代中国の歴史家は中国の封建的歴史叙述にしたがい，カザフの君主をボグドハン [＝清朝皇帝] の臣民と位置づけている．こうして彼らは，カザフスタンのロシアとの強固な政治，経済的関係には注意をはらわないか，まったく目を閉ざし，中ジュズ，とくにアブライの満洲中国 [＝清朝] の侵攻に対する武装闘争の事実を無視している[34]．

このようにして，ソ連の学界においては，18–19世紀のカザフ＝ハン国の東方関係が隠されていたと言っても過言ではない．

上のような流れの中で成立した歴史叙述の方法は，カザフスタン独立後の研究にも受け継がれているように見受けられる．かつてはロシア側の立場を強調するために，おもにロシア語史料の情報から組み立てて叙述を行っていたが，ソ連からの独立以後はカザフの主体性を主張することはできるようになっても，やはりロシア側の視点が反映された史料に基づいて記述するという手法は変わっていない．そのために，清朝にとってのカザフの遣使の意味や，露清間の交渉における両帝国の立場，そして何よりも，カザフが双方に取っていた態度の違いから見える実態を取り上げることができていないのである[35]．

たとえば，2000年出版の新しい『カザフスタン史』[Kozybaev et al. 2000] においては，おもに上述の『清帝国とカザフ＝ハン国』に拠って，次のような記述がなされている（アビル E. Abil が執筆担当）．

---

32) この史料の編纂過程の問題点については宮脇 [2005: 118–119] の指摘もある．
33) 第3章に関連する内容では，清朝の攻勢に対して，連合して抗するカザフと南アルタイという図式の設定も見られる [MOTsA1: 19]．
34) [TsIKKh1: 40–41]．1757年の遣使のことは [TsIKKh1: 29]．
35) すでに [野田 2005b: 034–035] で指摘したことでもある．

> [アブライは] 1757 年にケンジェガリを代表とする使節団を送った．皇帝謁見時にカザフの使者は，一方では，自分たちの 56–57 年の清朝に反する行動は誤りで，アムルサナの陰謀によるものだったことを伝えると同時に，一方では，タルバガタイは彼らの合法的な牧地であり，それをカザフに渡すよう主張した．<u>我々が文書から見るように，アブライは事実上，みずからが清朝に臣属していることを認めておらず，和平は結ばれた．</u>それでも，清朝人は，帝国外交の公式な伝統にしたがって，カザフを自分たちの柔遠なる藩属として捉えるようになった [Kozybaev et al. 2000: 250].

とするなど，ロシア側の文書において，アブライらがことさらに，自分たちは清に従っていないように見せることに腐心していたことに自覚的ではない．結局，アブライの政策については，両帝国との関係の中で，「最大限の柔軟性を示そうとしていた」と指摘するにとどまっている[36]．

カザフスタン独立後に出た研究で，もっともカザフ＝清朝関係に配慮したものはハフィゾワの著作だと考えられるが，爵位，貿易，藩属などの概念について，中華王朝としての清の立場から考察する手法は，カザフへの勅書をも儒教理念から解釈するなど，やや古めかしいものになっている．アブライの遣使についても，むしろ貢物としての馬など儀礼的な意味に注目することを主としている [Khafizova 1995: 135]．ほかに，カスムバエフやアルダベクなど清朝との経済的なつながりを論じる研究者は現れているが [Kasymbaev 1996; Aldabek 2001]，政治的側面にかんしては，上に示したように以前の段階にとどまっているとみなしてよいだろう．

(3) 中国の研究

一方の中国側の動向もあわせて整理しておきたい．先にも触れたように 1964 年の中ソ交渉を画期として，中国は，1860 年の北京条約にいたる露清間の条約の不平等性を表立って主張するようになる．ソ連側から批判を浴びた『沙俄侵略中国西北辺疆史』(1979 年) の主張によれば，アブライらの遣使をきっかけとして，カザフの中ジュズと大ジュズは 1757 年に清朝政府に「帰順」したので

---

36) これは [TsIKKh1: 100] に基づいている [Kozybaev et al. 2000: 255]．

図 2　清朝が想定していた自領域（1960 年代以降の中国が主張するかつての領土）

注）［沙俄侵略：56–57 間］*太線が清朝の境界を示す．バルハシ湖やチュー，タラス両河までが自領であると清が主張したのはたしかだが，明確な境界線が画定されていたわけではなく「版図」と呼ぶべきものだった［茂木 2001］．

あり［沙俄侵略：123］，清朝の領土はバルハシ湖におよんでいた．しかし，1860年の北京条約と 64 年条約という 2 つの「不平等条約」により，ロシア帝国が中国西北辺疆 44 万平方キロメートル余りの領土を「割走」した，つまり奪い取ったという論理であった［沙俄侵略：2］．この著作は多くの地図によって，いかにロシアが清朝の領土を奪ったかを印象づけることに努めているかのようである．一例を図 2 に示しておく．

1978 年から刊行が始まった『沙俄侵華史』の第 3 巻（1981 年）も，ジューンガル滅亡以降の境界について，ウスチ＝カメノゴルスク以南，アヤグズ河とバルハシ湖以東は中国の領土となっていたことを主張した後，ロシアのカザフ草原への進出について，1731 年，1740 年の小ジュズ，中ジュズによるロシア臣籍の宣誓は有名無実であったと断定し，19 世紀の 40–50 年代を，バルハシ湖以東以南の地域へのロシアの武力侵入と位置づけている［沙俄侵華史：52–54, 107, 112］．

先述の『中亜史』と同様の筆致で記されている『中亜近代史』［王 1989][37]に

---

[37]　同『中亜通史』（新疆人民出版社，2004 年）もおそらく同様の内容を再刊したものであろう．

おいても、『平定準噶爾方略』を引用しつつ、カザフが「清朝に臣服した」ことを説明している［王 1989: 114］．逆に、ロシアは中央アジアを「侵略」したのであり、1730年のアブルハイルのロシアへの遣使も一回性のものと断定するなど［王 1989: 119］、これらの中国側の文献が、ソ連側の主張とはまったく相容れない内容の記述となっていることは歴然としている．

中国においてもやはり公定の歴史書と言うべき『新疆簡史』1–2冊 (1980年) や『哈薩克族簡史』(1987年) などが出版されている．前者の編集には王治来も関与しており、カザフが清に「臣服」したこと、その後のロシアはカザフスタンを「併呑」したことを主張する［新疆簡史 1: 259, 341］など、共通点を見出すことができる．後者は、リョーフシンなどのロシア語文献を利用しながらも、やはりカザフが清に降伏し臣従したとの姿勢を崩していないのである［哈薩克族簡史: 178–182］．

先に触れた佐口透の著作は、カザフと清朝の関係史を研究するために参照が不可欠であり、いまも十分に価値を持っている．それは、とりわけ公刊された清朝史料の網羅的な利用が大きな理由となっている．ただし、これまでの筆者の指摘を繰り返すことになるが、佐口の研究の方向性には限界も見える．それは、あくまで清朝の辺境としてカザフ＝ハン国を捉えるその視点であり［佐口 1986: 434］、全体としてはより大きくカザフの動静を左右したはずのロシア帝国の関与が見えにくくなってしまっているからである．佐口の著作は中国語に訳され (83年、93年にそれぞれ出版)、中国の研究の中でもよく引用されてきたが、このような清朝側からの視点が、中国の立場を主張するにあたり好都合であったという側面もあるように思われる．

総じて中国の研究の特色は、カザフが1757年に清朝に対して降伏し、以後清に臣従していたこと、またロシアがカザフを含む中央アジアを侵略したという立場を取っていることにある．最近の厲声の業績は、1757年に帰順したカザフが清朝との宗藩関係に入り、ロシアとの関係も踏まえて、「二重臣属」(原文は「双重臣服」) 的立場にあったとみなすに至ったが、ロシア史料が消化されていないところに問題も残っている［厲 2004: 167］．

結局、それぞれの視点からの史料のみにより、国境の枠組みを越えられないまま研究が進んでいる状態は変わっていない．したがって、露清双方の視点を

認識した上で，また現代の境界につながる1864年以降の国境線にとらわれずに，カザフ＝ハン国と清朝の関係，ひいては東部カザフスタンと新疆(とくに北部)の歴史的なつながりに目を向けることが求められると考えるのである．

　以上の考察によって，イデオロギーの対立という単純な図式ではなく，むしろ1960年代以降の中ソの領土的な対立を背景として，それが中央アジアをめぐる歴史叙述のあり方に大きな影響を及ぼしていたことがわかった．もちろんすでにソ連はなく，独立したカザフスタンにおいて新しい方向での研究は進められており，あらたな史料も発掘されつつある．そのような状況下で求められるのは，やはり，根本史料を整理することを基礎としつつ，これまでの研究が見過ごしてきた——あるいは見過ごさざるをえなかった——カザフと清朝とのつながり，とくにカザフ草原東部と新疆北部の歴史的関係に注意を払うことではないだろうか．

3．カザフ草原と新疆間の歴史的関係——『東方五史』の視点

(1) 『東方五史』の構成

　序章において，すでに本書で用いる史料について述べたが，上に整理した研究動向が示すように，露清それぞれの立場を確認しながら史料を用いるという基本的な作業に立ち返る必要がある．その上で，カザフ自身の認識に迫ることが求められると考える．つまり，カザフ＝ハン国と清朝の関係を研究する上で，ロシア史料，清朝史料がそれぞれ帝国の論理にしたがって集めた情報に加えて，カザフ草原東部から新疆にかけての地域——1755–58年の清朝によるジューンガル征服後，カザフ遊牧民が東方へ移動し遊牧地を展開していた地域と重なる——について，のちに画定された露清間の国境線にとらわれずに見る必要があると考えるのである．しかしながら，同時代のカザフの間で歴史書が編まれることはなかったため，上のような視点からの情報を得る新たな手段として，ロシア統治下のアヤグズに生まれ，のちに清朝領のタルバガタイに移り住んだクルバンガリー＝ハーリディー (Qurbān 'Alī Ḥālidī) の著作『東方五史 Tavārīḫ-i Ḥamsa-yi Šarqī』(1910年出版，タタール語) に焦点を当てる．ここでは『東方五史』の史料性とそのまなざしを考察することにより，ロシアや清朝の視点から

離れたとき，18–19世紀のカザフの東方関係がどのように認識できるかを探りたい．

著者クルバンガリーの事績について，簡単にまとめておくと，その父ハーリドはヴォルガ地方出身のタタール人で18世紀末にカザフ草原に来たとされ，1840年代にはアヤグズに移っていたという．クルバンガリー自身は1846年11月アヤグズに生まれ，当地のマドラサ[38]に学び，後にセミパラチンスクのマドラサ[39]においても学んだ．父とともに清朝の卡倫(カルン)(辺境に置かれた哨所)があるバフト，その後74年にタルバガタイ(現在の塔城)に移住し，このまちのイマームとなった．85年に東トルキスタンを周遊し，成果は『新史誌 Kitāb-i Tārīḫ-i jarīda-yi jadīda』(カザン，1889年)[40]の出版となった．97–98年には東欧経由で巡礼の旅に出た．1909年『東方五史』を書き終え(翌1910年出版)[41]，13年3月1日，タルバガタイにおいて死去している[42]．このような生涯をたどり，最期を清朝領内で迎えたクルバンガリーであったが，タタール人の出自であったこと，イスラームの深い教養を持っていたことは，その著作にどのような影響を及ぼしているだろうか．

『東方五史』は12の章(juz')と多くの小見出しから成る．大きくわけて「五

---

38) アヤグズにおけるその師，ムハンマド=サーディクはロシアのチェレビ県の出身であった．アヤグズにおいて大きな崇敬を集め，当地のカザフのスルタンたちもその下へ訪れたという [Qurban 'ali: 407–408]．またカザフをイスラームにより教化したとも伝えられている「Qurban 'ali: 411]．
39) ここではブハラで教育を受けたアブドゥル=ジャッバールに学んだ [Qurban 'ali: 391]．
40) この著作については濱田正美による紹介を参照 [濱田 1983: 379–381]．テュルク書誌学者のHofman [1969: 75–78] をはじめとして，より大部な著作である『東方五史』との関連づけを見過ごしている場合が多い．
41) 92年にカザフ語訳が登場し [Qurbanghali 1992]，歴史学あるいは民族学にかんする論文での利用が増加した ([Qozbay tegi 1993: 7] など)．カザフスタンの民族学者Artykbaev & Alpysbesuly [1999] は，20世紀初頭のカザフ知識人シャカリム=クダイベルディウルやマシュフル=ジュスプ=コペエフらの著作と並んで，『東方五史』をカザフ史にかんする叙述として挙げている．新たに編纂された『カザフスタン史』も，19世紀後半から20世紀初頭の文献史料の書き手としてクルバンガリーの名を挙げる [Kozybaev et al. 2000: 63]．近年ふたたびカザフ語訳が出版され [Khalid 2006]，Artykbaev [2006: 273] が巻末の解説において，クルバンガリーの著作は，「シェジレ(系譜)」の意義をカザフ人の歴史史料として高く評価している，とみなした．とはいえ，清朝側の事情の不正確な理解のために，カザフ語訳そのものが省略の多い不完全なものになっていることを指摘しておかねばならない．なお，中国でも1962年に漢語訳が出版されたが [五本歴史]，部分訳でありその後もあまり顧みられなかったようである．
42) クルバンガリーの事績とその作品については [Karmysheva 1971; Frank 2008]．

史 Ḫamsa」,「補遺 Tatimma」(290 頁–),「補足 Takmila」(640 頁–) の 3 部構成となっている.「五史」に相当すると考えられる前半各章の表題は次の通りである.

　　1. フェルガナのハンたち　Farġāna ḫānlarï
　　2. アルティ＝シャフルのハンたち　Altï šahr ḫānlarï
　　3. カザクの出来事とハンたち　Qazāq ḫallarï vä ḫānlarï[43]
　　4. カザクの祖先たちの系譜　Silsila-yi ajdād-i qazāq
　　5. カルマク,モンゴルの話　Qalmūq Monġūl bayānï

「五史」と題されてはいるものの,第 1 章のコーカンド＝ハン国,第 2 章の東トルキスタン (新疆),第 3・第 4 章のカザフ＝ハン国,第 5 章のオイラト (カルマク)・モンゴル[44] の 4 区分しか見えず,何を指しているのかは判然としないところがある.いずれにしても著者が暮らし,地縁を持っていたカザフ草原東部から新疆 (とりわけその北部) について,その歴史を明らかにしようとした著作であることは間違いない.

(2) クルバンガリーの情報源

　クルバンガリーの著作の史料性を考える上で,その情報源を分析することは不可欠である.自らの見聞[45] に加え,「情報提供者」(rāvī) の存在に注目できる.貿易都市として知られたタルバガタイには,第 6 章で明らかになるように,ロシア,清朝のムスリムが頻繁に訪れていたが,彼らはクルバンガリーの歴史書執筆のための貴重な情報源となったであろう[46].また,1780 年ころにカザフ

---

43) カザクという語の起源に加え,アラシュ,ジュズ,キプチャク,バシキール,バラバ,ノガイ (タタール人を指す) などのカザフ民族に関わりの深い述語の意味を検討している.
44) 「私の「Ḫamsa-yi šarqī」の五番目である,「モンゴル・カルマクの項」と自身で述べている [Qurban ʿali: 288]. また「「補足」においては,東方の出来事 šarq aḥvālï の詳細を記しているので,šarqī の名が Ḫamsa に付加されており,我が著書の Ḫamsa-yi šarqī という命名もここに由来する」と題名について解説しているので,「補足」において記されているモンゴル,日本,中国をも念頭に置いて「東方」の名を与えたと考えられる [Qurban ʿali: 289].
45) たとえば,タルバガタイには,1859 年と 60 年の 2 度訪れており,移住前の出来事についても情報を得ていた [Qurban ʿali: 310].
46) たとえば「1313 年にカルカラルから商人ムッラー＝ワリーッラー＝ベクマトフがタルバガタイに来た.この人物と話しながら,その方面についての沢山の情報を得た」とある [Qurban ʿali: 446].

草原へやってきた父ハーリドから伝わった情報も，数多く反映されていると考えてよい [Qurban 'ali: 19].

　また，本書の関心から言えば，カザフのスルタンから情報を収集していたことは注目に値する．たとえば，中ジュズのアブルフェイズ＝スルタンの曾孫にあたるアディルハンからは，1305 (西暦 1887/88) 年のタルバガタイ訪問の際，多くの情報を得たことにクルバンガリーは言及する [Qurban 'ali: 459]．中ジュズのクゼイ部族を統率していたブテケ＝スルタンとも交流を持っていた [Qurban 'ali: 258]．その結果，スルタンたちの動向について独自の情報を残すことに成功している．カザフのスルタンは，19世紀前半においても，新疆，カザフ草原，西シベリア間を移動していた．詳しくは本書第7章で述べることになるが，『東方五史』に名の見えるベクスルタン[47]やスバンクルなどのスルタンたちは，しばしば露清の境界を越えて移動していたのであった．

　さらに，クルバンガリーはロシアの東洋学者カタノフと交際し，またラドロフやヴァンベリーなどの西洋学界で名の知られた東洋学者の著作を，翻訳を通じて知っていたようである．このような当時の東洋学の知識は，『東方五史』の中でも発揮されている．ロシア帝国内のムスリムによる著作の引用も文中に見られる．著名なメルジャーニー『カザンとブルガールにかんする情報の集成』[48]のほかに，アフマドワリーのセミパラチンスクについての著作[49]，ザーキル＝エフェンディなる人物の中ジュズのカザフの系譜にかんする書などが引かれている[50]．

　クルバンガリーがもっとも注意を払っていたと考えられるのは，カザフの間に口頭で伝わる伝承であったにちがいない．その理由は，自身が記す執筆の動機にある．クルバンガリーは，カザフ，カザフのハンたちの歴史について，「それらの多くが，みなの口 *agïz* の中に在るが，そのための特別な歴史書や伝記は

---

47) [Qurban-'Ali 2005: 107–109] にもその名が見える．
48) Šihābeddīn Merjānī, *Mustafād al-Aḫbār fī Aḥvāl Qazān vä Bulgār*, Qazan, 1897 である．くわしくは [小松 1983] を参照．
49) [Qurban 'ali: 405]．この書は，[Frank; Usmanov 2001] の前半部に相当する．
50) [Qurban 'ali: 668]．ザーキルはコバルのイマームであり，アラシュに遡る系譜を所収している．またムッラー＝ナーズム＝ビラールの『中国の聖戦 *Ġazavāt-i Čīn*』についても言及がある [Qurban 'ali: 299]．ビラールとその著作については [濱田 1973: 31]．

なかった」ことを指摘している [Qurban ʻali: 140]．続けて，

　　近頃は彼ら［カザフ］もまた読んだり書いたりして，歴史から喜びを得たり，
　知識を得たりしているので，口承 aġïz söz にさほど耳を傾けず，今から 25，
　30 年前に我々が聞いた言葉を今知っている者は少ししかいない [Qurban ʻali:
　141]．

と当時の状況を憂えている．さらに，第 3 章冒頭では，「カザフ qażāqīya の源
流は 3 ジュズであり，それらの内で，この地方 ṭaraf に広がった［部族］は，中
ジュズであり，このジュズのハンたち，この部分 qaṭīʻa の出来事が，多く述べ
られる」と，中ジュズに重点を置くことを明言した [Qurban ʻali: 140]．小ジュズ
にも大ジュズにも，歴史を書ける者がいるが，対照的に中ジュズのナイマン部
族については，歴史家は何も記してこなかったことを理由として述べている．

　クルバンガリーが，カザフとその歴史について大きな関心を寄せていること
のもう一つの背景として，テュルクあるいはイスラームという意味で自らの民
族であるタタールと同じ範疇に入るものとみなしていることが挙げられる．カ
ザフ民族について，「アラシュ，タタール，ウズベク，カザフの 3 ジュズ」
[Qurban ʻali: 195] などのさまざまな呼称があることを記した上で，カザフの自己
認識の段階として，

　　カザフの言葉の中に，「我々はみな，1 人のムスリムの子である」というも
　のがある．この言葉によれば，あらゆるイスラームの民は同胞，兄弟なの
　である…［中略］…第二に，血統によって同朋であることを主張するに当
　たって，「我々はみな，アラシュをウラン［＝鬨の声］とする兄弟であり，1
　人のウズベク[51]の子である」と言う．この言葉によって，他人ではなく，
　ノガイ Nūġī［すなわちタタール］と同朋であることを定めている．第三に，
　「我々はみな，1 人のカザフの子どもであり，我々はみな，3 ジュズの子孫
　である」と言い，「その分枝である」と言っている．この言葉によって，ノ
　ガイから分かれて独自［の民族］になっている．第四に，「大ジュズ，中ジュ
　ズ，小ジュズ」と言い，あるジュズに帰属 taḥṣīṣ することで，残りの 2 つ
　のジュズから区別される [Qurban ʻali: 196]．

---

51)　ジョチ＝ウルス治下のテュルク系ムスリムがその名を冠したウズベク＝ハンを指しているのだ
　　ろう．

と記している．つまり，クルバンガリーが見ていたカザフのアイデンティティーは，ジュズ＜カザフ＜タタールを含むテュルク系諸民族＜ムスリムの順に同心円を描くものであったことがわかるのである[52]．その晩年にロシア帝国内のムスリムの間に興った汎テュルク主義の影響を，クルバンガリーがどれほど受けていたかは判然としない．確認できる事実としては，共通トルコ語の記事によってテュルク系ムスリムの覚醒を促した『テルジュマン』紙の購読について，自身による言及があるのみである [Qurban 'ali: 689]．

ここまでに見た内容からは，クルバンガリーの執筆の動機に加え，彼のカザフに対する視線，その著作が扱う空間的な範囲を確認することができるだろう．

(3) 『東方五史』の地域性

『東方五史』と時を同じくして出版されたシャカリム＝クダイベルディウル（中ジュズ出身，1858–1931 年）の『テュルク，クルグズ＝カザクとハンたちの系譜 *Türik, qïrġïz-qazāq häm ḫāndar šejiresi*』（オレンブルク，1911 年）と比べると，『東方五史』ではカザフ＝ハン家の中でも清朝の境界近くに遊牧していた中ジュズのスルタンの家系[53]に言及するなど，明らかに東方への偏りがある．『クタドゥグ＝ビリク』やアブルガーズィー『テュルク系譜』のようなアンソロジー[54]は共有していても，ロシアとの関係を中心にしてカザフの歴史を語るシャカリムと，随所に清朝との関係を交えながら叙述するクルバンガリーとの間に地域性の違いが出てくるのは当然のことと言える．

19 世紀後半から 20 世紀初頭にかけて，ロシア帝国内のムスリムの間に，より地域に根ざした歴史叙述が登場し，それが民族意識の形成と強く結びついていたことはフランクの研究からも明らかである[55]．その典型は，タタールにおける『ブルガリヤ史 *Tavārīḫ-i Bulġārīya*』（1870 年）や，前述のシャカリムによ

---

52) 対照すべき例として，カザフ知識人ドゥラトフが意識していたアイデンティティーは，カザフ→イスラーム→ロシアの順であった［宇山 1997］．
53) とくに，清朝から「西部」の名を冠されたトゥルスンの系統については，きわめてくわしい情報を記している．カザフの「西部」については本書第 4 章を参照．
54) 近代東洋学の「発掘」による成果に基づいていることには注意しなければならない．
55) [Frank 1998]．同書は，より早い時期の史書として，『ブルガールの歴史書 *Tārīḫ nāma-yi Bulġār*』（1805 年）も分析の対象としている．

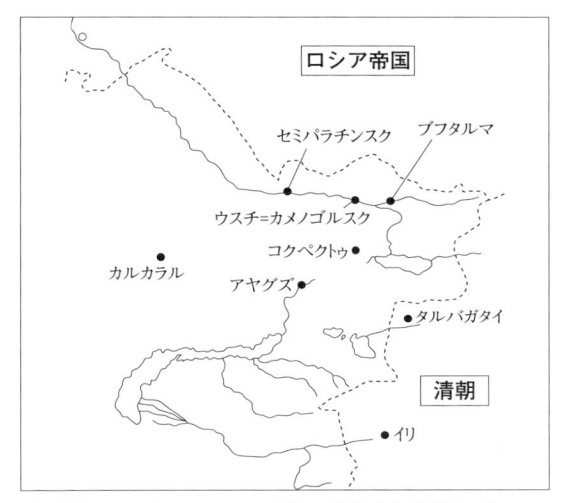

図3 カザフスタン東部の諸都市と新疆北部
注) 点線は現代の国境線.

るカザフにかんする著作であり，さらには，東トルキスタンにおけるムッラー＝ムーサーによる『平安の歴史 *Tārīḫ-i amnīya*』(1903年)や『ハミード史 *Tārīḫ-i ḥamīdī*』(1908年)[56]もその類型と呼べるかもしれない．このような，共時的な歴史の見直しと新しい叙述の動きは，民族意識の芽生えとも重なって，新たな地域概念の設定にも結びついていたと考えられる．

　前節で検討したソ連以降の歴史叙述と対比すれば，クルバンガリーの視点の独自性はいっそう鮮明になる．たとえば，ソ連末期に刊行されたカスムバエフ『東カザフスタンの諸都市』は，セミパラチンスク，ウスチ＝カメノゴルスク，ブフタルマ，コクペクトゥ，アヤグズ，ザイサンなど(図3)を考察の対象とするが，これらの都市の清朝とのかかわりについては，ロシア＝清朝間の貿易関係における都市の役割を考察するにとどまっている [Kasymbaev 1990: 36–42]．なお同じ著者の前著『安らかな保護のもとに』[Kasymbaev 1986] では，東部カザフスタンの都市をロシアとカザフとの境界として位置づけ，またカザフを守る要塞線としての意義を強調しており，清朝との政治的な関係はきわめて限定

---

56) この両書については [濱田 1983] を参照．

的に描かれている．無論，その中で史料として用いられるのはロシア側の文献のみであり，20世紀初頭の定期刊行物，あるいはこの『東方五史』のような現地のムスリムによる記述が顧みられることはなかった．

対する『東方五史』の視点を整理してみると，上のような情報収集の方法からも，この文献がカザフのスルタンたちの歴史と系譜にくわしいことは明白である．また，著者が小見出しに挙げ解説をしている都市名を列挙すれば，新疆側のイリ，タルバガタイに加えて，同書第6章に見えるウスチ＝カメノゴルスク，セミパラチンスク，アヤグズ，コクテレク (コクペクトゥ)，コパル，アルマトゥ，レプシ，ウルジャル，サルカンド，バフト，ザイサン，ジャルケントであり[57]，イルティシュ要塞線の都市，ロシアの管区庁 (後述) が置かれた都市，そして後になって建設されたセミレチエの諸要塞を意識していたことがわかる．これらの都市があった場所は，イスラームあるいは商業に関連して来訪した，タタールをはじめとするテュルク系ムスリムが居住していた空間にほかならなかった．

なかでもセミパラチンスクは国際的な商業都市であり[58]，またムスリムが住む都市でもあった[59]．ロシア国籍のムスリムはもとより，タシュケントやブハラなどからも商人[60]が往来し，シベリア，中央アジア・カザフ草原，そして新疆を結んでいたのである (詳しくは本書第6章を参照)．セミパラチンスク，あるいは1820年代以降にカザフ草原に開かれていく管区の庁が置かれた都市には，ヴォルガ＝ウラル地方からおもにタタール人のムッラーたちが訪れ [Frank 2003; Sultangalieva 2000]，イスラームの指導にあたったことも，クルバンガリーの記述と一致している[61]．その背景としては，18世紀後半のロシア女帝，エカテリーナ2世[62] (在位1762–96年) の時代より，タタール人のムッラーが東方へ活

---

57) カルカラルについては，都市にかんするリサーラ (小冊子) を紹介している．
58) 「セミパラチンスクは，アジア商品をコーカンド，タシュケント，清朝の都市タルバガタイとイリから得ている」[IKZI5: 401] (Helmersen G., *Raise nach dem Altai, im Jahre 1834 fusgefuhrt*, 1848 からの露訳)．
59) この都市にあったモスクについては [Frank; Usmanov 2001]．
60) 彼らのためのサルトのモスクはウファの宗務局からは独立していた [GAOmO: f.3, op.1, d.1364, 1.3]．また [Frank; Usmanov 2001: 31] も参照．
61) [Frank; Usmanov 2001; Qurban-'Ali 2005] も同様である．
62) エカテリーナの命により1789年にウファに設立された「ムスリム宗務局」が契機となっていた [小松 1998: 12]．

動の場所を見出す傾向があり [Khairullin; Khamidullin 1998]，19 世紀前半のロシア文書には，カザフ草原に設けられた管区に移住を希望するタタール人の請願が散見されるようになる[63]．大ジュズのスユク=スルタン（アブライの子）のもとにいたムッラーについて，『東方五史』には次のようにある．

> 我々ノガイ［=タタール］がはじめてカザフの内へ足を進めたのは，1800 年より後であり，その最初［の人物］はガブドゥル=ムウミンの子，ムサギド MS'D=アガであった[64]．

このため，19 世紀前半には，チャラ=カザク[65]のような新たなエスニシティーも現れたことはロシア帝国の文書にも記録が残っている[66]．そしてクルバンガリーもまた，そのような系譜に連なるタタール移民の 1 人であった．

クルバンガリーの一族にも該当するが，すでに露清国境線が画定されつつあったにもかかわらず，カザフ草原を越えて清朝領内の新疆に移動したタタール人たちの活動にも注目すべきである[67]．その代表的な例がタルバガタイのタタール人であり，まさにクルバンガリーが終の棲家とした都市であった．さらに，クルバンガリーの人名事典[68]を翻訳したフランクが指摘するように，このような新疆北部の都市とカザフ草原東部の都市の間には，宗教的な意味でのつながりもあった．フランクの解説に従えば，「クルバンガリーの事典は，セミパラチンスクとタルバガタイの学者とスーフィーとに焦点を当てている」のであり，これらのイスラーム知識人は，おもにタタールとカザフの出身者であったとみなしている [Qurban-'Ali 2005: XXI–XXII]．

つまり，クルバンガリーが念頭においているのは，上記のような 19 世紀前

---

63) [Qurban 'ali: 165–166] も参照．
64) [Qurban 'ali: 385]．これは大ジュズのスユクのもとにいたムッラーの Musagid を指すと考えられる．スユクは 1818 年にロシアに使者を送り，モスクの建設などを求めていた．カザフ草原における法定ムッラー（ukaznyi mulla）の存在については [Rechkina 2003]．
65) 「半カザフ」の意味で，カザフその他の民族とタタール人との混血に起源をもつという [Radlov 1989: 582]．
66) [GAOmO: f.3, op.1, d.1131]．また [Qurban-'Ali 2005] も参照．
67) [大石 1996; Gosmanov 1996; Usmanov 1998]．また中国側文献の記述でも，「1840 年代になると，さらに東へ進み，清朝領内へ入ったタタール人も現れた」という [周；郭 1993: 11]．
68) クルバンガリーによる人名録のテキストと英訳を公刊したもの [Qurban-'Ali 2005]．さらに，東部カザフスタンの都市セミパラチンスクにかんする 2 編の写本（1 編はアフマドワリーによるもので，もう 1 編はクルバンガリーが編纂）を翻訳とともに掲載する別の著作 [Frank; Usmanov 2001] がある．

半以来形成されてきたイスラームの学者たちのネットワークで結ばれた地域であり，『東方五史』執筆の際にもそれを前提としていたと考えられるのである．本書の関心を通して見ると，それは，ジューンガル政権崩壊以降の中ジュズおよび大ジュズのカザフの移動圏や貿易圏と重なってくる．結果として，この著作が，西シベリア，カザフ草原東部，新疆北部にまたがる空間の地域史[69]としての役割を持っていることが明らかになる．クルバンガリーは次のように記し，中ジュズ，とりわけ地縁のあるアヤグズ周辺，露清国境近くを遊牧していたナイマン部族に焦点を当てることを強調している．

> この地域 jānab において場を占めている中ジュズ…［中略］…とくにナイマン［部族］の出来事が明瞭に書かれる．というのも，アヤグズは我が生地，ナイマンは［私が］ともに生活した人々であるからだ [Qurban 'ali: 140–141]．

引用文中の「この地域 jānab」や，『東方五史』中で頻出する「我々の地域 ṭarafimïz」（[Qurban 'ali: 370]）などが意味している空間も，この文脈で理解できるだろう．

換言すれば，本書が対象とする 18–19 世紀半ばにかけてのカザフがかかわりを持っていた地域のたどった歴史こそが，クルバンガリーの著作を生み出したと言える．すなわち，情報の収集元であったカザフの移動圏，タタールをはじめとするロシア=ムスリムのネットワーク，商人の移動を伴う貿易路，この 3 点の重なりを象徴的に示すのが，『東方五史』の中で意識されている空間であり，さらに，それは本書が着目する西シベリア，カザフ草原東部，新疆北部の 3 地域のつながりとも重なりを見せている．

ここまでの考察を整理すると，まず著者クルバンガリーの越境者としての特異な立ち位置を指摘できる．そのため，『東方五史』では，露清間の境界にとらわれずに歴史を描くことに成功している．また，彼の著作はカザフの歴史に対して，ムスリムあるいはテュルク系としての当事者意識を有する一方で，非カザフ（すなわちタタール出身）という意味での相対性をも持ち合わせていた．1837–47 年にカザフ草原を揺るがしたケネサルの反乱についての冷静な記述か

---

[69] ただし，西モンゴルにはムスリムが少なかったためか，クルバンガリーの視野にはほとんど入っていないのだが，本書の内容にかかわる所では，ロシアのアルタイ地方・清朝側のコブド地方なども視野に入れておく必要がある．この点については本書第 3 章を参照．

らもそのことは説明できるだろう[70].

　第二に,『東方五史』の独自な情報源が重要である．それによって,『東方五史』が，ロシア東洋学の系譜に連なる文献の影響を受けながらも，基本的にはカザフの伝承などに拠り，言わば現地の視点からの歴史叙述となっていることに注目できる[71]．その記述内容については，露清の文書史料を比較検討する以下の各章における考察を通じて，裏づけていくことになろう．

小結

　本章前半では，カザフ＝ハン国の東方関係についての研究史を改めて整理した．1757（乾隆二十二）年以来，ロシア・清朝との関係を両立していた中ジュズの有力者アブライの例を手がかりとして，ロシア（ソ連）・中国における研究史の立場を抽出し，そこからは，今後の課題として，史料の相対的な分析が必要となることが明らかになった．

　後半では，きわめてオリジナルな情報を持つ『東方五史』が，20世紀初頭という遅い時期に記された文献であるにもかかわらず，カザフ史研究に有用となる理由を考察した．ただ独特の内容を記しているということだけではなく，著者クルバンガリーの出自ゆえに，きわめて詳細に記されているカザフの清朝との関係の比重[72]にも目を向けることで，ロシア併合史観とは異なった視角からカザフ草原史の再構築が可能になる．それは，言い換えれば，クルバンガリーが括る地域――カザフ草原東部，イルティシュ河沿岸のロシアの諸都市，新疆北部の地域的一体性[73]（序章図2参照）――を踏まえた上で，カザフの歴史を見直す視点を持つことを意味している．この著作が，1864年の露清国境画定条約締結後についても，国境を越えての集団の移動を示す史料となりうることはすでに筆者が別に考察したとおりである［Noda 2006］．

　以下の本書各章の議論は，史料上から明らかになる政治的展開，経済的つな

---

70)　［Qurban 'ali: 472］では，「ロシアと長い間戦った．クルグズとも何度も争った．最後は，兄弟とともにクルグズの手にかかって死んだ」と記すのみであった．
71)　カザフの叙事詩の内容と史実の対照については［坂井 2001］．
72)　［野田 2005b］でも指摘したが，カザフのロシア・清朝との双方向の関係を明示している．
73)　経済圏としてのつながりについては，本書第6章が全体の構造を明らかにしている．

がりに基づき，1757年以降のカザフ＝清朝関係の文脈から，露清国境画定以前の枠組みを再考することをも意味している．それはまた，ここまでに見たカザフ＝ハン国の東方関係の舞台となった空間の地域性を検証することにもなるはずである．さらに，このような視点からの考察は，カザフ＝ハン国史の構造解明に加えて，露清両帝国の異民族との関わり方を相対化する試みにもなりうると考えられる．

第 2 章

ロシア帝国の中央アジア進出とカザフ＝ロシア関係

はじめに

　本章では，カザフと清朝との関係の背後にあったカザフ＝ロシア関係について，18世紀前半から19世紀半ばまでを通史的にまとめながら，第3章以下で扱う問題点を指摘する作業を行う．これまでの多くの研究にも拠りながらカザフ＝ロシア関係を概観しつつ，その中でロシア帝国がカザフ遊牧民をどのように把握していたのかを考えることは重要な意味を持っている．さらに，カザフが清朝との関係を持っていたことが，ロシア側の認識にどのような影響を与えていたのかを考察し，本書が主題とする中央ユーラシアの国際関係の中で，カザフとロシアの関係をどのように位置づけるべきかを浮き彫りにすることを目的としている．

1. ロシア臣籍の請願とコーランへの誓い

(1) アブルハイルの宣誓

　本節では，18世紀前半から構築されたロシアとの関係を，カザフからみた対外関係の一つとしてとらえ，その関係の結び方を再考する．そもそもロシアにおいては，カザフとの関係は16世紀末から始まっていたが，管轄していたのは使節庁 (Posol'skii prikaz)，次いで18世紀のピョートル1世による改革後は外務参議会 (Kollegiia inostrannykh del) であり，対外関係の枠組みで処理するものであったことを確認しておきたい．実際の交渉の窓口となっていたのは，トボリスクを中心とするシベリア県であり，また1743年に現在の位置に移設されたオレンブルクが西方のカザフとの交渉に当たっていた．

1680–1715 年にハンの地位にあったタウケの時代まで，「カザフ＝ハン国」は統一的な状態を保っていたと考えられている．ロシア史料においても，タウケ＝ハンが派遣した使節の存在が知られている．タウケの死後，カザフ＝ハン国の統一的状況は崩れ，複数のハンが並び立つようになった．並行して，カザフ＝ハン国は次第にジュズと呼ばれる部族連合に分かれ，少なくともロシア史料[1]の記述に従うなら，各ジュズごとにハンが選出されるようになっていったことがうかがえる．ロシア以外の国との関係として，タウケ後のハンの中では，カイプ（1718 年死去）がオスマン帝国に文書を差し出したことで知られている[2]．

　また小ジュズの諸部族に対して影響力を持っていたアブルハイル＝ハン（在位1710–48 年）は，1723–25 年にかけての「アクタバン＝シュブルンドゥ（裸足での逃走）」と呼ばれるジューンガル（オイラト）の侵攻の中で勢力をまとめた[3]．当時のカザフは，上述のジューンガルは言うまでもなく，周辺の勢力，とくにトルグート（ヴォルガ＝カルムイク）とも複雑な関係にあった．たとえば，1726 年にセメケ，バラク，アブルハイル，イシムらのカザフのハンたちがウラル河を越えてトルグートのロブジの遊牧地を襲う一方で［Bakunin 1939: 225］，トルグートのドルジ＝ナザルが，同族アユーキ＝ハンの子チェレン＝ドンドク（在位1731–34年）に対抗する同盟をアブルハイルと結ぼうとするなど情勢は混乱していた［Khodarkovsky 1992: 196］．さらにその裏では，トルグートに対抗するために，ロシアの保護を求める動きもあったのである[4]．

　このような背景から，アブルハイル＝ハンは使者をウファに送るにいたった．使者は 1730 年 7 月 20 日に到着し，カザフ＝ハン国の状況などについて報告を

---

1) 好例が，アブルハイルの下に派遣されたテウケレフ（後述）の日誌における記述である［KRO1: 62］．ボケンバイ＝バトゥルがテウケレフに語ったところとして，大ジュズの固有（osoblivyi）のハンとしてジョルバルス，中ジュズのハンとしてセメケとクシュク，小ジュズのアブルハイルの名を挙げている．
2) カザフのハン，カイプ＝ムハンマド＝ハンの使者が 1713 年にイスタンブルを訪れた．15 年にはオスマン帝国のスルタンからの返書があった［Saray 1984: 12–13］．
3) ハン国の中心都市であったトルキスタンを押さえることに成功した［IKRI2: 342］（1725 年 1 月 15 日受信，ブハラへの使者ベネヴェニからの急使の書簡，外務参議会官員宛て）．
4) 1726 年，3 月 17 日カザフの使者の外務参議会への報告．キルギス＝カサクのオルダ（Kirgis-kasatskaia orda）の長老たち，また小ジュズ一族の支配者たちが，皇帝の保護を受けることを望んでいる旨を伝えている［IKRI2: 354］．

行い,以下に記すように,ロシアの「臣籍」に入りたいという希望を申し伝えた [IKRI2: 369]. ボジャーが指摘したように,アブルハイルのロシアへの遣使は,小ジュズにおける自らの権力基盤の確立やバシキール(バシコルト)と同様の土地の権利の獲得という動機に加え,ジューンガルの脅威とならぶ,コサック,トルグート,バシキールとの抗争が背景としてあり,彼らとの関係を改善するというあくまでも現実的な目的に基づいていたのである[5].

ここで論じているロシア帝国の「臣籍」の概念を確認しておこう.本書では,ロシア帝国において「臣民である状態」を指す語 poddannyi あるいは poddanstvo にこの訳語を当てることとする.単に「臣民」としないのは,「臣民であること」を指す場合が多いからである.これらの語の源は,dan', すなわち税にあり [Trepavlov 2007: 135],ロシア帝国の臣民となることは,税を納める義務と結びついていた.重要な点としては,異教徒,つまり非ロシア正教徒との関係構築の手続きであったことがあり [Trepavlov 2007: 138],臣籍の宣誓という方法によりそれは具体化していた.

さて,カザフとロシア帝国の関係の端緒を振り返ってみると,両者の関係の基礎にあったのも,カザフによるロシア臣籍の請願と宣誓であった.その最初の例が,1730年9月8日のアブルハイル=ハンのものである.アラビア文字タタール語で記された請願の文書は,使者を派遣した理由を次のように記している [KRO1: 35–36].

 タタール語原文:今や高貴なる大皇帝陛下あなた様の庇護下にお護りいただくために

  Emdi al-ḥāl siz davlatlï uluġ pādšāh ḥaḍratingïz sāyasïda panāh olïp ……učun

 通訳官によるロシア語訳文:皇帝陛下に完全に従うことを望んで

  Zhelaia byt' sovershenno podvlastnym Vashemu Velichestvu

このように,原文とロシア語訳文では文意が異なっているように見えるが,その後のロシア政府内での議論は,当然ロシア語訳の文面をもとに行われた.請願についての報告の段階(10月30日)では,すでにアブルハイルが「皇帝陛下

---

5) [Bodger 1980: 48, 56]. カザフとバシキール間の緊張関係については [豊川 2006].

の臣民となる *byt' v poddanstve* ことを望んでいる[6]」と解釈されていた．なお，アブルハイルは，その請願の末尾において，「私アブルハイルは，多くのカザフ，私に従う中ジュズ，小ジュズの民総員とともに，服従いたしました」と申し述べている[7]．アブルハイルは，「カザフ *kasaki* には 6 人のハンがおり，…［中略］…その内で［力が］大きいのはアブルハイル＝ハンであります」という報告が寄せられるなど，ロシアにおいてもその勢力を知られている人物であった[8]．

その後，翌 31 年 2 月 19 日の承認を経て，皇帝アンナの証書が伝えられると，改めてアブルハイルは「皇帝の臣民となること *byt' v poddanstve*」，また「不断に忠誠であること」を誓った．この 31 年 10 月 10 日の宣誓文の冒頭では，アブルハイルはコーラン (alkoran) に接吻して内容の正しさの証しとしている [MIPSK: 16–17; KRO1: 54]．

外務参議会は請願を受けて通訳官テウケレフをアブルハイルのもとへ派遣していたが，コーランへの誓いは，その際の訓令において指示した通りの方法であり[9]，宣誓文の文言も前もって参議会で作成されていたものだった[10]．

このようなコーランへの誓いの例は，後で触れる中ジュズのハンたちの宣誓 (1740 年) をはじめ，以後しばしば見ることができる[11]．19 世紀後半にはカザフの法廷における誓言の際にも応用されたことからもわかるように[12]，これはロシアと周辺異教徒との関係において見られる慣行であり[13]，この場合は，イスラームを盾に取って，ロシアはカザフとの主従関係を正当化していた．

---

6) ［KRO1: 35–37］．臣民であることを宣誓した 19 世紀の文書では，「陛下に従いました *ḥaḍratlarïna qaradum*」という言い回しになっており，この時の請願の文言とはやや異なっている [MIPSK: 162]．
7) ［宇山 1999: 97］も参照．原文は，「Biz Abū al-ḫayr ḫān qïrq san qazāq Orta yüz Kiči yüz barčamïz ra'īyat qarajalarïm birlä baš saldïm」．ロシア語訳では「あなた様にひれ伏します *prekloniaemsa pered Vami*」となっている．
8) 1730 年 9 月 29 日のバシキール人の言葉 [IKRI2: 372–373]．
9) ［KRO1: 42］．テウケレフ派遣の目的は，アブルハイルとその下のカザフに，ロシア臣籍の請願を行わせ，ロシアの隊商の保護，ヤサクの支払い，人質供与，ロシア国籍を持つ者との関係良化をアブルハイルの責務とすることにあった [Erofeeva 1999: 195]．
10) 3 月 26 日作成の見本 [MIPSK: 16]．
11) 1810 年のカザフのスルタンたちの宣誓においては，「貴きコーランに接吻いたします *qur'ān-i majdīn obamïn*」と記されている [TsGA RK: f.345, op.2, d.159, l.11]．
12) Martin [2004] がコーランのシンボリックな意味に言及している．
13) 16 世紀にはすでにタタールや他のムスリムがコーランへの誓いを行っていたという [Khodarkovsky 2002: 243]．

アブルハイルは以後，ロシアに対して人質（アマーナト）を送り，ヤサクと呼ばれる毛皮税も支払うことになった．ロシアにとってはこれらもカザフの臣従の何よりの証左となった．のちのオレンブルク遠征隊長キリーロフは，「カザフは宣誓 shert' を行った…[中略]…カザフを信用することはできないが，彼らをロシアに臣従させておくことは可能である」として，その後の施策を提議している[14]．キリーロフの提言に加えて，自身の権力の安定化を望むアブルハイルからの要求もあり，オレンブルク要塞は建設された．豊川浩一によれば，キリーロフの立案は，その後のロシアの民族分断化政策の画期となるものだったという[豊川 2006: 194, 442]．西欧の啓蒙主義の影響を受けつつあった 18 世紀のロシア帝国にとっては，すでに臣民とみなし得るトルグートやバシキールに次いで眼前に現れたカザフもまた，自らへ臣従させる対象に他ならなかったと言えよう[15]．以後，2 度の移転を経るものの，このオレンブルク要塞を一つの足がかりとして，ロシアのカザフ草原への勢力拡大は進行していったのである．小ジュズに続き，1732 年には中ジュズのセメケ＝ハンも宣誓を行い，また大ジュズのスルタン（カザフ＝ハン家一族）らも 1733 年に請願の文書を送った．その時の文書にも，「我々は皇帝陛下に服従いたしました $Aq\ \d{h}\bar{a}n\ ulu\acute{g}\ b\bar{a}ds\bar{a}h\bar{\imath}na\ ba\check{s}\ salduq$」という文言が見える[KRO1: 102]．

こうして一見カザフ全体がロシアに臣従したかのようにも思えるが，この時の「臣籍 poddanstvo」とはまだ形式的なもので，表面的な臣従にとどまっていたと言える．したがって，1740 年代までに大ジュズを除くカザフがロシアに「服属」したとの見解（[豊川 2006: 187–188]）には従えない．アブルハイルの宣誓時も，カザフの長老たちの多くは，実際は宣誓を拒否していたのである．そ

---

14) 1734 年 5 月 1 日のキリーロフの「草案」中の文章である[Dobrosmyslov 1900: 8–9]．キリーロフとオレンブルク建設については[豊川 2000; 豊川 2006: 186–203]．
15) キリーロフの記述による[Dobrosmyslov 1900: 37–38]（豊川[2000: 26]も引用している）．なお，カザフ草原の場合は，やはりジューンガル政権崩壊と清朝との接触とによって，西シベリアにおいてカザフの帰属が問題になったことが，その後のロシアの政策の進展につながっていたと考えられる（第 3 章を参照）．その時にもかつてのキリーロフの「草案」とそれを受けての指令が参照軸となっていたことは注目に値するが，それはあくまでもカザフを臣従させることの是非を問う文脈であった（たとえば 1759 年 1 月 22 日のルイチコフとテウケレフからの報告[KRO1: 576]）．Sunderland [2007] が示すロシア帝国における辺境を記録することの意義に照らせば，18 世紀後半のアンドレーエフらの記録・探検によって，清朝領に近い中ジュズの牧地についても，ロシア帝国の視野に収めることができるようになったと考えられる．

もそも中ジュズ，大ジュズからは人質も税の支払いも行われず，小ジュズからの人質すら中断したことがあった [IKRI3: 321]．ホダルコフスキーが述べるように，カザフにとってはより有利な状況を獲得するための形式的な忠誠の誓いにすぎなかったのに対し，ロシアには皇帝への臣従を意味するものにほかならず，両者のイメージには大きな開きがあった [Khodarkovsky 2002: 51–56]．ちなみに，大ジュズはその後ジューンガルの支配下に入り，ロシアとの関係は暫時途絶えることになる．小ジュズと中ジュズの間にもロシアとの関係については温度差があり，アブルハイルの例を待たず，ロシアとの関係にもっとも積極的であったのは小ジュズのハンたちであったことを確認しておきたい．

(2) 小ジュズとナーディル=シャーの関係

このようなロシアとカザフの間にあった認識のずれは，1730年以降もカザフが周辺の勢力と外交関係を結ぶことができたという事実によっても裏づけることができよう．ここでは一例として，ヒヴァをめぐるイランのナーディル=シャー政権との関係[16]を考察してみたい．

アブルハイル=ハンは，ヒヴァの住人の招請によりヒヴァのハンの地位に就くためにヒヴァへ向かった．1740年11月のことである[17]．このときにロシア軍人のグラードゥイシェフとムラーヴィンが同道していたため，くわしい記録が残っている．グラードゥイシェフの記述によれば，カザフの小ジュズは「アブルハイル=ハンの領地 *vladenie*」であった [Poezdka: 525]．後代の史料ではあるが，19世紀のヒヴァ=ハン国の年代記『幸福の楽園 *Firdavs al-iqbāl*』においては，アブルハイルについて「カザフの王 *qazāq pādšāhï*」や「カザフのウルスの支配者 *qazāq ulusnïng vālīsï*」などの記述が見られ [FI: 161, 169]，また当時のペルシャ語史料においても，カザフの領域について「カザフの領土 *mamlakat-i qazāq*」[AN3: 209b] と記されており，他者の視点からも，カザフの遊牧する空間が認識されていたことがうかがえる．

さて，このころマーワラーアンナフルまで勢力を拡大したナーディル=シャーは，ホラズムをも視野に入れ，軍を進めていた．ヒヴァ到着後，グラードゥイ

---

16) 筆者はその概要をすでに整理している [Noda 2004]．
17) 1740年11月の記事 [JN: 358]．

第 2 章　ロシア帝国の中央アジア進出とカザフ＝ロシア関係　51

シェフは，アブルハイルがすでにロシアの臣籍に入っていることをナーディルに伝えるために，ムラーヴィンを派遣したのであった [Poezdka: 594]．ただし，ムラーヴィンが預かったというアブルハイルからナーディルへの書簡においては，カザフとロシアとの関係には触れられていない[18]．

ムラーヴィンの報告によれば，シャーはアブルハイルがロシアの臣民であることを承知していたというが [Poezdka: 597]，直後にナーディルがアブルハイルへ宛てた書簡[19]によれば，アブルハイルに「高貴かつ至高の君主たるアブルハイル＝ハン」と呼びかけた上で，自分のもとへ来るように求めているだけであった．ナーディルにかかわるペルシャ語史料は，アブルハイルについて，「カザフの支配者 valī-yi qazāq」とみなし [JN: 358]，その背後にあったロシアとの関係にはまったく触れていないのである．

その後アブルハイルはナーディルの招請を受けず，ヒヴァから逃亡した[20]．翌年 1 月 24 日付けのアブルハイルから皇帝アンナへの手紙[21]は，ヒヴァに赴いたこと，そこからナーディルに使者 (つまりムラービン) を送ったこと，ヒヴァの住民がロシアの臣籍に入ることを望んだが，ペルシャ人 (すなわちナーディル軍) が来て略奪をしたことを報告し，ことの責任をナーディルに帰している．

なお，アブルハイルの子ヌラリも，一時ヒヴァのハンとなったことがある (1741 年半ば–42 年春まで)．ペルシャ語史料において，「チンギズ家の系統に連なるアラルのヌラリ＝ハン Nūr 'alī ḫān-i Ārālī ki az silsila-yi Čingīzīyat」[22] と記されていることから，アブルハイルの事例も含めて，カザフ＝ハン家に流れるチンギズ＝カンの血こそが，彼らをホラズム (アムダリア下流域) の領邦の君主とする正統性につながっていたと考えられる[23]．

---

18)　1153 年の日付 (現存するのは露語訳のみ) [KRO1: 170]．Erofeeva [1999: 245] によれば 1740 年 11 月 5–11 日の間であったという．

19)　現存する露語訳には 1740 年 11 月 28 日とあるが，原本の日付は 1153 年シャアバーン月 28 日なので，1740 年 11 月 7 日に相当するはずである [KRO1: 170–171]．同様のテキストは [Poezdka: 543–544]．

20)　11 月 11 日 [KRO1: 179]．Jahāngušā-yi Nādirī によれば「ナーディル＝シャーからの血の制裁を恐れて」逃走したとされている [JN: 358]．

21)　1740 年となっているが，ヒジュラ暦 1153 年なので，1741 年とすべきである [KRO1: 133]．

22)　[AN2: 313a]．KRO1 [187–188] によれば，ヌラリはアラル地方においてもハンとなっていたことがある．

23)　チンギズの血統の持つ意味については [宮脇 1996]，また [Sela 2003] も参照．

このようなヒヴァをめぐるアブルハイルとナーディル=シャーの交渉、あるいはアブルハイルとその一族によるヒヴァやアラルのハン就任は何を意味しているだろうか。上に提示した情報から確認できるのは、第一にアブルハイルがロシアとナーディル政権の間で自身に都合よく振る舞う姿であり、第二に、カザフ——ここでは小ジュズ——のロシアへの従属は不完全なものであったことである。次に示すジューンガルとの関係のように、周囲との関係次第で、ロシア=カザフ関係も揺らぐものであったことに注意したい。

(3) ジューンガルの臣民として

一方で北に目を向けて見ると、先に触れたジューンガルの勢力は、1740年以降再び拡大し、カザフ草原に迫りつつあった [川上 1980; 宮脇 1995]。本書第3章でも再度検討することになるが、この時カザフの立場はきわめて不安定なものになった。とくに中ジュズのアブルマンベト=ハンとアブライ=スルタンらは、すでにオレンブルクにおいてロシアに対する臣籍の宣誓を行っていたにもかかわらず[24]、ジューンガルの勢力下に組み込まれてしまったのである。

1741年5月13日のオレンブルク遠征隊長ウルソフから外務参議会宛ての報告においては、前年にアブルマンベトとアブライが皇帝に「忠誠の誓い prisiaga v vernosti」を行ったことを確認しつつ、ジューンガルがシベリアにおいて、カザフに害となる攻撃を仕掛けてきた時には、カザフは皇帝の臣民であり、ロシアの監督なしにはありえないことを伝える方針を定めている [RDO: 74]。

ジューンガルのガルダン=ツェリンは、42年4月14日の使者により、アブルハイル宛ての書をもたらした。その内容は、第一に、アブルマンベト=ハンとバトゥル=スルタンらがトルキスタンに住むこと、第二に、アブルハイル=ハンの子も含めて彼らの子息をアマーナト（人質）として送ること、第三に、カザフの中、小ジュズから1戸ごとに狐などを税として送ること、などの項目を要求し、従わない場合は部隊を派遣し殲滅することを宣告するものであった[25]。

---

24) 1740年8月より前のことであった [KRO1: 168–169]。
25) 1742年5月15日以降のイギリス商人ゴク (Gok) の報告 [RDO: 79–80]。42年6月18日のアブルハイルからネプリュエフへの書簡でも、同内容のガルダン=ツェリンの要求が報告されている [RDO: 81]。

これを受けてロシア＝ジューンガル間で問題になったカザフの扱いについて，近年出版された文書史料を加え，あらためて考察してみよう．ロシアは，1742年9月に，ロシアの「臣民 poddannye」であるカザフとの戦いを止めるよう求め，陸軍大尉ミルレルをガルダン＝ツェリンのもとへ派遣した [MOTsA1: 317; KRO1: 199]．9月2日付けオレンブルク委員会の長ネプリュエフからガルダンへの書簡が示すように，ロシアは，小ジュズと中ジュズのカザフがロシアの「臣民 vernopoddannye」であることを譲らず [KRO1: 228]，別にカザフによる臣籍宣誓文書の写しを送付しさえしていたのだった [Erofeeva 1990: 63]．対するジューンガルでは，ノヤンであるマンジが，カザフの中，小ジュズを攻撃し，人質と税を要求したことを認めた．加えて，以下のような内容を書簡によって伝えている．すなわち，カザフがロシア女帝の臣民であるという理由から，捕虜となったアブライらを解放するようロシアは求めてきたが，ジューンガル＝ロシア間の友好関係に鑑みれば，ジューンガルの辺境を脅かしたカザフは，ロシアの臣民ではありえない，と述べたのである[26]．

最終的に，捕虜となっていたアブライは解放された．ソ連期の研究はアブライの解放をミルレル派遣が成功したためだとみなしていたが，モイセーエフが，その評価は肯定的にすぎることを指摘し，むしろロシア＝カザフ関係が後退したことに意義を見出している [Moiseev 1998: 107–108]．たしかに，オレンブルク国境委員会に寄せられた報告によれば，アブライを解放する時にガルダン＝ツェリンが告げたのは，「アブルマンベトが息子を送ってきたことにより，すでに [ガルダンは] 根拠を持っているので，カザフ kaisaki は自分にとってすでに臣民である」[27] という内容であり，少なくともジューンガルでは，カザフの帰属は自分たちにあると理解していたのであった．少し後の記述であるが，ロシアの地理学者ルイチコフの1762年における記述によれば，「ジューンガルは，ロシアの臣籍下から，中ジュズと小ジュズを，大ジュズと同様に力と誘惑によって引き離し，自分に服属させた」[Rychkov 1999: 27–28] とあるから，当時のロシア国内でもそのような見方があったことがわかる．アブルハイルがシベリア知事ソイモノフ宛て書簡で伝えてきたところでも，アブルマンベト＝ハンらが

---

26)　43年2月1日，マンジからネプリュエフ宛て書簡 [RDO: 83–85]．
27)　1743年9月，あるバシコルト人からオレンブルク委員会官房への報告 [RDO: 95]．

「ジューンガル君主の臣民となった」とあり[28]，そのことを裏付けている．

ここまでに示したロシアとジューンガルの交渉からは，カザフのロシア臣籍はやはり不安定なもので，周辺の勢力との関係により揺れ動くものであったことが理解されるだろう．

(4) ロシアの「臣籍」と清朝の「属民」

本節のまとめに代えて，ここで問題にしているロシア語の「poddanstvo」（臣籍）の概念をもう一度検討しておきたい[29]．1731年のアブルハイルにはじまり，カザフのハンたちは次々とロシア皇帝に対して「臣籍に入ること」，すなわちロシア帝国の臣民となることを誓ったことは間違いない．1740年に宣誓した中ジュズのアブルマンベト＝ハンとアブライの例についても，18世紀後半のロシア文献は，やはり「女帝陛下の永遠なる臣籍 vechnoe poddannichestvo にかんして全オルダを以って宣誓した」と理解していたのである［Andreev 1998: 34］．

しかし，本書第3章で検討するように，その後カザフのハンは，清朝に対しても同じことを行いえたのであり[30]，裏を返せば，ロシアへの誓いも，その程度の拘束力しかないものだったと言えるだろう．カザフより先にロシアの臣籍を受け容れていたトルグートの場合でも，アユーキ＝ハンが何度も臣籍の宣誓を行うなど［Khodarkovsky 1992: 120］，ロシア側の意図と宣誓をする側の心づもりは区別しなければならない．

なお，この poddanstvo（臣籍）あるいは poddannyi（臣民である状態，あるいは臣民である者）というロシア語に相当する概念は，カザフが差し出した文書中では「raʻīyat」や「tābaʻ」などアラビア語に起源を持つ単語で示されることもあったが，テュルク語に置きかえられることはなく，テュルク語文書中にそのまま「ポッダン būdān」，あるいは同義語の「ヴェルナポッダンヌイ」[31]と音写する例が見られるようになる．早い事例では，ロシア領内で遊牧することを望むカ

---

28) 1742年5月20日，元老院から外務参議会宛て指令［KRO1: 199］．
29) この語の概念について Bykov［2003: 68］は，18世紀から19世紀初にいたるまでのカザフのロシアに対する従属性についての議論をまとめ，研究者の立場により解釈が異なっており，議論の的になっていることを示している．
30) ［Andreev 1998: 43］（［野田 2005b: 041］（註99））．
31) もとのロシア語は「忠節なる臣民 vernopoddannyi」．

ザフの宣誓書 (1810年) に,「この宣誓書を以って,臣籍に入ることを,コーランにかけて誓いました bu 'ahd-nāma buyunča boddanġa tüšüin qur'ān arqïlï anṭ ettilär」と記してある[32]．

ロシア帝国における「臣籍」は，清朝側で用いられていたアルバトゥ (属民)[33] の概念と比較できるものである．小沼孝博は，カザフのジョチ＝スルタンが清朝に宛てたテュルク語文書 (1800年) の中でアルバトゥの語を用いていることから，「カザフは自らを清朝皇帝のアルバトと位置づけていた」[小沼 2006: 52] と論じているが，ロシア側の事情を考慮に入れてみると異なった見方が可能である．第4章で詳細に検討するダイル＝スルタンの文書 (1781年) では,「エジェンに従っています Ejenga qarab」とするだけで，アルバトゥは用いられておらず，あるいは，清朝の汗爵を継承したアルトゥンサルは，清への文書において,「ロシアの臣民となった bodam boldï トレ [＝スルタン] もいれば，コーカンドの臣民となった bodam boldï トレもおります．我々は，父祖以来，エジェン＝ボグドに従っております Ejen buġdaga qarab turamïz」と「ポッダン bodam」の語を用い[34]，逆に，第5章で検討するグバイドゥッラが清に宛てた文書では，ロシアの臣民となっていることを表現するために，アルバトゥの語を使っているなどの例があるからである．清の想定する「エジェン―アルバト (ゥ)」関係を踏まえてカザフがこの語を用いていたというよりは，ロシアへの文書にポッダンと記すことと同様に，臣従している状況を示すためにアルバトゥの語を用いていたことが考えられる．そのように考えなければ，少なくともグバイドゥッラが，清に対して「すでにロシアのアルバトゥになっています」という釈明をすることに整合性を見出せないからである．もちろん19世紀においては，すでにアルバトゥの正確な語義が失われていたことも考えられるが，帝国側の認

---

32) 1810年1月 [TsGA RK: f.345, op.2, d.159, l.11]．なお現代カザフ語にも「bodan」の語は残っており，服従している状態などを表す単語である．

33) 主であるエジェン (すなわち清朝皇帝) が課す義務 (モンゴル語 alba に由来) を負担する「属民」の意 [小沼 2006: 47]．漢語では「臣僕」と訳される場合もあった．清朝が，カザフを含む中央アジア諸勢力との政治的関係の構築に当たり，モンゴル系遊牧民との間の主従関係である「エジェン―アルバト (ゥ)」の関係を敷衍していた，と小沼 [2006] はみなしている．

34) 道光八 (1828) 年四月二十六日の上奏文の添付文書 [満文録副: 4058-060 / 198-1898] ([Noda; Onuma 2010: 76])．そこでは，清朝皇帝への臣従を示す際に，アルバトゥの語は使われていないことにも注意したい．

識とカザフの認識の差異にはやはり十分留意する必要があるだろう．

　本節で見たように，ロシアとカザフの間で，お互いの認識は異なっていた．とは言え，先述のキリーロフの草案に示されていたような方針に基づいて，ロシアがカザフへの介入を次第に強めていったことも否定できない．そのことを象徴的に示す指標として，次節ではカザフのハン位について検討してみたい．

2．カザフのハンの称号

　本節では，ロシアがカザフのハン位をどのように見ていたかを考察することが一つの柱となる．あわせて，その他の称号やカザフのハン一族の権威についても考えてみたい．ハン位そのものにかんする研究史としては，ソ連期のズィマノフの著作［Zimanov 1960］のほか，エロフェーエワの研究［Erofeeva 1997］があり，最近のブイコフによる考察［Bykov 2006］は，小，中ジュズのハンの称号を通時的に説明しており大いに参考になるが，本書で扱っている清朝との関係，清の爵位の問題，露清関係からの考察には欠けている．したがって，ハン位と清朝の爵位を関連付けた上で，ハン位の意味を再考することが必要になると考えられるが，それは第5章の課題としたい．

　ここではまず，先行する研究に拠りながら，ロシア史料が明らかにする「ハン」位の意味を再確認しておこう．

（1）　アブルハイルからアブライまで

　ジョチ＝ウルスの継承政権として，カザフ＝ハン国の君主がハンの称号を帯びるのは自明のことであった．ただし，先にも触れたように，18世紀初頭のタウケ＝ハン死後，カザフ全体を統べるハンという存在はなかったと考えられる．

　小ジュズのアブルハイル＝ハンのもとを訪れたイギリス人絵師，ケステリの見解を確認してみよう（図1）．その1737年の日誌によれば，

> キルギズ＝カイサク［すなわちカザフ］は，3つのオルダ[35]に分かれており，したがって，彼らには3人のハンがいる．自分の土地以外にもタシュケント市を領有し，もっとも知られているのは，ジョルバルス＝ハン *Scholburs*

---

[35]　遊牧民の部族連合を指すロシア語 orda.

chan である．2つ目のオルダのハンも力を持っている．彼の領域には，トルキスタン市が含まれる．その名をセメケ *Shemiaki* ハンという．3人目のハンはもっとも小さいオルダを支配している．これがアブルハイルであり，そこに私は客人となった．3人のハンは，互いに何かを命ずる権限をもたず，それぞれが独立して支配する一方で，友好的関係を維持している[36]．

図1 ハンへの謁見の様子（左奥が使節一行）
注）［Kestel' 1998: 125］

という．つまり，この時すでにカザフには3ジュズの別が明確に存在し，それぞれのハンを推戴しているようにケステリの眼に映っていたことが明らかになる．

筆頭に挙げられている大ジュズのハンについては，1740年，ジューンガルによりジョルバルスが殺害されてからは，その勢力は衰えたようであり，ハンの継承についても不明な点が多いが，この問題については本書第4章でも考察することとする．

ハンは，言うまでもなくカザフが自ら選ぶものだったが，前節で考察したカザフの請願によりロシアとの関係が複雑化した結果，ロシアがハン位を追認することで，カザフへの影響力を行使しようとした意図がうかがえる．

まず小ジュズの場合を考えてみよう．アブルハイル=ハンの死後，その子のヌラリが継承したハン位は，すでにカザフ側の要請を受けてロシアが承認したものだったことが明らかになっている．すなわち，ヌラリは1748年10月5日付けの皇帝エリザヴェータ宛て書簡において，小ジュズ，中ジュズの民からハンとして選ばれたので，これを認めるよう求めた［KRO1: 409; MIPSK: 39］．翌49年2月のヌラリへの勅［KRO1: 443］は，「キルギズ=カイサクのハン」であることを確認するのみだったが，その後の文書によれば，ヌラリは小ジュズにし

---

36) ［Kestel' 1998: 109］．原綴はドイツ語原文に基づいている．

か影響力がないため，小ジュズのハンとのみ認めたことが判明する[37]．

　次に中ジュズのハン位である．先に見たように，1740年にアブルマンベトとアブライがロシア皇帝に対する宣誓を行ったが，アブルマンベトが中ジュズのハンとして認められていた．アブルマンベトの後，1771年にハンに推戴されていた中ジュズのアブライ（在位1771–81年）に対し，ロシアは78年の勅令[38]で中ジュズのハン位を承認した．しかし，全3ジュズのハン位を望んでいた[39]アブライは宣誓を拒む事態となっている [Suleimenov; Moiseev 1988: 121–122]．筆者がすでに論じたように，アブライは，露清帝国のはざまにおいて双方に異なる態度を示す「二方面外交」によって2つの帝国との関係を両立させ，勢力を維持していた[40]．第3章で分析する1757年の清朝との関係成立後，アブライは，清に対して1771年よりも前にハンを称していた [野田 2006: 35]．1757年に清に差し出したトド文降伏文書においては，ハンを称していなかったものの [小沼 2006: 48]，その直後に，「カザフの小ハン」と自ら称し [方略満文 正編巻41: 43]，汗(ハン)や王(ワン)の称号を与えられることを期待し，その結果として「汗」爵を与えられるにいたったのである [Noda; Onuma 2010: 129]（清朝から与えられた爵位については第5章を参照）．

　ただし，ロシアにとってのアブライの地位はやはりスルタン，つまり一王族にすぎないものであったことが確認できる．1758年5月の外務参議会の訓令[41]に見える，ロシア皇帝の名によりアブライに授けられたと考えられる刀剣の銘文（テュルク文）は，「我が臣民 *tāba'mïz*，キルギズ＝カザクのアブライ＝スルタン」と記している[42]．その後も，1777年に，アブライがハンを称していること

---

37) 49年5月2日，エリザヴェータからオレンブルク知事ネプリュエフへの指令 [KRO1: 444]．ブイコフは，ロシアによるカザフのハンの選出過程介入の最初の試みであるとみなしている [Bykov 2005: 15]．また Kundakbyaeva [2005: 141–142] は，ロシアは小ジュズのハン位に就く家系を固定化したと指摘する．

38) 1778年5月24日，エカテリーナ2世の勅 [KRO2: 90–91]．

39) 1778年5月24日，外務参議会からエカテリーナ2世への報告において，アブライが自らを，全3ジュズ（orda）のカザフから選ばれたとし，そのハン位（khanstvo）を承認するよう求めていることを述べた．ただし，その中では，小ジュズには中ジュズとは独立したヌラリ＝ハンがいることも指摘している [KRO2: 88–89]．

40) [野田 2005b]．その対外関係の手法は，トルグートのアユーキ＝ハンがロシア・オスマン両帝国間で見せていた態度とも対比できる [Khodarkovsky 1992]．

41) 1758年5月6日，テウケレフとルイチコフ宛ての外務参議会訓令 [TsIKKh1: 157]．

42) [MOTsA2: 127]．[Noda; Onuma 2010: 148] の図も参照．

が明らかになり，「カザフのスルタン [の1人である]，アブライ＝ハン」[43]と呼ぶようになるまで，ロシア側はスルタンの称号を使い続けていたのである．

(2) 18世紀末からの変化

中ジュズのハンとしてロシアからも認められたアブライだったが，1780年（または81年）に世を去った[44]．その子ワリー[45]は，まず清朝に対して父の死を伝えた．それを受けて，清朝の使者がワリーのもとに派遣され，汗爵継承を認める勅諭[46]を授けている．

ワリーは，清から使者が来たことについてはロシアに報告を行ったものの[47]，ハン[48]に即位したことは，やや遅れて1782年1月23日になってシベリア要塞線司令オガリョフに伝えている．実は，オガリョフはすでに「ワリーのハン位 khanstvo を祝賀するために」清朝皇帝から使者が来たという情報をつかんでいた[49]．このように，ワリーがハン位を継承する際には，清朝との交渉がすべてロシアに明らかになっていたことに注意しておきたい．

ワリーが自ら即位式を行ったことを報告して来たことを受けて，ペトロパヴロフスクにおいてウファ・シムビルスク総督ヤコビおよびカザンから派遣されたアホン（イスラームの導師）の臨席のもと，ワリーは宣誓を行い，改めて即位式を行うことになった[50]．前節におけるコーランへの誓いとあわせて，ロシアが，

---

43) 1777年2月20日，トボリスク知事チチェーリンから元老院への報告 [KRO2: 86].
44) 従来は1781年とされてきたが，Altan-Ochir [2007] が満文檔案の記述から，乾隆四十五年十月，すなわち1780年10–11月に比定できることを示した．1781年4月のオガリョフから外務参議会宛て報告も同様の内容を伝えている [IKRI6: 145].
45) ワリーについての新しい研究として，Khafizova [2004] が，とくにワリーの汗爵継承時の混乱を中国における研究（[阿拉騰奥其爾; 呉 1998]）から補うとともに，ワリーとロシアの関係およびワリーと清朝の関係をまとめている．ただし，筆者が指摘する，ワリーのロシアへの配慮には触れていない．
46) 乾隆四十六年六月六日（丁丑）（1781年7月26日），ワリーへの勅諭 [高宗：巻1134]．この時（1781年末）に行われた即位儀礼については，本書第5章で検討する．
47) 1781年11月30日，ワリーからオガリョフへの文書 [AVPRI: f.122/3, 1781g, No. 3, l.35].
48) ロシア文書では，清朝の汗爵もたんに「ハン位 khanstvo」と理解されている．
49) オムスクのオガリョフからヤコビへの報告，81年11月13日発信，12月30日受信 [AVPRI: f.122/3, 1781g, No. 3, ll.1–1ob.]．ワリーがハン位に就いたという情報を得たのはより早く，81年8月のオガリョフからヤコビへの報告に見ることができる [IKRI6: 150].
50) 1782年11月1日のこと [Andreev 1998: 38]．ロシア皇帝からの「ハン位」を承認 (utverzhdenie khanom) する勅書 (gramota) は82年2月25日付け [MIPSK: 40–41].

帝国の論理の中にカザフの君主との関係をどのように組み込もうとしたのかを，ここからもうかがい知ることができるだろう．

その後，徐々に影響力を増すロシア帝国を前にして，ワリーが清朝との関係をより強固なものにしようと試みていたことが，以下に示す史料からも理解できる[51]．

まず，1785年前後のワリー=ハンと清朝の関係に目を向けてみよう．85年11月12日のヤコビ（この時はイルクーツク・コルイワン総督）から外務参議会への報告には，次のような内容が含まれている．カザフの長老からの情報によると，ワリーは，清朝宮廷と友好関係にあり，同年9月には，清朝皇帝の勅書を受け取った．その中で清朝皇帝は，ロシアとの戦闘に入る意思をワリーに伝え，臣民の義務（dolzhnost' vernopoddanstva）として清朝を支援するよう求めたという[TsIKKh2: 113–114]．情報源のカザフ長老は勅書を直接目にしておらず，筆者もこの内容を清朝史料から裏づけることができていないが，少なくとも，この報告はワリーに対するロシアの疑念を表していると考えられる．一方で，ロシアへ伝わった報告の中に，勅書に対するワリーの返信として，

> あなた様［清朝皇帝］は「ロシアと事を構えるつもりだ」とお書きになりましたが，私はそれに賛同できません．…［中略］…と申しますのも，私の父アブライは，在世中にロシアから何らの悲しみも不満も，自分にもオルダにも受けることがなく，平和に，仲違いせずに暮らしており…［中略］…さらに死に際しては，我々子どもたちに，ロシアとはいつ何時たりとも平穏に，静かに過ごすように厳しく求めたからなのです[52]．

との内容があったが，清朝側の史料では確認することができない[53]．これは，清朝のロシア攻撃の意思を裏づけるものではなく，むしろ，ロシアに従ってい

---

51) 清朝との貿易から得られる利益も考慮に入れる必要がある［野田 2005b: 046–048］．カザフの貿易については，第6章で考察する．
52) 1785年11月16日，ワリーのもとを訪れたオムスクの商人からシベリア要塞線司令フェドツォフへの報告［MOTsA2: 206］．商人は，ワリーの相談役（sovetnik）からこのような内容を聞き知ったという．
53) ワリーが清に送った書簡をすべて確認できているわけではないが，例として乾隆四十七（1782）年二月のワリーからの書簡を見てみても，清朝皇帝への感謝を述べるだけで，ロシアとの親密さを記す余地があるとは考えにくい［満文録副：2917-018 / 123-3303〜3306］．

るかのような態度を清に対してとったことを示すためにワリーが意図的に流した情報であるとも考えられる．このようなワリーの交渉上の作法は，アブライ時代ときわめて似通っている[54]．

しばらくして，ワリーはその弟カスム＝スルタンを清の宮廷へ派遣したが――実際は「年班」，すなわち定期的な朝貢使節にすぎなかった――，それはさらにロシアの疑惑を高めるのに十分な行為であった[55]．

このときも，ワリー自身は，清朝への遣使には他意がないことを見せようと努めていた．ワリーのもとにいたタタール人ムッラーらからの報告を引用する形で，「ワリー＝ハンが自分の兄弟5名を清朝宮廷に派遣したのは，ただ清のボグドハン［皇帝］に謁見し，その様子を知るためだけなのであった」という情報が外務参議会へ届けられていたからである[56]．なお使者カスム＝スルタンの動向は，逐一ロシアの把握するところとなっていた[57]．とくにカスムとともにやってきた清朝の使者がワリー以外のスルタンら[58]を訪れ何かしらの交渉をしたという報告[59]は，ロシアにとっては好ましくないものであったにちがいない．ワリー自身の政治的基盤も，カザフの長老たちがその廃位を求める請願をロシアに提出するなど揺らぎ始めていたのである[60]．

さらに，19世紀初めの，ワリーの清朝領内への移動の企てが知られている．このころには，ロシアはワリーについて相当の警戒心を持っていた．というのも，シベリアの現地官の認識では，ワリーは「油断がならず，強欲で」，「不満を抱いて」おり，ロシアから離れようとし，清朝側の人間と何らかの交渉を行っ

---

54) ［野田 2005b: 034–035］．のちに露土戦争（1787–92 年）が始まった時に，オスマン帝国からブハラに援軍を求め，かつカザフに対しては，ロシアに馬を売却しないように求める使者が来たとの報告があったが，その中で，ブハラは拒否の回答をしたことを述べ，カザフがトルコ側に付く可能性がないことを明示しているのも，このようなワリーの方針とかかわりがあろう（1788 年 8 月 5 日，カザフの長老からオガリョフ宛て書簡の翻訳）［GAOmO: f.1, op.1, d.249, l.13］．
55) カスムらの入観の記録は，乾隆五十二年八月七日（壬寅）条（1787 年 9 月 18 日）［高宗: 巻 1286］．また［Noda; Onuma 2010: 158 (no. 22)］を参照．
56) 1787 年 1 月 17 日受信［AVPRI: f.122/3, no. 3, l.34］．
57) イリを経由して中国内地へ向かったことを報告し（3 月 16 日）［TsIKKh2: 118–119］，またカスムが清朝の使者と共にカザフの牧地に戻ったこと（10 月 19 日）を伝えている［TsIKKh2: 119］．
58) チャンチャル（スルタンベトの子）およびトゥマン *Tuman* という名のスルタンの名が見える．
59) 1787 年 10 月 28 日，シャホフからオガリョフ宛ての報告［GAOmO: f.1, op.1, d.247, ll.447–448］．
60) 1795 年 2 月 1 日，ワリー廃位にかんする長老たちの請願が知られている［KRO2: 140］．

たという情報が入る[61]などしていたからである．また，1803年にワリー＝ハンが貿易を行う商人に妨害を行った際に，ロシア臣民であるはずのハンがこのような行為をとる理由を問うた商務大臣ルミャンツェフに対し，シベリア要塞線の現地武官が，自分の見解を示して次のように答えている．

> ハンの地位 khanskoe dostoinstvo を露清の2つの帝国が認めており，双方がハンを自分の臣民だとみなし，ハンもまた双方に自らの請願のために使者を送っていること．またこのような状況のために，ハンが暴力という独裁的方法を選んだときに，［シベリア］現地の上官は，どのように振る舞えばよいかについてほとんどいつもわからなくなってしまうこと…［中略］…が理由なのです[62]．

つまり，カザフが清朝とも関係を持っていることが，ワリーの——ロシアから見て——独断的な行動を許し，かつ現地での対応をも誤らせていると指摘したのである．

このような中で，1805年8月26日，遣清使節団を率いた大使 (posol) ゴローフキン[63]は，2帝国の関係に言及しながら，たとえ「ワリー＝ハンの煽動的な提案」があろうとも，清朝はロシアの意思を尊重しているとの報告を行い，ワリーの新たな行動の可能性を示唆した［RKOXIX: 212］．その翌日付けのゴローフキンから外務次官への報告でも「ワリー＝ハンの意図は，疑わしく，大いなる注視を必要としている」と述べて，その清朝との関係に危惧を示している［RKOXIX: 214］．これらは，グレーヴィチが示した，1805年初めのジュンガリア（新疆北部）への移動の計画を指していると思われるが，ワリーに従う部族はこれを望まず，ハンも結局自分の計画を捨てざるをえなかったという［Gurevich 1983: 225］．

ワリーの時代については，清朝史料の調査もいまだ十分ではなく，今後の重要な課題の一つではある．それでも，ここまでに示した史料からも，清朝との関係に起因するワリーの一連の行動はロシアの警戒心を煽るに十分であり，ロ

---

61) 1805年8月20日，シベリア要塞線査閲監ラヴロフから大使ゴローフキン宛て［RKOXIX: 208–209］．

62) 1805年8月11日，ラヴロフからシベリア総督セリフォントフ宛て［RKOXIX: 205］．

63) アレクサンドル1世の即位を通知するという名目で派遣されたが，北京には入れず帰国した［吉田1974: 189］．

シア政府は，1816年になるとワリーに代わって，一族のボケイの「ハン位」を承認した[64]．とはいえ，1816年に調査を行ったロシア鉱山技師シャンギンによれば，「人々が選んだハンは，ロシア政府がその地位に就けた人物——現在のハン，ワリーとボケイがその例となる——よりも多くの尊敬を集めている」と，2人が並立しているかのような報告がある[65]．シャンギンが記した内容を裏づけるかのように，翌17年には，ボケイのほかに2人のハンが現れる事態が報告され，中ジュズにおけるハンの権力はより不安定なものになっていった[Kozybaev et al. 2000: 274]．1819年にボケイが死去すると，その後ロシアが中ジュズの「ハン位」を承認することはなかったのである[Levshin 1996: 283]．中ジュズにおけるハン位廃止の意味については，第5章でさらに踏み込んで考察することになろう．

ワリーが1821年に世を去ると，その長子グバイドゥッラは，父の死を知らせ，ハンに認めてもらうための使節団をペテルブルクに派遣することを希望する書簡を送った[66]．しかし，外務大臣ネッセルローデは，新しいハンの選出をしばし延期することをシベリア知事カプツェヴィチに指示している（8月29日）[VPR12: 282]．以後，中ジュズには新しい統治システムが導入され，ロシアが新しいハンを認めることはなかったのである．そのような状況の変化については，次節で検討する．

カザフにとっての「ハン」の意味については，史料の不足もあり，考察は難しい．カザフからロシア側に宛てた文書中の用例から判断する限り，「ハン位 $ḫānliq$」という表現で意識されていたことがわかる．たとえば，ワリーのハン位がロシアによって認められたことについて，「皇帝陛下によってハンの地位に

---

64) ワリーと清朝の関係を知り，ワリーの権力を弱めるために，ボケイと交替させたとみなされている[Auezov et al. 1957: 303]．なお Basin [1971: 244] は，1957年版『共和国史』[Auezov et al. 1957] におけるワリーと清の関係について，事実ではないと批判を行っているが，実際には本書で示したような出来事があった．
65) [Shangin 2003: 134]．シャンギンは，ワリーの母親がカザフ出身ではないために，そのハン即位には多くの反対者があったことも記している[Shangin 2003: 133]．
66) 1821年6月28日，カプツェヴィチからネッセルローデ宛ての文書 [VPR12: 661]．この原文書は確認できていないが，通常グバイドゥッラが用いた印章には，「ワリー＝ハンの子，グバイドゥッラ＝ハン」と刻まれており，そのハン位継承の意思は明らかであった[Noda; Onuma 2010: 143]．大ジュズの部族を統率していたアディル（アブライ＝ハンの子）もその印章において，ハンを名乗っていた．

就いた ḫānlïq martabasïna bolġan」と記した文書がある[67]．1819 年の小ジュズのシェルガズ＝ハンの請願の中にも，自らの地位について，「ハンの位 ḫānlïq daraja」の語が見える[68]．このような少ない例からの考察になるが，カザフにとっては，「ハン」が職か称号かは区別をせず，ハンという称号とその地位（ḫānlïq）が優先されていたと考えられる．一方でロシアは，「ハン」を自らが承認する職位と捉えており，ここに見えるロシアとカザフとの間の認識のずれも，おそらく，本書第 5 章が扱う清朝からの爵位にロシアが介入する問題につながっていたであろう．

次に小ジュズのハン位のその後についても概観しておきたい．先述のようにカザフ＝ハン国全体としての統一はすでに失われていたが，ハン一族間の婚姻や情報の共有などを通じてある程度の共同意識を持っていたものと考えられる[69]．アブルハイルの跡を継いだヌラリの治世には，プガチョフ反乱（1773–75 年）が起こり，さらにスルムの反乱（1783–97 年）が続くなど，小ジュズ社会に大きな混乱をもたらした．85 年には，小ジュズの長老たちからヌラリの退位を求める要求があり [Kozybaev et al. 2000: 227]，それがエカテリーナに認められると，ヌラリはウファに送られ幽閉状態に置かれることとなる．その後，小ジュズのハンは再び承認されたが，頻繁に交替するようになり[70]，1797 年に設置された「ハン諮問会議 khanskii sovet」がハンの権限を制限するようになっていった[71]．さらに，1815 年前後には，アルンガズらヒヴァから認められたハンも立ち，ハンの乱立と言うべき状況があったのである [Bykov 2005: 15]．

また，1801 年にはウラル，ヴォルガ両河川間にボケイ＝オルダが設立された．これには，小ジュズをいくつかの政治的単位に分けるというオレンブルク知事

---

67) 1788 年のものと推定される [GAOmO: f.1, op.1, d.249, l.133ob.]．
68) 1819 年 9 月，シルガズ＝ハンから外務参議会宛ての請願 [MIKSSR: 331]．
69) 小ジュズのスルタンらによるハン位復活の動きを中ジュズのワリーらが支持したという（1787 年 12 月 16 日以前，イゲリストロームからワリーへの書簡）[MIKSSR: 102]．ただし，イゲリストロームは，ワリーに対して，「貴方は，皇帝陛下よりただ中ジュズに対する監督権 nachal'stvo を認められているにすぎず，小ジュズのことは貴方にはまったく関係ありません」と述べているので，ロシア側では，各ジュズを明確に区別して考えていたことがわかる．イゲリストロームは，小ジュズをさらに 3 分割することも構想していた [スルタンガリエヴァ 2008: 67]．
70) その後のハン位の推移については，[Erofeeva 1997] または [Bykov 2005]．
71) [Abil' 2005: 145–146]．1806 年にはあらためて規定が設けられ，外務参議会の管轄下に入った [KRO2: 166–167]．

イギリストロームの構想に立ち返って設けられたという見方もある [Bykov 2005: 15]．ヌラリの子ボケイは，この領域のハンとなり，1812年には，正式にロシアからハンと認められた．その後，45年のジャンギルの死までハン位は存続したのである．ただし，この領域が完全にロシア帝国に従属していたことは間違いない．

このような状況下で，1822年に「オレンブルク＝キルギズにかんする規約案」が提出され，さらに24年に「オレンブルク地方統治改組にかんするアジア委員会承認意見」としてまとめられた．こうして，中ジュズの場合と同様に，小ジュズのハン位は廃止されたのであった[72]．ただし最後のハン，シェルガズはその後もハンを称し続けた．先に挙げたボケイ＝オルダのジャンギルも含め，1822，24年以降もハンを名乗るカザフ＝ハン家一族は存在し，とくに中ジュズでロシアに対する大規模な反乱を展開したケネサルは，カザフの最後のハンと呼ばれている [坂井 1994: 41; Erofeeva 1997]．

本節では，ハンの称号を手がかりに，小ジュズとロシアの関係もにらみながら，ロシアの影響力がどのように中ジュズに強まったのかを示した．中ジュズの場合は，清朝との関係という要因が与える影響が大きく，各ジュズ間の違いは明確であったことも指摘できる．ロシアがハン位を廃止した後，新しい行政，すなわちロシアの統治制度を導入していく過程については次節で検討を行う．

3．中ジュズにおける1822年規約体制の成立

(1) 1822年の規約と管区制度の展開[73]

シベリアにおける新しい制度の背景として，1819年にシベリア総督に就任したスペランスキーが主導した，シベリアの行政改革を確認しておく必要があるだろう．18世紀末から徐々にカザフ＝ハン国への圧力を増しつつあったロシア

---

72) 称号や名称としてではなく，職務としてのハン位の廃止に言及したとブイコフはみなしている [Bykov 2005: 17]．同じくブイコフは，小ジュズにおけるハン位廃止と，中ジュズにおけるそれが共時的であることを指摘しているが [Bykov 2005: 19; Bykov 2006: 145]，中ジュズの場合には，清朝の爵位という要素が入ってくるために，やや異なる結末をたどったと筆者は考えている．くわしくは第5章で検証する．

73) 先行研究としては，19世紀の統治体制について研究した [Bekmakhanov 1947; Zimanov 1960; Bezvikonnaia 2005; Abil' 2005] などがある．

帝国の政策が，一気に段階を引き上げたのはまさにこの時であった．スペランスキーは，アレクサンドル1世時代のリベラリズムの中で，立憲君主制を実現しようとした人物として知られ［山本 1987］，失脚後は，辺境統治の問題にかかわるようになっていた．

なお，同じ1819年，外務省にアジア部が，また外務，陸軍，財務の3省が管轄するアジア委員会が創設され，ここでカザフの問題も扱うこととなった［Kiniapina et al. 1984: 217; Remnev 1995: 72］．シベリアを巡察しペテルブルクに戻ったスペランスキーの計画を検討するために，さらに，1821年6月21日にシベリア委員会（第一次，–1838年）が設立されている[74]．

1822年6月22日の10法令（「シベリア諸県のための法制 *uchrezhdenie*」と総称される）によって，シベリアは東西に分けられ，西シベリア総督はトボリスクに在ることとなった．これは，以前より議論されていた全シベリアを1人の総督が管轄することの負担を考慮して，2つに分割するにいたったものと考えられる．カフカースやワルシャワなどと並んでロシア帝国の辺境統治機構として設けられたこの西シベリア総督府[75]は，トボリスクとトムスクの両県とオムスク州で構成されていた．カザフを管轄下に置くことになったオムスク州について見てみると，州長官（知事とシベリア=コサック軍団の司令を兼ねる），州庁会議（民事機関の長のほかに，コサックのアタマン，鉱山兵隊長，検事長（ober-auditor）が出席），州庁（執行および税務局から成る），州裁判所などで構成されていた［Remnev 1995: 86］．次の図2に見るように，オムスク州の下にはカザフにかかわる管区が置かれており，総督府全体を扱う西シベリア総局（GUZS, Glavnoe upravlenie Zapadnoi Sibiri）会議，オムスク州庁会議，各管区会議がそれぞれのレヴェルの問題を検討していた．

ただし1838年の改組により，オムスク州は廃止され，辺境庁（Pogranichnoe upravlenie）が設けられた[76]．オムスクとペトロパヴロフスクはトボリスク県へ，またセミパラチンスクとウスチ=カメノゴルスクはトムスク県に移されること

---

74) ［Remnev 1995: 77］．外務大臣らが加わった．
75) ロシアの総督制については［Matsuzato 2004］，また［松里 2008b］を参照．
76) ［MIPSK: 176］．反ロシア植民主義の運動に対応するために，辺境庁長官にはより多くの権限が集中されることになったという［Abil' 2005: 157］．辺境庁が正式な開設を見たのは，1839年1月10日のことであった［Bezvikonnaia 2005: 142］．

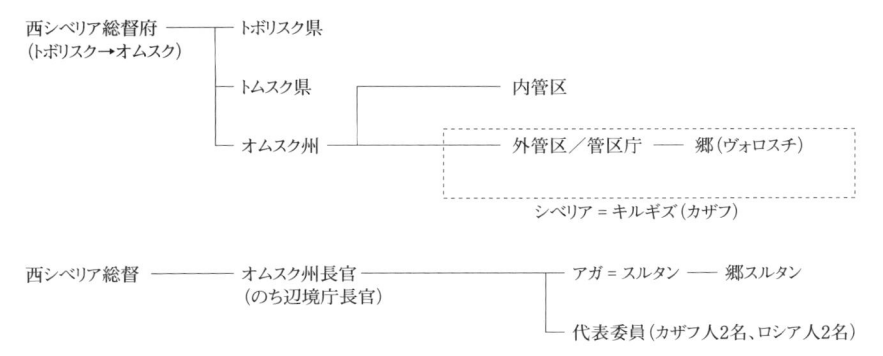

第2章　ロシア帝国の中央アジア進出とカザフ＝ロシア関係　67

```
西シベリア総督府 ──── トボリスク県
(トボリスク→オムスク)
              ├─── トムスク県 ──────── 内管区
              └─── オムスク州 ──┬─── 外管区／管区庁 ──── 郷(ヴォロスチ)
                                 │
                                 シベリア＝キルギズ(カザフ)

西シベリア総督 ──── オムスク州長官 ──────── アガ＝スルタン ──── 郷スルタン
              (のち辺境庁長官)           │
                                        └── 代表委員(カザフ人2名、ロシア人2名)
```

図2　西シベリア総督府組織図

注)　州総局官房の執行部、法務部、財務部がそれぞれ内務、法務、財務省の監督下にあった［Remnev 1995: 83］。

図3　旧西シベリア総督居館（オムスク市，筆者撮影）

となった．

　さて，シベリアの新しい統治にかんする法令と同じ日に公布された「異族人統治にかんする規約」および「シベリア＝キルギズにかんする規約」（以下，「1822年規約」と記す）[77]によって，中ジュズのカザフ遊牧民は，このオムスク州の統治下に入ることが定められたのである[78]．なお，ロシア語の「シベリア＝キルギズ Sibirskie kirgizy」とは，西シベリア総督府治下のカザフを指している．対してオレンブルク県下のカザフについては「オレンブルク＝キルギズ」の語が用いられていた．

---

77)　規約の条文は，MIPSK［93–109］に掲載されている．以後の引用は，このテキストに拠る．
78)　1822年のオレンブルク＝キルギズにかんする規約案は24年に承認され，小ジュズは3部に分割され，各部にスルタン長の職が置かれた．

これらの法令により，カザフを含むシベリアの非ロシア人はロシアの法制に組み込まれ，これまでの「異教徒 *inoverets*」に代わって新しい「異族人 *inorodets*」というカテゴリーが設定された [Bykov 2002]．カザフは遊牧異族人として，ロシア帝国に包摂される存在となったのである．

この規約によって，ロシアは中ジュズの遊牧地を分割して管区を設ける計画であり，各管区の代表として，「アガ=スルタン」（上級スルタン，露語 Starshii sultan）なる職を設けた．のちにオムスク州長官（1827–35 年）を務めたブロネフスキーが，管区開設はカザフに「望ましい文明 *zhelannaia tsivilizatsiia*」を与えた，という評価を与えたように [Bykov 2002: 67]，スペランスキーによる一連の改革が目指していたのは，カザフも含むシベリアの原住民を，より高度に「文明」的であるロシア人に近づけることであった [Kappeler 2001: 169, 189]．これはロシア帝国が，欧州の世俗的な啓蒙主義の影響を受けた結果の一つであったと言える [松里 2008a: 56]．そして，少なくともカザフにとっての 1822 年規約とは，ハン位を含む旧来の伝統——それは非ロシア的なものでもあった——が廃棄されることを意味していたのである．

以下，この 1822 年規約に基づく管区および管区庁による統治を，中ジュズにおける「1822 年規約体制」(–1854 年)[79] として設定し考察を進めることにしたい．1822 年規約の制定と同時にハン位を廃止したことは，ここまでに確認したとおりである．このようなハン位廃止の理由は，あくまでも「カザフの間に平穏と満足と完全な幸福とを取り戻す」ためとされていた．規約の施行に際し，カザフ語版の規約を読んだカザフのスルタンたちが賛意を示したという形式をとっていたことにも注意したい [TsGA RK: f.338, op.1, d.476, ll.1, 9]（ハン位に対するロシアの否定的見解は第 5 章も参照）．以下に，1824 年のコクチェタウ管区開設時の式典の様子を見てみよう．

> …［前略］…このようにして，アガ=スルタンとその候補者 *kandidat*，代表委員 *zasedatel'* とその候補者，郷スルタンの選出が終わると，管区庁の建物の前に敷かれた絨毯の上で，ムッラー以下，選出されたスルタンら，ビイたち，カザフ民衆は，自分たちの信仰と法に則り，あらゆる幸いをもた

---

[79] シベリアのカザフ（シベリア=キルギズ）に対するロシア帝国法の適用を定めた 1854 年のシベリア委員会規定（[MIPSK: 183]）を一つの区切りと考える．

らす全能の神に跪きました…［中略］…ムッラーによる祈りが終わると，所定の形式にしたがい，コーラン *al-koran* の前で，彼らの習慣に則り，全スルタン，長老，ビイたちが，集まったカザフ民衆総員とともに，臣民としての忠誠を誓い，また選出されたアガ＝スルタン，代表委員，候補者たち，郷スルタンたちは，さらに忠誠なる奉仕 *vernost' sluzhby* を誓いました．ロシア語で起草されてカザフ語に訳された宣誓書 *akt kliatvennogo obeshchaniia* をムッラーが読み上げました[80]．

上のように，アガ＝スルタン以下のあらたに選出された者たちは，改めて大衆の前でロシア皇帝への宣誓を余儀なくされた．従来のハン選出の際に行われていたハンを絨毯に載せる儀式[81]なども見られず，集められた大衆も，ハンの即位式とはまったく異なった事態が起こっていることを認識させられたのではないかと考えられる．実際，アガ＝スルタンは，後に述べるように，世襲の保障はなく，ロシア人代表委員の補佐を受けたためにその権限は限られていたのだった．

たしかに，スルタンら自身が20年代に相次いで管区開設を要請しているものの，アリストフ[82]も指摘するように，カザフ民衆の希望に沿っていたとは考えにくく，また一部のスルタンからの反対の声があったことも事実である[83]．また，22年規約の公布と同時に管区が設けられたわけではなかった．1824年1月7日の総督カプツェヴィチの布告文により，カザフの間に定着している略奪などの「野蛮な慣習」を防止すること，カザフの民に「平穏と幸福」を確立することなどが示され［KRO2: 207–209］，このような政府の意図が広く伝えられた後，徐々に計画は実行に移されていった．

ここで注目すべきは，初期の管区開設にあたり，西シベリア当局が，以前にハンを輩出していたワリー家とボケイ家を分ける政策を取ったことである．カルカラル管区については，「亡きボケイ＝ハンの統治下にあったヴォロスチで構

---

80) 1824年4月30日，オムスク州長官ブロネフスキーへの報告［KRO2: 212］．
81) 18世紀の儀式の例については，第5章で検討する．
82) 1822年規約の導入は，カザフの意に反して進められたもので，スルタンの希望はあったけれども，それは民衆の願いではなく，かつ，スルタンの希望もロシア当局の圧力の結果だったとみなしている［Aristov 2001: 479］．
83) たとえば，ワリー＝ハンの弟カスム＝スルタンが反対を表明した．この問題については，第7章で改めて論じることにしたい．

成される」ことが決められていた[84]. 一方のコクチェタウ管区は, ワリー家に従う「部族 rod——アトゥガイ, ケレイ, クプシャク, カンジガル, カラウルの一部——のスルタン, 長老, ビイたちの大集会によって, 開設された」のであり[85], ハン位を廃したロシアも, カザフの伝統的な権威に一定の配慮を見せていたことがわかる.

こうして開設された管区において, 名目的にせよ長となったアガ=スルタンはどのような役割を持っていたのだろうか. アガ=スルタンは, ハン家の成員であるスルタン (トレ) から選出され, 任期は3年であった. スルタンの地位は世襲とされていた. またアガ=スルタンは少佐の階級を持つ地方官とみなされていた [Bekmakhanova 1968: 37]. 補佐として2名のロシア人代表委員が置かれたが, 彼らは州長官が任命し, 残る2名のカザフ人代表委員はビイの会議により選出され, ともに2年の任期であった. 管区を構成するヴォロスチ (郷) の長はスルタンの中から選ばれた郷スルタンであった. 前章で検討した『東方五史』の記述によれば, アガ=スルタンは, カザフの間ではかつての「ハン」に比されていたようである. アヤグズ管区における例として,「カザフの言葉で, アガ=スルタンは「ハン」, 代表委員は「カーディー」と呼ばれている」と述べているからである[86].

このように, カザフ=ハン一族の権威は1822年以降もある程度保たれていたと考えられる. それでも, 1830年に, 前述カルカラル, コクチェタウ両管区の代表が首都ペテルブルクを訪れ, アガ=スルタンをハンの地位に就けること, 税の免除などの可能性を照会したときには,「ハンの地位とはすでに消滅したものであり, 誰も帯びることはできない」とロシア政府は回答した[87]. ロシア側の姿勢は, 一貫してスルタンの権限を縮小することにあったと言ってよく, 郷ス

---

84) 1824年4月11日, カルカラル管区庁の活動の規則 [MIPSK: 113]. ここには, 2万戸あるいは, 6万人の男性までを管区人口の上限とすることも定められていた.
85) 1824年4月30日, ブロネフスキーから州庁宛ての提議 [MIPSK: 136].
86) [Qurban ʻali: 375]. 同頁には「人々の間に起こったあらゆる出来事は, 彼 [アガ=スルタン] らに任されている ...il ičinde olan har vuqūʻātï bunlara tafvīẓ edib」とある.
87) 1830年6月6日, 外務省アジア部長ロドフニキンから総督ヴェリヤミノフへの文書 [IKRI8-1: 29–30] ([TsGA RK: f.338, op.1, d.410, ll.229–231ob.]). このときのアガ=スルタンは, トゥルスン=チンギソフとアブライ=ガッパソフであった.

ルタンに選出されるハン一族の数も明らかに減少していった[88]．ロシアのハン一族への態度，彼らの権威の限定化については，第 5 章および第 7 章で再び掘り下げて論じることになるだろう．

さらに，5 年間の免除期間があったとはいえ，キビトカ（遊牧民の 1 戸が住まう天幕を指すロシア語）を単位としてヤサク税（全家畜の 1%）が徴収されることになった[89]．管区を越えての移動も禁じられたカザフ[90]は，このようにしてロシア帝国に取り込まれつつあったのである．

規約の中で以後設けるべき管区は「国境管区」と区分され，すでに 1822 年規約は，清朝の境界に接するカザフの遊牧地を視野に入れていた．第 6 章で詳述するように，このとき西シベリア＝新疆間には多くの隊商が移動しており，管区開設の理由の一つとして，露清間を往来する隊商のカザフによる略奪を防ぐことが考えられていたことも指摘しておかねばならない [TsGA RK: f.338, op.1, d.701, l.50ob.]．1830–40 年代になってもなお，隊商がカザフの略奪の被害を受けることはあったのである．

管区は 1824 年にカルカラル，コクチェタウに開設されて以来，アヤグズに 1831 年[91]，アクモラに 32 年，バヤナウルとウチブラクに 33 年，アマンカラガイ[92]に 34 年，コクペクトゥに 44[93]年と次々に開設されていった．

管区の基本的構成は規約によって以下のように定められている．

---

88) 1860 年 5 月 23 日，州庁会議の決議によれば，バヤナウル，カルカラル，アクモラ，コクチェタウ，アマンカラガイ，ウチブラクの各管区開設時の郷スルタンは，スルタン 43 名に対して非スルタン出身者は 44 名．60 年現在では，スルタン 11 名に対し非スルタン 62 名となっていた [MIPSK: 187–190]．各管区内の構成（アガ＝スルタン以下に選出された者，他の有力者，彼らの家畜規模，牧地の位置など）については，[IKRI8-1]にまとまった情報がある．
89) [Suleimenov; Basin 1981: 120]．ただし，1831 年 5 月 20 日の法令では，5 年の免除は終わったが，ワリーとボケイの直系子孫にのみ，ヤサクを一定額減免することを定めているが，次第に特権に制限が加わったことには変わりなかった [Eshmukhambetov; Zhekeev 1999: 464]．
90) 1822 年規約第 78 項が各管区を越えて遊牧することを禁じている．
91) その開設とロシアの対清朝関係とのかかわりについては[野田 2002a]を参照．
92) 1843 年にクシュムルンに移動した [Bezvikonnaia 2005: 96]．
93) 公式には 44 年だが [Eshmukhambetov; Zhekeev 1999: 471]，すでに 30 年代初めから実質的に機能していたと見え，「コクペクトゥ管区」の語が史料中に現れている（1834 年 8 月 2 日，ヴェリヤミノフから「コクペクトゥ管区」のドサン＝スルタン宛て文書 [GAOmO: f.3, op.1, d.1349. l.15]など）．

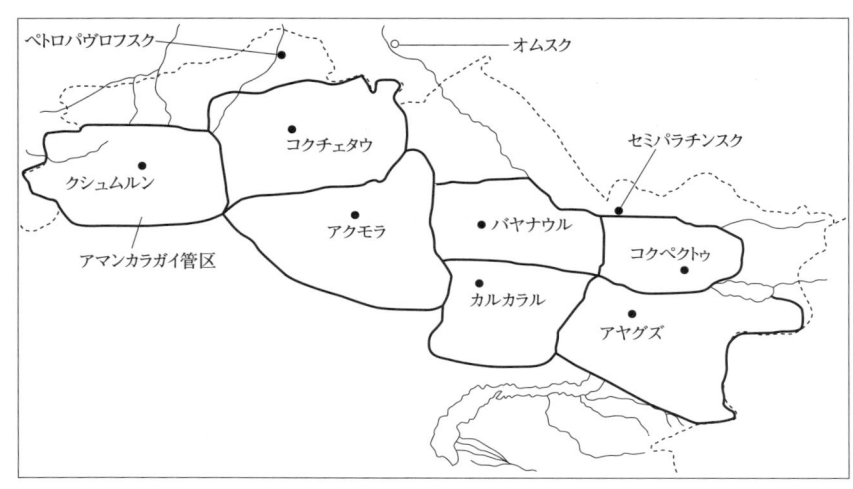

図4 中ジュズ管区地図

注) [Kozybaev et al. 2000: 301]．点線は現代の国境線を示すので，清朝との境界に接するアヤグズ管区の東方の境界線はもう少し西寄りだったと考えねばならない．

表1 各管区の規模の統計

管区の名称	ヴォロスチ (1839年)	同 (51年)	アウル (39年)	同 (51年)	戸／キビトカ (39年)	同 (51年)
カルカラル Karkaraly	17	18	419	147	22,864	18,325
コクチェタウ Kokchetav	10	14	144	167	8,778	11,147
アヤグズ Aiaguz	13	12	2,964	118	15,057	16,808
アクモラ Akmolinsk	15	20	118	212	6,655	15,007
バヤナウル Baian-aul	12	14	791	149	18,132	11,819
コクペクトゥ Kokbekty		15		106		15,508
ウチブラク Uch-bulak	11		300		15,019	
アマンカラガイ Aman-karagai	33		188		11,049	
クシュムルン Kushmurun		5		63		4,385

注) [Zimanov 1960: 166]

管区＞ヴォロスチ（郷，各管区に 15–20）＞アウル（各ヴォロスチに 10–12）＞キビトカ（各アウルに 50–70）

管区の境界と各行政単位の規模は以下に示す図4および表1を参照されたい．

ロシアの要塞線からさらに離れている南方の大ジュズについても，管区開設の動きがあったが，すぐには実行されなかった．1840 年代に，大ジュズの牧地をめぐる問題について露清間で交渉が行われることになるが，詳しくは第7章で考察する．ここでは，その背景と管区をすぐに開設しなかった理由について簡単に示しておくにとどめる．

大ジュズのスルタンの中で，最初にロシア政府に働きかけたのは，アブライの子スユク＝スルタンであった（1818 年）．スユクの行動については，1831 年に再び大ジュズにおける管区開設が議論された際に，以下のように総括されている．

> キルギズ＝カイサク［カザフ］の大ジュズは，内紛に悩まされ，古くよりロシアの保護を求め，1818 年[94]に，スルタン，ビイ，長老らが忠節なる臣民であることを自主的に誓った．1822 年に公布されたシベリア＝キルギズのための規約と時を同じくして，かの地［大ジュズ］に管区を設けることについて，彼らは絶え間なく照会し，またその領域へ軍隊を派遣することを願ってきた．その目的は，［ジュズ］内部の平穏 *tishina* を取り戻すためであった[95]．

上にあるように，ロシア臣籍の請願後，スユクは 1824 年に管区開設を要請した．ロシア側からは確認のため軍隊が派遣されたが，これは，後々清朝との間で問題に発展した．結局，清との関係を重視したロシアは，スユクの要請を拒否することになるが，露清間の交渉にもかかわることなので，詳細は第7章第2節で改めて確認したい．

スユクの例にならい，アブライの子アディルの子息たちもロシア臣籍を請う宣誓書を差し出している（1823 年）［VPR13: 45］．しかし西シベリア総督は，彼らの要求を容れる必要はないとの認識を示し，その理由として，彼らの牧地は

---

94) スユクの宣誓書原文は［VPR10: 555–562］に写真版が掲載されている．
95) 1831 年5月23日，トボリスクの軍団司令ヴェリヤミノフから外務大臣ネッセルローデ宛て［GAOmO: f.3, op.12, d.17677, l.20］．

部分的に清の境界と接していること，彼らがカザフの間で尊敬を得ているのみならず，清朝政府からも慈悲を受けていることを挙げている[96]．結果として，スユクの例と同様に，確認のための部隊を派遣し，慎重に対応していることがわかる．その後は，スルタンらがロシア臣籍に入ることは差し当たり認めたものの，管区開設には言及せず[97]，ここからも清への配慮をうかがうことができる．

さて，中ジュズに話しを戻すと，管区にはその中心として管区庁が設けられた．ロシア語で prikaz，テュルク語で divan と呼ばれたこの管区庁の役割（1822年規約第62項）については，カザフスタンの研究者アビルが以下のように簡潔にまとめている［Abil' 2005: 111］．

1. 徴税の執行
2. 人口，家畜の数，耕地，貿易量にかんする情報収集
3. 管区統治にかかわる上級機関への報告の備え
4. ロシアの権力に従わないアウルへの懲罰隊の組織
5. 管区内の秩序維持

第5の役割について補足しておくと，管区庁は裁判機関でもあった（規約第22項）．そもそも1822年規約第56項は，アガ＝スルタンの役割として平穏と秩序を保つことを明示している．同210項では，刑事事案において管区庁が初級審の役割を果たすことも規定されるなど，裁判において管区庁が大きな役割を果たしていたことは間違いないが，実際の審理過程などについては史料が乏しく，その検討は今後の課題である．

ロシア帝国統治の中に西シベリアのカザフ草原支配を位置づけようとするベズヴィコンナヤは，管区について，西シベリアを県に分割して組織するまでの移行措置として導入されたものとし，またカザフの牧地の限定，カザフ貴族の政治権力強化，コサック部隊駐在などによって，管区制度は草原の社会生活に大きな影響を与え，社会運動を誘発したとみなしている［Bezvikonnaia 2005: 71, 93］．カザフの視点から見るか，ロシア帝国の立場から考えるかによって多様な解釈が生じうるが，いずれにせよ，管区制度が帝国統治浸透のための装置とし

---

96) 1823年2月10日，総督カプツェヴィチから外相ネッセルローデ宛て［VPR13: 49–50; KRO2: 204–205］．
97) 1824年5月13日，アディルの子息らへの勅［KRO2: 214］．

て機能し始めていたことはたしかであった．カザフの管区制度への対応については，第5章，第7章でもあらためて述べることとする．

(2) 管区の境界から帝国の境界へ

a. ロシアの管区に入ること

　管区制度の展開は，ロシア側から見ればカザフを帝国の内に取り込んでいく過程であった．

　まず，カザフが管区に属することの意味を考えてみよう．先に示した管区開設式の際の宣誓は，帝国統治の確立に象徴的な意味を与えたと考えられる．1833年のウチブラク管区開設直後にスルタンたちがロシア当局へ提出した文書は，

　　我々は新しく開かれたウチブラク管区庁に誓いました *qasam qïlduq*．貴方が，開設時に催されたトイとバイガ[98)]…[中略]…に喜び，非常に楽しみました．我々中ジュズのカザフのために与えられた法 *nāẓām* に従って，我々に課せられた税 *zakāt* を喜んでお支払いします．法の一つ一つを可能な限り *ḥāl qaderinjä* 理解いたしました[99)]．

と述べている．むろん形式的な文言とも言えようが，この文書からは，カザフにとって管区に編入されることは，「法」，すなわち1822年規約を守り，またヤサク税を納める義務を負うことを意味していたことが明らかになる．のちのコクペクトゥ管区についての文書でも，「コクペクトゥ管区のカザフは，すでにロシアの臣籍に入ったものとして，ロシアの法制の効力に従う」という見解を明示する例を見出すことができる[100)]．

　このように，管区の内に牧地を持つことは，ロシアの法に従うことを意味していた．それは，逆に管区の外では，ロシアの法は効力を持たないことを意味しており，清朝[101)]との国境線を前にした時に，そのことはいっそう明確に意識されたと考えられる．中ジュズのナイマン部族の一部が，清の境界に近接す

---

98) それぞれ宴会と競馬を指す．
99) 1833年8月27日，スルタンらのペトロパヴロフスク要塞司令シュビン宛て文書［GAOmO: f.3, op.12, d.17684, ll.109–109ob.］．
100) 1839年11月1日，シベリア＝キルギズ庁会議における審議［GAOmO: f.3, op.1, d.1349, l.69ob.］．
101) 次に示すように，清朝領内では清の法が適応されたことを考えれば，双方に同じことが当てはまり，清側からロシア領へ逃げてくる者もいたのである（第7章を参照）．

るアヤグズ管区から，清朝領内で遊牧するスバンクル=スルタン——清から台吉の爵位を受けていた——のもとへ逃れた事例を見てみよう．

ロシアではスバンクルを「ロシアの忠節なる臣民」[102]とみなしていた．スバンクル自身については，ロシア史料であるという留保が必要だが，「贈物を持って行くことで，タルバガタイのアンバン [=大臣] から清朝領内で遊牧することを認められている．自分の後をロシア人が追いかけてくることはなく，清朝政府が自分の引渡しに同意しないことを信じている」と伝えられ[103]，アヤグズ管区の境界を出て清朝領内に入ってしまえば，ロシアの法がおよばないことを自覚していたことがうかがえる．スバンクルのもとに逃げたナイマン部族ナザル支族のカザフも，「清の境域内では，ロシアの政府は自分たちを捕らえることができない」ことを知っていたために，「ロシア部隊を恐れていなかった」のである［GAOmO: f.3, op.1, d.1463, ll.31-32］．この辺りに地縁があるタシュケント人の情報からも，「清の境域に遊牧するカザフが，ロシアの臣民から家畜を何度か奪ったが，だれも清朝領内 cherta の彼らの土地へ行くことはできなかった」のであり，「彼らを追跡することは禁じられていた」という認識があったことがわかる[104]．

この問題については，オムスク州庁から西シベリア総督への文書が，「彼らが清の境域に入ってしまった以上，同盟国［清］との友好関係と平和条約とを破ることにつながりかねない指示を行う権限は持たない」ことを理由として挙げ，清朝政府と交渉を行い，逃亡したカザフを送還させるようタルバガタイの大臣に求めることの可否を尋ねる結果となった[105]．この案が実行に移されたとは考えにくいが，この事例からは，ロシアのみならずカザフもまた，管区を越えて逃亡することとロシアの法の効力との相関を意識していたことがはっきりと理解される．

---

102) 1835年3月15日，コサック中尉マスラソフからアヤグズ管区庁への報告［GAOmO: f.3, op.1, d.1463, l.31］．
103) 35年4月1日，代表委員ナザロフからアヤグズ管区庁宛て［GAOmO: f.3, op.1, d.1463, ll.29-30］．なおスバンクル自身の越境については第7章で考察することとしたい．
104) 35年4月9日，タシュケント人アウチ（Auchi）の情報［GAOmO: f.3, op.1, d.1463, l.49ob.］．
105) 35年4月23日，オムスク州庁からの報告［GAOmO: f.3, op.1, d.1463, ll.18-22］．

b．清朝に従うカザフ

　18世紀後半に，カザフ＝清朝間には，清朝から見て「公式」の関係が結ばれたが，ロシアでは，これを形式的なものだと見ていた．東部のカザフは，清朝が自領とみなす地域においても遊牧を行っていたが，その際は100分の1の税率で家畜を清朝に納めることになっていた［野田 2005b: 032］．18世紀末に調査を行ったシーヴェルスは，1793年に「この貢納は，ただ象徴的に清朝皇帝への忠誠を証明しているにすぎない」と観察している［Sivers; Fal'k 1999: 82］．同じ頃にシベリア要塞線に勤務していたアンドレーエフも，カザフが清朝に使者を送ることについて「褒賞を望むことだけが理由なのだ」とみなしていた[106]．
　しかし，上のように，ロシア統治下の管区にカザフの牧地が組み込まれるにつれて，ロシアの臣民であるという意識が生じる一方で，ロシアに従わないカザフとの区別は鮮明になっていった．その結果，清朝と関係を持っているスルタンとその下のカザフは，清の臣民であるとみなすようになったと考えられる．
　先に名の挙がったスバンクル＝スルタンは，自分を追って清朝領内に来たナザル支族のカザフについて，「彼らは自分たちをロシアの臣民ではなく，清朝の臣民とみなし，清の王 *van* ［スバンクルの兄のジャンホジャ］の支配下に在ると考えており，王の命令にしたがって［ロシア領内から］出た」，と考えていたという[107]．つまり，清から王の爵位を受けていたスルタンが統率するナザル支族は，清朝の臣民とみなしえたのであった．ロシアの統治の及ぶ範囲と清との国境線の関係についてはベズヴィコンナヤも考察をしている［Bezvikonnaia 2005: 129］．ただし清朝側の法制には言及していないところに，議論の余地があることを指摘しておきたい．
　具体的に，司法にかかわる事例から，両国の法の及んだ範囲を確認してみよう．1838年にオムスク州長官に寄せられた報告によれば，清朝領内で略奪を行ったケレイ支族のカザフをカラ＝イルティシュ河流域[108]から追放するために，西北モンゴルの都市コブドから1500人の部隊がやって来て，29名のカザフを殺害した．さらに，清朝の臣民に対して略奪を行った疑いにより，17名の

---

106)　［Andreev 1998: 43］（［野田 2005b: 041］）．
107)　マスラソフの報告中の35年3月31日の情報［GAOmO: f.3, op.1, d.1463, l.26］．
108)　イルティシュ河のザイサン湖以東の最上流．

カザフと 1 名のスルタンを捕らえるためにタルバガタイの領隊大臣がケレイ支族の牧地へ来る，という予告がアジ=スルタンに対してなされた[109]．ケレイ支族の側では，代償の支払いには応じたものの，スルタンらの引渡しには応じなかった．というのも「清朝人が彼らを死刑にすることを恐れていた」からであった[110]．

これは，清朝領内でカザフが罪を犯したときに，処刑される可能性があることをカザフも知っていたことを意味している．第 7 章でも詳述するように，清朝はカルン（卡倫）と呼ばれる哨所を設け，辺境の防備に努めていた．新疆北部においては，各カルンを結んだ線が，ロシアと遊牧民に対する防衛線となっていたのである［野田 2005b: 031］．清朝史料からは，カルン線（すなわち前哨ライン）を越えて清朝領内に侵入し，馬を盗んだカザフに対して，「正法」，すなわち死刑が科される例を見ることができる[111]．やや信頼性に欠ける記述だが，清朝官員からの聞き取りとして，「町の近くを遊牧するカザフが，処刑された略奪者 khishnikov を見て，脅威を感じ，盗みや略奪を控えるように，城外に服を着けた死体をさらしてある」という情報があり[112]，処刑後見せしめとして晒されていたことも，カザフの間で死刑の可能性が周知されることに一役買っていたと考えられる．

逆にロシア側が，タルバガタイまで部隊を派遣し，清朝境界内に逃げ込んだカザフの引渡しを求める事例もあった[113]．その理由は，他の案件が示すように，ロシア側では，清の統治下にあるカザフについては捜査権がなく，審理を行うことができないという認識を持っていたからであろう[114]．次の事例のよう

---

109) 1838 年 12 月 3 日，コクペクトゥ部隊のコサック中尉ポルトニャギンからのオムスク州長官タルイズィンへの報告［TsGA RK: f.374, op.1, d.166, ll.9–10ob.］．アジは中ジュズのアブルフェイズの子で，ケレイ支族を統率していた．
110) ポルトニャギンの報告，38 年 12 月 10 日［TsGA RK: f.374, op.1, d.166, l.13］．
111) 道光十二年九月二十八日（壬申）諭（1832 年 10 月 9 日）［宣宗：巻 220］．
112) 31 年 12 月 15 日，ネドレゾフよりオムスク州長官ブロネフスキー宛て報告［GAOmO: f.3, op.12, d. 17674, ll.284–284ob.］．
113) 1830 年 1 月 28 日シベリア税関区長から財務大臣宛て［TsGA RK: f.806, op.1, d. 38, ll.6–6ob.］．
114) 1834 年 5 月 8 日，トムスク県庁からオムスク州長官宛て［TsGA RK: f.338, op.1, d.830, l.10］．ロシア領内のブフタルマにおいてカザフが馬を強奪した事件に関連して，「そのカザフは清の治下にあり，審理を行うことができない」という見解を示し，そのために，馬の盗みの証拠を得られないと報告するものだった．ただし，このとき清朝側のチンギスタイのカルンは，カザフが清朝

に，清朝側が引渡しを行うこともあったようである．清朝史料において，ロシア籍の「アンディジャン人」が，同族を殺されたためにカザフのカンバル＝スルタン[115]を捜索しているという上奏[116]があり，ロシア側が得た情報として，カンバルを捕らえた清の領隊大臣が引渡しに来たという内容が伝わっているからである[117]．

このように，カザフが越境することは，帰属の問題も含めて，露清両国間の問題に発展することがままあった．カザフがどのように「境界」を意識していたのかは，検討が難しいが，前述のスバンクルが清朝領内で遊牧していることについて，同じカザフのスルタンらによる文書の中では，「清のカルンの周辺にいる *Čürčütning qarayulnïng üstünde*」[118]，と記している．これは，カザフが清朝の境界線として，カルン線を意識していたことの一つの証拠となるだろう．またカザフの遊牧地に滞在していたタタール人は，清の卡倫を指して「境界の砦 *čet qarāwuli*」と記し[119]，清朝の外からはやはり境界として見られる存在であったことがうかがえる．こうして意識されるようになった露清間の境界については，第7章において，「国境」の認識としてさらに検討を深めることにしたい．

c. コーカンド＝ハン国（タシュケント）との関係

南方に目を向けてみると，18世紀後半から19世紀前半にかけてのマーワラーアンナフルにおける政治権力の再編成に関連して，コーカンド＝ハン国の勢力が強くなった．タシュケントを1810年に陥れたコーカンドは，その周辺の大ジュズのカザフに対しても力を及ぼすようになる［Kozybaev et al. 2000: 291］．そ

に従っていることを理由に引渡しに応じなかった（9月16日，トムスク県庁からオムスク州長官宛て文書）［TsGA RK: f.338, op.1, d.830, l.13］．

115) 清から台吉（タイジ）の爵位を受けていた．
116) 嘉慶十八年六月十八日（癸丑）諭（1813年7月3日）［仁宗：巻270］．
117) タシュケント人の報告の翻訳［GAOmO: f.6, op.1, d.3, l.90aob.］．たしかにタルバガタイ参賛大臣の奏（嘉慶十八年七月十六日）によれば，このとき吉爾杭阿という官員を派遣していた［外交史料嘉慶朝 巻4: 14］．なおこの時の伊犂将軍である晋昌はロシアへの対応を非難され免職されている［佐口 1986: 426］．
118) 1835年1月29日，ジョチ＝スルタンの息子たちからアヤグズ管区庁宛て［GAOmO: f.3.op.1, d.1463, l.7ob.］．
119) 1826年2月，タタール人書記ムサギトからブロネフスキー宛て報告［TsGA RK: f.338, op.1, d.641, l.7ob.］．

の結果,「タシュケントに従う *Tašqan yurtuna qaragan*」カザフが,史料中に現れるようになった[120]. 上の表現は,大ジュズのコンラト部族についてのものである. 判断の根拠となっていたのは,タシュケントのコシュベギがカザフから徴収していた税(アルムもしくはザカートと記される)であった. すでにタシュケントに従っていたコンラト部族のカザフが,同部族のイルダス=ビイの所へタシュケント人と共に来て,税を納めることを求めたが,その目的は,「ロシア人に従っているカザフを臣服させるため *Oroslarġa qaraġan Qazaqlarnï qondurmak učun*」であり [GAOmO: f.3, op.12, d.17678, l.82ob.],コーカンドへの帰属とロシアへの帰属の区別が,このころには明確になっていたことを示している. 大ジュズのスルタンたちは,コーカンドからの圧力をロシアへも清朝にもしきりに訴えていた. 関連する案件からは,両帝国のカザフの牧地に対する思惑が見えてくるので,やはり第7章第2節でくわしく見ることとする.

筆者がすでに明らかにしたように,1831年のアヤグズ管区成立が一つの画期となり [野田 2002b],清朝とロシアの境界は接近し,国境をめぐる露清交渉が生じるようになる. 本節ではその背景を見たことになるが,中ジュズへの新しい統治制度の導入によって成立した1822年規約体制の根本は,管区制度にあった. 管区の境界が次第に帝国の境界となることで,ロシア帝国内のカザフとそれ以外のカザフの区別が鮮明になっていったのである. 帝国の境界の向こうにあるのは,ここではおもに清の領域であり,そこには,カザフの越境を含め,さまざまな問題が発生したのであった.

小結

本章では,18世紀前半のカザフ=ロシア関係の本格化から,1822年規約体制の確立にいたる過程を,おもにロシア側の視点から整理した. その中で明らかになったのは,カザフとの関係についてのロシアの認識であるが,小ジュズと中,大ジュズとの間では,後2者が清朝とも関係を有していたために,区別

---

[120] 1831年末,カザフのビイのイルダスよりカルカラル管区庁への文書 [GAOmO: f.3, op.12, d.17678, l.82]. 1832年4月26日,カルカラル管区のトゥルスンからオムスク州長官デセントロランへの報告 [GAOmO: f.3, op.12, d.17678, l.78].

して対応していたことが示された．1822年以降は，西シベリアとオレンブルクとに分割して統治を開始しており，さらに個別に考察していく必要があるだろう[121]．

1822年規約体制の中で成立した管区の境界を越えることは，ロシア統治からの逸脱を意味し，とくに清朝領内に逃げ込むことで，略奪などの罪から逃れようとする動きがカザフの間に見られた．帝国の狭間に位置するカザフの遊牧地は，異法域の交わる空間となり，そのために，露清間でのカザフの移動は頻繁に確認されるようになる．

むろん，1822年以前には，カザフはより自律的に清朝との交渉を行っていたので，これまでロシア側の論理と史料とによって分析されてきたカザフとロシアの関係も，カザフ＝清朝関係が影響を及ぼしていることを踏まえた上で見直す必要があると考えられる．その前提として筆者が考えているのは，先に序章(図2)において提示したロシア，カザフ，清のいわば三角関係の構図である．この構図が成立する契機，すなわちカザフと清朝が「公式」の関係に入る1757年に焦点を当てて，次章では，両帝国がたがいの事情をにらみながら，カザフをはじめとする中央アジアの諸勢力との関係をどのように処理しようとしたのかを考察する．

---

121) 松里［2005］が想定する「大オレンブルク」は，カザフ草原にかかわる政策の管轄の違いを考察する上で参考になる．オレンブルクが管轄する「南ウラル＋西カザフスタン」（スルタンガリエヴァ［2008］による構図）は，本書が注目するカザフ草原と西シベリアとの結びつきと対称的な位置にあると言えよう．

第二部

カザフ＝清朝関係の基層

第 3 章

カザフの帰属問題と中央アジアにおける露清関係

はじめに

1757年に清朝に公式に認められて始まったカザフ=清朝関係は，その契機を清朝によるジューンガル遠征に求めることができる．すでに前章でも触れたように，18世紀半ばにおける中央ユーラシアにおいて大きな役割を果たしていたのは，ジューンガルの帝国であった[1]．ジューンガルは東の清朝と戦うのみならず，西へも勢力を拡大し，中央アジアではカザフ草原を越えて南進し，またロシア帝国のシベリア，ウラル方面にも圧力を加えていた．ゆえに露清両国はその対応に腐心してきた．1755年のジューンガル政権の崩壊はこれに終止符を打ち，カザフを含む中央アジア諸勢力が露清の脅威にじかに接すると同時に，ロシアと清朝の西シベリアにおける境界がにわかに接近するという状況が成立したのである．したがってジューンガルをめぐる露清関係と，ジューンガル崩壊後の中央アジア諸勢力の動向との間には連関があり，これらを結び付けて考える必要がある．

このような背景がありながら，清朝とロシア帝国との関係は，ネルチンスク，キャフタ両条約締結の過程をはじめとする，両国間の東方国境をめぐる問題が重点的に研究されてきた．翻って，ジューンガル以西の中央アジアにかかわる露清関係については，清朝の遣露使節団がよく知られるものの，史料集的な性格を持つバンティシュ=カメンスキーの著作の後は，ソ連のグレーヴィチやモイセーエフなどが国際関係の立場から論じるにとどまっている．ジューンガルをめぐる露清関係に触れたズラートキンも含め，彼らの業績は未公刊史料をよく

---

1) ジューンガル史全般については [宮脇 1995] がある．

利用して事実関係を整理し，部分的にせよ自ら収集した文書史料を出版（MOTsA，最新の RDO など）するなど参照すべき点も多い[2]．ただし，第 1 章でも見たように，清朝とロシアの衝突という側面を強調する傾向があり，ソ連解体後の今日では批判的に検討する必要がある．

一方，中国の研究は，1756 年以降のジューンガルにかんするロシアの外交を「中国への内政干渉」と見る傾向があり［新疆簡史 1: 259］，批判的にとらえている．またカザフを例にとって見ても，厲声がカザフは清朝に「帰附」したととらえ，ロシアとの関係とは関連づけずに論じるなど［厲 2004: 106］，一面性を払拭し切れていない．

ユーラシアの露清関係を考察したヴォスクレセンスキーが指摘するように，18 世紀以降，中央アジア地域も露清関係に加わったことはたしかであり［Voskresenskii 2004: 29］，18 世紀の露清関係を，この中央アジアの文脈——ジューンガルの領域をめぐる交渉——において検討しなおす必要があると思われる．それにより，露清関係史を見直すだけではなく，中央アジアの国際関係を「外から」の視点を通して再考察することができると考えるからである．

このような関心から，本章では，ジューンガル以西の諸問題をめぐって露清の両国間で交わされた外交文書を中心に検討する．前半で，ジューンガルをめぐる両国の交渉を整理し，とくに 1731 年の清朝使節団がロシアに対して行った提議と，以後の中央アジアにおける露清関係との関連を明らかにする．後半では，1750 年代のジューンガル平定とアムルサナ追討の過程における，ジューンガルの影響下にあったカザフをはじめとする中央アジア諸勢力の帰属問題の処理を考察する．ここに見える帰属をめぐる露清間交渉の枠組みは，のちのトルグートの帰還や，19 世紀後半の新疆をめぐる交渉とも関連づけることができるだろう．

なお，本章でおもに依拠するのは，満洲語による露清間の外交文書[3]，清朝の檔案史料，すでに刊行された露清の文書史料である．

---

2) ソ連時代の研究史については，Moiseev［1988］がまとめている．
3) 清朝側の根本史料となるロシア関係文書を収めた「俄羅斯檔」（［柳澤 2001］を参照）を調査する機会をいまだ得ていないことは，今後の課題としなくてはならない．また近年出版された『清代中哈関係檔案史料彙編』［中哈 1］は，本章が焦点を当てる 1757 年前後のジューンガルとカザフの関係にかかわる史料をほとんど収めていない［野田 2007c］．

1. 露清関係におけるジューンガルと中央アジア

(1) キャフタ条約と中央アジア

　本節では，18世紀前半における露清関係の中で，ジューンガルおよび中央アジア地域がどのように扱われてきたのかを整理する．ロシアと清朝の関係は，1689年のネルチンスク条約から公式に始まったと言える [吉田 1974]．つづくキャフタ条約（1727年締結）は，両国間の和親を確認し，国境についても再確認を行うものであった．この条約については，野見山温の研究 [野見山 1977] ののちに，吉田金一が概観し，澁谷浩一がその成立の過程を詳細に検討している [澁谷 2006]．キャフタ条約締結に際しては，信任状を携えたヴラディスラヴィチの使節団は外交使節として機能し，ヨーロッパ方面での国境画定に携わっていたロシア外交官の参加もあり，少なくとも形式上，近代国際法の理念を反映した条約を締結するにいたった．また清の朝貢体制とも矛盾しないものとなっていたこともすでに指摘される通りである [吉田 1974: 144]．ジューンガルとの抗争を控える清朝にとってはモンゴル方面の国境画定が優先事項であり，一方のロシアには，中断していた交易再開のための条約締結が課題であった [RKO2: 421; MOTsA1: 258]．

　ここで，正文である双方のラテン文条文を基にして，全11条からなる条文の中で本章にかかわる内容を整理しておこう [Sbornik: 50–83]．本章の内容ともっとも関係が深いのは，逃人について規定する第二条である．のちのアムルサナやアルタイの送還をめぐる交渉時に，この条文の解釈の違いが交渉のもつれる一因となったからである．第二条は，「今後，もしも逃亡する者があれば，如何にしてもこれを受け容れず，逆に双方は捜索[4]に努め[5]，国境に駐する者に引き渡すこと」と定めていた．

　この条文は，どちらかの国に帰属する者についての規定であったが，境界を扱う第三条は，「シャビン＝ダバガ」，すなわち現在のトゥヴァ（漢語では唐努「烏梁海」）までを画定した．同時に，この第三条で境界を越えてのトゥヴァの貢納を禁止したのである．清がトゥヴァを「属国」と考えていたのに対し [方

---

4) 清側ラテン文条文では「捕縛」．
5) この前に，清側満洲文条文では「各々」が挿入される．

略漢文 前編巻 16: 21]，ロシアはブフゴルツ[6]によるオムスク要塞建設を根拠として，イルティシュ河流域の領有権を譲れないものとみなしていた [MOTsA1: 260]．ロシア側はハルハのアルタン＝ハン（バトマ＝エルデニ＝ホンタイジ）による宣誓文書の写しを掲げ [RKO2: 505]，ロシアの臣民となったアルタンに貢納していたトゥヴァの帰属もロシアにあるという，いわば属人的解釈による主張を行ったが認められなかった．その後ヴラディスラヴィチが現有の勢力範囲に基づく画定を提案し [Bantysh: 131–132; Moiseev 1983: 46]，ロシアもトゥヴァの大部分が清に帰属することを認める結果となった [Moiseev 1983: 48]．ただしこの勢力範囲も，貢納という属人的な帰属概念を基礎とするもので，境界の意識は希薄であり，帰属の定義は明確にはならなかった．トゥヴァ以西はジューンガル領であり，ジューンガルの影響下にあった諸集団の帰属は条約の適用範囲外となり，帰属をめぐる議論は清によるジューンガル平定時の交渉に持ち越された．このような「帰属」の解釈をめぐる露清の解釈の不一致は，両国間に問題が生ずる一因であった．

　この 2 つの条約が定めるところを総称して，吉田は「ネルチンスク・キャフタ条約体制」の名を与えているが [吉田 1974: 109]，柳澤明も指摘するように，このモデルは 19 世紀にいたるまでの変化をすべて包含するものではなく [柳澤 2003: 599]，また 18–19 世紀の中央アジアにおける露清関係について不足があることは否めない．とくに，ジューンガル政権崩壊後，中央アジアが清朝の視野に入ったことによる関係の変化は十分に検討されてこなかった．そこで，本書ではこの点を考察の対象としたい．これらの問題点から考えると，キャフタ条約体制は，ジューンガルの問題を念頭に置きつつも，モンゴルや清朝東北部を舞台とする「東方」の露清関係の文脈に位置づけられるものだった．換言すれば，当時はジューンガルの存在のため，西はトゥヴァまでしか規定することができず，そのことが後の交渉において矛盾を招いたと考えられる．

(2)　「西方」における露清関係のはじまり

　それでは，この条約において規定されなかった「西方」のシベリア・中央ア

---

[6]　1715–17 年にイルティシュ河沿岸を調査した．

ジアと露清関係とはどこで接点を持つのだろうか．このような問いからは，18世紀前半において，露清間ではヴォルガ下流域のトルグート族の動向をめぐって交渉が行われ，その中でカザフ草原やマーワラーアンナフルとの関係樹立が試みられていたことが浮かび上がる．

まず，これらの交渉の前提となったジューンガルの中央アジア侵攻について整理しておこう．ツェワンラブタン（在位1694–1727年）は，先のガルダン＝ハンの時に，康熙帝との戦いで失われた中央アジアに対する影響力を回復するために，カザフを激しく攻撃した[Moiseev 1991: 62]．その後，カザフの3ジュズのうち最西に位置する小ジュズのアブルハイル＝ハンがロシアに忠誠を誓い，1731年に承認を受けている（第2章を参照）．

他方，ジューンガルと清の戦いは続いており，ジューンガルに敗れてヴォルガ下流域（以下，「ヴォルガ」と略す）へ移動していたオイラトの一部族トルグートとの，さらにはロシアとの協力的関係を必要とした清朝は，3度ロシア方面へ使節を派遣した．①1714年にトルグートに到着した図里深らの使節 ②1731年到着の托時らの遣露使節 ③1732年到着の徳新らの遣露使節である．

第一の使節は，トルグートの調査および勧誘という密命を受け[7]，シベリア経由で西へ向かった．報告記『異域録』によれば，ロシアが，カザフ，カラカルパク，ジューンガルと互いに境を接することを知り，またロシアも含めたこれらの勢力がみな敵対していることをロシア官員より伝え聞いている［トゥリシェン: 74, 157］．

ガルダン＝ツェリン（在位1727–45年）の時代には，その弟で継承をめぐる対立者のロウザン＝ショノの動向が露清間で問題となった．第二のトシ使節は，トルグートを対ジューンガル戦に引き入れるという使命を帯びて来訪したと考えられる．ロシアの理解では，使節の目的は，対ジューンガル戦への支援とガルダン＝ツェリンがロシアに逃走した場合の送還をロシアに求め，さらにショノにガルダンへ仇なすことを求めることにあった[8]．使節を迎えた外務参議会官員バクーニンも，ショノを勧誘する目的であることをトシが宣告した，と報告

---

7) ［澁谷1996］．ただし，ロシアはアユーキには清への返使派遣を許さなかった．その理由として，トルグートがロシアの臣民であることを強調し，また途上の障害を挙げている［RKO1: 143］．
8) 1730年7月7日，使節に帯同していたグラズノフからの報告［RDO: 49］．

している [Bakunin 1939: 234]．ただし，清の理藩院からロシア元老院への文書[9]は，トシ使節の目的が，皇帝フョードル即位の祝賀と清に恭順しているトルグートへの使者派遣にあることしか触れず，また第三の使節への清朝皇帝の訓令が，ロシアの援軍は必要ないとの姿勢を明らかにしているため[10]，清側の真意は慎重に判断する必要がある．

ともあれ第二の使節団の内，満泰（マンタイ）が率いる分隊は，トルグート訪問の際に，血縁をたどりヴォルガに逃れていたショノをも訪れ，その地で密談を行ってジューンガルに対する共闘を求めた[11]．しかしバクーニンが，トルグートの長チェレン=ドンドクから清朝皇帝への返書の写しを，ことさらに清朝使節に見せつけたことが象徴するように [Bakunin 1939: 236]，ロシアのトルグートに対する影響力の大きさを目の当たりにする結果に終わっている[12]．なお，このトシ使節がロシア皇帝に対して提議した内容については，次節で詳しく扱いたい．

第三のデシン使節も，トルグートの勧誘と前述のショノを北京へ招くことをおもな目的として訪問を試みたが [吉田 1974: 154; 澁谷 2006: 38]，今回のトルグート訪問はロシアにより拒絶された．清朝は，トシ使節により，ジューンガルと敵対関係にあるブハラ，カザフに，ジューンガルへの派兵を予告することを企図し[13]，デシン使節により，トルグートに続いてカザフ，クルグズ，ヤルカンド，カシュガルを訪れ，これらの勢力をも対ジューンガル戦に引き入れる意図を持っていた[14]．内容は不明だが，清朝使節がカザフのハンへ文書を送っ

---

9)　雍正七 (1729) 年五月十八日 [中俄一下: 528]．

10)　雍正九 (1731) 年六月 [中俄一下: 550]．

11)　雍正十年三月五日，マンタイ自身が報告を行い [中俄一下: 560]，同月十二日の理藩院から元老院への文書も，ショノが清に来れば，共に仇を討つ用意が清朝皇帝にあることに言及する [中俄一下: 561; RDO: 66]．ロシア側でも，清朝使節がショノに告げた内容を，「もしショノが，兄へ恨みを晴らすこと，父の領地を治めることを望めば，ショノはボグドハン [清朝皇帝] 陛下の保護を求めればよい」（ベクレミシェフの日誌より）[RDO: 60] と伝えた．しかし，すでにショノはロシア政府と連絡を取っており（1729 年，ショノからロシア政府宛ての 2 通の文書）[RDO: 45–46]，清の期待は実現しなかった．

12)　ロシアがトルグートの要人に対して清朝使節迎接に際しての指示を与えていたことについては [Kurapov 2007: 79]．

13)　雍正九 (1731) 年六月十四日の理藩院から元老院宛て文書 [中俄一下: 548]．実際にトシはモスクワにおいて，周辺勢力への告知について言及している [MOTsA1: 276]．

14)　雍正十年三月十二日，理藩院から元老院宛て文書 [中俄一下: 562]．1730 年 8 月 12 日，グラズノフの報告からもその意図は知られる [RDO: 50]．

たことも報告されており[15]，ショノがカザフもしくはトルグートに滞在しているとの情報を得た清朝は[16]，連絡を取る機会を探っていたと考えられる．前述のアブルハイルは，トルグートと同盟を結んで人質を差し出し [Bakunin 1939: 225]，トルグートからの使者を迎えていたことも知られるので[17]，トルグート経由のカザフとの連絡の可能性も十分にある．こうした動きが，アブルハイルの娘を娶ったショノが，1731年にカザフ軍とともにジューンガルを攻めるという事態 [佐口 1986: 314] へと展開したにちがいない．1720–30年代には，ロシア・清朝・ジューンガルの三角関係を軸として，カザフ（小ジュズ），トルグート，バシキールがそれぞれ同盟と衝突を繰り返す複雑な関係があった．この間ロシアは，おもに3方の地方機関を通じて異民族との交渉に臨んでいたと言える．すなわち，イルクーツク（キャフタ経由で清朝と），トボリスクおよびイルティシュ要塞線（ジューンガルと），ウファおよびアストラハン[18]（カザフ，トルグート，ヒヴァ，ブハラなどと）である．

なお理藩院は雍正十（1732）年三月十二日の元老院への文書で，「国境の安寧」のためにジューンガル平定が必要であることを示し[19]，同年閏五月，再度ショノの引渡しを求めたが認められなかった [中俄一下: 570]．その後も清は，ロウザン＝ショノの所在，カザフの動向，ロシア＝トルグート関係に関心を持ち，捕虜などから情報を集めようとしていた[20]．

しかし，これらの清の活動にもかかわらず，ロシアは結局トルグートと清朝の交渉を許さなかった．まず，トルグートはロシアにとって長きにわたる臣民であるとの認識をロシアは持っていた[21]．ヴォルガからジュンガリアまでは遠く，その間にはトルグートに敵意を抱くカザフやカラカルパクがいて通行を許

---

15) 雍正十年三月五日，マンタイらの上奏 [中俄一下: 560]．マンタイは，トルグートを訪れていたカザフの使臣に遭遇し，「諸事」を伝えたことが，和碩順承親王錫保らの上奏に見える（雍正十年四月六日）[中俄一下: 566]．
16) 雍正七年正月七日，陝西総督岳鍾琪の上奏 [宮中檔: 402000011]．
17) 通訳官テウケレフの日誌 [KRO1: 80]．
18) のちオレンブルクにその機能は移った．
19) [中俄一下: 561]．ジューンガルがもともと清に属するものであったことも主張した．
20) 雍正十二（1734）年三月二十一日，定辺大将軍福彭奏 [中俄一下: 605]．
21) [瀧谷 2006: 39]．また1732年3月30日，イルクーツク副知事ジョロボフから清朝政府への文書 [RDO: 63]．

さないので，トルグートを対ジューンガル戦に派遣することはできないという理由を示し，第三の使節のトルグート訪問については拒否した．むしろガルダン＝ツェリンが，ロシア帝国とその臣民に対して友好的であることを伝え，清朝を牽制している [Moiseev 1998: 67–68]．これは，ロシアが，ジューンガルの内情およびジューンガルと清朝との争いに干渉することを避ける方針に則っていたことも関連している．さらに，清朝が中央アジア勢力を煽動することで，清主導でジューンガルとの戦いが行われることへの警戒もあった[22]．その裏でロシア自身はジューンガルと使節を交換し，イルティシュ河沿岸を探索したブフゴルツをはじめ，ジューンガルの「臣民」化を試みながらも失敗に終わったウンコフスキーの使節[23]のほか，ウグリモフやミルレルらを派遣した[24]．以上の動きからは，当時の国際関係および露清両国が有していた中央アジア勢力の帰属についての認識を読み取ることができるだろう．

(3) 中央アジアにおける露清関係の中断と再開

その後，中央アジアをめぐる露清間の交渉は，文書の発信者の名義をめぐる対立もあり [澁谷 2006]，頻繁な交渉は見られなくなった．その間に，ジューンガルは，清との間でアルタイ山をハルハとの境界と定め，1740 年には再び西へと攻勢をかけた．すでに川上晴が示したように，41 年冬にはカザフの中ジュズの有力者であるアブライが捕虜となるほどの勢いであり[25]，セミレチエを越え，タシュケント，フェルガナ方面にまで勢力を広げた．これを知ったロシア政府

---

22) 1731 年 10 月 16 日，ジョロボフらの報告 [RDO: 53]．清朝からトルグートへの使者について，キャフタ条約に規定がないことも理由の一つだった．[澁谷 2006]も参照．
23) [澁谷 2007]を参照．
24) これらの使節については [Moiseev 1998]．
25) [川上 1980: 32–35]．清朝史料には，ジューンガル軍に囚われていたカザフ人捕虜からの聞き取りがあり，断片的にアブライとガルダンの関係を知ることができる．乾隆六 (1741) 年九月三日，永常等の奏文によれば，囚われたアブライに対して，ガルダン＝ツェリンは，ロウザン＝ショノを捕らえて来るよう求めたという情報がある [漢文録副: 8261-45/604-3203〜3204]．ガルダン＝ツェリンが，先に触れたショノの引渡しを解放の条件としていたことは，ロシア史料からも裏付けることができる [KRO1: 202]．すでにショノは世を去っていたにもかかわらず (1733 年 1 月 20 日，ショノの死を元老院が理藩院に伝えている [Moiseev 1998: 68; Bantysh: 205])，ガルダンはショノの動向に依然として注意を払っていた．実はバシキールのカラサカルという人物が，このときショノになりすましてカザフ草原に身を潜めていたのであった [MOTsA1: 310; MOTsA2: 9; KRO1: 202]．カラサカルについては [豊川 2006: 219]も参照．

内には，シベリア要塞線（イルティシュ，クズネック，イシムの3要塞線の総称）[26]
の強化を急ぐ動きが見られた[27]．ジューンガルの勢力再拡大の結果として，ま
た捕われたアブライが解放されるまでの過程を通じて，すでに1740年にロシ
アに臣籍を宣誓していた中ジュズのカザフは，ジューンガルからも臣民とみな
されるようになった（第2章第1節）．ロシア側の情報だが，ガルダンは，中ジュ
ズのアブルマンベト=ハンがその息子を人質（amanat）として送付したことに
より，カザフが自らに属することを確認していたのである[28]．

　ロシア政府は，カザフからジューンガルの圧力について報告を受けた時に，
「中ジュズの有力者からは人質を取ってもよいが，小ジュズのアブルハイル=ハ
ンは平安に置かれるべきだ」，とジューンガルに申し伝えることを決め，各ジュ
ズへの対応を分けながらも，小ジュズについては譲らなかった[29]．こうしてロ
シア，ジューンガルが共にカザフに対する影響力を主張する状況が成立したの
である．

　この間の中央アジア情勢についての清側の認識は明確ではないが，乾隆八
(1743)年の理藩院から元老院への文書は，乾隆帝がロシアとの友好保持を慶ん
でいることに言及しており，この時期の露清関係は良好であったと判断できる
[Bantysh: 247]．こうして勢力を盛り返したジューンガル政権だが，ガルダン=
ツェリン死後の後継者争いと内訌により，その後は衰退に向かった［Zlatkin 1964:
279–303; Gurevich 1983: 102–117］．それにつれて，再び露清間の頻繁な交渉が見
られるようになり，ジューンガルに加えて，アルタイやカザフの動向が大きく
取り上げられた．その状況については第3節で詳細を検討する．

---

26) 南の遊牧民との境として機能し，その最南端の前哨としてウスチ=カメノゴルスク要塞が位置
していた．
27) 1743年3月17日，ネプリュエフとスハレフの提案 [RDO: 85]．
28) 1743年9月，バシキール人の報告 [RDO: 95]．ジューンガルのマンジがネプリュエフに宛て
た文書も，「カザフの中ジュズと小ジュズは，ロシア帝国の臣民ではない」[RDO: 92] と断じ，ま
たアブルマンベトが人質を送付してきたことにも言及している [RDO: 93]．
29) 1743年8月20日，外務参議会内の文書 [RDO: 92–93]．アブルハイルがすでにロシアに人
質を差し出していたことも背景にある．

94　第二部　カザフ＝清朝関係の基層

2. トシ使節の提議（1731年）と露清交渉

（1）　トシ使節の文言

　本節では，清朝が1731年にロシアへ派遣したトシ使節が示した提議をくわしく検討する．キャフタ条約締結後最初の遣露使節団は，侍郎（ashan-i amban）のトシを大使として1729年に出発し，31年1月にモスクワに到着した．その意図は，先に示したようにトルグートとの共闘関係構築にあった．この使節に言及する研究は多いが，吉田による概観のほか［吉田 1965］，モイセーエフのジューンガルとロシアの関係からの考察が主要なものである［Moiseev 1998: 61–64］．数少ない清朝の遣露使節として，トシ使節派遣の事実そのものに注目が集まっていたのだが，本章では，トシ使節の提議のその後への影響を中心に考えたい．そこに言及する研究は乏しく，ズラートキンやグレーヴィチがロシア文書の記述を［Zlatkin 1964: 297; Gurevich 1983: 110, 139］，また吉田[30]や野見山が『故宮俄文史料』中の文書（次節，表1文書⑫）を部分的に取り上げるにすぎない［野見山 1977: 119–129］．しかし1756–58年における露清外交は，実はこのトシ使節が残した文言の解釈に多くを費やしており，そのような観点に立ち，元の文言と後の交渉とのずれや，露清の解釈の違いなどからこの提議を取り上げた研究はいまだ見られないのである．

　そのためにはまず，トシ使節がロシアに行った提議の文言を確認しておくことが必要になる．その正確な内容はMOTsAによって知ることができるが，これまで知られてきたバンティシュ＝カメンスキーによるものとは若干の異同がある［Bantysh: 178–181］．次のデシン使節への清朝政府の訓令が明らかであるから，清朝側にもトシへの訓令にかかわる何らかの文面が伝わると考えられるが，その存在は知られていない．ただし，ここに示すテキストによって，少なくともロシア側のトシ提議の受け止め方について考察することはできるだろう．

　トシによる口頭の提議は，1731年2月9日の謁見の場で行われ［MOTsA1: 275–277］，4項目にわたる提議への皇帝アンナの回答は同月24日に作成された［MOTsA1: 278–281］．

---

[30]　吉田は清朝忘却説を取ったが［吉田 1974: 156］，後述のように，清朝からロシアへの文書中にも言及があり，むしろ清朝の譲歩を含むために公けにされなかったと考えられる．

第3章　カザフの帰属問題と中央アジアにおける露清関係　95

　第一に，ガルダンがその父と同様，清朝に引き渡すべき逃人（ロプサン＝ダンジン）を送還しないため，清朝とは敵対関係にあることを示し，清軍がロシア国境近くまで進んでも疑いを持たないようトシは求めた．ロシア側は，このような事前の通告を，「友好と和平条約の内容ときわめて合致している」として評価し，「大国どうしがお互いに友好的な関係にあることを望むならば，つねにこのように行動するようになる」との認識を示した．

　第二は領土の割譲についてであり，清がジューンガルの土地を占領した場合に，その一部をロシア皇帝が必要とするならば，「ロシア側に譲られる」とまで伝えている．これに対して，「ロシアはいかなる他の領土も併合することを望んでいないが，清朝が占領した土地については…［中略］…合意することができる *soglashenos' byt' mozhet*」と回答した．

　第三はジューンガルの逃人の引渡しについてである．清は，ジューンガルが清に属することを前提として，「ロシアに逃げ込んだジューンガルのうち，君主とザイサン［部族の長］らは清朝へ引き渡し，その他のロシアが受け容れた者については，国境においていかなる反逆も起こすことができないよう，間違いのない場所で服従させるように」と求めた．なおデシン使節への訓令も同様の要求を指示している[31]．ツェワンラブタンをロシアの臣民とする目的を持っていたウンコフスキー派遣からも確認できるように，ロシアもジューンガルに対して優位に立とうとしており［澁谷 2007: 110］，かつ清朝のジューンガルに対する発言力が強まることを警戒していたため，「ロシア領内にいる間は，清とその臣民に対していかなる反意も示すことができないようにする」と回答するにとどまり，清朝の要求に，ロシアが正面から応えることはなかった．

　第四はトルグートへ向かう清朝使節の扱いについてであったが，トルグートはロシアの臣民であるから，彼らにかんする要望は元老院に申し出ればよいとの認識を示し，「今回に限り許す」という回答であった．本項については澁谷も検討している［澁谷 2006: 37］．

　第一，第四の項目はこの当時の状況にかかわるものであったが，以後の外交にかかわる第二，第三の項目は，1756年以降の露清交渉において問題となった．とくに第三項に対するロシア側の回答は，「送還については，友誼により合

31）雍正九年六月［中俄一下: 552］．

意する soglashenos' ことができる」という消極的な表現にとどまっていたことに注意したい[32]．ロシアとしては，清朝からの提案を聞くだけで具体的な回答は与えず，検討の余地を示すにすぎなかった．しかし清側では，ロシアが肯定的な回答を与えたと受け止めていた（次節，表1文書⑰）[AVPRI: f.62/1, op.1, 1757, no. 2, ll. 67–68]．それゆえ，後の交渉で解釈をめぐる問題が生じることになったのである．

この提議は，ロシアとの良好な関係とトルグートからの支持とを必要としていた清朝が，ロシアの配慮を求めるための譲歩の内容を含んでいる．野見山がすでに指摘するように[野見山 1977: 144]，ロシアへの逃亡者の収容を求めるトシ提議第三項は，すべての引渡しを定めるキャフタ条約第二条と合致しない．続くデシン使節は，「両帝国が定めた和平条約においては，逃亡者をお互いに収容せず，捕えたら送還すべきであるという文言がある」[33]と，改めてキャフタ条約第二条の原則を確認した．このことはロシアも認めていたが，ロシア側は場面に応じてトシ提議とキャフタ条約の有効性を使い分けるようになる．以上のように，清朝の目論見はデシン使節も含めて失敗に終わったが，適用範囲も明確でなかったはずのこの提議の文言は，むしろ以後の交渉において独り歩きすることとなった．

(2) トシ提議の再登場

トシ派遣から二十余年が経ち，ジューンガルの内訌とアムルサナの反乱を契機として，再び中央アジアをめぐって露清間の交渉が持たれるようになった．交渉再開のきっかけは，ジューンガル政権の後継者の1人ダワチとその同盟者アムルサナ（ツェワンラブタンの外孫にあたる）が1751年末に一時カザフに逃れたことにある [方略漢文 前編巻54: 3]．ロシアはこの時，両者をオレンブルクに誘い監視下に置こうと試みた[34]．ジューンガルからは清朝への投降が相次ぎ，露清の注目はにわかにジューンガルの去就に集まった．

1752年に即位したダワチと不和になった時も，アムルサナはカザフのアブラ

---

32) なお吉田訳では，「その引渡しについては話合いをしよう」となっている [吉田 1965: 5]．
33) 1732年7月13日，元老院から理藩院への文書 [中俄一下: 597]．
34) 1752年8月31日以降，テウケレフからダワチ・アムルサナ宛て [RDO: 173–174]．

イのもとに逃れ潜伏していた．のちにアムルサナは清に降り，55年3月，清朝軍とともにジューンガルの君主家を滅ぼした．しかし待遇に不満を抱いたアムルサナは，その後ジューンガルの勢力をまとめ，清朝に対して反旗を翻すことになる［森川 1983］．

56年4月に再びカザフへ逃れたアムルサナはアブライに協力を求めたが[35]，彼らの連合軍は清軍の前に大敗した．清はアムルサナ追討のために，ジュンガリア，シベリアへと軍隊を派遣した．一方のロシアは，清に対してはトシの文言があるため，ロシア臣籍を請うジューンガル臣民を，正教への改宗を望む者は改宗したトルグートの許へ，その他はヴォルガのトルグートと合流させ，臣籍に受け容れても問題ないと判断しており[36]，アムルサナへも勧誘の使者を送った．ロシアが派遣したバシキールの長老カスキノフは10月にアムルサナと接触し[37]，ロシアもジューンガル事情に介入した．ただし，ロシアがアムルサナに提示した地位の保全などは，勧誘の口実にすぎず，アムルサナをオレンブルクに呼んで身柄を拘束することで，ジューンガルに対する清の影響力の拡大をとどめようとしたと考えられる．アムルサナからもロシア皇帝に支援を求め[38]，両者は接近しつつあった．その後露清間のアムルサナをめぐる交渉が本格化した時に，トシ提議の第二，第三項が引用されていたことについては，両国の立場の相違を明らかにしながら検討する必要があるので，第4章でさらに詳細を明らかにしたい．

かつてのロシア，ジューンガル，清朝間の均衡が崩れた結果として，ジューンガル支配下のアルタイ諸部族(史料中では「ウリャンハイ」とも)が相次いでロシア領内に逃亡したことにより，清朝のジューンガル平定に並行して，露清間における中央アジアをめぐる交渉が復活したのである．以下にその背景となる事情を整理しておこう．

シベリアのアルタイ諸集団のうち，ここで問題になるのは南アルタイであり，その下位集団としてアルタイ＝キジ，テレングト(アルタイ山岳カルムイクとも)，

---

35) 近代カザフ知識人のシャカリムが，アムルサナがアブライの許に来た状況を描いている［Shakarim 1991: 29–30］．
36) 1755年の外務参議会の覚え書き［MOTsA2: 94–95］．
37) 1756年10月31日，カスキノフの報告［MOTsA2: 47–49］．［森川 1983: 82］も参照．
38) 1756年12月26日以前，アムルサナからエリザヴェータ＝ペトロヴナ宛て書簡［MOTsA2: 54］．

図1 アルタイ・カザフ方面の地図
注）［野田 2007b］

テレウト（テレス，白カルムイクとも）があった．清は唐努烏梁海(タンヌ=ウリャンハイ)以外に，阿勒台烏梁海(アルタイ=ウリャンハイ)，阿勒坦淖爾烏梁海(アルタンノール=ウリャンハイ)の呼称によりモンゴル西北からアルタイにかけての集団を呼んでいたが，テレングトを中心とする南アルタイの諸族はアルタンノール=ウリャンハイに相当する．ロシアもしばしば南アルタイ諸族に対しウリャンハイの呼称を用いていた（図1）．

　1754年以降の清の攻撃を受け，55年より南アルタイ諸族はロシアへの傾斜を強めた．ジューンガルに従っていたザイサンのオムボらが，ロシア地方官署に対し，ロシアの臣民となることの希望を伝えている[39]．ロシアにとり，アルタイはロシアにヤサク（毛皮による貢納）を支払いつつジューンガルにも同様にアルバン[40]を納める「二重貢納者 *dvoedanets*」であった[41]．翌56年1月27日のオレンブルク知事ネプリュエフへの指令は，清朝がウリャンハイとタウ=テレウトを自らに臣属するものとみなしていることを認識しつつ，内密にヴォルガへ送ることで受け容れられるとの判断を示した［RDO: 194］．4月18日には，オムボらによるロシア臣籍を求める請願がロシア外務参議会に到着して

---

39) 1755年11月21日，ネプリュエフから外務参議会への報告［RDO: 186］．
40) 「進貢」を意味するモンゴル語で，ロシア語では「alman」とも写す．1752年の情報では，1名につき2–3匹のクロテンを納めていた（1752年7月23日，ビイ，カトゥン要塞司令官ケネマンからシベリア要塞線司令クラフト宛で報告）［RDO: 162–163］．
41) ［MOTsA2: 222］．アルタイ諸族をこのように定義づけていたのはロシア側である．

いる [RDO: 202–203]．清側も「ウリャンハイのザイサン，鄂木布の子博羅特(オムボ)(ボラト)がロシア領内に逃げ入った」との報告を得て，その動向を承知していた [方略漢文正編巻29: 11]．

5月2日の外務参議会からシベリア県知事ミャトレフへの訓令が，「ジューンガル」のザイサンのオムボらの収容を命じつつ，もっとも早くトシ提議を引用している．

1731年に当地に滞在したアスハニ＝アムバ[ン]＝トシは，次のように提議した．「もし清朝軍の攻撃によりジューンガル人 zengorskie ulusy がロシアに逃げることがあれば，彼らを受け容れるように」．さらに「ジューンガルの領土から，必要な部分を当方へ譲り渡すように」と [MOTsA2: 29–30]．これは，トシ提議の第二，三項に当たるが，トシ提議がザイサンら支配層の引渡しを求めていたことには触れずに，ロシアに都合の良い箇所だけを切り取っていることがわかる．このようなトシ提議についての認識はロシアの各地方官署においても共有され，後の交渉の場でも，ロシア側は繰り返しこの内容を主張することになる．これを受けたミャトレフは，11月9日，「ウリャンハイ，テレウト，カザフは自ら進んで，女帝陛下の臣籍に入り，1731年に来た…[中略]…トシの勧めに従って，受け容れられた」と報告した [MOTsA2: 51]．

ロシアがアムルサナやアルタイのオムボらを受け容れる方針を固めたのは，ジューンガルに対する影響力の保持と清朝の勢力拡大を防ぐためだったと考えられるが，オムボらを「ジューンガル」に従属するものとみなすことで，トシ提議の文言を利用して，彼らの受け容れを正当化できたことに注目したい．

一方の清朝側では，17世紀半ば以降，タンヌ＝ウリャンハイは清朝に帰属するとみなしていた[42]．加えて，ジューンガルが清に降った以上，その影響下にあった南アルタイの諸族 (テレウト，テレングトなど) の清への送還はキャフタ条約に照らして当然のことだった [Potapov 1953: 183]．ロシア側が理解するところでも，清朝はオムボら，タウ＝テレウト族について，「ジューンガル人 zengorskoi narod」と一括りにし，彼らがすでに清朝に帰したと見ていたのである[43]．この

---

42) 1655年以降，タンヌ＝ウリャンハイは清に属するとみなされていた [樊 2004: 25]．1756年のチングンジャブの乱を契機に，清はウリャンハイに総管の職を置いた．

43) 1756年1月27日，エリザヴェータからネプリュエフへの指令 [RDO: 194]．

ようにして，アルタイ諸族についての帰属も露清間の大きな問題となったのであった [Moiseev 1983: 97]．

　さらに，清は対ジューンガル戦にカザフ中ジュズのアブライを引き入れようとしていた．ジューンガル最後の君主ダワチを滅す過程で，清は 1755 年 2 月に，「もしカザフ人らが投誠し前来すれば，その大頭目を酌量し，皇帝にまみえるため京へ赴かせ，官爵を賞給する」という，カザフへの最初の方針を定めた[44]．乾隆二十一 (1756) 年に清朝がアブライに対して発した 3 本の諭から判断しても [厲 2004: 100–106]，アムルサナがカザフの遊牧地にいることを清はつねに指摘し，その捕縛と送還を求めていたことは明白である．清朝史料からは，アブライ率いるカザフは清に恭順であり，アムルサナが清への通好の障害となっていただけのように見える[45]．清朝は，1730 年代には対ジューンガル戦への協力をカザフに期待していたが，今や，カザフの遊牧地はアムルサナの避難先として把握され[46]，カザフによるアムルサナ捕縛も期待されていた．

　しかし，カザフがアムルサナを差し出すことはなく，前述のように 1756 年 4 月に再びカザフへ逃れたアムルサナはアブライに協力を求め，彼らの連合軍は八月に清軍の前に敗れた．このとき，ロシア側にも，アムルサナと共に清朝軍と戦うカザフの姿が見えていた[47]．カザフはシベリア要塞線へ退却し，10 月 8 日のネプリュエフの上奏によれば，一部のカザフはロシアの保護を求めるにいたった [Gurevich 1983: 129–130]．こうして，アルタイの帰属に次いで，「アムルサナの逃亡先であるカザフ領はどこに属するのか」という点において，カザフの帰属も露清間の問題となったのである．

　次節では，頻繁に交渉が行われた 1756–58 年の外交文書を詳細に分析し，本節で考察したトシ使節の文言が露清の交渉にどのようにかかわっていたのか，また交渉の結果，帰属の問題がどのように処理されたのかを検討することにしたい．

---

44) [方略漢文 正編巻 8: 13]．乾隆二十年七月に，アブライが清朝への帰附を申し出たことがあった[中哈: 11]．ジューンガル征服の過程におけるカザフ＝清朝関係の萌芽については [承志 2009: 109–110]．
45) 佐口透も，アムルサナがカザフを清との戦いに巻き込んだと見た [佐口 1963: 266]．
46) アムルサナがカザフに逃げ入る可能性について上奏がある [方略漢文 正編巻 27: 35]．
47) 56 年 10 月 27 日，ミャトレフから外務参議会宛て；同年 11 月 9 日，ミャトレフから元老院宛て報告 [MOTsA2: 46, 50]．

3. 1756–58 年における露清交渉と中央アジア

1756 年以来，アムルサナ，ウリャンハイ，そしてカザフ問題をめぐって露清間の交渉が行われたが，そもそも清朝実録や『平定準噶爾方略』の記述は部分的であり，トシ使節の文言を用いたやりとりには完全に沈黙している．そのためロシア側では，バンティシュ＝カメンスキーが整理した外交文書やロシア帝国外交文書館（AVPRI）所蔵文書（本章ではおもに満文のもの）を，清側では，「俄羅斯檔」を補う『故宮俄文史料』[48]，奏文の控えを収める軍機処録副奏摺や月摺檔から再構成を試みる．とりわけ AVPRI の対中国関係フォンド (f.62/1) は，理藩院からロシア元老院への外交文書を含み，清側の主張を知るためには不可欠のものと言える．これらの史料により，中央での交渉（理藩院＝元老院間）のみならず，キャフタ条約第六条の規定にはないシベリア要塞線における交渉をも視野に入れることは，交渉を多面的にとらえるために欠かせない．現地では文書の交換だけでなく，口頭での交渉も行われていた．

まずアムルサナのカザフ領内への逃亡以降の 1756–58 年における露清間交渉の全体像を次の表により示しておこう（表 1）．

おもに，ロシアからはロシア，ラテン文で，清朝からは満洲，ラテン，ロシア各文の文書を送っていた[49]．なお，下線を引いた箇所は文書によらない口頭での交渉があったことを示し，丸印は，それぞれ，トシの提議，アムルサナの行方や送還の問題（チングンジャブの問題もこの欄に含む），アルタイの送還と帰属問題，カザフの帰属について言及があったことを示す．日付は，漢数字の陰暦の後に算用数字でユリウス暦を示している．

双方の主張が出揃った 1758 年 2 月 17 日の元老院から理藩院への文書㉓[50]（以下丸数字は表中の番号を示す）は，アムルサナを含めたジューンガル，ウリャンハイ，カザフの 3 点，つまり，かつてジューンガルの影響下にあった集団の帰属の問題について，清朝に回答するものであった [Bantysh: 281–282]．これに基づいて，当時の露清交渉の争点を (1) ジューンガル，(2) アルタイ，(3) カ

---
48) 旧版『俄文 1』と大幅な増補のある第 2 版『俄文 2』（さらに近年復刻された）がある．
49) ロシアと清朝の間の行文の体系については [柳澤 2001: 48] を参照．
50) この文書の中では，それまでに交わされた文書の内容が引用されているため，以下の各文書引用時には，適宜この㉓文書によっても内容を補完することとする．

第二部　カザフ＝清朝関係の基層

表1　1756–58 年における露清間のおもな交渉

	発文日付	受文・翻訳日付	発信者	受信者	トシ	アムルサナ	アルタイ	カザフ	典拠
1	乾隆二十一年正月二十五日 1756 年 2 月 13 日		清国境官	ロシア元老院		○			[Bantysh: 267]
2	四月六日 4 月 23 日		定西将軍	元老院		○			[柳澤 2001: 53–34]
3	四月九日 4 月 26 日	10 月 13 日	清理藩院	元老院		○			[俄文 2: 66–67] [RDO: 203–204]
4	六月二十五日 7 月 10 日	10 月 13 日	理藩院	元老院			○		[MOTsA2: 34–35] [Bantysh: 268]
5	八月十一日 8 月 24 日	11 月 28 日	理藩院	元老院		(チングンジャブ送還)			[俄文 2: 64] [Bantysh: 268]
6	閏九月十三日 10 月 25 日		トラウンベルク	(章京)	○		○	○	[MOTsA2: 50]
7	十月二日 11 月 12 日		理藩院	元老院		○			[Bantysh: 272]
8	十月十九日 11 月 29 日		理藩院	元老院		○	○		[Bantysh: 272]
9	十二月十六日 1757 年 1 月 24 日		ヤコビ	サンジャイドルジ	○		○		[MOTsA2: 56–58]
10	乾隆二十二年一月二十五日 3 月 4 日	7 月 8 日	理藩院	元老院			○		[Bantysh: 267]
11	三月十一日 4 月 17 日	六月十三日訳	元老院	理藩院		(チングンジャブ)			[俄文 1: 175–176] [Bantysh: 271]
12	四月十四日 5 月 20 日	七月八日訳	元老院	理藩院	○	○	○	○	[俄文 2: 70–76] [MOTsA2: 58–65]
13	五月十日 6 月 14 日	10 月 24 日	理藩院	元老院		○		○	[AVPRI: 15–17]
14	六月十八日 7 月 22 日	10 月 14 日	シュンデネ	Remberkh*[1]		○			[AVPRI: 40–43] [Bantysh: 280]
15	六月十八日 7 月 22 日		トラウンベルク	シュンデネ	○	○		○	[満文録副: 1669-5/47-857]
16	七月十一日 8 月 14 日	11 月 6 日	シュンデネ	セミパラチンスク要塞				○	[AVPRI: 46–55]

17	七月十一日 8月14日	11月5日	理藩院	元老院	○		○	○	[AVPRI: 64–74]
18	七月二十七日 8月30日		理藩院	元老院		○	○	○	[俄文 2: 97–98]
19	七月二十九日 9月1日	1月20日	理藩院	元老院		○		○	[Bantysh: 279]
20	八月十四日 9月16日*2)		サブロフ	シュンデネ		○			[俄文 2: 98]
21	九月二十二日 10月23日	3月18日	理藩院	元老院		○			[方略漢文 正編 巻44: 17]
22	十一月一日 11月30日	10月5日	フデ	元老院		○		○	[AVPRI: 287–315] [Bantysh: 281]
23	乾隆二十三年正月二十一日 1758年2月17日		元老院	理藩院	○	○	○	○	[満文録副: 1688-6/48-1063〜1075]

注)　典拠中の［AVPRI］の詳細な書誌は，［AVPRI: f.62/1, op.1, 1757, no.2］である．表の作成にあたり，［柳澤 2001; 澁谷 2002］の調査結果にも多くを負っている．
＊1）　トラウンベルクを指すと考えられる（⑭）
＊2）　九月二十七日のフデの奏文は，九月十五日にもサブロフとシュンデネが会談を持ったことに言及している［満文録副: 1657-034/46-2008〜2009］．

ザフの3点に集約し，以下の考察を進めてみたい．

（1）ジューンガルとアムルサナ

　アムルサナをめぐる交渉については，すでに森川哲雄がバンティシュ＝カメンスキーとズラートキンに拠りつつ露清双方の公刊史料を整理している［森川 1983: 99–100］．森川は交渉の争点として，キャフタ条約の解釈の違いを挙げているが，本章ではトシ提議が交渉の中で果たした役割にも注目したい．以下，露清それぞれの立場を明確にしながら，露清交渉におけるアムルサナおよびジューンガルの扱いについて検討する．
　清朝は一貫してアムルサナ送還を要求していた．バンティシュ＝カメンスキーによれば，乾隆二十一（1756）年正月二十五日の文書①を皮切りに，清の要求はロシアに向けられた．この時は清の「国境官」が発信者であったが，陰暦四月九日には，理藩院が元老院宛てに文書を送っている（③）．その内容は，アムルサナを含めた「ジューンガル人」が清に「恭順した」ことを確認した上で，アムルサナがカザフ方面に逃がれたために軍隊を派遣したことを伝え，ロシア領

内に逃げた場合の送還を求めるものであった [RDO: 203]．

しかし，アブライ麾下の中ジュズのカザフは清に「帰順」し，清朝に与することになった[51]．その際カザフはアムルサナが自分たちの馬を盗んで逃亡したことを訴え[52]，アムルサナ討伐に向かう意思を示した[53]．ただし，アムルサナがロシア領へ向かったのは，カザフの部族長ウミルが清軍から匿い，逃走の手引きをしたことによっており，その後ウミルはロシアより褒賞を受けたため [Andreev 1998: 86, 171–172]，ロシアの関与が考えられる．それでも，カザフの「帰順」により，清はカザフの協力を当てにできるようになった[54]．これより前に清は，アムルサナはカザフ領内に居ることはできないため，ロシア領内に居るに違いないという疑念をロシアに提示している (⑬)．清は続けて，アムルサナがロシア軍人のデガリガとの間に交わした書簡（[MOTsA2: 54–55]）を発見したことを告げ非難しながらも，「中国 *dulimbai gurun* / *sinenses* / *Sredinnoe gosudarstvo*」（キャフタ条約中の満洲／ラテン／ロシア語による表記）としての立場からロシアの配慮を期待していた．以下に文書㉓が引用する該当箇所を示す．

> ［清は］ロシアがアムルサナへ回答した手紙を手に入れて，… ［中略］…以下の返書をロシアに送った．「［清の］聖主の心の内では，ロシアの者がアムルサナへ回信を送り，偽って招いたのちに，清へ送還してくることを望んでいる」と［満文録副: 1688-6/48-1063］．

一方のロシアとしては，そもそも「ジューンガル」のアムルサナはロシアには不在である，との立場であり，かりにアムルサナがロシアに来ても，ジューンガルは独立した勢力であったから，キャフタ条約ではなく，「友好のみに基づいて送還を希望することができる」という条件を示していた (⑫)[55]．これはトシ提議に対する皇帝アンナの回答と同様の文言であり，考慮の可能性を提示するのみであった．カザフの「帰順」により，アムルサナがロシア領へ移る可能性が現実味を帯びると，清のロシアに対する語調はより厳しくなる．

---

51) 清朝側からみたその背景と過程については［小沼 2006］．
52) 兆恵（ジャオフイ）奏，乾隆二十二年七月十六日奉硃批［月摺 91（一）七月下巻軍務: 24］．
53) この内容は理藩院によりロシアにも通告されている［AVPRI: f.62/1, op.1, 1757, no.2, l.21］．
54) ジャオフイ等奏，乾隆二十二年七月十六日奉硃批［月摺 91（一）七月下巻軍務: 146］．
55) 清朝のジュンガリアへの支配拡大に対抗して，逃亡するジューンガル支配者層を受け入れる方針であった［森川 1983:82］．

第 3 章　カザフの帰属問題と中央アジアにおける露清関係　105

　ロシアは同時期に清に対する反乱を起こしたチングンジャブの送還を約束したが (⑪)，すでに清が彼を拘束した後のことであり，後に述べるように清朝の態度の硬化 (⑯) につながるだけであった．上に見たように，アムルサナとロシア軍人が交わした書簡の発見によっても (⑬)，清朝の疑念はいや増した (⑱)．先の文書⑫におけるロシアの態度が乾隆帝の不興を買ったことについては，在北京の外務参議会官員ブラティシチェフが報告し，ラテン文から満洲文への翻訳が「不正確」なために，ロシア側の意図が正しく伝わっていないとの印象を伝えている[56]．双方のすれ違いは翻訳の問題にも起因していたのである［満文録副：1688-6/48-1068］．

　さらに文書⑯では，ロシアのアムルサナ未送還を非難するだけでなく，トシ提議の第二項に触れ，トシがジューンガル領割譲に言及したのは確かだが，清とジューンガルとの戦いにロシアが支援を与えることが条件であり，それがなかったからには，どうして領土を譲ることがあるだろうかと反論している［満文録副：1688-6/48-1065〜66; Bantysh: 275］．

　現地に目を転ずると，1757 年陰暦六月八日にロシアの境界線とも言うべきイルティシュ河に達した侍衛の順徳訥（シュンデネ）らは，ウスチ＝カメノゴルスク要塞においてロシアの地方官トラウンベルク (fon-Traunberg) との交渉を持ったが (⑮)，そこでも双方の主張は変わらなかった．次に示すのは，シュンデネの奏文中に見えるトラウンベルクの発言である．

　　我が方へアムルサナ…［中略］…等の人々は来なかった．来たとしても，我々もまた匿うことはない．2 国の和平のことを考慮する［から］のみならず，辺境の安定のために来た侍郎トシの文言 *bithe* が手元にある［からだ］．我々ロシアの法もまたとても厳しく，どうして清朝皇帝の大臣たちを偽ろうか？[57]

　『平定準噶爾方略』は，「アムルサナとその一党はまだロシアに来たことがなく，我らロシアの法も非常に厳しく，どうしてあえて約束を破り隠匿するだろうか」と記すのみである［方略漢文　正編巻 42: 3］．両者を比較すれば，ロシアがトシ提議の第三項を持ち出して，アムルサナの存在を打ち消していることがよ

---

56)　1758 年 3 月 16 日，ロシア外務参議会から元老院への覚書［MOTsA2: 95］．
57)　乾隆二十二年六月二十九日，シュンデネ奏［満文録副：1699-5/47-857］．

くわかる．ただし，ロシア側にトシ提議に従ってアムルサナを送還する準備があったことを示すというよりは，法に遵っていることを強調することで，アムルサナとの関係を打ち消そうとしていたと読み取るほうが妥当であろう．この内容は，のちの理藩院から元老院への文書(⑱，⑲)にも引用され，ロシアに対しては改めて，トシ提議の字句通りの適用という清側の希望が伝えられている．

また，この時文書のやり取りをめぐってお互いの論は平行線をたどり，シュンデネは，ロシアがアムルサナを隠しているのではないかとの疑いを向けている[満文録副: 1669-5/47-854]．シュンデネは，アムルサナがロシアに不在であることを証明する書の提出を執拗に求め，最終的には証書を受け取ることに成功しており，キャフタ条約第六条における証書の持つ意義を清側がより重視していたとも考えられる．のちにセミパラチンスクを守るロシア軍人サブロフと会見した際も，理藩院の文書を交付した証としてその署名を求めている(⑳)[58]．

7月28日，アムルサナはロシア領内のセミパラチンスクに到着した．ロシアはアムルサナ溺死の誤報を流し，その存在の隠蔽に努めた．しかし清もじきに正確な情報を得て反駁し[方略漢文 正編巻44: 15]，参贊大臣の富徳(フデ)が発した文書は，改めて疑念を示している[59]．アムルサナは9月21日に病死したため，元老院は，「溺れたアムルサナを救助してトボリスクに送ったところ死亡した」という詭弁を弄し事態の収拾をはかった(㉓)．この時のロシアの主張をまとめてみると，やはりジューンガルは独立した勢力であったため，ジューンガルの臣民をロシア領内にとどめてもキャフタ条約に違反することにはならず[満文録副: 1688-6/48-1068〜69]，トシ提議第三項については，かつて検討の用意があることを回答したという事実を確認するにとどめ，キャフタ条約に違反していないことを繰り返した．さらにロシアは，「先に貴国の使者[=トシ]が言った言葉を記憶にとどめられたし」と要求した[満文録副: 1688-6/48-1072]．これは，トシ提議第一項のジューンガルへの派兵予告を指し，ジューンガルをロシアへの通告なく滅ぼしたことを非難しさえしているのである．しかし清のかたくなな態度は変わらず，以後は遺体の引渡しとアムルサナとともに戦ったシェレンの送

---

58) 再びサブロフと会見したシュンデネは，ジューンガルの捕虜が，アムルサナはロシアに逃げたと供述したことを告げている[満文録副: 1657-034/46-2008〜2009]．

59) [AVPRI: f.62/1, op.1, 1757, no.2, l.306]．カザフからの情報として，アムルサナがロシアに居る可能性を指摘している．

還とに争点が移っていった[60]．

　ロシアは，キャフタ条約とトシ提議の文言を使い分けながら，ジューンガル受け容れの妥当性を主張していた．清に露見しないよう十分に配慮しながら，アムルサナをもロシア領内に誘いこもうとしていた [MOTsA2: 67–68]．このロシアの姿勢に対して清はしだいに反発を強め，中央アジアをめぐる両者の関係も緊張することになったのである．

(2) アルタイ（アルタンノール=ウリャンハイ）

　テレウト（史料中では「ウリャンハイ」）のザイサンであるオムボらについて，理藩院は送還を求め（④），彼らがすべて清に従っていることを理由に，キャフタ条約に基づいた引渡しを求めていた [MOTsA2: 35]．これに呼応して，1756年10月25日にウスチ=カメノゴルスクで交渉があり，ロシア側は，トシの提議に従って「ウリャンハイ」，テレウトを受け容れたことを通告している（⑥）．さらに，セレンギンスク司令官ヤコビがトシの提議を引用しながら清の主張に反駁した（⑨）．ただし，先に挙げた外務参議会の訓令と同様に，トシ提議の第二項のうちザイサンにかかわる文言が省かれ，ロシアに都合の良い形で引用していたことは見落としてはならない [MOTsA2: 57]．中央においても，ロシア元老院は文書⑫で，彼らがみずからロシアの臣籍を請うてきたことを伝えた．次いで，そもそもジューンガルは「誰にも属していなかった」[MOTsA2: 60] ために，キャフタ条約は適応されず，ザイサンについてはトシの提議があったが，友好的な合意をすると回答するにとどめたことを再度示した．これはアムルサナについての交渉の際と同様の方針である．その上で，彼らを受け容れて国境から遠ざけることについては，トシの提議にも，以前に届いた理藩院からの文書④にもあったことだと説明した [MOTsA2: 63]．

　理藩院は文書⑩でも送還を求めていたが，元老院からのこの回答を受けて，改めてキャフタ条約に則った形での送還を次のように要求した（⑱）．

　　［テレウトの］ゴルジョホイとオムボは…［中略］…和平友好条約［=キャフタ

---

60) ［森川 1983: 92–96］．ロシア領内に移ったジューンガルの状況については [Gurevich 1983: 116–117]．ヴォルガに送られた者の中には，環境の違いから苦境に陥った者たちもいた（1757年10月28日，元老院から外務参議会宛て訓令）[RDO: 224]．

条約]に照らして，ロシア側がとどめるべきではない人物である［俄文 2: 98］．

また 8 月 14 日の文書⑰ではロシアを強く非難した．この時，清側が，「両国の和平条約に正しく沿うように」と求めたばかりか［AVPRI: f.62/1, op.1, 1757, no.2, l.73］，みずからトシ使節に言及している点に注目すべきである．ロシア皇帝がトシに対して，「もしジューンガルのザイサンがロシア国に逃れ来れば，清へ引き渡したい」と告げたことを示した上で［AVPRI: f.62/1, op.1, 1757, no.2, l.68］，以下のように，ロシアのウリャンハイ受け容れは，トシ提議に対する皇帝アンナの回答に違反していると理藩院は断定した．すなわち，

> 我が方に送還すべきウリャンハイのザイサン，ゴルジョホイとオムボ父子の存在は，先のハトン=ハン［ロシア女帝を指す］の言葉に一致せず，我が侍郎のトシを通じて告げたところにそぐわない［AVPRI: f.62/1, op.1, 1757, no.2, l.72］．

と述べているのである．一方のロシアは，トシが「[4] 項目を要求したけれども，それに同意はしなかった」と反駁していることにも注意しておきたい［満文録副: 1688-6/48-1072］．

さて，この時の清は，「トシの言葉に従って，ウリャンハイのことを定めるように」と求めてもいる（㉓における引用文より）［満文録副: 1688-6/48-1067］．しかし，ロシアは，トシの提議は「ウリャンハイ」を対象としなかったことを指摘し，拒否し続けた（㉓）［満文録副: 1688-6/48-1064〜1065］．結局，同じ文書㉓において，オムボらは世を去り，他の旧ジューンガル臣民の多くもすでにロシア正教徒となっているため送還はできない旨を元老院が宣告し，両者の主張はここに出尽くした［満文録副: 1688-6/48-1070］．このように，両帝国のトシ提議の解釈の違いのために，アルタイ受け容れの問題が争点となっていたのであった．

こうしてチュヤ河，カトゥン河流域で遊牧をしていた南アルタイの一部（おもにテレウトとテレングト）およびイルティシュ，オビ河間のバラバ=タタール[61]の帰属は，露清の双方にあるというあいまいなものとなった．アルタイはロシアへヤサクを納めるほかに，清へもアルバンを支払い，1864 年にタルバガタイ国境画定条約が結ばれるまでそのような状況にあった［Potapov 1953: 187］．清は，

---

61) 17 世紀以来ジューンガルとロシアに貢納を行っていた［佐口 1966: 109］．

彼らを前述のようにアルタンノール＝ウリャンハイとして区分し，1758年初にそのザイサンらが新たに帰附してきた時には，総管に封じ佐領を設けた[62]．このようにして，清側としては彼らを自らに従うものとして認識していたと考えられる[63]．実際に清側の規定も「毎年正月の内に，アルタンノール＝ウリャンハイは皮張［＝獣皮］を進貢する」と定めたほか［科布多政務総冊: 44］，57年12月の外務参議会への報告は，「清朝軍より8名が，アルバン徴収のために来て，テレウトたちから各人につき1頭のクロテンを集めていた．…［中略］…［彼らはまた］ヤサクを女帝陛下の国庫に納めているのである」と伝え［RDO: 229–230］，58年初の情報でも，清朝によるアルバン徴収が行われていたことがわかる［MOTsA2: 97–98］．

このようにしてアルタイ諸族は，ロシア・ジューンガルへ貢納する立場から，露清両帝国への「二重貢納者」となった．以後のアルタイの動向については，ボローニンの専論があるのでくわしく触れないが，ロシアがその内情に大きく干渉しなかった結果，アルタイ諸集団は両国への小額の貢納により事実上の「自治を行っていた」との指摘は，関係のあり方を検討する際に考慮すべきだろう[64]．

(3) カザフ

アムルサナ掃討の過程で，先述のように，清朝がかつてジューンガルの影響下にあったカザフ（中ジュズ）の勧誘に努めていたことはよく知られている．そのため，ここではあくまで露清関係におけるカザフの帰属問題の処理に主眼を置きつつ，ロシアの視点からカザフとの関係を整理してみよう．

1756年に入り，アブライらが清朝軍と戦っていることをロシアは確認していた．清軍の接近とカザフの清への傾斜を危惧したロシアは，要塞線の強化に努める一方［Gurevich 1983: 103–104］，カザフがロシアに属していることを清朝に

---

62) ［方略漢文 正編巻47: 17］．文書④においても，清はカトゥン河の「ウリャンハイ」（すなわちアルタイ）に総管と翼長（原文は galade，すなわち満洲語の gala-i da に相当）を授けていることを主張した［MOTsA2: 35］．
63) アルタンノール＝ウリャンハイと清朝の関係については［樊 2004: 65］も参照．
64) ［Boronin 2002: 187］．またシベリアの諸族がロシア・ジューンガルへの二重貢納者からロシア・清朝へのそれとなる過程については［Boronin 2004］も参照．ブイコフは，ボローニンが示したアルタイの露清両帝国との貿易を，カザフの貿易と対比している［Bykov 2003: 68］．

対して主張し始めた．表中⑥の交渉で，ウリャンハイと並んで，カザフのロシアへの帰属を告げたことが最初の事例である．これについての外務参議会への報告は，上述のように，「トシ使節の勧め」に基づいてカザフの一部を受け容れたと述べている [MOTsA2: 51]．

57年6月にロシアに保護を求めて来たカザフの有力者クルサル=バトゥルは，「清の軍勢が真にアムルサナを捕えるために来襲すれば，自分たちは使節を派遣し講和を求めるつもりである」と告げたため [MOTsA2: 69]，ロシアはカザフが自ら清朝に降る可能性を悟ったのである．清に傾かないよう，アブライらにロシアが懐柔の態度を取っていたことは，ロシア政府がカザフ有力者に与えた年俸からも明らかである[65]．

清に対しては，「多くのキルギズ=カザクは我らが全世界の君主，女帝陛下の臣民であり v poddanstve，このため，もし貴国側から，上の民からなる我が臣民へ戦が仕掛けられたなら，その状況は，両国間に存在する友誼に決してそぐわない」（⑫）とロシアは主張したのである [MOTsA2: 64]．小，中ジュズの間でロシアとの関係に温度差はあったものの，両者はともにロシアにとって臣民とみなすべき存在であった．カザフは，かつてジューンガルに人質を送り貢納するなどその強い影響下にあったが，清朝が手中に収めつつあるジューンガルの領域とカザフとを区別することで，ロシアは清軍のシベリア要塞線への接近を牽制したと言える．ウスチ=カメノゴルスクにおける会談⑮でも，トラウンベルクが「[小ジュズの]アブルハイルはロシアの臣民」であると告げ，カザフがロシアの臣となっていることを強調している [満文録副: 1677-12/47-2296]．

ロシアはアムルサナの不在を主張していたが，これは，清朝が主張するカザフとアムルサナの敵対関係[66]も肯定しないことを意味している．それにより，アムルサナがカザフに居る可能性を示唆しつつ，カザフはロシアに属しているので捜索を許さないという論理によって，いずれにしてもアムルサナを引き渡す意思がないことを宣告するに等しかった．

かねてよりカザフの勧誘に努めていた清にとって，これは認められないこと

---

65) [Suleimenov; Moiseev 1988: 94–95]．アブライには，年間300ルーブルと212プードの小麦が与えられた．

66) ジャオフイ奏，乾隆二十二年五月三日奉硃批 [月摺 89（一）五月巻軍務: 32]．

第 3 章　カザフの帰属問題と中央アジアにおける露清関係　　111

であった．陰暦六月十三日，使者を通じて[67]，正式に中ジュズのアブライからの降表（降伏文）を受け取った清朝は［方略漢文　正編巻41: 21］，この出来事をロシアに通知し，あわせて彼らカザフがアムルサナ追跡に尽力していることを伝えている（⑰）．なお，清朝にとってのカザフとの関係については，小沼孝博がこの時のトド文降表の写しを詳細に検討し，カザフも含めた中央アジア諸勢力との間に，モンゴル遊牧社会に由来する「エジェン―アルバト」関係が展開されていたと見ている[68]．アブライが清朝に降ったことは，シベリア現地においてもシュンデネがサブロフに伝えていた[69]．

　露清関係の視点に戻ると，「帰順」後もカザフに対しては，「アムルサナが汝らカザフ［の地］へ入った後，アブライがすぐに彼を捕らえ送ってくれば，大皇帝 amba ejen は必ずや大いなる恩を賜る」ことを清は確認していた[70]．清朝がカザフ誘引に尽力した背景[71]として，カザフ遊牧地内でアムルサナを捜索すること，カザフを捜索に協力させること[72]を最優先する事情があり，カザフにロシアの影響力[73]が強まることも容認できなかった．

　露清の対立は，異民族との関係の結び方の違いも原因であった．カザフの場合に限定しても，当時のロシアが忠誠の宣誓，ヤサク，人質を臣従の根拠としていたのに対し[74]，清朝にとっては，降表と遣使入貢とが指標となっていた．こうして両者がともにカザフの自らへの帰属を主張し得たために，以下のよう

---

67)　その様子はジャオフイ奏，七月十六日奉硃批［月摺 91 (一) 七月上巻軍務: 87–88］．
68)　アブライのトド文降伏文の文面は，「アブライ我，子，全カザフは，あなたのアルバトとなりました」であった［小沼 2006: 48］．満文の上奏文の中では，「［アブライが］全カザフを以って大エジェンのアルバトゥとなり，降伏した gubci hasak be gaifi, Amba ejen i albatu ome dahaha」（例として［月摺 91 (一) 七月上巻軍務: 90］）というくだりが繰り返し述べられている．第 2 章第 1 節でも述べたように，カザフ側の用法にも注意する必要がある．史料収集が不十分なため踏み込んだ議論は控えるが，少なくともカザフの場合，モンゴル遊牧社会におけるに主人に対して貢納・奉仕を果たす属民という本来の語義に沿った関係が継続されたというよりは，小沼［2010: 2］の言う，清朝＝カザフ間の「政治交渉における共有のツール」ともなり，その後当初の意味合いは次第に薄れ形式的な用語になった（［Noda; Onuma 2010: 147］）と筆者は考えている．
69)　九月二十七日のフデの奏文［満文録副: 1657-034/46-2008〜2009］．
70)　ジャオフイ奏，七月十六日奉硃批［月摺 91 (一): 91］．
71)　厲声も考察しているものの，露清関係への影響には触れていない［厲 2004: 109］．
72)　実際アブライは，ジューンガルの残党を捕らえ護送している［方略漢文　正編巻42: 1］．
73)　のちにシュンデネが「カザフはロシアをひどく恐れている」と奏したように，カザフとロシアの関係に注意している（乾隆二十二年十二月十八日）［満文録副: 1677-12/47-2296］．
74)　Khodarkovsky［2002: 51–63］の議論も参考になる．

に双方の言い分の衝突が見られたのである．

　理藩院から元老院への文書⑰は，前年に清軍がカザフを打ち破ったことを示し，「まことに［カザフが］ロシアの臣民であるなら，ロシアはこのことを果たして知らないと言うのか？　これを如何にしてロシアの臣民 harangga と言うのか？」と強い疑問を呈した［AVPRI: f.62/1, op.1, 1757, no.2, l.66］．後段でも同様に「カザフはいつから汝らにとり臣民となったのか？」と問うている［AVPRI: f.62/1, op.1, 1757, no.2, l.73］．このように，清はロシアの主張に対して激しく反論したのであった．

　一方，以下に示すオレンブルク知事補佐官テウケレフの日誌が述べるように，ロシアの認識としては，中ジュズを含むカザフはロシアの臣籍下にあるべきものであった．

　　アブライには［清朝と］講和し，かつ退却する合意 dogovor を結ぶ準備がある…［中略］…テウケレフは［小ジュズのヌラリ＝］ハンに言った．「…［中略］…清とはいかなる合意もなすべきではない…［中略］…カザフは［ロシア］女帝陛下の臣民であり，したがってその土地も女帝陛下のものなのである」と[75]．

中ジュズ，続いて大ジュズのカザフが清朝に「帰順」[76]した後も，すでにカザフはロシアに属しているとの立場を清との交渉の場において取り続け，アブライを中心とする勢力が交渉の対象となっているにもかかわらず，小ジュズのハンの人質送付をも根拠として，中ジュズへのロシアの影響力を主張するという方法を取っていた．先のトラウンベルクの発言⑮もそうであるし，次の文書㉓中の引用においても同様の主張が見られる．

　　カザフの民は我が女帝の臣民であり，1730年にカザフのアブルハイル＝ハンがその一門を代表して，我がロシア国に従った…［中略］…先にアブルハイル＝ハンは自分の子を人質として我が国へ送っていた．…［中略］…その子ヌラリ＝ハンもまた自分の子を我が方へ差し出し，人質として毎年送っている…［中略］…アブライ＝ハン[77]は1040［正しくは1740］年に心から我が

---

75)　1757年9月26日［MOTsA2: 76–77］．
76)　ロシアとカザフにとっては清との「講和」であった［野田 2005b: 33–34］．
77)　アブライはこの時ハンに即位していなかったが，清朝はすでにアブライを「ハン（汗）」とみなし［方略漢文　正編巻44: 28］，ロシアが添付したアブライ宣誓文書の写し（ラテン語）からの

臣民haranggaになりたいと，証書して天に向かって誓った[満文録副: 1688-6/48-1073〜74]．

この主張は，実は，ロシアがかつてジューンガルのガルダン＝ツェリンに対してカザフの帰属を主張した時の論理と共通し[78]，アブライの宣誓文書（1740年）の写しを添付する方法[79]も過去の例に通じている．またロシアはカザフに対して，清朝とは注意深く接するよう助言し，ロシアへの臣従を清朝側へ伝えさせようとした[80]．ただしカザフはそれを実行には移さず，このことは，露清のどちらにも従うカザフの立場をよく示している．

繰り返しになるが，ロシアはカザフが清朝と共にロシア領に攻め入ることを強く警戒していた[81]．在北京の大使ブラティシチェフは，清朝皇帝には大軍をロシアとの国境へ派遣する意思があることを報告した[MOTsA2: 95]．また，これとは別に，清にロシアとの開戦の意図があるとする，カザフ内での風聞に基づく報告もあった[MOTsA2: 107]．清朝政府内でそのような計画が本当にあったかどうかは確認できていないが，ロシアが警戒を強めたことは間違いない．このようなロシアによる小ジュズへの支配の強調と清朝の西方進出への警戒とは，ジューンガルの強い影響下にあった中ジュズに対してはロシアの支配は未確立で，ロシアへの帰属も実際は不安定だったことを示している．なお，小ジュズのヌラリへは，対清戦闘準備の指令を出すことさえしており，これもロシアの警戒心を裏づけるだろう[82]．

ここに成立したのは，ジューンガル問題処理の過程で，ロシアと清朝が互いにカザフの帰属を主張する必要があったという構造であり，清朝によるカザフへの執拗な誘引も一つの証左となる．こうした構造の中に，アブライの「帰順」も位置づけられるのである．カザフの立場から見れば，清がアムルサナに固執し，ジューンガル問題の解決を最優先していたからこそ，カザフには土地と貿易にかかわる自らの要求を提示し，「講和する *hūwaliyame*」ことを求める余地

満洲語訳はアブライ＝「ハン」と訳出している[満文録副: 1688-12/48-1110]．
78) [KRO1: 228; RDO: 92]．1742年9月の交渉時に，ロシアは，カザフによる臣籍宣誓文書の写しを送付していた[Erofeeva 1990: 63]（第2章も参照）．
79) [野田 2005b: 034]でも言及したことがある．
80) 1758年1月29日，ネプリュエフからの報告[KRO1: 550–551]．
81) たとえば1757年10月2日，ネプリュエフへの訓令[MOTsA2: 72–73]．
82) 1758年3月19日[MOTsA2: 97, 100–101]．

があった[83]．清朝との交渉の中で，アブライはロシアとの関係には触れず，た
だ清朝の臣となることを宣言したが，ここにカザフの戦略を読み取ることもで
きよう［野田 2005b: 034］．同様にジューンガル問題の交渉を有利に進めるため
にカザフの自らへの帰属を主張するロシアも，中ジュズに対する支配は未確立
であった．むしろ清とカザフの共闘を恐れ，アブライらには懐柔の態度を取る
ほどであり，中ジュズのカザフはロシアからも独立した立場にあったと言える．
露清交渉の結果として生まれたこの状況も，中，大ジュズ[84]のカザフの帰属が
露清両国にあるというあいまいさの一因であろう[85]．

　最後に，ジューンガル，アルタイ，カザフの3者をめぐる露清間の交渉を整
理しておこう．キャフタ条約締結前後には，ロシアと清朝がともにジューンガ
ルを自らに属するとみなそうとする動きがあった．トシおよびデシン使節の派
遣は，改めて両国間の交渉にジューンガルの問題が浮上する契機となったが，
帰属や領域についての規定は設けられないままであった．ジューンガル政権崩
壊により，その影響下にあった諸集団の帰属の問題も問われることになるが，
逃人送還にかかわるトシ提議がこの時想起されたのも，キャフタ条約の範囲外
にあるジューンガル問題を解決しようとする両国の現実的な姿勢の表れであっ
た．

　アムルサナやアルタイの送還を求める清朝は，キャフタ条約はもとより，妥
協の要素を含むトシの文言を持ち出しさえして，アムルサナ送還を実現させる
方針であり，トシ派遣とその提議についての情報も，ロシアとの交渉時には地
方官にいたるまで共有されていた．したがって，単純に乾隆期の「対露強硬政
策」（［野見山 1977: 105］）とみなすことはできず，東北およびモンゴル関連の交
渉と中央アジアにかんする交渉とを区別して考察する必要がある．たしかに清

---

83)　ジャオフイ奏，七月十六日奉硃批［月摺 91（一）七月上巻軍務: 24–25］．後に編纂された史
料では，「帰附」（満文版では「dahaki」）とされている［方略漢文 正編巻41: 20］．

84)　本章では詳細に触れなかったが，大ジュズのハンも，1730年代に2度ロシアの臣籍を請う使
者を送り［Moiseev 1991: 109］，かつその後清朝に入覲使節を派遣している．

85)　その後の露清関係におけるカザフの立場については［野田 2005b］を参照．［Suleimenov;
Moiseev 1988: 92］に引用されたロシア文書史料や［高宗: 巻580］（乾隆二十四年二月十一日（壬
戌）諭）にあるように，清朝政府は，カザフがロシアと関係を持つことを容認するような見解を示
したことがあるが，この点について清朝がその後どのような意見を持っていたのかははっきりせ
ず，さらに検討する必要がある．

は高圧的態度を基調としていたが，イルティシュ要塞線での交渉すら行われた中央アジアにおける露清関係においては，「キャフタ体制」の枠外での問題解決，とりわけトシ提議を根拠とするロシア側の配慮を期待していたのである．

対するロシアは，キャフタ貿易途絶を恐れていたこともあり，外交交渉においては清朝の高圧的な主張を受け流し，キャフタ条約とトシ提議を場面によって使い分けながら，問題の先送りを図っていた．キャフタ条約を遵守する態度を示しながら，ジューンガルは「独立していた」との立場を取る一方で，帰属そのものが問題になる時には，トシ提議を楯にして，彼らがロシア領内に移ったことを正当化し，「すでにロシア臣民となった」ことを強調した．カザフについても，1731年以降の臣籍宣誓を重視し，ロシアの優先権を主張していた．ところがアムルサナ確保を最優先する清朝にとっても，すでに彼らカザフが清朝の臣民であることは疑いなく[86]，しだいに厳しい語調を取らざるをえなくなっていったと考えられる．

アムルサナ死後，その遺体の問題も，ロシアが送還に応じないまま1760年には収束し，中央アジアにおける露清関係は次の段階に移ることとなる．

小結

ここまでに整理したように，ジューンガル平定の過程において清朝は軍を西に進め，ジューンガルの直接の支配下または間接的な影響力の下にあった諸勢力[87]と直接交渉を持つことになった．これらの勢力の一部にはすでにロシアの影響力が及んでいたが，勢力範囲について明確な規定が存在しなかったため，その帰属は露清間の大きな外交問題となった．両国がそれぞれの認識[88]に基づいて帰属を主張した結果，アルタイとカザフについて，「あいまいな二重の帰

---

[86] 文書㉓以降も，カザフの自らへの帰属を主張する応酬が1760年まで確認できるが，結局両者の主張の間に落とし所は見つからず，決着はつかなかった［Bantysh: 286–299］．ロシアの主張として，清朝のジューンガル遠征に干渉しなかったのだから，ロシア＝カザフ関係に清朝が関与すべきではないという論もあった［Bantysh: 290–291］．

[87] 1723年にジューンガル支配下にあった勢力として，カザフ，ウリャンハイ，テレングト，ヤルカンド＝ブハラ人，クルグズ，バラバ＝タタールなどが挙がっている［Unkovskii: 193–194］．

[88] 清朝側の論理としては，小沼［2006］の示した「エジェン―アルバト」関係のような主従関係を中央アジア諸勢力との関係にも当てはめることがあったと考えられる．

属」の状況が成立した．逆に言えば，この時点では，これら2者の両帝国に対する臣属は緩やかなものであった．先行研究は2者を関連づけていないが，アルタイもカザフも両国のはざまに位置し，緩衝的な存在[89]として，同様のあいまいな状態を保っていたのである．かつてジューンガルの影響下にあった地域の始末については，清朝との関係の近さに従って，次のような分類をすることができる[90]．

　　一　狭義の「外藩」（のちの藩部）として清朝の統治下に置かれた新疆
　　二　ロシアから露清への「二重貢納者」とロシアによってみなされることになった南アルタイやバラバ＝タタール
　　三　すでにロシアとの関係があったために，露清両国からその帰属を主張され，両国間で「二方面外交」[91]を行うことになったカザフ
　　四　清朝への新たな朝貢に基づき「藩属」とみなされた天山，パミール以西の諸勢力（東西のクルグズ，コーカンド，アンディジャン，ナマンガン，ブハラ，バダフシャンなど）

上の三，四の集団が，名目的な意味が強かったとはいえ，清朝に対して「朝貢」使節を送るようになったことは，ロシアのさらなる警戒を呼ぶに十分であった．清朝の新疆平定後に，中央アジア諸勢力によって成立した「反清ムスリム軍事同盟」にはロシアも関与していたと考えられ[92]，この状況については今後のよ

---

89) アルタイの立場については［Boronin 2002: 176］も参照．アルタイ諸族については，嘉慶『大清会典』に規定があり，「遊牧之内属者」と記され，外モンゴルを管轄する典属清吏司の下におかれた［嘉慶会典 巻52: 33］．それは彼らには旗・佐領（ニル）が編成されていたためであり［嘉慶会典事例 巻740: 13–14］，清朝が，カザフよりも近い存在として位置づけていたことがわかる．ただし一部のカザフはニルに組み込まれており，注意が必要である［小沼 2003］．

90) 『西域図志』［巻44–46］の分類によれば，「藩属一」として左右カザフ，「藩属二」が東西布魯特（クルグズ），コーカンド，アンディジャン，マルグラン，ナマンガン，タシュケントであり，「藩属三」が，バダフシャン，ブハラ，アフガンなどであった．小沼［2006: 49–50］が示したように，少なくとも漢語史料の文脈では，カザフは，「天朝の声教」に通ずるようにさせ，服属させる対象であり，上のように他の中央アジア勢力も含めて「藩属」という範疇に組み込まれていた（『西域図志』［巻44］も「声教」を内外に行きわたらせることを念頭に置いている）．18世紀半ばの段階においては，このような「藩属」は，空間的な概念というよりも，属人的な結び付きの強さによって範疇が設けられていたと考えられる（［片岡 1998］を参照）．この問題は第7章でも再度検討したい．

91) 露清両国に異なる態度で接し，双方との関係を両立していた［野田 2005b: 041］．その後のアブライと露清両国との関係についても同論文を参照．

92) ［Gurevich 1983: 180–181；佐口 1963: 75］．また第4章も参照．

り詳細な検討が必要と思われる．

　ジューンガル平定後，中央アジアが再び露清関係の視野に入った結果は，以下の2点にまとめることができよう．第一に，国境の問題におけるキャフタ条約体制の保持がある．2国間の問題を規定するものとしてはキャフタ条約をおいてほかになく，その後の中央アジアにかかわる問題についてもこれに基づいて交渉を行わざるをえなかった．具体的には1826年5月10日の元老院から理藩院への文書がその状況を端的に示している[93]．元老院は，「キャ・フ・タ・条・約・が・カ・ザ・フ・の・帰・属・や・境・界・を・定・め・て・い・な・い・ためにカザフは独立の状態であった」ことを述べ，キャフタ条約遵守の姿勢を明らかにしながらも条約の空白を突き，カザフ草原への進出を正当化した．アルタイも含め，帰属問題の最終的な解決は，あらたな境界画定の条約を待たなければならなかった．

　第二は，貿易におけるキャフタ条約体制の変容である．清のキャフタ貿易停止もあり［吉田 1974: 172–180］，ロシアでは，キャフタ以外の地での取引の可能性が浮上した．中でも，イルティシュ河上流沿岸のブフタルマに注目が集まっていた．詳細な検討は本書第6章に譲るが，19世紀初から本格化したシベリア経由の沿イルティシュ河都市と新疆間の貿易は，ムスリム商人の取引を中心としながら，ロシア国籍商人の参加も見るようになったのである[94]．キャフタ条約は19世紀半ばにいたるまで，露清間の紛争解決のための規範として存続し，中央アジアにおいても原則としてキャフタ条約体制は維持されていた．しかし，元来中央アジアを規定するものではなかったために，上のようなほころびも見られたのであった．

　本章の考察の結果，ジューンガルをめぐる露清の交渉，さらにそれを引き継いだジューンガル滅亡後の露清関係を基点として，両国間におけるカザフとアルタイ諸族の立場が明確になった．次に考えるべき課題，すなわちこのような立場にあったカザフが，両帝国とどのような関係を結んだのかという問題については，とくに19世紀前半に焦点を当てて第7章で検討することとする（18世紀後半の概況については第2章を参照）．次の第4章においては，カザフ=ハン国と

---

93) 原案の写しが，ロシア軍事歴史文書館（RGVIA）に所蔵されている（第7章第2節も参照）．また［俄文2: 330–331］が露語原本からの漢訳である．
94) ［野田 2005b: 047–048］．アルタイによる露清間の中継貿易については［Boronin 2002: 189］を参照．

の関係を持つようになった清朝が，カザフ遊牧社会とその領域をどのように認識していたのかを明らかにしたい．

119

第4章

カザフの3ジュズと哈薩克三「部」
―― カザフについての清朝の認識 ――

はじめに

 ここまでに見てきたように，ジューンガルの攻勢に苦しんでいたカザフ＝ハン国は，18世紀になると西方のロシアと関係を持つ一方，1757年には東方の清朝に「帰順」し，公式に関係を認められるにいたった．同時代の史料によると，カザフ遊牧社会には，18世紀前半までに，「ジュズ」と呼ばれる部族連合が存在していた[1]．すなわち東から中ジュズ，大ジュズ，小ジュズという順に位置していた3つのジュズである．現在までに判明しているところでは，文字史料中に「ジュズ」が現れるもっとも早い例は1726年のロシア史料であり，そこには「maloi iusi」すなわち「小ジュズ *malaia ius'*」の生格の形が見られる[2]．ジュズの語源については諸説あるが，少し後のロシア語史料中で，ジュズが「Sotnia」と露訳されていることは，当時の通訳官がこの単語を「100」の意味で理解しようとしていたことを示しており[3]，百戸，千戸などの，モンゴル帝国以来の十進法的な軍事組織集団との関連が推定される[4]．

 一方，清朝との交渉においては，カザフは「哈薩克 *hasake*」[5]と記され，その社会においては，左部，右部，西部という3つの「部」が存在するものとし

---

1) ［宇山1999：97］および本書序章を参照．宇山の同論文は，カザフ＝ハン国の国家性についての議論もよく整理している．
2) 3月17日，カザフの使節による報告［IKRI2: 354］．
3) 1730年7月22日，元老院への報告［IKRI2: 370］．「Srednei sotni」の語が見える．
4) 満文（満洲語）史料中でやはり100と解釈されていると考えられる事例については［野田2007b］で考察したことがある．
5) 満文では「hasak」と記される．満文史料中の「部」に相当する概念は「aiman」であると考えられるが，そのように訳されないこともある．承志［2009：108］によれば，早くは康熙三十七（1698）年に，ジューンガルと戦争状態にある勢力としてカザフの名が報告されたという．

て記録されることが多かった．この三「部」とカザフに固有の「ジュズ」とはしばしば混同され，従来の研究においても明確な定義はなされていない．本章は，いくつかの新しい史料を加えることでこの問題を再考し，清朝史料上に現れるカザフの三「部」の意味を明らかにすることを目的としている．それを通じて，カザフ＝清朝間にあった複層的な関係を解き明かすこと，ジューンガル，新疆平定時の清朝と，ロシアをも含んだ中央ユーラシア世界との関係を把握することが可能になる．また同時に，当時のカザフ遊牧社会の構造について民族史的に考察することにもつながると考えられる[6]．

1. 18–19 世紀のカザフ族の遊牧体系と清朝史料

各ジュズの人口規模については，さまざまな数値が出されているが，確かなところはまだ定まっていない[7]．たとえば1805年のロシア軍人ヴェリチコによる記述では，大ジュズが7万家族，中ジュズが159,400家族，小ジュズが165,700家族とされているが [Eshmukhambetov; Zhekeev 1999: 173–182]，これも一例にすぎない．トルベコフの民族学的研究に従うと，カザフ遊牧社会は，19世紀末から20世紀初頭にかけて次のようなジュズ以下の階層的な構造を持っていたとされている（下段は現代カザフ語による表記）[8]．

　　ジュズ＞ルウ＞タイパ＞アタ＝バラス＞アウル＞1戸（すなわち天幕）
　　 jüz　　 ru　　taypa　 ata-balasï　　awïl　 jürt

それぞれの単位がいくつかまとまって，上層の単位を形成することになる．ただし，この時期の集団構成に関してカザフ自身が語った同時代史料に乏しいために，ロシア語文献や清朝史料に頼らざるをえない状況があることに留意しなければならない．なお1822年にロシアが定めた規約によって，管区（okrug）＞ヴォロスチ（volost'，ロシア行政上の郷）＞キビトカ（kibitka，天幕を意味する）とい

---

6) 本章は，旧稿（[野田 2002b]）を元に，その後調査しえた満文檔案史料に基づき，大幅に加筆修正を加えたものである．

7) 宇山 [1999: 98] が指摘するようにジュズの人口について推計はまちまちである．リョーフシンの示す数値（1832年）は，大ジュズ50–60万人，中ジュズ136万人以上，小ジュズ約110万人であり [Levshin 1996: 288]，上のヴェリチコの記録と近くなっている．

8) [Tolybekov 1971: 511–513]．近代以降の各部族については [Arghinbaev et al. 2000] を参照．

第4章　カザフの3ジュズと哈薩克三「部」　121

う単位での統治が導入された．おそらくこの時以来，カザフの固有の社会構造はロシアの行政に合う形に再編されており[9]，トルベコフのモデルもそれ以前のものとは完全に一致していないと考えられる．

　18世紀の段階では，1762年9月のカザフからの請願において，中ジュズのスルタンベト=スルタンについて「キプチャク=ルウ 'urūġ のスルタン」と記されている例を見ることができる[10]．このようにルウについて記した記録がある一方で，タイパについての言及は非常に遅いことから[11]，ルウ以下の階層の明確な区別はなかったという見方もある [Shakhmatov 1964: 50–51]．1803年にアラル北東のカザフを調査したガヴェルドフスキー（Ia. P. Gaverdovskii）の手稿は，「ruu＞aimak＞tiubia（現代カザフ語の tüp）＞aul もしくは ulus＞1家族」という構造を示している[12]．18世紀半ばのオレンブルク遠征隊に参加したファリク（1725–1773年）によれば，「それぞれのオルダはいくつかのヴォロスチ（アイマク aimak）から構成され，各アイマクはいくつかのウルス ulus（部族 rod）から成り立っている」というので，18世紀後半から19世紀初にかけては，タイパは用いられず，むしろアイマク（モンゴルやオイラトの政権で用いられていた部族連合の単位）の語が残っていたことが推測される [Sivers; Fal'k 1999: 122][13]．

　18世紀の社会を民族学の立場から考察するアルトゥクバエフが指摘するように [Artiqbaev 2004: 152–154]，カザフ草原に派遣されていた通訳官テウケレフがカザフの部族（rod）について記録を残しているが，ロシア語における rod とルウとの間の関係ははっきりしない[14]．ともあれロシア史料の記述に従えば，ジュズはいくつかのヴォロスチに分かれており，各ヴォロスチにおいては，ハン一

---

9)　[Shakhmatov 1964: 45–46] にも示唆されている．
10)　[AVPRI: f.122/2, d.14, l.18ob.]．またチャガタイ=トルコ語文献では，カザフのルウに対応する語として ṭāifa あるいは ulus が用いられる例を見ることができる [FI: 716, 803]．タイパはアラビア語の ṭāifa に由来し，ブダゴフは，ルウについてもアラビア語「枝 'urūq」との関連を示唆している [Budagov (1): 128]．
11)　カザフ最西端のボケイ=オルダについて「部族 rod はタイパ taifa に分かれ，いくつかのタイパはアタバラス ata-valas' に分かれる」との記述がある [Kharuzin 1889: 153]．
12)　[IKRI6: 428]．また Masanov [1984: 112] が引用している．
13)　ただし，18世紀後半にカザフ草原を訪れたパルダネスは，ジュズがいくつかの il' で構成され，il' は uru（つまりルウ）に分かれると記しており [IKRI4: 168]，ロシアが収集した情報にどこまで一貫性があるのかもさらに検証しなければならない．
14)　1748年の小ジュズと中ジュズの部族（rod）については [KRO1: 406–407]．

族(「白骨 aq süyek」に分類される)であるトレ(あるいはスルタンとも)[15]が統率者となり,また平民である黒骨(qara süyek)[16]が長老(ロシア語では starshina あるいは batur, bi とも)となっていたことは確かである[17].

この白骨については,第5章で取り上げる中ジュズのグバイドゥッラ=スルタンが,自分が「アブライ=ハンの一門 nasl」であり,その家系をアク=スイェク(白骨)と呼んでいることに言及している[18].カザフの社会には,白骨(ハン一族とコジャ[19]),黒骨のほかにハン一族に直接従属する奴隷的存在があり,これをトレングトと呼んでいた[Zobnin 1902].前出のアルトゥクバエフの考察によれば,トレングトというルウが形成され,中ジュズに編成されたのは18世紀のことだという[Artiqbaev 2004: 155].清朝史料においては,乾隆二十三(1758)年の中ジュズのオトクの一覧表(満文)の中で,「トレングト tulunggu のオトクの千戸をジャナザル[?] Janatsnar=バトゥルが統率している.始祖 da を調べても名は分からなかった.このオトクの人々はタウケ Teuke=ハンの民 urse である.1人1人がビイを名乗っている.アクタウなどの場所で四季にわたり遊牧している」と記されており,その成立が18世紀初頭のタウケ=ハンに帰せられていることはきわめて興味深い[20].

カザフの伝説上の始祖としては,アラシュという人物がいる(第7章も参照).カザフの鬨の声でもあり,近代においてはカザフ民族の代名詞としても用いら

---

15) 清朝史料における「蘇爾坦」である.カザフ語ではトレ(töre)と呼ばれる.また清朝史料ではスルタンたちに対して汗,王,公,台吉などの爵位が冠されることが多かった.
16) カラ=スイェク.カザフの場合,非チンギズ裔を指す.カザフの社会構造と,明代以降のモンゴルにおける,タイジ,カラチュ,ラマ,奴隷身分という身分制度との間には多くの共通点を見出すことができる[岡 2007: 141].
17) 18世紀末にカザフ草原を訪れたアンドレーエフの記録による[Andreev 1998].あるいは1805年のヴェリチコによるカザフの3ジュズに関する報告から[Eshmukhambetov; Zhekeev 1999: 173–182].
18) 「アブライ=ハンの一門であるスルタンたちが,白骨の道理によって[扱われる]ことを望んでいます Ablay ḫānnïng naslïndan kelgän sulṭānlar aq süyäklik qa'da buyïnča qalarmïzlar deb umīdïmïz bar」と申し出ている[GAOmO: f.3, op.12, d.17675, l.106ob.](1831年1月28日(シャアバーン月14日)).
19) ムハンマド=ハナフィーヤをはじめとするアラブ人の子孫をアイデンティティーとする集団.[野田 2007a: 10–11]も参照.
20) 乾隆二十三年一月の文書[中哈 1: 88]([満文録副: 1679-6/47-2594]に対応し,[Ejenkhanuli 2009b: 49–50]がカザフ語訳).なおここに示されている中ジュズの総戸数は,68,000戸である.

れる概念となったこの語が，カザフ＝ハン国から清朝へ文書を発する際に用いられていたことは，これまで知られていなかった．本章第4節で検討するダイル＝スルタンが清朝皇帝に宛てた書簡（1781年）では，自分たちの政権を指して，「アラシュのくに Alaj yürti」[21]と明確に記しており，当時のカザフ社会を包括する概念としてアラシュがあったことを表している．

　なお，カザフのハン一族がチンギス＝カンの血を引いていたことは，清朝からジューンガルの残党捜索のために派遣されてきたモンゴル系王公の親近感につながっていたようである．かつてアブライがジューンガルのガルダン＝ツェリンのところで捕虜となっていたときに，遭遇したエルクシャラ（額爾克沙喇）に対して，「我々は，もとよりみなチンギス＝カンの後裔である（muse daci gemu Cinggis han i enen）」と告げたことがあり[22]，エルクシャラの父親である定辺左副将軍チングンジャブ[23]にものちに同様の内容を伝えている．その様子をチングンジャブは以下のように上奏し，同意を与えたことを述べている．

　　アブライの使者が申すところでは，「アブライはこう言いました．「成将軍［チングンジャブ］，我々はみなチンギス＝カンの後裔です．年齢を計算してみれば，成将軍は兄となります」」と言うので，奴才［私め］チングンジャブは，彼ら［使者］にこう言いました．「ホタン［?］Hotong，ロシア Oros，カザフには，まだ我が一族 mukūn hala がいると聞いてきた．ただ，誰がどこにいるのか知らなかった．今，アブライがかように申すのを聞いて，理解したので，私はとても喜んでいる……［後略］」[24]

ここまでに整理したカザフ遊牧社会について，清朝側では，「部」の下にいく

---

21) テュルク語による文書［満文録副：2907-013/123-1101］（［Noda; Onuma 2010: 48]）．1718年5月1日翻訳，カイプ＝ハンからシベリア知事ガガーリン宛て文書におけるアラシュの用法と共通している［KRO1: 45］．そこでは，「全アラシュのウルス vse Alatskie ulusy」という言葉で，カザフ全体を表していると考えられるからである．「3アラシュ üč alač」という表現の例は［Noda; Onuma 2010: 38］を参照．
22) 乾隆二十二年六月十二日奉硃批，チングンジャブ等奏［月摺 90（一）六月巻軍務: 194］．
23) 成袞札布．ハルハの台吉の策凌（ツェリン）と康熙帝の娘とを親とする．
24) 乾隆二十二年七月二十九日奉硃批，チングンジャブ，シュヘデ奏［月摺 91（一）七月下巻軍務: 454–455］．［野田 2005b: 035］も参照．

つかの鄂拓克(オトク)[25]を有するという構造で把握していた[26]．その早い報告例は，1757 年，アブライが清に降伏文書を出した際に派遣した使節についてのものである[27]．それは上奏文に添付された使節団の名簿であり，正使ヘンジガル（ケンジェガリ）について，「カラケセク＝アルグンのオトク otok のザイサン jaisan [長老]，ハジビの次子」と記す．続く副使は，カラケレイ＝ナイマンのオトクのザイサンであるカバンバイの族弟であり，随員は，ウイスンのオトクのザイサンの弟のほか，アタガイ＝アルグンやトルトウル＝アルグンのオトクの有力者の係累で構成されるとある[28]．ここからは，アブライに従っていた部族についての情報が得られる．またこの時，各オトクの長老として，やはりジューンガル社会の構造に擬してザイサン（漢語では宰桑）の語が用いられていることに注目すべきである．清朝の遠征軍を率いていた努三(ヌサン)[29]が，「汝ら［カザフ］は，オトクを統率する者をバトゥルと言っている．事の審理を行う者は下位にあり，ビイという称号である」と理解していたように，先に挙げたロシア史料に似た構造も示されていた[30]．しかし，後の清朝史料においては，各オトクをカザフ＝ハン一族が「所轄」し[31]，その下でアカラクチ（阿哈拉克齊）が長老となるという構図が示され[32]，その認識にも変容が見られることがわかる．第 3 章で見たように，ジューンガル遠征の過程で，セミパラチンスクから，バルハシ湖，チュー河辺りまで部隊を進めた清朝の遠征軍は，このようにカザフ民族史にかかわる情報を集めていたのだった．

　ただし，これらの用語は露清それぞれの帝国が統治あるいは管理のために便

---

25) オトクはモンゴル語起源であり，社会組織の単位を示す．ジューンガルの二十四鄂託克にならい，カザフ遊牧民に対しても同様の名称が敷衍されたものと見ることができる．ジューンガルのオトクについては [田山 1953: 105] を参照．
26) 姜 [1998: 99] などの中国における研究が示すのは，玉茲（ジュズ）＞兀魯思（ウルス）＞阿洛斯（アルス）＞烏魯（ルウ）＞阿塔（アタ）＞阿吾勒（アウル）というモデルだが，その根拠は明示されていない．
27) ［野田 2002b］を執筆した段階では，中国第一歴史檔案館での調査を行っておらず，オトクの初出を乾隆二十三年としたが，ここで訂正しておく．
28) 乾隆二十二年六月十八日，ジャオフイ等の上奏文への附件［満文録副: 1643-007/45-2680］．
29) 満洲正黄旗人．参賛大臣としてジューンガル平定に加わる．
30) ジャオフイ，フデ奏［月摺 92（二）十月上巻軍務: 233］．
31) 次節も参照．また西陲総統事略［巻 11］がオトクの一覧を示している．
32) ［塔爾巴哈台事宜 巻 4: 26］．アカラクチもモンゴル系の語に由来し，田山 [1967: 68] がオイラト社会における十戸の長として「ahalakči」の存在を示している．

宜的に与えたものであるから，カザフ自身が有していたであろうルウをはじめとする遊牧体系の概念に完全には対応していない[33]．そもそもカザフ社会においてハンとみなされていなかったアブライが，清朝との関係においてはハンを称するなど，カザフからの情報がすべて正確だったわけでもなく，ジュズごとのハンの存在もロシア史料の記述に依拠した認識とも言える．清朝史料においては，アラシュやトレングトなどのカザフ民族史の重要な手がかりとなる語を見出すことができたものの，他の史料との対照も含めて，詳細な検討は今後の課題となっている．

2．清朝史料上の「哈薩克」

（1）従来の見解

次に，カザフのジュズについての清朝の理解を考察してみよう．フランスのペリオ[34]や佐口透の研究（[佐口 1963: 272–287]）が清朝史料に表れる三「部」をカザフの3ジュズに比定したのをはじめとして，多くの研究においては，「三部＝3ジュズ」という図式が成立している．またカザフスタンにおける研究でも，清朝実録のカザフ語への訳として，「右部」(Ong qanat) を一律に大ジュズとしていることにも見えるようにその姿勢は変わらない [Salgharauli 1998: 135]．また中国においては，『哈薩克族簡史』（1987年）に始まって，『哈薩克族歴史与文化』も「清代の文献は大ジュズを右部と呼ぶ」とするなど従来の見解を踏襲している [姜 1998: 89]．しかしこれらの論には，さまざまな史料をその成立年代を考慮せずに用いているという不備があり，矛盾をはらんでいると言える．また，「部」の意味が不変のものであるという前提に立っている点にも注意すべきである．佐口に拠りつつ，「19世紀初頭までに清朝政府のカザフに対する「緩やかな統治 loose rein [羈縻]」政策は，極端に緩んでしまった」ことが記述の混乱の一因である，と論を展開させたフレッチャーも，大ジュズがアブライの支

---

33) [佐口 1986: 362]．佐口透は大ジュズにおける，オトクとヴォロスチを対照しているが，すべての名称が共有されているわけではない．中ジュズ，大ジュズのルウの構成については [Bekmakhanova 1980: 254] などを参照．
34) [Pelliot 1960] ("Les Qazaq dans les textes chinois," pp. 38–42; "Les Généalogies des princes Qazaq," pp. 42–44)．

配下にあるという誤解を解消できなかったため，アブルマンベト支配下の中ジュズが右部だと固定的に解釈してしまっている [Fletcher 1978a: 63–64].

後に佐口は「左部・右部という表現は本質的には zhuz とも無関係な表現である」として修正を加えたが [佐口 1986: 336]，「Abūl-Mambet 家が近接している大オルダの Khān と清朝側によって目されることもあった」[35]とするなど，とくに大ジュズの扱いについては，なおその論には未解決の問題が残っている．

この問題を解決するために，まず関連する史料を成立年代順に整理し，用語を検討し直す作業から始めたい．

(2) 史料の整理

乾隆二十一–二十二 (1755–57) 年の清朝のジューンガル遠征と，つづくジューンガル残党であるアムルサナ討伐の過程で，中ジュズのアブライは清朝に使者を送って帰順し，清朝との関係が始まった．それ以降，カザフ遊牧民集団を指して，清朝史料においては「部」の語が用いられるようになる．これはモンゴルの喀爾喀四部，ジューンガルの四部などに由来すると考えられる．クルグズ遊牧民に対しても同様に「部」が用いられていた[36]．

表1は，このカザフ＝清朝関係初期の清朝史料上の3ジュズおよび三部に関する用例を史料の年代順に示したものである．これまで初期の史料として注目されていた『平定準噶爾方略』[37]に加えて，その後の調査においてとくに乾隆二十二 (1757) 年前後の満洲語による上奏文を閲覧した結果，カザフとの「公式」の関係を持つようになった清が，どのようにカザフについての情報を集めてい

---

[35] アブルフェイズが右部のハンであったことを前提としているが，その父アブルマンベトは中ジュズのハンであり，矛盾している．Kuznetsov [1983: 28] も同様の考察を行い，右部のボラト (アブルマンベトの子) の汗 (ハン) 位は「Starshii zhuz (大ジュズ)」におけるものであったとしている．上の記述は，佐口 [1986: 336 註 (10)] によるものであるが，この点以外に，西部に関する考察を欠く点と，中ジュズの東方，西方がそれぞれ左部と右部に当たるとしている点には検討の余地がある．

[36] クルグズ (布魯特) は東部と西部とに分けられていた．これは，クルグズの左翼 (sol) と右翼 (ong) に対応していると考えられる [潘 2006]．

[37] 『欽定平定準噶爾方略』正編・続編，乾隆三十七 (1772) 年 [方略漢文] およびその満文版 *Jun gar i ba be necihiyeme toktobuha dodogon i bithe jingkini banjibun* (財団法人東洋文庫所蔵本) [方略満文] (漢文版と同時に引用する際には，括弧内にその頁数を示した)．漢文版と満文版が知られているため，両者の比較も行う．満文版を参照する理由は，上奏文の原文により近い形を残していると考えられるからである．

第 4 章　カザフの 3 ジュズと哈薩克三「部」　127

表 1　清朝史料におけるカザフについての初期の情報

	ジュズに関する記述	部に関する記述	出　典	注　記
1		wargi aiman i hasak（西部のカザフ）	乾隆二十年八月十二日，班第奏［中哈 1：17］	タシュケント付近の大ジュズを指す
2		西部哈薩克	乾隆二十年九月十日（壬申）［高宗 巻 496：2］	
3		左部哈薩克／右部哈薩克 dergi hasak/wargi hasak	乾隆二十一年五月一日（辛未）［方略 正編巻 27：35 (61)］	
4		右部哈薩克阿比里斯 wargi hasak i Abilis	同上［方略 正編巻 27：35 (62)］	大ジュズのハン
5	meni ilan aiman ortoyus uluyus kišiyus（我らが三部の中ジュズ，大ジュズ，小ジュズ）		乾隆二十二年十月七日奉硃批 ジャオフイ，フデ奏［月摺 92（二）十月上巻 軍務：189］	六月の出来事を記した報告中にあるアブライの言葉を引用している
6	三部落＝鄂爾図玉斯／奇齊玉斯／烏拉玉斯 ilan aiman = orto / kici / ula yus		乾隆二十二年七月九日（丙辰）［方略 正編巻 42：2 (3)］	アブライが説明する 3 ジュズ

たかについて，より詳細をつかむことができた．そのため本章では，初期については満文檔案の情報を加えて再考察を行い，その後の認識の変化については，漢文による編纂史料を中心に整理して提示することとしたい[38]．

① 左右部の時期

表 1 によると，カザフは当初，左部と右部という東西に二分された集団とみなされていたことが理解できる．『準噶爾方略』満文版をはじめとする満文史料に現れる dergi, wargi はそれぞれ通常「東」，「西」を意味する語であった[39]．右部の有力者として名の挙がるアビリス（阿比里斯）についてはロシア語史料が

---

38) おもな史料は以下のとおりである（堀［1999］の整理を参考にした）．『乾隆朝上諭檔』第三冊／『大清高宗純皇帝実録』［高宗］／『欽定皇輿西域図志』乾隆四十七（1782）年／『西陲要略』嘉慶十二（1807）年／『西陲総統事略』嘉慶十四（1809）年序／『総統伊犁事宜』（嘉慶代の編纂と推定される）／『欽定新疆識略』道光元（1821）年序／徐松『西域水道記』道光三（1823）年／『新疆図志』宣統三（1911）年．

39) 「左翼門」，「右翼門」のように左右を指すこともあったようである［Hauer 1952–55］．

次のように語っている.

　　［1742年の状況について］現在，キルギズ＝カイサクの大オルダ［ジュズ］には，ハンのアビリス *Abliazi* がおり，タシュケントに居を構えている．その下でこのオルダで最も有力なのはトレ＝ビイ[40]である［KRO1: 188］.

　すなわちアビリス[41]は大ジュズにおけるハンであった．したがって，この左右の部をジュズと対照させるならば，左部が中ジュズを，右部が大ジュズを指していたことになる．このアビリス＝ハンについては，次節でくわしく述べることにする．また左部（すなわち中ジュズ）において，アブライ＝スルタンが代表者となっていたことは，上に示した清朝への降順の使者にかかわる文書からも明らかである．

　一方，3ジュズについても，清朝側は知識を持っていた．表1の5にあるように，その早い例は，1757年（乾隆二十二年六月）にアブライのもとへ派遣されたヌサンらの報告である．この中で，アブライは訪れたヌサンたちに，自分の中ジュズ以外の2つのジュズをどう清朝に帰順させるかを諮っている[42]．その2つのジュズについて，「大ジュズはタシュケント地方にあり，小ジュズはシルダリア *Sir bira* の先端にある」と，アブライはその位置を説明した[43]．

　アブライの主張するカザフの3ジュズは次のとおりだった．

　　我々カザフには3つの部族 *ilan aiman* があります．私はと申しますと，中ジュズの首たる者であります．小ジュズ，大ジュズの首たる者は，皆我が一族 *mukūn* であります[44]．

実際は，アブライは中ジュズのハンではなかったが，清朝との交渉の中でこのように自分の権威を見せることで，中ジュズにおける優位を獲得していったと考えられる．先に挙げたアブライの使節の名簿にも，随員の1人について，「カザフをすべて統括するアタガイ＝オトクのアブライの属人」との記述があり，ア

---

40) タウケ＝ハンに仕えた著名なトレ＝ビイと，ここに見えるトレ＝ビイ，さらに1758年に大ジュズの有力者として知られた図里拝（トゥリバイ）をすべて同一人物とする見方もあるが［佐口 1986: 334–335, 337］，年代の開きも大きく，さらに検討が必要であると筆者は考えている．前者のトレ＝ビイは，カザフスタンの研究では1663–1756年を生きたとされることが多い．

41) Khafizova［2007: 51］はアブルマンベトであると解釈しているが，これには従えない．

42) ジャオフイ，フデ奏［月摺 92（二）十月上巻軍務: 224–225］.

43) ［月摺 92（二）十月上巻軍務: 223–224］.

44) 乾隆二十二年七月九日，ジャオフイ奏［方略満文 正編巻42: 3］（本章表1の6）.

ブライが清に対して，自分の勢力を大きく見せようとしていたことは明らかであった [満文録副: 1643-007/45-2680]．

その後，カザフの境界を調査した結果，清朝は以下のようにカザフの領域を把握していた．

> カザフの3ジュズ ilan yus を取り囲む境界 hešen…［中略］…東方の境界は，イルティシュ Ercis 河のロシアのセミパラチンスクからユングル Yunggul 河，アブラル=オリン Abural-olin の東，イシル Isil 河[45]の源，ヌラ Nura 河の源，サル=スゥ Šara usu 河の源，バルハシ湖 Balkasi noor の東端へ至ります．南方の境界は，バルハシ湖の北の河岸からチュー Cui，タラス両河の間，ビイ Bikul，アク Akkul 両湖の北岸へ至ります．西方の境界は，サイラン Sairan 河のこちら側の河岸のタシュケント城，トルキスタン城，西北に向かってシルダリア……［判読できず］……ヤイク Jai 河［すなわちウラル河］のこちら側……［判読できず］……Wei Tohos［おそらくペトロパヴロフスク］へ至ります．北方の境界は，Wei Tohos からイルティシュ河のこちら側の河岸，ロシアのセミパラチンスクへ至ります[46]．

西から北の境界は，判読できない地名も多く，どれだけ清朝の情報が正しいかを確認することはできていない．ただし，東方の境界（図1）については，のちにロシアとの間で問題となったときに想定されていた清の境界とほぼ重なっており（第2章，第7章を参照），ジューンガル平定直後のこの時期の認識が，後の清朝の境界線の主張につながったと考えられる．またこのような調査の結果は，乾隆二十五（1760）年の『大清一統輿図』にも生かされたと考えられ，そこではカスピ海周辺までが視野に収められている［大清一統輿図］．

カザフ=清朝関係の成立後，1771 年にカザフ草原東部を調査した[47]医師バルダネス Bardanes は，「イリ河は，中国［清朝］のカザフとの境を定め，それを越えては彼ら［カザフ］は現在遊牧していない」と記しており [IKRI4: 99]，ロシア側でもバルハシ湖を清朝の西における1つの境として考えていたことがうかがえる．

---

45) すなわち現在のイシム河を指す．
46) 乾隆二十二年十二月十八日，ヌサン奏［満文録副: 1678-005/47-2435］．
47) 同じくカザフ草原を探検したスウェーデンの学者ファリク Fal'k の指示を受けてのものだった．

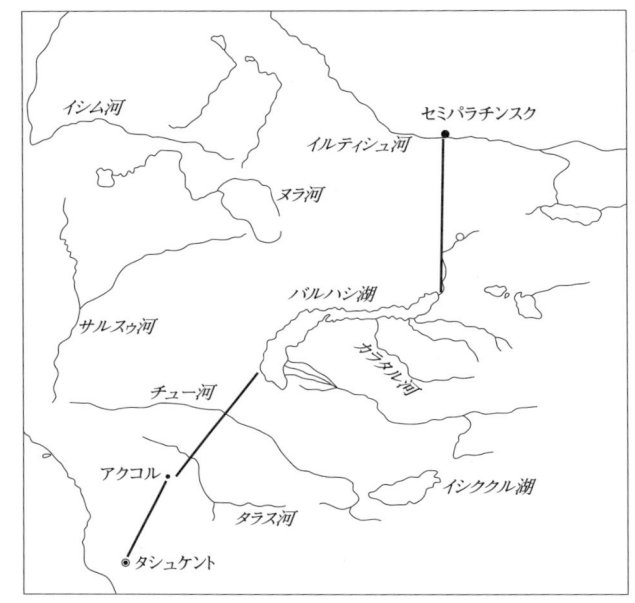

130　第二部　カザフ＝清朝関係の基層

図1　セミパラチンスクからタシュケントまでのカザフの境界

② 小ジュズの登場

　清朝軍が，もっとも西方に位置するカザフの小ジュズと接触するようになると，すでに右部(＝大ジュズ)に対して「西のカザフ」と認識をしていた清朝の記録は混乱をきたし始める．清朝史料に現れる誤解について，表2で，以後の史料に見える記事を整理しておこう．とくに問題となる箇所には下線を引いた．

　表2の7は，九月九日に来たアブライからの使者からの情報を記した奏文である[48]．清朝側が，ジューンガルの残党の1人バトゥル＝ウバシの行方を尋ねたとき，カザフの使者は次のように答えている．

　　西南の小ジュズのカザフの近くでは，小ジュズのノヤンであるアブルハイル *noyan Abugair* [49] ……［中略］……らがかならず彼［ウバシ］らを捕らえます．

---

48) 乾隆二十二年九月十四日，ジャフイ，フデ奏［満文録副：1655-039/46-1547〜48］．
49) 1741年の奏文(乾隆六年十月三日，永常ら奏)に，ジューンガルに囚われていたムスリムから聴取した情報として，カザフの「大頭目阿布爾海里（アブルハイル）」などと記されており［漢文録副：8261-46/604-3210］，すでにアブルハイルの存在は清朝に知られていたのであろう．ただし，このときすでにアブルハイルは世を去っていた．

第4章 カザフの3ジュズと哈薩克三「部」

表2 その後の清朝史料上の三部と3ジュズ

	ジュズに関する記述	部に関する記述	年代と出典	注記
7	wargi julergi kišiyus hasak tede hanci（西南の小ジュズの近くで）		乾隆二十二年九月十四日ジャオフイ，フデ奏［満文録副：1655-39/46-1547］	小ジュズについての具体的な情報の初出
8	齋奇玉斯之額勒里蘇爾統等帯兵万余至吹地方 cikiyus［ママ］i Ereli sultong se tumen funcere cooha gaifi, cui sere bade genehe. （小ジュズのエラリ＝スルタンらは一万余の軍を率いて，チューという地へ進んだ．）		乾隆二十三年正月二十四日（辛亥）［方略 正編巻49：9–10 (18)］	漢文編纂史料に見える小ジュズとの最初の接触
9		左右哈薩克，東西布魯特	乾隆二十三年九月三十日［乾隆朝上諭檔：256］	
10		過吹塔拉斯，至西哈薩克辺界 Cui, Talas be darime yabume, wargi hasak i jecen de isinafi.（チュー，タラスを過ぎて行き，西のカザフの領域に近づいていくと）	乾隆二十三年七月十七日（丙午）［方略 正編巻59：11 (22)］	チュー，タラス両河の西は大ジュズの牧地に相当
11	uluyus aiman（大ジュズ）hasak i han Abilis（カザフのハン，アビリス）	wargi hasak（西のカザフ）	乾隆二十三年九月七日奉硃批フデ奏［月摺 99 (二) 9月上巻軍務：111–115］	大ジュズのハンの系譜について
12		西哈薩克部落帰誠 wargi hasak i urse dahame dosifi.（西のカザフの輩が従うことになった）	乾隆二十三年九月二十七日（辛卯）［方略 正編巻61：16 (30)］	直後にエラリの名が挙がっていることから，小ジュズを指していると考えられる
13		勅諭右部哈薩克汗阿比里斯，哈木巴巴等 wargi hasak i han Abilis, Hambaba sede wasimbuha.（西のカザフのハンたるアビリスおよびハンババらに諭を下した．）	乾隆二十三年十一月十六日（己亥）［方略 正編巻64：5 (9)］	後に中ジュズのアブルフェイズと混同される 「右部汗阿布勒比斯，即日遣使」［西陲要略：巻4–5］
14		（沙呢雅斯［サニヤズ］蘇爾統…［中略］…等遣策伯克入覲）	乾隆二十七年二月二十日（甲申）［方略 続編巻15：29］	サニヤズは後の史料では「西部」に属する
15		舍氏和卓会合西哈薩克，及霍済雅特之乇台勒伯克 Šadihojo wargi hasak, jai Hujiyat i Pisel bek sebe goimefi.（シャーディー＝ホージャは西のカザフ，次いでフジャンドのファズル＝ベクらと落ちあった．）	乾隆二十七年四月七日（辛未）［方略 続編巻16：20 (44)］	タシュケントのホージャと大ジュズのカザフの関係を示す
16	奇齋玉茲別部巴図爾 kiciyus encu aiman i Batur	左部哈薩克努爾賚 wargi hasak Nurlai	乾隆二十七年十一月十八日（丙子）［方略 続編巻19：16 (29)］	方略漢文版（下線部）は誤り
17	奇齋玉茲努爾賚 kiciyus Nurlai	右部哈薩克烏爾根斎部哈雅卜 wargi hasak Urgenci Hayab	乾隆二十八年正月十一日（己巳）［方略 続編巻20：8 (18)］	小ジュズからの入覲の始まり

132　第二部　カザフ＝清朝関係の基層

18	三部＝伊克準，多木達準，巴罕準		乾隆三十七年十月十八日[新疆識略 巻12: 3–4]; [西域水道記 巻4: 45]	「伊犂将軍舒赫徳奏査哈薩克博羅特如何称汗情形摺」に相当すると考えられる（『清代辺疆満文檔案目録』1083頁）
19		（台吉薩尼雅斯之子哈咱木等入覲）	乾隆三十七年十二月十二日（壬申）[高宗 巻922: 27]	後の西部に属する王公の入覲の始まり
20	三玉茲＝鄂図爾，左部に属す．烏拉克玉茲，奇齊克玉茲，右部に属す	「左右哈薩克部図説」	[西域図志 巻2: 図考2]	右部と西哈薩克の混同が始まる，
21	右部＝烏拉克玉茲／左部＝鄂爾図玉茲		[西域図志: 巻44]	
22		ilan han... Barak...Abulbambit...Abulai（3人のハン…バラク…アブルマンベト…アブライ）	乾隆四十六年十一月十八日イレト奏[満文録副: 2907-013/123-1101]	ダイル＝スルタンの主張
23		哈薩克努喇里之子，阿布賚素勒坦之来使…入覲	乾隆四十八年四月十一日（辛未）[高宗 巻1178: 12–13]	小ジュズの最後の入覲
24		左，右，西の三部（右部汗阿布勒比斯（アブルフェイズ）がジューンガル平定の際に入覲したとして誤っている）	[西陲総統事略 巻11]	のちの「西部」に属するスルタンも記載
25		左部汗＝阿布賚［アブライ］／右部汗＝阿布勒班畢特，博羅［ボラト］，託霍木（嘉慶十四年承襲汗爵）／右部王＝阿布勒比斯／西部＝都爾遜［トゥルスン］，庫楚庫［クチュク］，阿迪勒［アディル］，薩満［サマ］	[総統伊犂事宜: 164]	小ジュズを意味しない「西部」の初出
26	左右の分は決して無く，大，中，小の3つの玉子［ジュズ］の名を有す．1玉子の内には尚いくつかの鄂拓克を有す．分居して遊牧す		[総統伊犂事宜: 218]	妥当な記述
27		（左部，右部，西部の王公について）	[新疆識略 巻12（哈薩克世次表）]	三部の意味の確定
28	左部または東部＝伊克準即ち衛遜［ウイスン］鄂拓克	西部＝エラリ＝ハンとヌラリ＝ハン，最も遠い	[新疆識略 巻12: 3]	（過去の奏文を誤解）西部＝小ジュズ
29		（左右西部に属する王公を正しく記す）	[西域水道記 巻4: 44]	ジュズについて誤解を引き継ぐ
30	二玉茲有り＝烏拉玉茲／齊齊玉茲	右中部＝齊齊玉茲	[新疆図志 巻16: 3–4]	誤解を引き継ぐ

第4章　カザフの3ジュズと哈薩克三「部」　133

これに対して，清朝側は，「バトゥル＝ウバシらが我が方の近くに来れば，我らが捕まえたい．シャラベルに居れば，小ジュズの者たち *urse* が必ず捕らえるように」とアブライに伝えたのであった．

　後述するように，その後小ジュズのエラリ＝スルタンが軍勢を率いてカザフ草原南部まで到達した．清軍は，侍衛のナラントゥ（Narantu）をエラリのもとへ派遣した．その際にエラリは次のように述べている．

　　東の界のカザフをアブライが率いています．西の界のカザフを我が兄アブルハイルが率いています[50]．

これらの例から明らかなように，あらたに登場した小ジュズが西方に位置していたがために，大ジュズだけではなく，小ジュズについても「wargi hasak（西哈薩克）」と記されるようになるのである．大ジュズ，小ジュズがともに右部に属するとする『西域図志』の記述は，このような混同を示す好例となろう．いずれにしても，3ジュズを当初の東西のカザフに強引に当てはめて認識しようとした清朝の姿勢ゆえの混乱であったと言えるだろう．

　その後，小ジュズを「西部」とする史料が現れるようになる．佐口透も示しているように［佐口 1963: 278］，乾隆三十七（1772）年の舒赫徳（シュヘデ）による奏文の内容は，当時の実態をよく表していたといってよい．

　　哈薩克には3つの部がある．左部あるいは東部．右部あるいは中部．西部である．乾隆三十七年に，舒赫徳が復奏した所では，「カザフの博羅特（ボラト）が汗を称する理由に関連する上奏文において，カザフより投降した厄魯特営佐領の沙爾噶勒岱，および戴頂翎，乾清門侍衛たるカザフの西爾莫特らの言葉を査問しましたところ，「カザフの内に伊克準（yeke），多木達準（dumda），巴罕準（baga）――蒙古語の巴罕は略小の意味である――の三部がある[51]．伊克準はすなわち衛遜鄂拓克（ウイスン）で，常時専管する者はいない．もし事があれば，居所の遠近に応じて阿布賚（アブライ），博羅特，阿布勒比斯（アブルフェイズ）らの所へ照会しに行く．多木達準はすなわち奈曼（ナイマン），阿爾呼勒（アルグン）の両鄂拓克である．巴罕準はすなわち阿勒沁（アルシン）鄂拓克である」ということでした」とある．その地理を考えれば，伊克準はすな

---

50) 乾隆二十三年三月二十一日，ジャオフイ等奏［満文録副: 1690-004/48-1606〜1607］．実際は，エラリはアブルハイルの子にあたる．

51) 同じように，オイラト語によってカザフの3ジュズを説明した奏文については本章次節を参照．カザフがジュズについて説明する例は［小沼 2006: 58］．

わち左部，多木達はすなわち右部，巴罕準はすなわち西部である[52]．
この内容は，『新疆識略』（および『西域水道記』）に引用されているが，最後の下線部の所に来てその解釈を誤ったため，大ジュズ＝左部，中ジュズ＝右部，小ジュズ＝西部という誤解が生じている．そしてこの誤解は後代の『新疆図志』に至るまで引き継がれ，混乱の主因となった．また，このとき，右部における分立――アブルマンベトの2子の内，ボラトがその汗爵を継ぎ，アブルフェイズは別に王爵を授けられていた――についての認識不足が明らかになったが，このような事態が重なった結果，のちに清朝が貿易のために来るカザフ各部の者から家系調査を行うようになったことが伝えられている［新疆識略 巻12: 4］．上に示したように多くの誤認はあるものの，ここまでの時期は，全体として3ジュズを三部とみなす傾向があったと考えることができる．

③　「西部」の出現

　清朝との交渉を1757年以来持ち続けていたのは，アブライとアブルフェイズの一族であった．当初より左部として認識されていたアブライの一族（中ジュズ，のちに大ジュズの部族をも統率）は，そのまま「左部」となり，また大ジュズ（右部）のハンであったアビリスと混同されたアブルフェイズの一族（中ジュズの諸部族を統率）に，しだいに「右部」の名が冠されるようになる．
　乾隆二十七（1762）年よりあらたに名の挙がるようになったトゥルスンの一族（中ジュズの諸部族を統率）には，あらたに「西部」が冠されるようになった．徐々に交渉が疎遠となった小ジュズに与えられていた西哈薩克，西部の名がそのまま移されたと考えることもできよう．
　こうした左部，右部，西部の三部の概念が確定するのは，『総統伊犁事宜』[53]や『新疆識略』哈薩克世次表（巻12）においてである．そこでは，右部としてタウケ以下のアブルマンベト（アブルフェイズの父）の一族を，左部としてアブライの一族を，西部としてトゥルスンの一族を列挙していることがわかる．さらに『新疆識略』の2年後に編まれた『西域水道記』（1823年）も同様の見方をし，加

---

52)　［新疆識略 巻12: 3–4］．なお，ここでのオトクは，部族（ルウ）に相当すると考えられる．
53)　表2の26にも示したが，この文献がもっとも整合性のある記述を行っている．

第4章　カザフの3ジュズと哈薩克三「部」　135

えて,「中ジュズはアブライ,ボラト,アブルフェイズが兼割」[54]していたことを述べて,「部」とジュズが別の概念であることを明示している. 以下の記述は,それぞれの部ごとに汗,王,台吉の爵位を与えるようになっていたことを描写している.

　　左部は汗を1つ置く. 今は斡里(ワリー)である. 始めに帰順した汗,阿布賚の子である. 乾隆四十七年に,その所轄する所の衛遜鄂拓克を嗣いだ[55]. ……[中略]……右部は汗を1つ置く. 今は託霍木(トグム)である. はじめに帰順したる汗,阿布勒班畢特の孫であり,嘉慶十四年に嗣いだ. また,王を1つ置く. 今は江霍卓(ジャンホジャ)で,阿布勒班畢特の曾孫である. ……[中略]……西部は汗王なく,ただ二品以下の台吉を置く. その台吉である託克託庫楚克(トクトクチュク)の所轄は,喀喇拝吉格特鄂拓克(カラ=バイジギト),佳拝(ジャバイ)の所轄は,克勒拝吉格特鄂拓克(クル=バイジギト)である[56].

こうして,カザフと清朝の関係がしだいに限定されていく過程(第7章を参照)で,左右西の三部は,ジュズとは原則として対応関係を持たない,ハン家の系統を意味するものへと変化したのである. このときには,ジューンガル平定時のようなカザフに対する関心も失われつつあった. それまでのジュズ=三部とみなされていた時期に関する記述をも無理に三部と整合させようとしたために,過去の奏文についての誤解も解消されなかった. もっとも後代の史料である『新疆図志』[57]も,三部が持つオトクについて,それぞれの部の血統に属するスルタンが統率した諸オトクを正確に記しているにもかかわらず,ジュズについての記述はまるで見当違いのものになってしまっている. あらたに三部とみなされた,このようなカザフ=ハン家の3系統の区別がどのような意味を持っていたかという問題については,第4節で検討することにする.

---

54)「阿布賚,博羅特,阿布勒比斯が兼轄する多木達準は,すなわち奈曼[ナイマン],阿爾呼勒[アルグン]の両鄂拓克である」[西域水道記 巻4: 45].
55) ロシア史料に従えば,ワリーが継いだのはアルグン部族であり,ワリーの兄弟たちが影響力を持っていたウイスン部族に対するワリーの権限の程度は,さらに検証が必要である.
56) [西域水道記 巻4: 45]. トクトクチュク,ジャバイは共に,クチュクの子であるサニヤズの子にあたる.
57) この史料中の不統一については[堀 1999: 7].

3. カザフの3ジュズと清朝の関係

(1) 大ジュズと清朝の関係

本節では，前節で整理した史料中の混乱および変化の要因を探り，それがカザフ＝清朝間の関係の変化と強く結びついていたことを明らかにする．

小ジュズとの交渉の開始に加えて，上のような三部に関する記述の混乱に拍車をかけたのは，第一に，大ジュズ（＝右部）の没落があったと考えられる．大ジュズにおいて，初期に清朝と関係を持ったのはアビリス＝ハン[58]であった．先に示したような史料上の誤解も手伝って，このアビリスについては，先行研究においても，中ジュズのハン家に属するアブルフェイズとの混同がしばしば見られる[59]．しかしながら，初期の清朝史料では一貫して，アブルフェイズとタシュケントのハンとでは音訳を分けている[60]．アブルフェイズはアブライと近い関係[61]にあったが，アビリスはアブライと並び立つ位置にあった．また上に示したアブライからの最初の使節についても，中ジュズの「カラケレイ＝ナイマンのオトクを統括する，アブライの族弟 deo たるアブルフェイズ Abulbis」との説明があり，アブルフェイズを，大ジュズのハンであるアビリスとは別に考える必要性を示している［満文録副：1643-007/45-2680］．

清朝軍が東トルキスタンを越えてタシュケントに接近し，大ジュズのカザフと交渉を持ったとき，カザフ側の使者であるジョラン（Jolan，卓蘭）は，この地方のカザフについて次のように回答している．

> 我らがカザフの源流をお聞きになるならば，元来，シャラベル Šarabel[62] などを囲む地方におりました．まずイシム＝ハンがタシュケントを取り，ジャンギル＝ハンへ相伝され，2人の子が生まれました．兄シャハイ Šahai は中ジュズ ortojus aiman を率いてハンとなり，継承され今はアブライに

---

58) Erofeeva [1997: 197] は「Abulgazy」とする．佐口［1986: 338］は中ジュズのアブルフェイズ＝スルタンとするが，後代の『新疆図志』に基づいており正しくない．
59) 阿比里斯を「アブルフェイズ Abílpeyís」と訳している［Salgharauli 1998: 42］．他に1757年の右部汗を大ジュズのアブルフェイズ（Äbílpeyís）とする［Muqametqanuli 1996: 38］など．
60) 『新疆要略』以降の混同については上に指摘したとおりである．
61) その関係の近しさは，「hasak Abulai i deo Abulbis（カザフのアブライの族弟アブルフェイズ）」と記されるほどであった［方略満文 正編巻42：1］．
62) イリ河とチュー河の間の河．

第4章 カザフの3ジュズと哈薩克三「部」 137

至ったのです．弟のトグム Tohome は大ジュズ ulujus aiman のハンとなって，継承されアビリス Abilis へ至っています[63]．
この系譜情報は，ジャンギルの子の代にタウケ＝ハンが見えないなど，検討を要する点もあるが，少なくとも当時の勢力として，中ジュズのアブライと大ジュズのアビリスが並び立っていたことを明示している．

その後大ジュズから清朝皇帝への使者として派遣されたジョランは，来京時に，次のように述べたという．

　　我がカザフには，大ジュズ，中ジュズ，小ジュズという3つのカザフがおります．オイラトの言葉で，イケ＝ジョー，ドムダ＝ジョー，バガ＝ジョーと言います．元来，皆クンケル国から来たと聞きました．我が大ジュズには2人のハンがいます．1人は，ハラビス＝ハンの子ジョルバルス＝ハンの子ア̇ビ̇リ̇ス̇＝ハ̇ン̇です．もう1人は，ルステム＝ハンの子イスファンディヤル＝ハンの子マムト＝ハンの子ハンババ＝ハンです……［後略][64]

ここから明らかになるのは以下の2点である．まず，大ジュズのハンとして，ジョルバルスからアビリスへ続く家系が示された．これは，ロシア史料中で，かつてタシュケントを支配した者としてジョルバルス＝ハンの名が挙がり，かつ，その子がアビリス (Ablis)＝ハンであることを記している箇所と対応している[65]．タウケ＝ハンにつながるアブルフェイズの系譜とは全く異なる系譜となっていることにも注意しておきたい．もう1人のハンであるハンババの家系については，対応する史料が見つかっていない[66]．しかしながら，エロフェーエワが整理した系譜 (1735年の記録) においては，ルステムおよびその子イスファンディヤルという大ジュズのハンが知られており，彼らと何らかの形で血縁関係を有する

---

63) 乾隆二十三年九月七日奉硃批，フデ奏［月摺 99（二）9月上巻軍務：114］．その後アビリスらが清朝に帰順する過程については［承志 2009：112］を参照．

64) 乾隆二十三年十一月十三日の軍機処による奏文［中哈：182–181］（逆頁）．原文は「meni hasak de uluyus, ortoyus, kiciyus sere ilan hasak bi. ūlet gisun de ike joo dumda joo, baga joo sembi. daci gemu Kungker gurun ci jihengge seme donjiha. meni uluyus de juwe han bi. emke Harabis han, erei jui Yolboros han, erei jui Abilis han inu. emke Nurustuma han, erei jui Ismandar han, erei jui Mamut han, erei jui Hambaba han inu……［後略］」．

65) ［Andreev 1998: 75–76］．ジョルバルス＝ハンは，小ジュズのアブルハイルと近親であったようだが［KRO1: 36］，くわしい系譜情報は伝わっていない．［野田 2002b: 24–25］も参照．

66) 表2の13においてアビリスとともに入覲の使節を派遣した哈木巴巴に相当すると考えられる．

大ジュズのハンの一族であるとみられることが第二の点である [Erofeeva 2003: 74]．

このようにアブライおよびアブルフェイズらとは一線を画していた大ジュズのアビリス=ハンだが，アンドレーエフが伝えるように，その子孫はウスチ=カメノゴルスク方面へ移動し [Andreev 1998: 75–76]，大ジュズのハンの位からは遠ざかった．その原因として，タシュケントのホージャ勢力との抗争などによって，大ジュズの牧地内に混乱が生じたことが挙げられる[67]．乾隆二十七 (1762) 年四月のコーカンドのイルダナ=ビイによるタシュケント遠征にかんする記述[68]においては，すでに右部の汗(ハン)の名は見られず，以後「右部」が大ジュズを指す語として史料中に現れることはなかった．清朝史料上では，乾隆三十二 (1767) 年にコーカンドとアブライ，アブルフェイズが戦う[69]まで，この地域は姿を見せず，なぜアブライらが南方に目を向けるにいたったのかもはっきりしていない．

それでも，その間の状況について，清朝の新疆平定 (1759–60 年) 前後の清朝と中央アジア諸勢力の関係を，ロシア史料[70]が別の立場から伝えており参考になる．それから明らかになる当時の国際関係の構図について図2として示しておこう．アムルサナの反乱を収めたのち，清朝はタリム盆地 (カシュガリア) を平定したが，さらにパミールを越えた西トルキスタンの攻略をも企図していたという．1759 年 3 月 17 日，ロシア通訳官アラポフの報告は，清朝の使者がタシュケントなどを制圧するためにアブライの援助を求めたが，カザフはロシアの臣籍下にあるという理由からこれを断ったことに言及している[71]．グレーヴィチはこれを清朝の失敗と見ているが [Gurevich 1983: 135–136]，清朝史料におい

---

67) タシュケントにおける 3 人のホージャの存在については [西域図志 巻 45]．
68) 表 2 の 15 を参照．表中のファズル=ベクについては [Andreev 1998: 54]．
69) 乾隆三十二年八月二十八日 (乙丑) 諭 [高宗: 巻 793]．なお，このコーカンドとカザフの戦いの際に，清朝皇帝が仲裁にあたったことについては [小沼 2006: 60]．1766 年 10 月 10 日，オムスクのシュプリンゲルから外務参議会宛て報告によれば，イルダナは，アブルマンベトに対しアブライを引き渡すよう求める書簡を送り，フジャンドのファズル=ベクもアブライらにイルダナに抗戦することを求める書簡を送るなど，きわめて複雑な情勢があったことをうかがわせるので，詳細な検討は別に譲ることとする [AVPRI: 122/2, d.14, l.265ob.]．
70) [MOTsA2] 所載の外交文書をおもに利用する．これらの文書を用いた研究として [Gurevich 1983] がある．
71) [MOTsA2: 136]．アラポフは，この時アブライの下に派遣されていた．

てはアブライをはじめとするカザフの有力者たちは清朝の使者に対して恭順を示したことのみが記されており，むしろアブライらのロシアへの配慮であった可能性もある．おそらくはロシアへの配慮として，カザフ中ジュズのバイジギト＝ミルザは次のように申し立てている．清のボグドハン（皇帝）が，カザフ中ジュズについて「自分の属民 albanlu である」と言い，アブライを「小さき弟」と呼ぶけれども，「いかなる時も［カザフが］清に従っていたことはなかったのです」，とバイジギトは述べ，清朝への臣従を打ち消しているのである[72]．清朝＝カザフ間の公式の貿易がすでにウルムチにおいて1758年から始まっていたことを踏まえれば，カザフが実際に上のような態度を清朝側に示していたとは考えにくい．カザフの同様の配慮は，1762年にサマルカンド，トルキスタンを手に入れようと進軍してきた清朝軍を止めたことをアブライがロシアに伝えた（11月13日）ことにも見ることができる［MOTsA2: 165］．

また1759年9月30日付の報告[73]は，アブライの使者の言葉を取り上げて，ロシアとカザフの関係をすでに把握していた清朝が，ロシアとの交戦を欲していることを伝えた．このような清朝の脅威に対して，「カシュガル，ヤルカンド，タシュケントからアブルマンベト＝ハンとアブライ＝スルタンに対して使者が送られたという風聞があった」というのである［MOTsA2: 148］．これは，1760年代前半の中央アジア，アフガニスタンにまたがるムスリム諸勢力の同盟[74]の

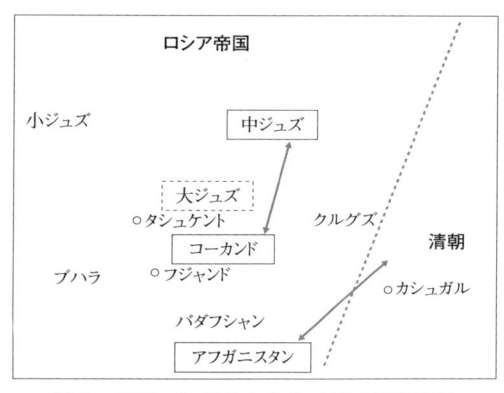

図2　1750–60年代の中央アジア国際関係

---

72) 1761年，シベリア要塞線軍団副司令ウェイマルン (fon-Veimarn) 宛て［AVPRI: f.113/1, 1761g., no.1, ll.29–29ob.］．カザフの2帝国への態度の違いは［野田 2005b: 034］．
73) シベリア知事ソイモノフから外務参議会宛て［MOTsA2: 148］．1758年10月14日，小ジュズのヌラリ＝ハンからの使者も，かつて清朝の同様の意思を伝えている［MOTsA2: 132］．
74) 清朝およびバダフシャンのスルタン＝シャーに対するタシュケント，コーカンド，アフガニスタンなどの同盟については［佐口 1963: 75］にも言及がある．

動きへとつながるものであり，これにカザフも協力を求められたことがわかる．それ以前にカシュガル＝ホージャ家のホージャ＝ジャハーン，ブルハン＝アッディーン兄弟から，アブライへ書簡がもたらされていた[75]ことも，同じ文脈で理解できる．ときにはカザフから使者を送る例もあった[76]．しかしこの反清朝の同盟も結局は成功を見なかったようである．グレーヴィチは，清朝の西南進出の失敗の理由は，カザフをはじめとする中央アジア諸勢力の抵抗にあったと見るが [Gurevich 1983: 189–190]，そのような単純な図式が当てはまるのかどうかは，さらにくわしい検討を必要とするだろう．

清側の史料から，1760年代のアフガニスタン，バダフシャンをめぐって不穏な動きがあったことはたしかであり，またロシア帝国や旧ソ連の研究者[77]もロシア史料からこのことに言及していたことは，潘志平やニュービーがすでに指摘している [潘 1991: 52–53; Newby 2005: 34–35]．筆者はこの問題にかかわるロシアおよび清朝の文書を直接調査していないので，ここではくわしい検討を控えるが，各勢力がそれぞれの立場を有利にするために，結果として錯綜した情報を伝えていることに注意する必要があるだろう．ここでは，すでに公刊されているロシア側の文書から理解できることを示すにとどめる．1763年に小ジュズのヌラリ＝ハンが北京に派遣した使者は，同道していたアフガニスタンのアフマド＝シャー[78]の使節から，以下のような内容を伝えられたという[79]．

- バダフシャンのスルタン＝シャーがもたらした清朝からの書簡は，「カシュガル，ヤルカンド，アンディジャン，コーカンド，カザフは我が［すなわち清朝の］領土であるので，アフマド＝シャーはそこに進むことはできない」という内容だった．

---

75) 1760年4月10日付けオレンブルク県官房への報告より [MOTsA2: 152].
76) 1763年10月3日付けの文書が，カザフのアブライとアブルマンベト，タシュケント人，カシュガル人，ヤルカンド人，フジャンド人からアフガニスタンのアフマド＝シャーへの使者の存在を伝える [MOTsA2: 175].
77) 潘志平はバルトリドの記述を引用しているが，もっとも早い言及はリョーフシンのものだと思われる．それによれば，タシュケントやコーカンドの領主，またすでに清朝に征服されているカシュガルやヤルカンドの住人たちが，清の脅威に対するアフマド＝シャーの庇護を求めたという [Levshin 1996: 242]．その根拠となっているのは，上述 [MOTsA2: 174–176] の報告であろう．
78) ドゥッラーニー朝の君主（在位1747–73年）．
79) 1764年7月16日，ヌラリからオレンブルク知事ラチノフ宛て [MOTsA2: 179–182].

第 4 章　カザフの 3 ジュズと哈薩克三「部」　141

・これに対して，アフマド＝シャーは「清朝が自分の領土と言う所はみなムスリム［が住む所］で，我々のものだ」と主張した[80]．

　また，トルキスタンにいるアブルマンベト＝ハンがヌラリ＝ハンに伝えたところでは，アフマド＝シャーから使者が来て，「大軍を発し，コーカンドのイルダナのもとへ来た」こと，また「アフマド＝シャーからヌラリへの，家畜の供与を命ずる書簡がある」ことを知らせて来たという．その一方で，コーカンドのイルダナがアブライに送った，「アフマド＝シャーが清に対して立ち上がり，使者を送ってきた」ことを伝える書簡がロシアに伝わるなど，ロシア側に情報が集まっていたという事実も含め，事態はきわめて複雑な様相を呈していた[81]．

　このような不安定な情勢下において，大ジュズのハン位も揺れつつあった．まず，カザフ草原南部へ軍を率いて来たエラリ＝スルタンへの大ジュズのハン即位要請が出されたという[82]．また本来は中ジュズにおいてハンに選ばれていたアブルマンベト＝ハンが，「大ジュズの支配者であり……［中略］……トルキスタン市にいる」[83]とみなされることもあった．

　以上のような情勢を背景として，アブライおよびアブルフェイズによるタシュケント方面への進出の動きが生じたと考えられる．アブライ，アブルマンベトらは周辺諸勢力と関係を持つと同時に，トルキスタンからタシュケントを経て新疆を結ぶ貿易路の確保を目指すようになった．それについては，オレンブルク国境委員会に対して，

　　ヤルカンドにかけての山岳に住むクルグズ kirgizskoi narod が塞いでいる，［東トルキスタンから］タシュケント，トルキスタンとその他の都市への貿易路を解放すべく，今このアブルマンベト＝ハンは，アブライ＝スルタンを多くの軍勢と共に招いた[84]．

---

80)　［Potanin 2005: 20］において，アブライもまた，1759 年の時点で，カシュガル，ヤルカンド，サマルカンド，タシュケント，トルキスタンの住人と自分とは，同じムスリムであるという認識を持っていたことが示されている．("O karavannoi torgovle c Dzhungarskoi Bukhariei v XVIII stoletii")
81)　1764 年 8 月 13 日［MOTsA2: 182–184］．ただし同時に掲載されている写真（テュルク語文書）では，アブライ＝ハンとカイプ＝ハン宛てとなっている．またフジャンドのファズル＝ベクがアブルマンベトを勧誘したことについては［Vel'iaminov-Zernov 1855: 215］（1763 年の情報）．
82)　1758 年 9 月［MOTsA2: 234（註）］．
83)　1760 年 8 月 30 日［MOTsA2: 158］．
84)　1760 年 4 月 10 日［MOTsA2: 154］．

と，報告が行われている．しかしそこにはコーカンドの勢力が立ちはだかっており，前述のコーカンドとカザフの対立へと展開したと考えられる[85]．なお，大ジュズに属する部族を後に統率するようになるのは，アブライの子，アディルらであった[86]．

このように，本章第2節の考察を利用して，大ジュズの置かれていた状況を正確に把握することにより，その後のタシュケントをめぐる争いを当時の諸勢力間関係の中に位置付けることができる．またカザフの中継貿易という視点から見れば，あらためてタシュケントから西北へ到るシルダリア沿いのルートの重要性を指摘することもできるだろう．

(2) 小ジュズと清朝

三部を示す史料の混乱は，第二に，小ジュズと清朝との関係が疎遠となったことが理由となっていた．清朝との関係を絶った原因は，小ジュズの背後にあるロシアの影響力にあった．それは，第2章第1節に見たように，清朝が小ジュズと接触する以前からのことでもあった．そもそも表2の8に見えるエラリの軍勢は，アムルサナ討伐に伴う清朝の攻勢を知ったロシアの了解を得て派遣されたものであり[87]，その軍勢はチュー，タラス河を越えてきた清朝軍と遭遇したのである．

表2の8の情報に先立って，清朝側は，カザフの使者ドロトバイから，「小ジュズのアブルハイル=ハンの子，ヌラリ=ハン，エラリ=スルタンらは，1万人の軍を率い，シャラベルへ向かって［ジューンガルを］追って行き，2ヵ月余りになる」との情報を得て，使者には「小ジュズのヌラリ=ハンらが軍を率いて

---

85) 1767年，アブライはコーカンドのイルダナ=ビイと戦うために1年間タシュケントにとどまったという［KRO1: 685］．清朝皇帝がコーカンド，クルグズ，カザフを自らのアルバトゥとみなし，彼らの間の諍いを諫めていたことについては［小沼 2006: 59］．

86) タシュケントのシャイハンタウル地区の支配者として，アブライの血を引くとみられるババハン=トレなる人物が年代記中に見える［Chekhovich 1970: 157］．このことも，大ジュズにおけるアブライ裔の権力浸透と関連していると考えられる．

87) 1757年9月23日，テウケレフとヌラリの会話において，ヌラリ=ハンは，弟エラリとアイシュワクが中ジュズの支援のために軍を準備したことを伝えている［IKRI3: 376-377］．また1758年3月19日，皇帝エリザヴェータから小ジュズのヌラリ=ハンへの勅書において，中ジュズへの派兵が要請された［MOTsA2: 100］．

行ったことはとても好い」と評価を与えており[88]，背後にあるロシアとの関係には言及がない（表2の23も参照）．

その後，ウルゲンチに拠点を置くカイプ=スルタン[89]と小ジュズのハンであるヌラリの使者の入覲が行われたが，これはすべてロシアに対して報告が行われていた[90]．

小ジュズからの最後の入覲は，1783年に行われた．これが最後となったことについては，当時小ジュズ内で起こっていたスルム=バトゥルの反乱（1783–97年）の影響が考えられる．1786年にヌラリは捕らえられるなど[91]，小ジュズは混乱を極めた．さらにその後のボケイ=オルダの設立（1801年）などを経て，この地域がロシア統治下に組み込まれていく過程を見れば，東方に遠く離れた清朝に注意を払う余裕がなかったことは明白である（第2章第2節も参照）．

以上の事例から，大ジュズはハンがおらず混乱し，小ジュズは清朝へ朝貢することを止めたことが明らかになる．その背景としては，カザフと中央アジア諸勢力との，あるいはロシアとの関係が強く作用していることが導き出された．

4．カザフにとっての三部

三部で示されるカザフ=ハン家の3家系の意義を検討する前提として，ここで，表2-22にあった西部に属するダイル=スルタンの爵位請求について考察しておきたい．これは中ジュズのアブライ=ハンが世を去ったときに，その跡をめぐってスルタンらの間で争いがあったことと関連している[Kozybaev et al. 2000: 272]．

乾隆四十六（1781）年のアブライの死後，ダイル=スルタンはイリに使者を派遣し，アブライの汗爵を自分が継承することを申し出た．この動きについては，

88）乾隆二十二年十一月二十七日奉硃批，フデ奏［月摺 93（一）11月巻軍務：364］（十月十一日より前の情報として）．
89）1745–56年にヒヴァのハンであった．91年に死去．
90）1764年7月16日のヌラリの書簡が，1761年に清に使者を送ったことを報告している［MOTsA2: 179］．
91）［Viatkin 1998: 224］．このとき中ジュズのワリーとヌラリとの間に交流があったことについてはすでに第2章でも述べた．以後，19世紀になると，ジュズ間の隔たりは大きく，各ジュズのハンの権力も低下し，カザフ=ハン国としての一体性はさらに失われていったと考えられる．

阿拉騰奥其爾と呉元豊[92]が檔案史料からくわしく分析をしているものの，三部の議論や，ロシア側での正統性の主張と関連づけて整理をしておらず，またダイルの書簡の原本（テュルク語）[93]も分析していないので，ここであらためて検討を加えることにしたい．

清朝皇帝に宛てた書簡[94]の中で，アブライ＝ハン亡き後，「自分たちを率いてくれる優れた年長者が残っておりません」，とダイルは述べ，アブライが生前に「我々の後は，汝のもとにこの国 yürt が残る」とダイルに言い遺していたことから，以後は自分が清朝皇帝 (Ejen ḫān) に仕えることを表明したのである．ダイルからの使者と書簡とについて報告した伊犂将軍イレトの奏文には，書簡とは別に，使者が伝えるダイルの口上が引用されている．

　　我らカザフの内に，もともと3人のハンがおりました．1人はダイル Dayar の父バラク．1人はアブルマンベト．1人はアブライです．アブルマンベトとバラクはともになく，今やアブライも亡くなりました．ダイルの兄のハンババもおりません．今，我らカザフの内 nukte でダイルのほかに，次に年長となる人間はおりません．さらに，アブライが生前に述べたところでは，「ダイルは我が女婿であり，また我が子たちの上に立っていた，我が死後は，この土地 nukte を汝が良く治めてほしい」ということでした．今，我らの下々の fejergi カザフはみな，アブライの子のワリーは年若く，土地を治めることができず，アブライ＝ハンの跡にダイルをハンとしたい，と申しております[95]．

このようなダイルの主張は，結果として認められず，イレトは使者に対して，

92）［阿拉騰奥其爾；呉 1998］．［Khafizova 2004: 9］も参照．
93）筆者が小沼孝博とともに刊行した史料研究［Noda; Onuma 2010］において示したように，カザフから清朝への文書は，初期にはトド文字オイラト語で，次第にアラビア文字テュルク語で記されるようになっていったが，それらの多くは，貿易，越境の問題，あるいは清朝からカザフ＝ハン一族が受けていた爵位の継承にかかわるものであった．爵位の問題については第5章でくわしく扱う．このような内容を持つカザフ発信文書が，カザフ＝清朝関係において重要な意味を持っており，またカザフ自身の認識を把握するためには不可欠な一次史料となっていることもたしかであり，今後もこの種の文書の調査・研究は大きな課題である．最新の研究としては［杜山那里 2010］がある．
94）［満文録副：2907-013/123-1101］．押された印章の文言は，「バラク＝ハンの子，ダイル＝スルタン Ṭāhir sulṭān bn. Barāq ḫān」である．
95）乾隆四十六年十一月十八日［満文録副：2907-013/123-1089〜1091］．

「汝のダイルの父，バラクが，いつ如何にしてハンとなったのか，我々自身は全く知らない」と述べて，ワリーが正統であることを説いた[96]．

実は，ダイルは，ロシアに対しても自らの正統性を訴えていた．1781年6月21日にオレンブルク知事に対し，アブライがハンの地位にあるのは正しくないと主張したほか[97]，同月29日シベリア軍団司令オガリョフ (Ogarev) への文書では，バラクが大ジュズとタシュケントの勢力を支配していたことを示した上で，「我々の父バラクの死後，ハン位 khanstvo をアブライが占めました…[中略]…父の後，私はハンとなるべきで，スルタンではありません．今，アブライ＝ハンの後は，私が最初[にハンとなる人物]であります」と清朝皇帝への書簡と同様の主張を行っている [Erofeeva 2003: 78–79]．ロシアに対する働きかけも，その後の史実から明らかなように失敗に終わり，後のロシア史料では「ダイル＝ハン」と記されることはあったものの，「ハンと認めているのは，ただトルトウル diurtul とカラケセク karakisets のヴォロスチであり，その他のヴォロスチは同意していない」とみなされるにとどまっている[98]．

この一連の出来事は，アブライ死後のカザフ＝ハン一族の勢力争いを具体的に示している．同時に，上の引用文下線部のダイルの主張からは，バラク，アブルマンベト，アブライの3つの家系を，中ジュズのハンたりうる系統とみなしえたことが見えてくる．この3家系は清朝史料上の三部に等しく，この頃には中ジュズの有力な家系として，3つの系統が浮上していたと考えられる．これまでの考察が示すように，三部の概念はジュズを意味するものから家系の区別を示すものへと変化したが，ダイルの事件はこの変化と時期を同じくしていることに注目したい．

もちろん清朝にとっての三部は，関係を持ったカザフの王公一族を区分，整理するための用語にすぎなかったであろうが，当のカザフのスルタンたちの認識はどのようであっただろうか．この点を補足するための史料として，時代は下るがクルバンガリーの『東方五史』を提示したい．

---

96) ［満文録副：2907-013/123-1093］．ダイルの妻は，アブライがその最初の妻との間に儲けた娘であった [Erofeeva 1997: 122]．
97) ［Andreev 1998: 37］．また Spasskii [1820: 118–119] も同様の内容を掲載する．
98) 1785年11月16日，オムスクの商人からフェドツォフへの報告 [MOTsA2: 208]．

『東方五史』中には，カザフのハン家の出自を問う記述が見える．まず，チンギズ＝カンからオロス＝ハンにいたる家系を示し，その後3つの家系に分かれたことを記している [Qurban 'ali: 247–248]．次に挙げるのは，その内容をクルバンガリー自身が要約して述べた部分である．

> バラク＝ハンから2つの世代をおいて，シガイ＝ハンへ至り，シガイの子はイシム＝ハンとオンダン＝ハンのときに赤旗 $Qizil\ tuġ$，白旗 $Aq\ tuġ$ として分かれ，イシム＝ハンの孫の子[99]アブライ＝ハンのときに，緑旗 $Yäšil\ tuġ$ として分かれているのである [Qurban 'ali: 454]．

この，クルバンガリーの言うところの3「旗」は，まさに清朝史料上の右，左，西の三部に対応している．

これ以外に，コンシンが挙げるシガイ＝ハンの子孫の系譜[100]においても，アブライの先祖としてタウケなる人物をシガイの子とする点に疑問が残るものの，同様の3家系の区分を見出すことができる．ダイルの主張も含めて，これらの内容から，中ジュズにおいては3家系を区分する意識があったことを指摘できる．一方で，ハン家などの系譜をくわしく集めたシャカリムの著作（[Shakarim 1991]）にはそのような視点が見られないことも付言しておく．

ここまで見た清朝史料や『東方五史』により確認される3系統について，図3のような系譜によって図示することができるだろう．

小結

本章ではカザフ遊牧社会に清朝が付与した三「部」の概念の変遷を明らかにすることによって，その変遷がカザフ＝清朝間の関係の変容に連動したものであったことを示した．さらにそうした変容はカザフ全体に及んだと言うよりも，それぞれのジュズを単位として考えるべきものであったことが導き出された．1757–58年にカザフの遊牧地奥深くまで入った清朝軍は，カザフについての地

---

99) アブライの出自には諸説ある．この場合は，アブライ＝ハンの同名の祖父と混同した可能性がある．

100) 1897年に中ジュズのトレたちから集められた系譜が，カルカラル管区庁の文書として収められていたという [Konshin 1902: 51–52]．コンシンとその著作については [野田 2002a] を参照．

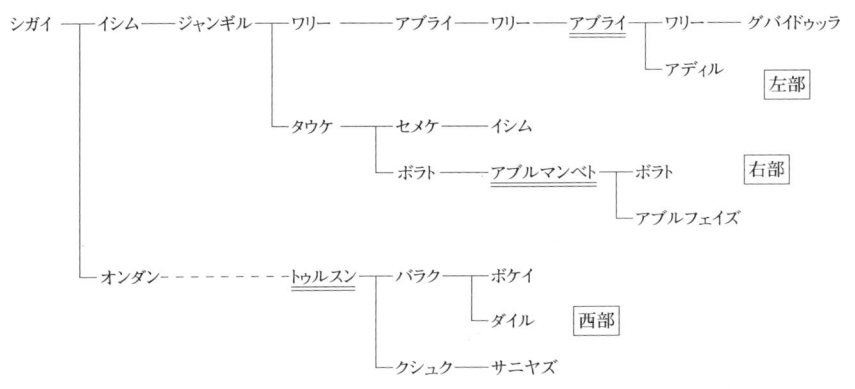

```
シガイ ── イシム ── ジャンギル ── ワリー ── アブライ ── ワリー ── アブライ ── ワリー ── グバイドゥッラ
                            │                              └─ アディル        左部
                            └─ タウケ ── セメケ ── イシム
                                      └─ ボラト ── アブルマンベト ── ボラト      右部
                                                            └─ アブルフェイズ
         └─ オンダン ────────── トゥルスン ── バラク ── ボケイ
                                          └─ ダイル           西部
                                    └─ クシュク ── サニヤズ
```

図 3 カザフ=ハンの3家系と三部

注) 二重下線は各系統の祖を示す.

理的な情報をよく集めていたが，その内容が正確に引き継がれることはなく，清朝のカザフへの関心の低下をうかがうことができる．

　一方で，三部が最終的にハン家の血統を示すものとなったことからわかるように，清朝——あるいはロシアも——は，ハン一族を単位として，カザフ遊牧民を把握していた．彼らハン一族はさまざまな特権を有する存在でもあったが [Martin 2001: 132–133]，その後19世紀半ばまでの両帝国との関係についてはいまだ明らかにされていない問題も多い．清朝から各部族，支族の統率者とみなされていたハン家の成員が，どのような機能を果たしていたのかという問題について，清朝が彼らを管理するために設けた爵位制度に注目して，次章で考察を深めることとする．

第5章

清朝によるカザフへの爵位授与

はじめに

　清朝のジューンガル遠征の過程において，1757（乾隆二十二）年にアブライが帰順を申し出る降使を送って以来，カザフのハンとその一族（スルタン[1]もしくはトレと呼ばれた）は清朝との公式の関係に入り，それは19世紀半ばまで史料上で確認することができる．清朝からは「朝貢」とみなされたこの両者の関係の基礎となったのは，カザフのスルタンが清朝から受けた爵位であった［野田 2005b: 039］．したがって，清朝におけるカザフへの封爵制度の考察は，カザフ＝清朝間関係の理解には欠かせないが，これまでの研究は，その制度の存在を確認するものの，カザフ史の視点からは十分な検討をしてこなかった[2]．とくに，現代中国の研究[3]に見られる清朝史料に基づいた考察は，カザフの清朝への「降伏」を前提としており，両者の関係をその後も固定的に捉える傾向が強い．しかし，これについて筆者は，カザフと清朝の関係が19世紀前半に大きく変容したことをすでに指摘している［野田 2005b］（第7章も参照）．

　そこで，本章では，ロシア側の史料を用いてカザフの対清朝外交を相対化しながら，その変化の過程をより明確にし，その中での，カザフにとっての清朝からの爵位の意味を考察する．すでに18世紀前半からロシアとも関係を結んでいたカザフにとって，爵位は決して清朝との関係のみから認識されるもので

---

1) 「スルタン *sulṭān*」の語は，16世紀前半の『ラシード史』にすでに見ることができ，チンギズ＝カンの後裔たるカザフ＝ハンの一族に与えられた呼称であった［MIKKh: 228］．スルタンは，アク＝スイェク［白骨］と呼ばれる階層に属していたが，その権威については［Erofeeva 2003］，また第4章を参照．
2) ハフィゾヴァは清朝にとってのカザフへの爵位授与を論じている［Khafizova 1995: 154］．
3) ［姜 1998］など．中国出身のムカメトカヌウルも，編年的に事実関係を示すにすぎない［Muqametqanuli 1996: 72–73］．

はなかったはずである．一方，ロシア帝国が爵位について抱いていた認識を理解することは，そのカザフ草原統治の論理を明らかにするためにも必要な作業と思われる．

本章の核となる事例は，1824年のグバイドゥッラ（中ジュズ）の汗爵承襲にかかわる事件である．この事例に関連する先行研究としては，早くはアリストフが，ロシア外務省が清朝への配慮を持っていたことに言及している［Aristov 2001: 479］．その後は，国際関係史の視点から考察を行ったグレーヴィチの研究[4]や，カザフスタンにおける最新の研究成果に基づき，ロシアの支配強化に対する抵抗として描く『カザフスタン史』がある[5]．しかし，ロシア側の史料を用いたこれらの研究も，カザフの爵位についてロシア帝国が抱いていた認識を考慮に入れておらず，なぜロシアがこの問題に関与したのかを十分に説明してはいない[6]．換言すれば，文書史料に基づいてはいるが，それぞれの視点を明確にすることなく，文書中の記述のみを取り上げているために，カザフ，ロシア帝国，清朝の3者の立場の違いを明示できていないのである．本章では，その点についても，おもにカザフスタン国立中央文書館［TsGA RK］所蔵の文書史料に拠りつつ，詳しい検討を行うこととする．

1. 清朝からカザフに与えられた爵位の意味

（1） 1757年以来の「朝貢」関係

1757（乾隆二十二）年以来の清朝との交渉の諸相については，近年の厲声の研究があり［厲 2004］，本章の主題であるカザフへの爵位についても言及が見られる．しかし，清朝史料にのみ基づいているため，清朝による支配という視点からの考察にとどまっている点には議論の余地がある．本章では，ロシア側の記録をも参照しつつ，カザフにとっての清朝皇帝への「朝貢」と，そこから派生

---

4) ［Gurevich 1979］（改訂版は1983年）．
5) ［Kozybaev et al. 2000: 323–328］．また佐口［1963: 289–290］もこれに言及している．
6) のちのカシモフ兄弟の動き（ケネサル反乱）につながるものと捉えたAseev［2001］や，1822年以降の体制にとって害となるためにグバイドゥッラは牽制されたと見るMoiseev［2001］なども，ハンの称号そのものの意味を考慮しておらず，爵位制度への理解不足があると思われる．

表1　カザフの三部と爵位

哈薩克左部汗	阿卜頼，瓦里，阿布賚，斡里(アブライ)(ワリー)(乾隆四十七年に汗爵を承襲す)，愛必勒(グバイドゥッラ)
右部汗	脱卜柯依(タウケ)，阿布勒班畢特(アブルマンベト)，博羅(ボラト)，托霍木(トグム)(嘉慶十四年に汗爵を承襲す)
右部王	必斯(アブルフェイズ)(阿布勒班畢特の次子)，杭霍卓(ハンホジャ)，霍卓(ジャンホジャ)(嘉慶五年に王爵を承襲す)
［西部］	都爾遜，庫楚克，阿迪勒，薩満

注) ［総統伊犂事宜: 164–165］

する爵位の意味を再考したい[7]．

　嘉慶年間の編纂と推定される『総統伊犂事宜』によれば，「哈薩克(カザフ)には，汗(ハン)・王・公・台吉(タイジ)が有り，世相承襲し，以って其の遊牧を理する」とある［総統伊犂事宜: 164–165］．つまりカザフが清朝から受けた爵位は汗，王，公，台吉の4種であり，世襲により受け継がれるものだった．ただし，非世襲の爵位もあったことが知られている[8]．上の表1は同じ『総統伊犂事宜』が示す，爵位を受けた各「部」のハン一族である．前章において考察したように，清朝史料上では，カザフは左・右・西の三「部」として認識されたが，それは，部族連合である3ジュズの地理的分布とハン一族の家系の違いとの混同に基づいていた．おおむね左部汗家はカザフ草原北中部に，右部は草原の東部に，西部はセミレチエからタルバガタイにかけて遊牧地を持っていたと考えられる．

　表の中で，左部汗として名の挙がる「阿卜頼」と「瓦里」および右部汗「脱卜柯依」は，実際は，清朝と関係を持つ以前の人物であり，汗爵を受けた事実はなかったが，その他については清朝側が把握していた状況を正確に記録していると言える．ただし公爵および「西部」以外の台吉爵の多くにかんしては記述が見られず，それらについては『欽定新疆職略』[9]や『西陲総統事略』[10]に

---

7) 爵位については筆者が英文で発表した内容があり ("An Essay on the Title of Kazakh Sultans in the Qing Archival Documents" [Noda; Onuma 2010: 126–151])，その成果の一部は以下の論述にも反映されている．
8) ワリーの子，ガッバスの公爵位について，「その祖父の長年にわたる労に対する特恩として賞給したのであり，けっして世襲のものではない」との勅諭がある (道光三年十一月二十七日(辛卯)) ［宣宗: 巻61］．『西陲総統事略』は，ガッバスについて「公爵台吉」と記し ［西陲総統事略 巻11: 7］，「公爵」とは別に扱っているので，世襲の公爵との区別があったと推測できる．
9) これに基づいて佐口透がカザフの爵位の継承について言及した ［佐口 1963: 280–287］．
10) 佐口 ［1986: 428］による表を参照．

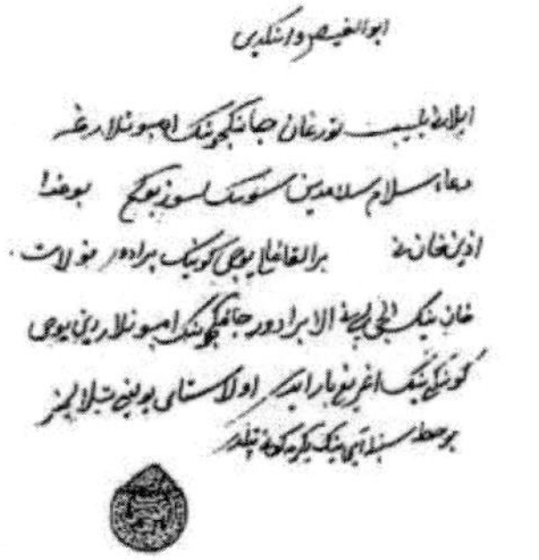

図1 アブルフェイズ wang（王）から伊犂将軍宛ての文書
注）［QTQD: 274］

よって補うことができる．研究史上では，佐口透が清朝史料上のカザフの朝貢を詳細に検討したほか［佐口 1963: 272–303］，厲声がすでに爵位の承襲（代替わり）の一覧などを示しているので［厲 2004: 136–137］，ここでは，上のような清朝の基本的な認識を示しておくにとどめる．カザフ＝ハン家の有力者たちは清朝に対して自分たちの子弟を正使とする朝貢使節を派遣し，爵位を受けた．またその使節は熱河あるいは北京において迎えられ，さまざまな金品を与えられたのであった[11]．

清朝が抱いていたカザフとの関係についてのイメージを端的に表しているのは，イエズス会士カスティリオーネによる貢馬図（図2）である[12]．左側のカザフ使節が，右側の皇帝（乾隆帝）に対して馬を献上している場面である．カザフの使者は皇帝の前に跪き，これは，清朝とカザフの間の君臣関係をまさに象徴する図像となっている．

カザフの朝貢を前提として爵位の授与が始まったのだが，実は，編纂史料上には爵位授与の事実を明言する記述はなく，その開始年代ははっきりしていない．最初にその継承が記録されたのは，アブルマンベトの汗位をボラトが継ごうとした乾隆三十七年のことであった［新疆識略: 巻 12］．アブライらが乾隆二十九（1764）年にはじめて爵位を受けたとする文献もあるが，その根拠は示されていない[13]．汗爵を受けた右部のアビリスが使者を派遣したのは，乾隆二十三（1758）年の 1 度のみであったから，左部のアブライらの爵位も最初の使節派遣時に受けたものと解釈するのが妥当なところであろう．

カザフの爵位は『大清会典』にも規定がなく，また軍事的な義務も課されず，

---

11) 『回疆則例』には，カザフの年班（定期的な使節派遣）についての規定しか見られず，光緒『欽定大清会典事例』では，モンゴルや回部（トゥルファンやハミ）の「封爵」についての記述があるのみである．北京第一歴史檔案館が所蔵する「哈薩克檔」におけるカザフの朝貢使節の詳細な人員等のデータについては小沼孝博が整理を行っている［Noda; Onuma 2010］．また 1769 年以降の入覲の中断については［小沼 2010: 4］．
12) その朝貢のイメージとカザフの新疆における貿易との対比については［Millward 1998: 48］．
13) アブライが汗，アブルフェイズが王の爵位を受けたとする［塔爾巴哈台事宜 巻4: 24］．

図 2 「哈薩克貢馬」図（部分，乾隆丁丑（1757）年の作 [Beurdeley 1972: 166]）
注）© RMN (musée Guimet, Paris) / Droits réservés / distributed by AMF - DNPartcom

ジャサク制に基づく爵位とは別の範疇にあるものとして理解できる[14]．つまり，清朝の支配秩序の中でのカザフの位置づけは，爵位を授けはするものの，狭義の「外藩」（清朝皇帝を取り囲む藩屏としてのモンゴル諸部や新疆のムスリムを指す．清朝末期には「藩部」として，その版図と位置づけられた）とは概念を異にしていたと考えられる[15]．

一方，ロシア側から見た爵位については，カザフ草原を調査したロシア軍人アンドレーエフが，カザフが受けた「王 uvan」は，ロシアにおける公爵 kniaz' もしくは伯爵 graf に相当するとみなしていたことがわかる [Andreev 1998: 42]．同じアンドレーエフの記録には，次に示すように，カザフの要請と清朝側の最終的な決定によって封爵が行われていたことが記されている．

> 1799 年に死んだハンホジャに代わって爵位に就いたのはその子ジャンホジャ[16] Ianbubek であり，…［中略］…アブルフェイズの子であり，［ジャンホジャの］叔父であるジョチ Iuchi もこの爵位を望んだけれども，清朝 kitaitsy は与えなかった[17]．

---

14) 乾隆帝の勅諭も内地のジャサクとは異なることを示唆している [方略満文 巻44: 54]．
15) 第3章末尾を参照．ただし，後述のグバイドゥッラへの勅諭（1823年）のように，カザフを「外藩」と呼ぶ例もあるので［宣宗：巻61］，第7章でも再度整理することにしたい．またワリハノフは1756年にアブライが正朔を受けたことを指摘したがそれを裏付ける史料は見つかっていない [Valikhanov 1985-3: 301]．
16) 清朝史料以外ではジャンブベクとも呼ばれているが，本書では「ジャンホジャ」で統一する．
17) [Andreev 1998: 228]．清朝史料もこの時のジョチの王爵継承の希望に言及する［佐口 1963: 285］．なおこの事例については華立が新しい史料を交えて検討した．すなわち，清朝の立場としては，カザフへの爵位は「大聖主の施す恩」によるものであって，爵位を受ける者には，その下にいるカザフが辺境を乱さないようにすることを求め，一方でカザフ内部のことには干渉せず自治権を認めていたとみなしている [華 2006]．

カザフは，クリルタイと呼ばれる集会における合議に基づいて，伝統的に，チンギズ=カンの子孫をハンとして推戴していた [Erofeeva 2003: 14]．したがって，清朝の承認を必要とする爵位（とりわけ汗爵）は，カザフの伝統的なハン号とは性格の異なるものであったことが確認できる [野田 2005b: 037]．もちろん，カザフが爵位を要請するさいの「自称」[18] は，ある程度カザフ社会の秩序を反映していたが，アブライがハンに即位する以前から汗爵を受けた一方で，小ジュズのハンであったヌラリは汗に封じられておらず，ハンと汗爵は完全に一致するものではなかった．そもそもアブライは，清朝との関係が始まった当初より，清が与える「称号 colo」についてその種類などを尋ねていた．その中で，アブライは「もしも大エジェンが，私を慈しみ，考慮してくださり，王 wang と呼んでくだされればこれは良く，汗 han であればますます良いのです」と述べており，王や汗の称号を与えられることを期待していたことがわかる[19]．

　さて，上のジャンホジャにかかわる引用文からは，カザフのスルタンたちの間に爵位をめぐる争いがあったことも指摘したい．その事実は，スルタンたちがとりわけ異なる家系間で反目しており，清朝の爵位や後述するロシアのアガ=スルタン職をめぐる確執[20] があったことの裏付けとなるだろう．逆に言えば，カザフ社会における権威を高めるという意味での爵位が持っていた価値を示していると考えられる．

　清朝の記録に残されているように，1757 年を皮切りとして，アブライ=ハンが死去する 1780 年を経て，1791 年までは定期的に朝貢使節が派遣され[21]，非世襲のものも含めて爵位を与えられたスルタンたちも多かった．ただし，カザフの外交は足並みをそろえて一様に行われていたのではなく，たとえば，草原

---

18) 清朝史料にはこの語で示されている [佐口 1986: 337–338]．同じ二十二年七月十七日（丁未）付け，アブライへの勅諭の満文版は [方略満文 巻41: 45]，漢文版とはやや文言が異なり，「アブライは，今まさにハンである．我はすぐに旨を送り封じるけれども，これは，ハン [号] を封じるだけなのだ．これをハンと言うのは，ただ汝ら [カザフ] の内で勝手に称揚しているだけなのである Abulai te uthai han kai, bi uthai kesi isibume fungnecibe, inu han fungnere dabala, damu ere han serengge, bai suweni dorgi cisui tukiyehengge」と述べている．

19) ジャオフイ，フデ奏 [月摺 92（二）十月上巻軍務: 233–234]．

20) 中ジュズのスルタンたちには，その属する家系が不統一であるために，ハンの復権への共闘は存在しえなかったとの指摘がある [Konshin 1903: 2]．

21) 厲声の示すカザフの入覲一覧表を参照 [厲 2004: 127–129]．

西部の小ジュズは早くから清朝との関係を絶っていることには注意しておきたい（前章を参照）．

（2）　勅使の来訪と迎接

ロシアは，カザフの朝貢と爵位継承の事実を当初より把握していたため[22]，ロシア史料の中にもカザフの爵位にかかわる記述を見出すことができる．カザフの認識を直接示すとは言えないが，ロシア史料はより詳細な状況を伝えているので，ここでいくつかの事例を取り上げてみよう．

まず，シベリア要塞線司令オガリョフ（在任 1776–88 年）が，1781 年末のワリーの汗位継承時の儀式について，カザフのスルタンからの書簡に基づく注目すべき報告を行っている[23]．儀式の中で，ワリーは白いフェルトの敷物（beloi voilok）に乗ったまま持ち上げられ，汗（khan）の称号が与えられた．父である故アブライのためには，100 頭の羊が屠られた．さらに火が焚かれ，火中にはさまざまな絹製品と多くの紙片[24]が投じられたという．また，清朝の使者は，ワリーのためにガラス玉で覆われた椅子（kreslo）を運んできており，清朝宮廷がワリーに汗の地位（khanskoe dostoinstvo）を認めたしるしとして，ワリーはこれに座り，持ち上げられたのであった[25]．なお，阿拉騰奥其爾と呉元豊が検討した満文檔案によれば，ワリーは三跪九叩頭の礼を行ったというが，ロシア史料はそれに言及していないので，清朝使者の作為の可能性も否定できない［阿拉騰奥其爾；呉 1998: 55］．

ここで注目したいのは，清朝の使者が汗爵承襲のために来訪したときに，カザフが伝統的に行ってきたハンの即位儀礼に模した儀式を行っていたことである[26]．カザフのハンにしてみれば，このような儀式も自らの権威高揚に効果的な役割を果たしたにちがいない．ワリー自身は，オガリョフに宛てた書簡の中

---

22)　この背景については野田［2005b］を参照．
23)　［TsIKKh2: 106］．なおワリーがイシム=スルタンに宛てた書簡（1782 年 2 月 1 日）では，清の使者はこのとき涙を流したという［TsIKKh2: 108］．
24)　祭文あるいは紙銭と考えられる．
25)　同様に白いフェルトにより持ち上げられたアブライの即位儀礼については［Andreev 1998: 36–37］．
26)　カザフにおける即位儀礼については［Sela 2003: 52–53］．

で，「[清朝の]使者の臨席のもと，我々の法の慣行にしたがって，私は亡き父の跡を襲いハン khan となりました」と述べている [TsIKKh2: 107]．伝統的なハンへの即位式[27]と汗爵継承式とが個別に催されたのかは判然としないが，ワリーから「ハン」継承の報告を受けたロシアにとって，ハンと汗という2つの称号の違いは明確ではなかった．つまり，ロシアは清朝からの汗爵の継承を，カザフの伝統的なハンの継承に重ね合わせて把握していたことをここで指摘したい．

また，アンドレーエフは，1784年2月にハンホジャ＝スルタンを訪れた清朝からの勅使を迎接する場面を伝えている [Andreev 1998: 43–44]．清朝部隊は，領隊大臣（Ambo）を筆頭に，2人の「将軍 ofitser」，50人のカルマク（トルグートもしくはオイラト）人，50人のモンゴル人，6人の満洲人で構成されていた．対するカザフ側は，4名のスルタン以下1,000名が召集されたというから，その儀式の規模の大きさがうかがえる．

迎接に際しては，草原に12の天幕が円周状に張られ，さまざまな食料が用意された．清朝の大臣のためにはフェルトでできた天幕があつらえられた．大臣が来ると，総員が直立不動で立ち，大臣はその天幕の中に入り，誰が勅書をわたすべきハンホジャであるのかを問う．当人が周囲のカザフから指されると，座るように命ずる．そして，従者に勅書を読み上げさせ，下賜品をわたすという流れで儀式は進行した．またその3日後には先代の追善供養を執り行ったことも記録されており，清朝の使者が，ハンホジャの父である故アブルフェイズを供養したことも，その任務としては不可欠であったことがわかる．

このときの会話はおもにオイラト語でなされ，勅書もオイラト文で記されていたというが，一般的に皇帝からの勅書はどのように記されていたのだろうか．清朝の『実録』からは漢文による勅書の内容を知ることができる[28]．1860年の論文で，清朝からの4勅書を紹介したショカン＝ワリハノフ（ワリーの孫，1835–65年）によれば，実際にカザフの許に届けられた勅書は，当初は満文とオイラト文の2体，後には3体（満，オイラト，テュルク文）で記されていた．遅くとも

---

27) シルガズの即位式については [Levshin 1996: 349]．
28) ハンホジャの承襲について，「汝ハンホジャは，アブルフェイズの長子であるので，汝の父の王爵を加恩し，汝に承襲させる」とある [高宗：巻1189]（乾隆四十八 (1783) 年九月十六日（甲辰）諭）．

第 5 章　清朝によるカザフへの爵位授与　157

1800 年 7 月 13 日（嘉慶 5 年）以降は 3 体であるという[29]．おそらくカザフにとって，もっとも理解が容易であったと思われるテュルク文の勅書（yarlïq）については，クルバンガリーの著作『東方五史』の中でその断片が引用されている．これは，ハンホジャの子，ジャンホジャ宛ての勅書を，孫のロスタムが所有していたものであるが，爵位にかかわる箇所は，「汝の父，ハンホジャに王爵を与えて以来 sening atang Ḫānḫʷāja vān manṣabgä ulašqandïn… ［後略］」となっている[30]．クルバンガリーが別の箇所で，「中国から授けられた公爵 Ḫitāydan gūng manṣabï」という表現を用いていることからもわかるように [Qurban 'ali: 374]，カザフでは爵位を「地位 manṣab」[31]として認識していたと思われる．

なお，クルバンガリーが，「公 gūng というのは，ロシアのアガ＝スルタンと等しい地位 daraja である」として，清朝からの公爵をロシア統治下におけるアガ＝スルタンの地位に比していることも，カザフにおける爵位の意味を考察する上で興味深い [Qurban 'ali: 461]．いずれにしても，ジャンホジャ宛て勅書（その子孫が所有）やアブライ＝ハンおよびその子孫宛ての勅書（ワリハノフの近親者が所有）の存在と所有の事実とは，カザフのスルタンたちにとって，勅書が高い価値を持っていたことを示していよう．

清朝側に，カザフの支配層を掌握し，爵位を与えて自らに引き付けるという目的があったことは言うまでもない．本節の考察からは，カザフのスルタンたちの問題として，スルタンの代替わりにともなう勅使の来訪と大規模かつ伝統的な様式での儀式の挙行，および清朝皇帝からの勅書の存在[32]とが，カザフ社会において，スルタンらの権威の上昇に有効に作用したと考えられる．

爵位の前提になっていた「朝貢」を行うことについて，カザフがどのように

---

29)　[Valikhanov 1985–3: 300–304]（"Chernovoi nabrosok o drevnikh gramotakh"）．
30)　[Qurban 'ali: 465]．勅書は，道光四年十一月二十三日付けである．『東方五史』引用箇所の全体は [Noda; Onuma 2010: 134] を参照．ロスタムについては，「故哈薩克王の江霍卓の子嚕斯他木ロスタムを以って，襲爵せしむ」とある [宣宗：巻 472]（道光二十九年九月二十四日（戊午）条）．
31)　現代カザフ語にも，「地位・職位」を意味する mansap という語がある．
32)　清朝の授けた「頂戴花翎」が有する権威の象徴性に言及がある [厲 2004: 136]．本書第 7 章第 3 節も参照．また王爵を受けていたジャンホジャの子ベガリ＝スルタンは，ナイマン部族ナザル支族が，もともと自分の一族に従っていて，それを父が清朝宮廷から得た「文書 bumaga」が保証しているという認識を持っていた（1835 年 3 月 15 日，コサック中尉マスラソフからアヤグズ管区庁宛て報告）[GAOmO: f.3, op.1, d.1463, ll.31–32]．

考えていたかを知ることは困難であるが，唯一，朝覲（皇帝への謁見）についてジャマンタイ=スルタンから聞き取った情報を，クルバンガリーが伝えている[33]。

> 右にいる者が「民は平安か？」という問いを，隣へ，また隣へと伝え，数多［の人］を経由して我々の所まで来たときに，頭を地に着けて，「我々は平安，平穏であります」と述べた．この答えを，左側の者に1人ずつ伝え，数多を経て，ハン［清朝皇帝］にたどり着いた．2番目の下問と返答も同様で，数時間が経った．…［中略］…いにしえより慣例はかくの如くあったのか，あるいは，この年は我々に対してかようにひどい扱い şavlat で謁見 körnüš したのだろうか？

とジャマンタイは語ったといい，入覲時の形式的な儀礼に不満を持ったことがうかがえる．

露清との「二方面外交」により権力を維持していた中ジュズのアブライ=ハンの死後，長子ワリーがその跡を継いだ．ワリーの時代はロシアと清朝とのあいだで翻弄された時期だと言える．そのハン位をめぐる動きについては本書第2章第2節を参照されたい．そのような不安定な状況の中でも，従前のような頻度ではなかったとはいえ，カザフの「朝貢」使節の派遣と清朝からの使者の往来は続いていた．ワリーへの爵位継承を伝える勅使については，ロシアの調査報告においても記録されている［Andreev 1998: 41］．ロシア側が清朝からの使者を記録しているという事実は，カザフの朝貢についてロシアが一貫して注視していたことを意味していよう．ワリーは1821年に死去するが，その後1822年にロシア帝国がカザフ草原に導入する新しい規約は，清朝との関係にどのような変化を与えたのだろうか．それを如実に反映しているのが，次節で詳しく検討するグバイドゥッラの汗爵辞退の事件であると思われる．

---

33) ［Qurban 'ali: 458–459］．ジャマンタイが使節となったのは，嘉慶十四（1809）年である．「皇帝の玉座の上には黄金の頭を持つ龍が恐ろしい口を開けている」と謁見の間の様子を伝えている．なお1809年の朝貢使節については，清朝の檔案史料を用いた紹介がある［Ejenkhan 2005］．

2. グバイドゥッラの「汗爵辞退」の事件（1824年）

(1)「最後」のカザフの朝貢使節

　この「事件」とは，「左部」のグバイドゥッラ＝スルタンが，父ワリーの死去によって，その汗爵を継承すべく清朝からの勅使を迎接しようとしながら，ロシアの干渉により失敗に終わった事件であった．まず，この事件に着目する理由について簡潔に触れておこう．それは，ロシアがカザフ草原支配を進める重要な契機となった1822年規約（「シベリア＝キルギズにかんする規約 Ustav o sibirskikh kirgizakh」）を受けて，規約に対するカザフ側の反応と，カザフ草原をめぐる露清の思惑のちがいの2点を考察するに相応しい事例であり，またカザフの爵位史上の転換点となった事件であると考えられるからである．この事件にかかわる文書は，TsGA RK 第338フォンド第1目録第401案件に集められている[34]．本章では，おもにこの案件の文書と，TsIKKh 中の文書史料に基づいて事件の考察を行う．

　さて，グバイドゥッラの事件の発端となったのは，1823年に出発したカザフから清朝への「最後」の朝貢使節である．カザフ草原を経由して新疆とロシアの間を往来していたタシュケント（コーカンド）商人，ニグマトフの報告によると，使節の構成員は「右部王」家のアガダイの子タウケら全9名のスルタンであった［TsIKKh2: 135, 147–148］．また『大清実録』では「右部汗」家のトグムの子イシムを正使とする39名の使節であったとされている[35]．実は，この使節にイリまで同道していたのがグバイドゥッラの弟であり，その目的は爵位の継承を請願することにあった[36]．

　また，このときの使節にかんしては，ロシアの駐北京宣教団からの報告も残されている．これは，北京でのスルタンたちに言及した珍しい記録であり興味深い．キャフタに送られた報告によれば，宣教団付きの医師は，3人のカザフ

---

34) 第338フォンドはオムスク州庁関連史料を収めている．この「カザフスタン共和国国立中央文書館」の史料の概要については，［野田 2005a］を参照．オムスク国立文書館にもグバイドゥッラの事件にかかわる案件が収められているが，2008年の調査時には，出納謝絶により閲覧できなかった．
35) 道光三年十二月二十二日（丙辰）条［宣宗：巻63］．
36) 道光三年十一月二十七日（辛卯）諭［宣宗：巻61］．

の「スルタン」に出会った．彼らは満洲語も漢語も知らなかったので，スルタンが帯同していたタタール人のロシア語を介して意思の疎通を行った［TsGA RK: f.338, op.1, d.401, ll.217–223］．ちなみに，その際の聞き取りによると，カザフの朝貢は 3 年に 1 度であることが語られた[37]．この報告が第 401 案件の中に含まれていることは，ロシアも，彼らの動向をグバイドゥッラの爵位と関連付けて理解していたことを示している．

さて，すでに清朝は 1822 年 6 月 23 日の段階でワリーの死を把握していた[38]．ロシア史料の記録では，同年末，伊犂将軍とタルバガタイ参賛大臣から，ワリーの子グバイドゥッラを北京へ招く書簡が届いた[39]．その後，グバイドゥッラは正式に弟のジャントレ=スルタンを派遣し，北京への入覲使節と同道させた．ジャントレは伊犂将軍にテュルク文の書簡を届けたが，その内容は，ワリーの病没を受けて，カザフ人の合議によりグバイドゥッラが汗爵を継ぐことを決定したというものであった．これを受けて，23 年 12 月 16 日，道光帝は汗爵についての勅諭を下した[40]．

その勅書を携えた清朝使節は翌 24 年，グバイドゥッラの牧地に達し，汗爵継承の儀式が執り行われるはずだった．しかし，この勅書がグバイドゥッラの手にわたることはなかったのである．

(2)　事件の顛末

1822 年，ロシア政府はカザフ中ジュズの大部分の遊牧地について新しい規約を定めた．これにより，第 2 章で示したように，ロシアがカザフ中ジュズの「ハン位」を承認することはなくなった．ロシアは草原を各管区に分割し，それぞれの管区の代表として，アガ=スルタン (aġa sulṭān，露語 starshii sultan) の職を設けた．当初は原則としてカザフ=ハンの一族から選挙により選出されており，カザフ草原中北部のコクチェタウ管区のアガ=スルタンとして選ばれたのがグバ

---

37)　規定では，たしかに 1–3 年に 1 度とされている［回疆則例 巻 4: 15］．
38)　道光二年四月十八日（庚午）諭［宣宗：巻 34］．
39)　［TsGA RK: f.338, op.1, d.401, l.78］．東シベリア総督府でまとめられた覚書が，グバイドゥッラの北京行きを記した書簡（1822 年末，タルバガタイのアンバン発信）について言及しているという［Materialy dlia: 451］．
40)　道光三年十一月二十七日（辛卯）諭［宣宗：巻 61］．

イドゥッラであった[41]．オムスク州庁会議が理解するところによれば，グバイドゥッラは 22 年の規約の項目をすべて有益であるとみなし，自ら管区開設を要請していたのであった [MIPSK: 140–141]．

ところが，次の報告が発端となり，西シベリア総督府からロシア外務省までを巻き込む一騒動が発生した．1824 年 6 月 2 日付けの報告によると，グバイドゥッラの「息子」[42]がイリからグバイドゥッラの許へ向かっていたが，それを追うようにして，5 月 15 日にイリを出発した「500 人」[43]の清朝部隊がカザフ草原を西進していたのである [TsGA RK: f.338, op.1, d.401, ll.1–1ob.]．この部隊は清朝史料により，伊犁領隊大臣の楽善が率いる部隊であったことがわかる[44]．彼らの姿は再び 6 月 28 日に発見されたが[45]，その目的が，グバイドゥッラを汗に封じること，ワリーの死を悼んで多くの供物を届けることにあったことは，すでにロシア軍も把握していた．グバイドゥッラ自身は，ロシアの許可なしに内密にこれを出迎えようとしていたが [TsGA RK: f.338, op.1, d.401, l.82]，興味深いことに，上の情報は同じカザフのスルタンからロシア官憲に宛てた通報によるものだった．すなわち，トゥルスン＝スルタンが，清朝部隊が自分の牧地を通過したことを知らせたのである[46]．トゥルスンは，ロシアによってワリーの次のハンと指名されたボケイの孫にあたり，家系を異にするスルタン同士の反目も考慮に入れる必要がある．

その後，グバイドゥッラはバヤナウルまで達した清朝部隊の軍営に近づくが，7 月 8 日，コサック中尉のカルブイシェフに捕えられ，翌日，清朝の大臣との会見にロシア軍と共に臨まざるを得なくなった [TsGA RK: f.338, op.1, d.401, ll.115ob.–116]．

---

41) 1824 年 4 月 30 日付けの文書による [KRO2: 211]．就任の式典が行われたのは 4 月 29 日．アガ＝スルタン就任後も，グバイドゥッラが印章の中で「ハン」を名乗っていたことについては [Erofeeva 2001: 88–89]．
42) 実際は，前述のジャントレ（弟）である．伊犁将軍によりイリの地に留め置かれていた．
43) 後に 6 月 29 日付けの文書において，「300 人」と修正された [TsIKKh2: 134]．
44) 道光四年九月十日（己亥）［宣宗：巻 73］．
45) [TsIKKh2: 133]．6 月 29 日付け，コサック中尉カルブイシェフからオムスク州長官ブロネフスキーへの報告による．
46) 6 月 12 日に受領された文書 [TsGA RK: f.338, op.1, d.401, l.17]．この時カルカラル管区のアガ＝スルタンであったトゥルスンは，オムスク州長官からも良い人物であるという推薦を受けるような，ロシア寄りの人物であった [TsIKKh2: 143]．

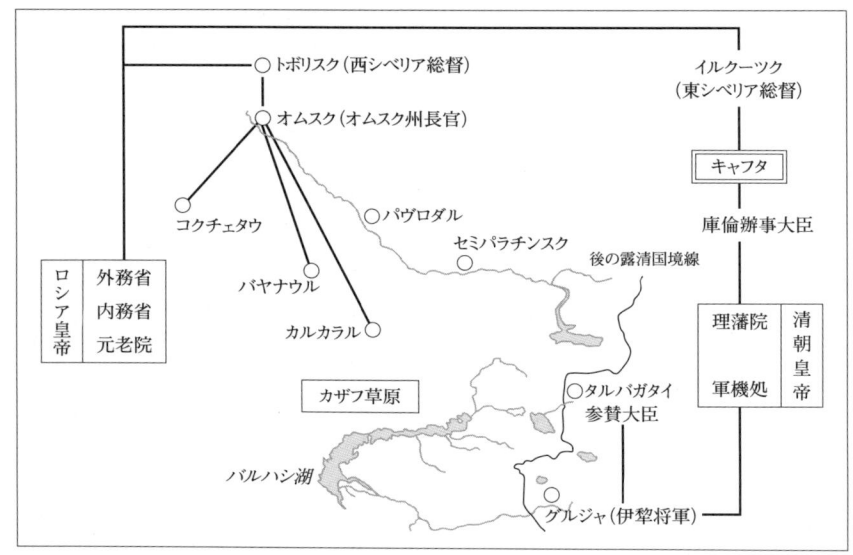

162　第二部　カザフ＝清朝関係の基層

図 3　当時のカザフ草原をめぐる情報と指令の伝達経路

　この案件の処理は，図 3 にあるように，ロシア帝国内のさまざまなレヴェルの官署を経由して行われたために，長い時間を費やしている．つまり，外務省，西シベリア総督府，オムスク州長官，現場の部隊それぞれの判断は異なっており，その違いにも目を配る必要がある．とくに外務省の意向については，長期にわたり（1816–56 年）外相を務めていたネッセルローデの個人の思惑も含め，ロシアの対外政策を司る要であったと考えられるが，それらについての検討は機会を改めたい．また当時の西シベリアにおける行政機構については本書第 2 章（図 3）に示した．

　ここでは，地方下位官署の見解には踏み込まず，現地での見解を代表するものとして，8 月 10 日付け，西シベリア総督カプツェヴィチから外務大臣ネッセルローデ宛ての報告［以下，報告 1］を取り上げる［TsIKKh2: 141–144］．この［報告 1］は，事件の概要として次の項目を伝えている．

- すでにロシアの臣民となっているグバイドゥッラに汗爵ハン khanstvo を与えようと，清朝の部隊が来たこと
- 清朝の部隊が，ロシア官吏およびグバイドゥッラと数度会見し，その後

帰還したこと
- グバイドゥッラを捕縛し，シベリアのオムスクに護送したこと

［報告1］は，上に挙げた項目について，対処の方法を尋ねるものだったが，そこには7月21日付けのオムスク州長官からの報告［以下，報告2］の要旨も添えられていた．そのあとに続く総督自身の結論は8項目にわたるものだが，おもな点を以下に整理しておこう．

- ロシア官吏が行為の違法性を説いたあとでも，グバイドゥッラは清朝から汗(ハン)の爵位 *dostoinstvo khana* を受けることに強い意欲を持っている
- 清朝の大臣との会見は友好の裡に終わったが，大臣は，この事件におけるロシアの一連の対応が不誠実であると感じたに違いなく，中央での清朝政府との交渉は避けられない
- グバイドゥッラの行為は，1822年規約に照らし，大逆の罪 *gosudarstvennaia izmena* と断じざるをえない

清朝に疑念を与えることを警戒しつつも，グバイドゥッラの態度への非難を込めた，この厳しい見解を添えて，［報告1］は外務大臣のもとに送られたのである．

これに対して，8月15日に外務省は西シベリア総督へ指令［以下，指令1］を下した．その要点は，次のように整理できる［TsIKKh2: 144–147］．

- 在外のロシア官吏は，清朝臣民と接するにあたり，友好的関係にかんする清朝との現行の規則［すなわちキャフタ条約］を遵守すること
- ロシア政府が，清朝との友好の同盟 *soiuz druzhby* を重んじている以上，イリから来る大臣がその目的を果たすために障害となるものを排除するよう努める
- グバイドゥッラをその遊牧地に解放する
- グバイドゥッラの子ボラトについても，清朝の大臣と会おうとするならば，それを阻害すべきではない

これらロシア史料から明らかになるのは，キャフタ条約が保障していた清朝との関係を維持することを，ロシア政府が非常に重視している点である．そのために，グバイドゥッラの行為を罪と見ながらも，これを不問に付し，清朝を刺激することを避けながら事件の処理を進めようとしたロシア政府の意向がうか

(3) グバイドゥッラの上申書

この事件に関連する史料の中で，ロシアの強い干渉をもっとも鮮明に示しているのが，本節で検討するグバイドゥッラ=スルタンが清朝のアンバン（領隊大臣）に宛てた上申書である．まず，この上申書が提出された背景を考えてみよう．前節で触れたように，清朝部隊は 7 月 9 日に，ロシア軍とグバイドゥッラを交えた 3 者会見を行った．先に取り上げた西シベリア総督への [報告 2] は，この時の交渉の様子をよく表していると思われるので，少し長くなるが引用してみたい．

> 清朝のアンバン Anban は，自らの属下を通じて，最終的な交渉のための会見を求めてきた．[8 等文官] プティンツォフとカルブイシェフは会見に臨み，グバイドゥッラにもアンバンに釈明するべく臨席することを認めた．[グバイドゥッラ=] スルタンは説明として，「自分は，属下の民とともにロシア帝国臣民 poddannyi として，もはや清朝政府から汗の称号 khanskoe zvanie を得ることはできない．たしかに昨年自分の兄弟を北京の宮殿へ，この称号を求めて派遣したけれども，そのことはロシアの法にそぐわず，自分がバヤナウルに来たのは汗の称号を得るためではなく，それを放棄する otrechenie ために来たのだ」と述べた．この声明とともに，グバイドゥッラは，署名を入れた断りの文書 list を清国人に渡した．…[中略]…しかし，この文書にはグバイドゥッラが持参しなかったために印璽 pechat' がなく，そのためアンバンはこれを受け取らず，その口頭での申告で十分とみなしたのであった [TsGA RK: f.338, d.401, ll.116–116ob.]．

ここに示されたように，この上申書は，グバイドゥッラがアンバンに釈明をするために提出した文書であった．[報告 1] が述べているが，すでにグバイドゥッラはロシア軍に拘束されており，会見への参加および清朝に提出した文書の文言は，ロシアの意向を大きく反映したものであったと考えなくてはなるまい．

ロシア帝国のカザフに対する要求は，7 月 9 日付け，パヴロダルに滞在していたオムスク州長官からグバイドゥッラ宛ての通達 [以下，通達 1] から知ることができる．この [通達 1] のテュルク語正文の所在は明らかになっていないが，

露語訳が残されているのでここに引用する．

> 汝は清朝からの誘いを受け，汝が管区庁 divan において占める地位を捨て，上官の如何なる同意を請うこともなく，管区の領域から出ることを決めたと知った．ロシアの庇護 pokrovitel'stvo 下に入り，神の前にロシア皇帝への忠節なる臣従 vernodobroe poddanstvo についての宣誓を行ったからには，義務として，ロシア以外に，清朝政府とは如何なる関係も持つべきではない．また，清朝政府から如何なる称号も地位 zvanie i dostoinstvo も得ることはできない．…［中略］…清朝の宮廷から贈物を受け取るべきではなく，…［中略］…［もしそうすれば］，汝は，コクチェタウ管区開設に際して行った宣誓に背信し，それを紊乱する者とみなされるであろう ［TsGA RK: f.338, op.1, d.401, ll.82–82ob.］．

実際に，ここに記されたように，グバイドゥッラにロシアの影響下から逃れる意図があったかどうかははっきりしない．しかし，少なくとも清朝からの使者が来訪したことは，清朝史料にも記載され，事実であることは疑いない．そしてそのことは，「政府の許可なくカザフ草原を通行する清朝臣民は，州長官のもとに送られ，長官は引渡しのためにキャフタに彼らを送る」と定める 1822 年規約第 86 項が禁じていることでもあった ［MIPSK: 97］．さらに重要なのは，グバイドゥッラがすでにロシアに宣誓を行っていた点である．これは，グバイドゥッラとそれに従うカザフが，ロシアの臣民となっていたことを意味し，ロシアの認識に従えば，もはや清朝から称号や地位を得ることは許されなかったのである．

このグバイドゥッラへの厳しい叱責は，次のグバイドゥッラのアンバン宛て上申書にどのような影響を及ぼしたであろうか．その内容はもとより，テキストに含まれる語句そのものも重要な問題をはらんでいると思われるので，ここでは，上申書の写しについてテキストと訳文を示す．

　　［アラビア文字テュルク文テキスト］[47)]

　　Uluġ Ejen boġda ḫānnïng noyan ambuġa

---

47) ［TsGA RK: f.338, op.1, d.401, l.100ob.］（写真版は［Noda; Onuma 2010: 72］）．句読点は筆者が補った．以下，テキスト転写の方式は［Eckmann 1966］にしたがう．なお，欄外には「写し qūpīya」とあるので，原本であるという付記（［TsIKKh2］）をしているのは誤りであろう．

Biz ki Ġubaydullāh ḫān Valī ḫān oġlïdan

Sözümiz bu dur, bïlturġï yïlda inim Jantörä sulṭānnï Ejen ḫānnïng yüzden körüp häm ḫānluġumïnï tilep yibärgänim durst alayda bolsa, bilmäslik qïlïp yibärüp erdim. Rūsīya yürṭüning uluġ imperaṭor aq pādišāhġa anṭumïn berip häm durūstluqda qur'ān-i šarīfïn öpip albatu bolġanïm rāst alayïmda bolsa, yolïmïnï quvalap yiki uluġ yürṭüning ḫānlarï bu tiläküminä na-lāzīm körmäs dep bilgenim yoq. Noyan ambuġa körüšüp taykayïm dep kelgänim rāst, emdi yengä bildim, bu kelgenim yusun šarīġatkä[48] na-maġqūl eken, anïng üčün noyan ambuġa maġlūm erämin. Ecen ḫāndïn bezip ḫānluq tilämäymin, Rūsīya yürṭüning noyan māyūr häm yaṣāvïldan amrun ṣurap ordamïzġa qayṭayuq dep ṭuramïz, inanmaq üčün muhrumïnï basdum.

Biz Ġubaydullāh Valī ḫān oġlï qolum basdum.

[日本語訳]

大エジェン=ボグド=ハン [=清朝皇帝] のアンバン様へ
われ, ワリー=ハンの子, グバイドゥッラ=ハンから
以下のごとく申し上げます. 昨年, 弟ジャントレ=スルタンを, エジェン=ハンの御尊顔を拝し, 自らの汗位を望まんとして, 私が遣わしたことは確かではありますが, 思慮が足りずに遣わしたものなのです. たしかにロシア国の大皇帝, [すなわち] 白い陛下に誓いを捧げ, かつ誠実に聖クルアーンに接吻し, 臣民(アルバトゥ)となったのですが, 我が道を逐っていたので, 両大国のハンたちが, 上の私の望みについて, 何らの道理も見出していないことを知りませんでした. アンバン様へお会いして頭を下げるために, 私が来たことは確かではありますが, この私が来たことは慣習法とシャリーア[49]にはそぐわないことを, すでに覚りました. そのためアンバン様にお知らせするのです. エジェン=ハンから遠ざかり, ハンの地位を望まず, ロシア国の陸軍少佐様とコサック大尉様からの命令をうかがい, 我が居所へ帰らんと考えておりますことを. 証明として, 我が印を押しました.

---

48) この箇所を含め, いくつかの単語の綴りにはタタール語の特徴が見られる.
49) 本来はイスラーム法を指すが, カザフの文書では, しばしば単なる「法」の意味で用いられる [MIPSK].

第 5 章　清朝によるカザフへの爵位授与　167

われ，ワリー＝ハンの子，グバイドゥッラ＝ハンが署名いたしました[50]．

　この文書は，グバイドゥッラがロシアの臣となったことを清朝の大臣に伝える内容になっており，すでにロシアの臣民となっていることを理由にして，清朝とロシアに同時に従うことはできない旨を申告したものである．かつてのアブライ，ワリーの両ハンをはじめとするカザフ中ジュズのスルタンたちの多くが露清両帝国に同時に臣従する形式を採っていたことを考えれば，［通達1］の記述から確認した，清朝との関係を禁じるというロシアのより厳しい態度を読み取ることができる．この文書に日付はないが，先の［報告2］から，7月9日のアンバンとロシア官吏たちとの会見の席上での文書の写しであることは明らかである．

　上申書は，グバイドゥッラが清朝の使者に釈明を行うために提出した文書であったが，［報告2］が引用するグバイドゥッラの釈明は，上申書そのものとは表現を異にする箇所が多い．そうなると，［報告2］とは，むしろグバイドゥッラの上申書に込めようとしたロシア側の意図を示したものだと言える．上申書には「ハンの地位を望まない」という文言しか見られないが，［報告2］では「ハンの称号の放棄」となっているのも，汗爵を返上させようとするロシアの意図がより強く表れたものと言える．言い換えれば，グバイドゥッラが「ハン」の称号を帯びることへのロシアの強い警戒を見ることができるのである[51]．

　次に文書の形式から考察してみよう．写しではあるにしても，カザフから清朝への文書の内容が知られる例は限られており，史料としての価値は高い．擡頭が見られないなど，清朝文書の形式を踏襲しているとは考えにくく，タタール語の要素が見られることからも，むしろカザフからロシア官署宛ての文書の形式に近いと判断できる．しかし，モンゴル語起源で，満洲語文書にも見られるアルバトゥ（albatu，属民）[52]の語が用いられていることは，清朝文書の知識を

---

50)　なお，オムスクに現存するロシア通訳官による露文訳は［TsIKKh2: 140–141］を参照．
51)　クルバンガリーの記述には，グバイドゥッラの系譜について混乱が見られるが，グバイドゥッラの「ハン位 ḫānluq」は清朝から承認されたものだったと述べており，この事件のことを指していると考えられる［Qurban 'ali: 440］．
52)　清朝が考える，カザフにおける"エジェンとアルバト"の関係」については［小沼 2003: 570］，または［小沼 2006］の指摘がある．ただし，ロシアの解釈では，アルバトゥの語は単なる「臣民 poddannyi」として解されている［TsGA RK: f.338, op.1, d.401, l.116］．本書第2章第1節の議論も参照．

持つ者がこの文書作成に関わった可能性を示している．カザフのロシアへの臣従を「アルバトゥ」の語で表していることには，そのような状況を清朝に対してより明確に表明する思惑があったことをうかがわせる．

　以上，上申書およびその作成の背景の分析により，ロシアの圧力を受けたグバイドゥッラが，ロシアへの臣従および汗爵の辞退を，清朝の使者に表明せざるをえなかった状況が明らかになったと思われる．

(4)　露清関係の中で

　筆者は以前，この事件にかかわる露清の外交交渉を検討したことがあるが[野田 2002b]，ここで若干の補足をしておきたい．中国の研究は『清代外交史料』に依拠しているが，それだけでは両国の中央政府間の交渉しか見えてこなかった[53]．ロシアが導入した管区制は，そのカザフ草原支配の拡大に大きな役割を果たしたが，清朝側はこのような動静をどの程度まで把握していたのだろうか．両国間の外交交渉は，おもに国境の問題を論点にしていたために，こうした点が議題に上ることはなかったのである．実際は，ロシアはまさにその点を気にかけていたようで，24年5月に外モンゴルとの境界にあるキャフタの買売城（国境を挟んで清朝側にある取引所）で調査を行い，清朝がカザフ草原の新しい制度について何も知らないことを確認していた[TsIKKh2: 132]．

　そして，すでにグレーヴィチがロシア国立歴史文書館（ペテルブルク）の史料から示していたように[Gurevich 1983: 229]，カザフ国立文書館の文書からも，ロシアの現地部隊が，清朝の部隊に1822年規約について告知していたことが明らかになる．1824年7月9日付け，カルブイシェフからオムスク州長官ブロネフスキー宛ての報告によると，彼らは以下の内容を伝えていた．

> 我々は清朝の官吏に提案しました．…[中略]…「辺境都市イリに滞在していたグバイドゥッラからの使者の言葉によって，[貴方たちが]誘い出された時と同様の場合にはいつも，ロシア帝国の領内では，我々の側から，友好なる隣人として貴方たちを護衛し，カザフからの帰路に予想される不愉快なことから守らなければなりません．そのカザフは，慈愛深き我が君皇帝陛下によって，完全な臣籍 *sovershennoe potdanstvo* の下に受け容れら

---

53) たとえば[姜 1998: 66–67]など．

第 5 章　清朝によるカザフへの爵位授与　　169

れており，まさに彼らの内に新しい制度の秩序 *poriadok novogo ustroistva* が導入されたばかりなのです」と [TsGA RK: f.338, op.1, d.401, ll.88ob.–89]．このようにして，ロシア軍の部隊は，一方では清朝をこれ以上刺激しないために，護衛[54]をつけることを提案し，もう一方では，カザフの遊牧地がロシア帝国領内に入ったこと，新しい制度，すなわち 1822 年規約を定めたことを公式に伝えた．このことによって，清朝側も，ロシアがカザフ草原支配をより一層強化したことを初めて認識したのではないだろうか．清朝部隊を率いていた楽善の上奏文中に，「カザフは以前よりロシアに帰順している」と告げられた，との内容が見えるのも，上の情報と合致している[55]．

　ここで注目すべきは，この事件にかんして東シベリア総督に照会が行われていることである．1727 年のキャフタ条約締結以来，東部国境における露清間の問題は，キャフタからイルクーツクを経て，トボリスクへ伝えられていたが，1822 年のシベリア総督府再編後は，イルクーツクの東シベリア総督府がこの方面を管轄した（図 3 を参照）．たとえばオムスク州長官は 7 月 8 日，予想される清朝との外交交渉に備えて，この事件の概略を東シベリア総督に送っている [TsGA RK: f.338, op.1, d.401, ll.78–81ob.]．

　この事件への対応をめぐっては，7 月 3 日付け，ブロネフスキーからオムスク州庁会議長グリゴロフスキー宛ての文書にあるように，カザフ草原を訪れた清朝の臣民を捕え，キャフタ経由で本国へ送還することが必要であるという強硬な主張も見られた [TsIKKh2: 139]．それでもやはり，ロシアが清朝の反応に配慮していたことは明らかである．以下，ロシアが注意を払っていた具体的な点について検討してみよう．

　まず，「カザフが清朝領に逃亡した／清朝領内のロシア人漁師を退去させた／清朝の卡倫（カルン）がより強固に展開された／イリでのセミパラチンスク商人の隊商が取引を禁じられた」等々の内容を含む流言の真偽について，24 年 7 月に西シベリア総督がオムスク州長官に調べさせたことが知られている [TsGA RK: f.338, op.1, d.401, ll.179–179ob.]．結果として，これらは真実からは遠いことが判明し

---

54)　オムスク州長官から東シベリア総督への文書では，護衛は清朝使者の要請に基づいて行ったとされている [TsGA RK: f.338, op.1, d.401, l.110]．

55)　道光四年八月十一日，伊犂将軍慶祥奏 [外交史料道光朝 巻二：3]．

たのであったが [TsGA RK: f.338, op.1, d.401, l.182]，噂にすぎなかった国境の防備強化を，1822 年の規約への清朝の反応の 1 つとみなして，ロシアが恐れていたことの表れと言える[56]．

さらに，25 年 3 月 21 日付け，オムスク州長官から東シベリア総督への文書の写しには，1822 年規約について，万一質問があった場合に，キャフタの清朝臣民に対してどのような回答が可能であるかという議論が見える．そこに投影されるロシアの論理においては，カザフは略奪を行うばかりで，清朝の民もまたその被害を受けているとみなされた．そのため，有りうべき回答としては，新しい規約と管区の導入が清朝にとっても利益になること，ロシア皇帝が清朝との平穏を維持する希望（[指令 1] も参照）を持っていることを伝えるべしとされたのである [TsGA RK: f.338, op.1, d.401, ll.196–199ob.]．

ここまで確認してきたように，この事件にかかわる露清間の外交交渉では，唯一の外交上の規範となっていたキャフタ条約が重要な意味を持っていた．さらに，ロシアは清朝の使者がカザフの許を訪れることを阻害するために，キャフタ条約を利用して交渉を行っていたようである．グレーヴィチが示した文書史料においても，ロシアの現地部隊は清朝の部隊に対して，「グバイドゥッラのもとへ清朝部隊が赴くことは許されず，こちらへ一歩でも入ったならば，それは条約違反になる」と伝えている[57]．

本節の考察の結果，この事件がはらむ 3 点の問題について，次のような結論が得られた．

① カザフの視点から見れば，グバイドゥッラは汗爵の継承に失敗し，ロシア現地部隊の手に捕われる事態となった．ロシア政府の判断で解放されはしたものの，以後その清朝との関係はロシアの強い統制を受けた．グバイドゥッラにどこまで清朝に帰属する意図があったかを判断することは難しいが，アガ＝スルタンである身としては，ロシアが新しく定めた 1822 年規約に反する結果になったと言える．

② 露清両帝国の立場を考察すると，1822 年規約の導入の事実を把握してい

---

56) ロシアはキャフタ貿易に不利益が生じることも危惧していたことが，1825 年に東シベリア総督府において作成された覚書に見える [Materialy dlia: 454]．第 7 章第 2 節も参照．
57) [Gurevich 1983: 229]．キャフタ条約の問題については本書第 3 章，第 7 章も参照．

なかった清朝の方針は，従来と変わらずカザフとの関係を維持しようとするものだった．一方，ロシアはその新しい規約を拠り所として，グバイドゥッラに対しても，汗爵を返上し清朝との関係を絶つように「通達」を出すまでになった．ただし，依然として清朝政府への配慮は怠っておらず，その背後にはキャフタ条約に基づく露清の友好関係があった．

③ 上のような，ロシアのカザフの爵位継承への介入は，このときはじめて見られるもので，これはその後のカザフに対する統治を見るうえでの重要な契機となった．

以上を踏まえて，次節ではこの事件後の変化を検討し，カザフ，清朝，ロシアの3者間関係の中で，爵位制度が持っていた意味をより鮮明にしたい．

3．その後のカザフの爵位

(1) グバイドゥッラの動向

事件後も，グバイドゥッラはアガ=スルタンの職に留まったと考えられる．24年8月28日，コクチェタウ管区庁に対して，「グバイドゥッラとビイ［=部族内の有力者または裁判官］は自分たちの牧地へ戻されることとなったので，管区のアガ=スルタンの職務を遂行させるべくグバイドゥッラを招請せよ」と西シベリア総督が命じているからである［TsGA RK: f.338, op.1, d.401, l.142］．ただし，西シベリア総督の指令に基づいて行われた25年および26年の選挙によって，ワリーの孫カチカンバイ=ガッバソフがあらたにアガ=スルタンに就任した[58]．これは，新しい体制に反発するグバイドゥッラの一門を避け，別の家系からアガ=スルタンを選ばせようとする当局の意向を反映したものだった．1825年10月10日付けのオムスク州長官から西シベリア総督への報告は，コクチェタウ管区の状況をまとめつつ，グバイドゥッラの一門が新しい規約に否定的であるのに対し，カザフの大部分は肯定的に評価していることを伝え，また，グバイドゥッラに追随しているスルタンたちがごく一部にすぎないことを述べている［KRO2: 222–223］．しかし，グバイドゥッラの時代に代表委員を務めていた2人

---

58) ［Bezvikonnaia 2001: 48］．カチカンバイの死後，1832年にグバイドゥッラは再びアガ=スルタンに選出されたという．

のカザフ有力者もグバイドゥッラに合流して管区庁を去ったという情報も見られるので [Bezvikonnaia 2001: 48]，この点については留保が必要であろう．

　このような状況の中で，その後もグバイドゥッラらは清朝との関係を持ち続けようと努めていた．たとえば，1826年，グバイドゥッラの子息たちが北京行きのためにイリへ来たが，伊犂将軍は許可を下さず，帰還を余儀なくされた事例が見られる[59]．さらに，カザフのビイたちと，グバイドゥッラの子ボラトが清朝方面へ行く意思を示した例がある．1828年9月15日付け，コクチェタウ管区庁からオムスク州長官マルケヴィチ宛ての文書によれば，カザフのビイたちはグバイドゥッラのもとへ行き，そこから，グバイドゥッラからの使節として清朝宮廷へ赴く予定であった．一方，管区庁は，そのような彼らの行動を抑えようとしていたのである [TsGA RK: f.338, op.1, d.476, ll.1–1ob.]．

　28年9月18日付け，オムスク州総局からコクチェタウ管区庁宛ての文書は，ボラトがカザフ人の間にもたらした攪乱と，清朝宮廷へ使者を送ろうとするグバイドゥッラの計画に関連する，次のような指令［以下，指令2］を伝えている [TsGA RK: f.338, op.1, d.476, ll.4–5]．

- 「従わない場合には法的な責任が生じるので，カザフの間に混乱を呼ぶような，またロシア政府の体制 uchrezhdeniia に反するような行為は一切しないように」という内容の要求をグバイドゥッラとボラトにすぐに送ること
- カザフ人がグバイドゥッラとボラトの煽動に乗らないよう，彼らを抑える努力をしなければならない．西シベリア総督の許可が下りるまでは，個人的にグバイドゥッラやボラトと接触を持つことなく，彼らが清朝へ使者を派遣することを阻害することすらせず，カザフ人たちの平穏を維持すること

ここに見られるように，ロシア現地官署においては，清朝との交渉の可否よりも，ロシアの法に従うか否かが最優先されていたようである．1822年規約第56項も，アガ＝スルタンはあらゆる手段をもって，平穏と秩序を保つことを求めていた [MIPSK: 96]．

---

59) 1827年3月17日付け，カルカラルの代表委員からプロネフスキー宛ての報告である [Konshin 1900: 112]．

第5章　清朝によるカザフへの爵位授与　173

　その一方で，ロシア中央政府はこの件についてどのような見解を持っていたのだろうか．それを端的に示すものとして，28 年 5 月 23 日付け，外務省アジア局からボラト＝スルタン宛ての通達［以下，通達 2］がある．なお，これより以前にボラトはペテルブルクに赴き，グバイドゥッラの請願を伝えていた．その内容は，グバイドゥッラに「ハン位」を授けること（zhalovanie）と，カザフの中ジュズに導入された管区制度を廃止することであった．すでに 1825 年，ワリーの兄弟であるカスム＝スルタンもコクチェタウ管区の廃止を訴えているが，もちろんこれが聞き届けられることはなかった[60]．さて，この［通達 2］はボラトへの勅語を伝えるもので，次の内容を含んでいた［TsGA RK: f.338, op.1, d.476, ll.9–12］．

- かつてのハンたちによって，不穏と略奪 baranta[61] が止まなかったばかりか，ますます増えてしまった
- ロシア政府は，オルダ［＝中ジュズ］の多くの部分の統治 upravlenie を，民衆の選挙により選出される誉れ高いスルタンたちに委任することがより良いと判断した
- 汝の父グバイドゥッラが，自分のヴォロスチ［＝遊牧集団の単位］を新しい規約に従わせることについての請願を最初に出し，このような自発的な請願によって，またその他のヴォロスチのスルタンたちの請願によって，コクチェタウの管区が開設された
- 汝の父はアガ＝スルタンとして選出され，管区庁の議長 predsedatel' の称号が承認された
- 皇帝陛下におかれては，中ジュズにおいて無意味で無駄な「ハンの位 khanskii san」を復活することに，いかなる説得力のある理由も認められない
- コクチェタウ管区を廃止するという願いも，同様に，敬意をもって受け容れることはできない

このようなロシア皇帝の厳しい論しにもかかわらず，清朝史料には，1828 年

---

60) ［MIPSK: 137］．カスムは，誰も新しい制度を望んでいないことを訴えたが，グバイドゥッラらの賛意を理由に拒否された．
61) カザフ語ではバルムタ barïmta．本来は，紛争解決のための合法的な略奪行為を指す．

11月27日付けの哈薩克汗愛畢勒達らの入覲の請願にかかわる諭が見え，彼ら
の入覲の意思をうかがうことができる[62]．ただし，実際に入覲が行われたかど
うかは確認できていない．

　グバイドゥッラの請願にかかわるこの［通達2］の内容から，ロシア帝国にお
いては，［通達2］に見える論理によって中ジュズの「ハン位」不承認が正当化
されていたことを結論づけられる．当然，外務省の見解でも，ボラトが伝えた
2つの要求——ロシアが承認する「ハン位」復活・管区廃止——は認められな
かった．したがってグバイドゥッラの請願は容れられず，新しい制度は決定的
なものとなっていった．西シベリア総督府も，［指令2］にあるように，カザフ
が1822年の規約に従うかどうかを重視していたことは，すでに見たとおりで
ある．

　爵位との関連を述べれば，［報告1］において，1824年におけるグバイドゥッ
ラの上申書について，「ハンへの復権 *vosstanovlenie* をスルタンが否定したこ
と」と西シベリア総督がみなしていたのは [TsIKKh2: 142]，ロシアに，清朝が
授ける汗爵にも，かつてのアブライやワリーらの伝統的なハン号と同等の効力
があるという認識が存在していたためであろう[63]．この時は，「ハン」の語そ
のものが危険視され，清朝の使者がグバイドゥッラを汗に封じようとしたこと
が問題となったことを想起しておきたい．

　逆に言えば，グバイドゥッラの事件を経験した結果，ロシアによるカザフ草
原統治の文脈において，もはやハンの称号は問題にならなくなったと考えられ
る．換言すれば，清朝からの汗爵は，反ロシア統治の性格を持つ伝統的なハン
へ結びつくものではないことを，ロシア政府側も理解したのではないだろうか．
つまりロシア外務省の［通達2］における論理に見えるように，かつて承認して
いた「ハン位」を意味のないものとして扱い，アガ＝スルタンの職へ巧妙に置
き換えたのである．参考として，1826年に，アルトゥンサル（トグムの子）が，
グバイドゥッラの時と同様に，清朝の部隊を出迎えてカザフ「右部」の汗爵を
継承した事例がある[64]．

---

62)　道光八年十一月三日（己亥）諭［宣宗：巻146］．

63)　[Kozybaev et al. 2000: 327] は，汗爵と伝統的なハンを区別せず論じているため，ロシアが
　　抱いていた警戒心を十分に説明していない．

64)　［野田 2002a: 125–126］．本書第2章第1節も参照．

にもかかわらず，ロシアはアルトゥンサルが「ハン」とは認められなかったと判断し，もっとも警戒していたアブライ＝ハンの一族とは異なる系統に属するアルトゥンサルは，すでにカザフ社会における影響力も大きくはないと見ていた [Konshin 1900: 61]．「カザフにいろいろな官爵や称号を授けるという類似の事例は今まで何度もあったことで，… [中略] …近隣に遊牧するカザフを上辺だけの従属下に置くという清朝の目的があるだけである」とするオムスク州長官の報告からわかるように，ロシアにとってはもはや大きな問題へ発展しなかったのである [Konshin 1900: 62]．

カザフの視点から考えてみると，「ハン位」を認めないロシアの思惑とは別に，1822年以降も依然として自らが選出するハンは存在していた[65]．ただし，それを権威付ける装置として，清朝の汗爵はもはや意味を失い，「ハン位」はすでになく，アガ＝スルタン職がそれに代わる魅力的なものとして現れた．そのために，アガ＝スルタンをめぐる反目ものちに見られるようになったのではないだろうか[66]．先に触れたクルバンガリーの「アガ＝スルタンはかつてのハンの地位に相当」するという記述も，このような，カザフのスルタン側の認識と関連するかもしれない [Qurban 'ali: 461]．

その後，ワリーの甥にあたるケネサルが，ロシア統治拡大への反乱を指導し，ハンとして即位したことが知られている [坂井 1994]．この反乱については，これまで与えられてきた民族解放運動という評価を問い直すサボルの研究なども現れている [Sabol 2003]．ロシア帝国に対する抵抗という，より大きな枠組みにおいては，『カザフスタン史』が論ずるように，グバイドゥッラの行動をカスム＝スルタンからその子サルジャンおよびケネサルにいたる抵抗に関連づけることもできる [Kozybaev et al. 2000: 326]．それでも，グバイドゥッラの反応が，清朝からの爵位に活路を見出すという従来のかたちを踏襲していたことこそが，本章で扱った事件に特徴的なものと考えられるのである[67]．ここで，ワリーの

---

65) グバイドゥッラ [Qurban 'ali: 440] やトゥルスン [Shakarim 1991: 33] がハンとみなされていたことが知られている．
66) [Konshin 1903] を参照．
67) なお，グバイドゥッラはその後ケネサルの反乱に連座して1839年に逮捕され，47年まで投獄された．グバイドゥッラの行動が，「丑年 (1824) の事件」として人々の記憶に残っていたことは，マシュフル＝ジュスプの集めた叙事詩により判明している [Artykbaev 2001: 169–170]．

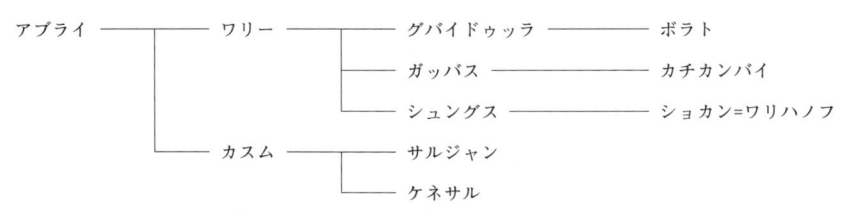

176　第二部　カザフ＝清朝関係の基層

```
アブライ ─┬─ ワリー ─┬─ グバイドゥッラ ──── ボラト
         │           ├─ ガッパス ──────── カチカンバイ
         │           └─ シュングス ─────── ショカン＝ワリハノフ
         └─ カスム ─┬─ サルジャン
                     └─ ケネサル
```

図 4　系譜，アブライの後裔（清朝史料の「左部」に相当）

一族について整理するために，その系譜を示しておこう．

(2)　清朝の対応

　事件後の清朝とカザフのスルタンたちの関係については，いくつかの爵位の継承にかかわる交渉が知られているが［厲 2004: 127–129］，その実態はよくわかっていない．

　ここでは，グバイドゥッラと清朝の交渉に関連する情報を整理しておこう．先に示したように，グバイドゥッラの清朝への使節派遣の意図は，清朝側にも伝わっていた．また，イリに保管されていたグバイドゥッラへの勅書は，翌1825年に弟の薩爾拝(サルバイ)が持ち帰ったという記録がある[68]．これこそ，ワリハノフが言及した勅書であり［Valikhanov 1985-3: 300–304］，勅書を所有しておくことの意義も再確認できる．

　次に，道光十年四月二十八日（1830年5月8日）付けのタルバガタイ参賛大臣からグバイドゥッラへの通達［以下，通達3][69]を検討する．これは，グバイドゥッラと清朝の交渉を示す情報の中で，確認される最後のものである．現存するロシア語翻訳文は次の内容になっている［TsGA RK: f.338, op.1, d.818, l.2］．

　大ボグド＝エジェンの命によりタルバガタイの山々に在し，［その地の］清朝

---

[68]　［籌辦夷務始末同治朝 巻18: 43］．なおこのサルバイについては，1825年代にカザフ草原を訪れたジッベルシュテインの記録の中に見出すことができる［Viatkin 1936: 227］．

[69]　「カシュガル方言のタタール語」により記されていたとの注記がある．この書簡は，［Khafizova 1995: 148］において清朝からの定型の書式の例として示されている．なお，この文書は，グバイドゥッラ自身が西シベリア総督に宛てて届けたものである．グバイドゥッラは自分の手元に寝かせた後で，ペトロパヴロフスクに33年に送ったが，返送されてきたので，34年6月になって総督のもとへ届けたのであった（1834年6月22日，コクチェタウ管区アガ＝スルタン，グバイドゥッラから西シベリア総督宛ての申し開き）［GAOmO: f.3, op.1, d.1363, l.4ob.］．

第 5 章　清朝によるカザフへの爵位授与　177

にかかわる全てを総管する大ヘベイ＝アンバン khobb-amban より
　　　　　　　キルギズ［カザフ］のハン[70]たるグバイドゥッラヘ
［前略］…カザフに関するあらゆる問題は，我が直接の支配下にある．したがって，汝に命ずる．ボグド＝ハンの大いなる天恩の享受を賜った汝らの祖先の例に倣い，汝の祖先たちが汗・王・公の爵位を得ていたのとまさに同じように，平穏に過ごすように．汝は，前述のように，祖先の例に倣って振る舞え…［中略］…大ボグド＝ハン陛下は汝をわが子のように思っている．したがって，汝は，偉大なボグド＝ハンの恩恵を享受し，配下の民を最良の方法で統治し，あらゆる点において公正を示せ[71]．

　ここに示された清朝の認識は事件前と変わる所がなく，グバイドゥッラを汗（ハン）として扱い，カザフにその前例を踏襲するように求めていることに注目したい．その後も清朝は，自らに属するとみなしていたカザフの部族については，「属民」を意味する albatu や「属下」を示す harangga の語をもって記録していたようである[72]．

　他方，この文書の内容がロシアの知るところとなっていることは，すでにグバイドゥッラと清朝の交渉が，ロシアに完全に掌握されていたことを示している．［通達 3］を手にした総督ヴェリヤミノフは，アンバンの手紙が清朝に臣属する者への書き方になっていることから，「清朝皇帝は，このオルダ［中ジュズ］全体を自分に属するものとみなしているのだ」と結論づけた．続けて，この文書への不快感を示した上で，清の動きを最大限に注視し，慎重に対処するよう軍に求めたのであった[73]．これ以降は，ワリー家と清朝の関係は史料上に現れず，清朝からカザフが受けた爵位継承の事例も，清朝の領域に近い，より東部

---

70) 翻訳文原文には続けて「（スルタン）」とある．
71) この引用箇所に続いて，［通達 3］は，「今や，貿易の時期がやってきた．汝に属する podvedomstvennye カザフ人たちに，従来と同様に，当方へ家畜を追い込み，貿易を行うようにさせよ」と述べ，貿易を促している．この点は，清朝にとってのカザフとの貿易の重要性を示唆しており興味深い．
72) 1832 年，清朝のコニマイラク卡倫（コブド管轄下）からロシアのブフタルマ要塞へ宛てたモンゴル文の文書中ではカザフについて「albatu」と記し［TsGA RK: f.338, op.1, d.745, l.46ob.］，時代が下がった光緒年間の満洲文文書には，帰属を指す語として「harangga」の語が見えるが［何 1998］，さらにくわしい検討を要する．
73) この書簡の翻訳の欄外におけるヴェリヤミノフの書き込み（34 年 7 月 25 日）［GAOmO: f.3, op.1, d.1363, l.2］．

に遊牧地を持つスルタンに次第に限定されていった[74]．このことは，1830年前後のカザフ草原をめぐる露清間交渉において，ロシアがより強硬な方針を採るようになったこととも関連付けられよう[75]．

ワリー家以外のスルタンと清朝の関係を考察してみると，上述のような清朝の方針もあり，スルタンは自分たちの関心に従って清朝との関係を維持することができた．「右部」の公爵を継いだサルトが，ロシアの臣民であると同時に清朝の保護下にある状況について，1831年，ロシア政府は次のようにみなしていた．

> その状況は我々の政府の知るところではなかったが，一方ジュズ内ではそれは当たり前のことなのである．というのも，清朝辺境の都市における貿易の便と権利のために，多くのスルタンたちとかつてのハンたちは，宣誓によって我が国の臣民であると同時に，我々には内密に，清朝の保護を受けていたからである［TsGA RK: f.338, op.1, d.701, ll.50–51］．

その反面，ロシアがカザフのスルタンの「二方面外交」の実態を正確に把握し，清朝との関係，とりわけ清朝による爵位授与への介入を強めていったことは，本章で検証したとおりである．

小結

本章では，カザフが清朝から与えられた爵位を考察し，その意味をより具体的に理解するために，1824年のグバイドゥッラによる汗爵継承失敗の事件を検討した．結果として，以下の2点が明らかになった．

まず，カザフ社会において爵位が果たしていた役割，すなわち即位の儀式とも結びついてスルタンの権威づけに貢献した爵位の意義が明確になった．グバイドゥッラの事件においては，爵位を継承するはずのグバイドゥッラは，ロシアへの宣誓とアガ=スルタン職への就任のために，もはやロシア帝国の法制に反することは許されず，自ら爵位を辞退する結果となった．その後もカザフが

---

74) アルトゥンサルの汗爵を継いだチョタンの事例を含むその後の爵位の状況については［佐口 1963: 341–343］．1884年の新疆省建省以降にカザフが受けた爵位の制度は，本章で検討した爵位とは意味合いが異なっており，個別に検討する必要がある．

75) ［野田 2002a: 130–131］．本書第7章も参照．

清朝との関係を継続しようとする動きは見られたが，結局それはロシアが新たに定めた1822年規約とは両立しえないものだった．

次に，ロシア帝国の視点から見れば，ロシアはカザフが清朝から爵位を得ていた事実を把握し，当初は，清朝からの爵位にカザフの伝統的なハンの地位を重ね合わせて理解していた．ロシアがカザフ社会の平穏の維持に役に立たないと断じたハンの地位と同様の価値を持つ汗爵を，清朝がカザフに与えることは，ロシアの論理においては容認できないことであった．そのために，グバイドゥッラの事件においては，露清関係を損なわないように配慮しつつも，従来どおりのカザフとの関係を維持しようとする清朝を牽制した．その一方では，カザフに対して新しい法制の遵守を説き，「ハン位」承認を止め，ハンの権威を打ち消しながら，カザフの対外関係への統制を強めていった過程を見ることができる．

このように，本章の成果は，ロシアのカザフ草原併合の過程を再検討するさいにも，多くの示唆を与えている．ここではその作業に進むことをしないが，今後は，本書第2章の考察も踏まえた上で，ロシアが自らの統治の規範としていた1822年の「規約」の内容をさらにくわしく検証する必要があるだろう．

第三部

露清関係とカザフ=ハン国の命運

第6章

西シベリア＝新疆間の露清貿易とカザフの関与

はじめに

　遊牧民であるカザフの生活形態は，生産した家畜を売却し，換わって繊維製品や食品などを得ることを必要とし，それは，カザフをはさむ2帝国との関係と深く結びついていた．そもそもカザフ＝清朝関係の発端には，カザフの貿易要求があったように，経済上の関係もまたカザフと清朝間の関係を構成する要素であった．一方で，19世紀半ば以降にロシア・清朝両国の関係が新たな条約により再編されるまで，2つの帝国の間で貿易の問題が重要な要素を占めていたことも疑いない．

　佐口透や林永匡・王熹の研究が示すように，カザフと清との取引，すなわち「哈薩克貿易」[1]については，とくに18世紀後半の状況について大要が判明している．ただしそれをたんに清とのみの間に成り立っていた営みとしてとらえることは困難である．中央アジアにおける露清間の貿易の全体像を念頭におきながら検討すると，18世紀後半から19世紀前半にかけて，西シベリアと新疆間の貿易に対して，カザフがさまざまな形で関与していたことが浮かび上がる．本章は，19世紀前半における構造の変化に注意しながら，露清間の貿易において，カザフが果たしていた役割を明示することを目的としている[2]．

---

1) 林，王の研究はきわめて詳細に乾隆年間のカザフの家畜貿易を示しているが，政治的状況との乖離が問題点であると考えられる［林；王 1991］．佐口の考察のまとめは［佐口 1963: 314］を参照．また，［佐口 1971: 171］は，「1758年から1850年代の約一世紀間，イリとタルバガタイにおいて清朝とカザーフ［ママ］王侯階級との国営の絹馬貿易が円滑に継続していた」と位置づけている．

2) それは佐々木史郎が明らかにした清朝・日本間の交易に携わっていた中国東北の「サンタン人」のような大国の辺境に生きた人々の活動と対比することができるだろう［佐々木 1996］．

1. キャフタ貿易と西シベリア経由の露清貿易

　まず露清貿易についての先行研究から整理をしておこう．言うまでもなく露清間の貿易は，1727 年のキャフタ条約によって定められたキャフタ貿易が主要な部分を占めていた．このキャフタ貿易にかんする研究として帝政期に統計資料を集めたコルサク，ソ連期のスラトコフスキー，我が国の吉田金一[3]，森永貴子の業績を挙げることができる [Korsak 1857; Sladkovskii 1974; 森永 2004]．

　一方で，西方の露清貿易，すなわち新疆＝西シベリア間の取引に注目した研究として，漢文史料を整理したクズネツォフ（[Kuznetsov 1973; Kuznetsov 1983]）をはじめ，フレッチャー[4] やグレーヴィチ[5] らの研究がある．また佐口透[6] は，カザフと清の取引に加え，コーカンドと清の貿易の構造についてもくわしく分析を行ったが，この 2 つの貿易の相関を検討する余地があると考えられる．その他の研究はおもに 19 世紀後半を中心にするものが多く，本書が対象とする 19 世紀半ばまでの状況については全体像が示されておらず，またカザフ遊牧民が果たしていた役割を十分に示してこなかった[7]．ロシアと中央アジアとの貿易を扱ったものとして，ロシュコワの著作[8] はかなり古い研究だが統計をよく用い，清朝との取引の影響力についてもある程度言及しており，改めて参照の必要があると考えられる．

　さて，前述のキャフタ条約の締結により，それまでの北京での取引に代わり，

---

[3]　「1840 年代までは露清貿易すなわちキャフタ貿易と考えてよかったが，1850 年代にはこのほかに中央アジア方面の陸路貿易が加わってくる」とみなしているが [吉田 1974: 191]，本章で考察するように，それ以前にもこの地域における取引が行われていたことに注意したい．

[4]　[Fletcher 1978b]．中国史の立場からではあるが，幅広い視角で考察を行っており参照に値する．

[5]　タシュケントおよびコーカンド経由とイルティシュからタルバガタイへの 2 ルートを指摘している [Gurevich 1983: 211]．

[6]　新疆南部と中央アジア間のコーカンド商人の貿易には注目するが，ロシアのイルティシュ要塞線と北新疆北部の仲介は意識していないように見受けられるので，北部（とくにシベリア要塞線のムスリム）と南部の違いを明確にしつつ検討することが必要になろう [佐口 1963; 佐口 1971]．

[7]　カザフ草原を中心に対ロシア，中央アジア，新疆との貿易を記述する Kasymbaev [1996]，Aldabek [2001]，Kozhirova [2000]，また中国の厲 [1993]，米 [2005] など．

[8]　[Rozhkova 1949; Rozhkova 1963]．シベリアと中央アジア間の取引については [Ziiaev 1983] がある．イルティシュ沿岸都市とカザフ草原の結びつきに注目するものとして [Erofeeva 1987] がある．

外モンゴルの辺境キャフタにおける取引が開始された．キャフタ貿易の特質は，キャフタのみに限定されていたこと，関税の設定，露清間の公式の取引であったことにある［吉田 1974］．1850 年までのキャフタにおける年別平均の取引高は，500–800 万ルーブルを数えていたので［吉田 1971: 351］，本章で扱う中央アジア経由の露清貿易の規模よりも大きかったことは言うまでもない．ロシアからは毛皮（のちに綿織物）が，また清からは，木綿（のちに茶が主要な輸出品に）が取引されていた．

　第 3 章で見たように，中央アジアが露清関係の視野に入った結果，貿易における「キャフタ条約体制」は変化した．関税の問題などから清が 3 度（1762–68 年，78–80 年，85–92 年）にわたりキャフタ貿易そのものを停止したことも関連するが［吉田 1974: 172–180；柳澤 2003］，アルタイとカザフがロシアの視野に入ったことにより，キャフタ以外の地での取引の可能性が浮上したのである．中でも，イルティシュ河沿岸のブフタルマ（1764 年に要塞建設）に注目が集まっていた［Moiseev 1983: 109–110］．

　一方で，清朝側の新疆では，哈薩克人（カザフ）と安集延人（アンディジャン）（コーカンド治下のフェルガナ地方出身者，またタシュケント出身者をも指す）の取引のみが認められていたことは広く知られている．それは，以下に考察するように，かえって非公式の取引——正確な取引高は不明ではあるけれども——が成立する余地を生んだとも言え，そこから西シベリアと新疆を結ぶ露清貿易は出発した．また第 3 章で論じたように，中央アジアはキャフタ条約の規定の外にあり，より現実的な対応が必要であったことも再度確認しておきたい[9]．

　ロシア側の働きかけを整理してみると，すでに，1765 年のシベリア要塞線司令官シュプリンゲルから皇帝エカテリーナ 2 世への報告が，ブフタルマに清との貿易のための税関を設けることに言及している［Valikhanov 1985-4: 215］．ただし清朝皇帝へ書簡を送り請願しようとするシュプリンゲルのこの時の試みは計画倒れに終わっている［Boronin 2002: 174］．また，1796 年にイルクーツク・コルイワン知事セリフォントフに対して，ブフタルマ河口において新しい取引の場を開くことの必要性を指摘し，貿易路の拡充を求める訓令をエカテリーナ

9）19 世紀前半における両国間の現地での交渉は，［Noda 2007］で検討している．

は下している[10]．上の2つの試みは実行に移されず，清の側でも西シベリア経由の貿易を望まなかったようだが [Moiseev 1983: 112–113]，新疆やモンゴル西部との取引をにらみながら，ロシアが新しい貿易地を求めていたことはたしかである．

清朝はキャフタのみでの貿易を認める態度を崩さなかったが，その後もロシアは清朝との交渉を積極的に持とうとし，西シベリア経由の両国間の取引の発展を目指していた．ロシアからの働きかけとして，1805年のゴロフキン使節がよく知られている[11]．またロシアの意図は，清朝への北京正教伝道団に随行する者に対する訓令からも知ることができる．詳細はすでにアルダベクがロシア文書史料から提示しているが [Aldabek 2001: 62–65]，ロシア政府がブフタルマでの貿易の可能性をつねに探っていたことを指摘しておきたい[12]．北京のミッションを通じたロシアの働きかけについてはあらためて別に検討する必要があるだろう．

ブフタルマ[13]をはじめとする沿イルティシュ河の都市と新疆間の貿易のこのような実態については，ムスリム商人を仲介とする取引を中心としていたことをかつて筆者は論じている[14]．ここでは，その詳細を検討し，その中でのカザフの役割についてもう一度考えてみたい．注目すべき史料として，1845年に新疆北部へ潜入した外務省アジア局副局長のリュビーモフ[15]の記録が挙げられる．

---

10) ［MOTsA2: 242］．また［Aldabek 2001: 45］も参照．

11) 1月16日商務大臣ルミャンツェフの皇帝への報告［RKOXIX: 90–91］．またゴロフキン，イズマイロフ使節への訓令も参照［RKOXIX: 94］．

12) 1830年2月6日，外務省から宣教団団長のヴェニヤミン掌院への秘密訓令［VPR16: 462–463］．1830年3月1日外務省からシリングへの秘密訓令も同様［VPR16: 484–486］．ここでは，「ロシアの商人がいつからかタルバガタイとイリで貿易をし，清朝政府はそれを妨げていないように見受けられる」という情報すらあることも記されている．

13) 税関が置かれていたのは1839年までで，その後はオムスクへ移動した．

14) ［野田 2005b: 047–048］．アルタイによる露清間の中継貿易については［Boronin 2002: 189］を参照．

15) それ以前は，駐北京正教伝道団監督官を努め，清朝政府の感触などを報告していた［Aldabek 2001: 78–79］．その報告がロシアの新疆への接近に貢献したことは，ソ連期の研究がすでに注目し，最近でも［米 2005］などが考察している．外務省に提出された報告書［Liubimov1］は，出版されよく知られている．ワリハノフの『著作集』に収められた版［Liubimov2］は，その元になった手稿の一部で，項目ごとの覚書の形を取り，リュビーモフ個人の主張が少なく，より現地での記録に近い形になっていると考えられる．しかし，これまでの研究ではその情報の違いには触れられていなかった．なおリュビーモフの経歴については［Ipatova 1993］にくわしい．

よく知られていた報告書（1909年刊本）に加え，その元となった覚書をも利用することによって，清朝側の記録からは見えてこない，当時の貿易の実態をより明確に示すことができると考えられるからである．

2．ロシアと清の貿易政策

(1) 2つの地域を結ぶ路

第3章でも言及したが，清朝による18世紀半ばのジューンガル，カシュガリア平定後の中央アジアにおける露清関係を反映して，おもに4つのルートが西シベリア＝新疆間に成立していたと考えられる［Noda 2007］．すなわち，①アルタイ（ウリャンハイ）経由②ブフタルマ＝コブド（科布多）・タルバガタイ（塔爾巴哈台）間の路③カザフ草原経由④コーカンド＝ハン国（時にブハラも）経由の4通りである（次頁図1中の番号に対応している）．

中央アジアとロシアの貿易という視点からは，オレンブルクを経由する路[16]との比較が可能になる．西シベリア経由のルートでは，清朝が加わることでより複雑な関係になっていることが理解できるだろう．また新疆における南北の違い（北のジュンガリアと南のカシュガリア）も大きかったので，本章では，カザフが関係を持っていた北新疆を中心にして以下の考察を進めていきたい．

すでに述べたように，もとよりキャフタにおける取引額には及ばないが，この地域の露清間貿易は，19世紀前半における中央ユーラシアの政治状況の変化とも深く関わっており，その構造を明らかにすることは中央ユーラシア国際関係史を考える上で不可欠な作業と言える．

(2) ロシアの方針

ロシアでは，基本的に外国の隊商の往来を認めていた［Krasovskii 1868: 214–215］．1757–60年には清朝の商人がセミパラチンスクに来ていたといい，またカザフもロシア辺境において貿易することができた．

---

16) ［Mikhaleva 1982: 75］．オレンブルク＝中央アジア間のタタール商人の活動については［濱本 2009］も参照．

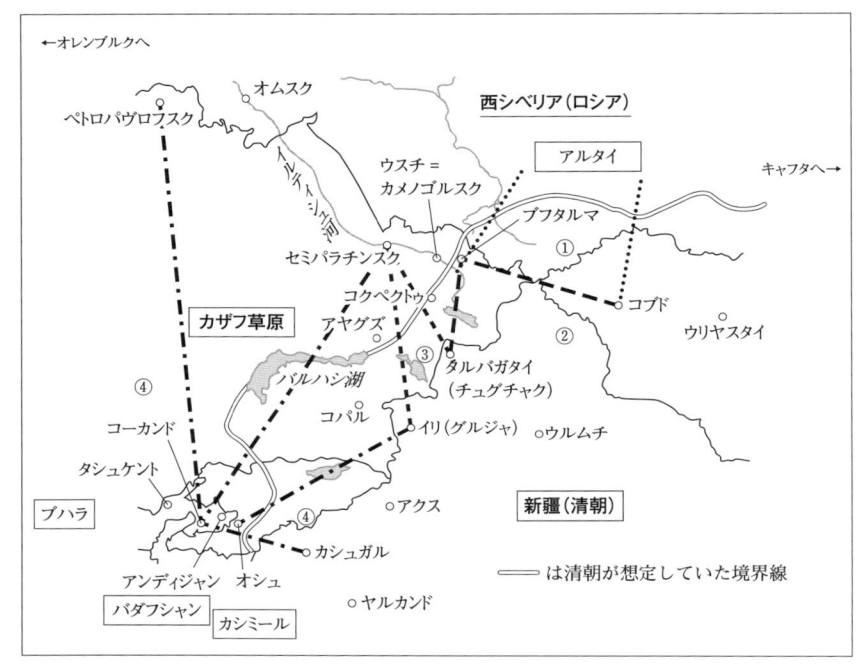

図1 西シベリアと清朝西北を結ぶ路

注）［野田 2009b: 4］より

　また逆方向では，ロシア国内からの隊商の派遣を認め，キャフタ以外での国際商業にも積極的にかかわろうとしていた[17]．この動きは最終的に，1851年に締結される露清間の新しい通商条約へつながっていく．ロシアの積極的な政策の理由としては，上にも記したように，新疆経由の距離の近さ（セミパラチンスク＝タルバガタイ間は約400露里[18]）があったこともたしかである．

---

17) たとえば，1830年8月7日，西シベリア総局からシベリア税関区長官宛ての文書では，西シベリア総督が，「清朝との貿易の基礎のために，セミレチエに近いアヤグズ河沿岸に貿易拠点を設けること」がきわめて有益であるという見解を示し，ロシアの管区開設の動きと清との貿易を関連させて捉えていたことがわかる［TsGA RK: f.806, op.1, d.13, l.210］．

18) 距離の単位を示すヴェルスタを指す．1ヴェルスタは1066メートルに相当する．オムスクを基点とした場合，セミパラチンスク，アヤグズ経由でタルバガタイまで1114露里．ウスチ＝カメノゴルスク，コクペクトゥ経由では1193露里．より遠方のイリまでは，セミパラチンスク，アヤグズ，コパル経由で1501露里であった［Nebol'sin 1855: 140–141］．

第 6 章　西シベリア＝新疆間の露清貿易とカザフの関与　　189

　ロシアの西シベリア＝新疆間貿易への対策においては，中央アジアのムスリムから清朝人まで多様な人々が関与していたがために，グリスターン条約（1813年）の適用をはじめとする対イラン政策の参照があり，また他方ではキャフタ税率の部分適用[19]という対清朝政策も顔を見せ，これらが交錯する場となっていた．ロシア史の文脈では，アジア地域との貿易という枠組みで一括りにされがちであったが[20]，この地域の貿易政策に見える複合性は，ロシア帝国におけるアジアというあいまいな枠組みを象徴してもいるだろう．
　ロシアの具体的な施策としては次の4点を挙げることができる．

① 　旅券の交付[21]
　ロシアが取った具体的な施策には，まず旅券交付による外国との取引の許可がある．たとえば，西シベリア総督発行の旅券 (pashport) は，セミパラチンスク第一ギルド商人の代理人であるタラの「ブハラ人」らが，商業のためにイリ（伊犁）へ向けて，6ヵ月の期間で出国することを証明するものだった．旅券の後半部には，「［ロシア］皇帝陛下の臣民たるカザフのスルタン［カザフ＝ハン家の一族］・ビイ・長老たちに，商人の自由な通行を許すよう求める」という内容のほぼ定型の文言が記されている[22]．旅券がロシア文・テュルク文併記で作成されていたのは，次節で考察するカザフの略奪への対策でもあったと考えてよい．
　ここに名前の出た，「代理人 *prikazchik*」のシステム[23]も，西シベリアから新疆への隊商を後押ししていた．ギルド商人の名代として，タタール人[24]，シ

---

19)　1834年1月19日，セミパラチンスク税関からシベリア税関区長官宛て報告で，有利な関税率を適用するために，清朝産かコーカンド産の品かをその場で使い分ける例が示された［TsGA RK: f.478, op.2, d.109, ll.39–40］．これに対して，34年9月1日，税関区長官からセミパラチンスク税関へ，清朝からの品については，包みの中国の文字などで判断するようにとの通達が送られた［TsGA RK: f.478, op.2, d.109, l.47］．
20)　　帝政期には，アジアとの取引は，ロシアの工場製品の市場開拓およびアジアの野蛮な諸族への接近という2つの意味で重要であるとみなされていた［Struve 2007: 175］（1913年初版）．
21)　1822年規約第204項に規定がある．
22)　1823年，第一ギルド商人ポポフからオムスク国境委員会宛て申請書［GAOmO: f.3, op.1, d.215, l.18］．後半部のテュルク文の例としては，「偉大なる皇帝陛下の臣たる者の責として，自由に通行させるように (ol uluġ aʻzam ʼīmpīrāṭur ḥażrātlarīġa tābaʻ olunġan vajbīyātī buyunča boš yol bersünlär…)」とある［TsGA RK: f.338, op.1, d.585, l.12］．
23)　1807年の勅令によって，出境のための旅券発行が緩和されたという［Krasovskii 1868: 217］．
24)　その西シベリア＝新疆間の活動の例は［Frank 2003］．［Shkunov 1997］も参照．

ベリア＝ブハラ人[25]などのロシア籍ムスリムが新疆，西トルキスタンへ赴いていたのであり［Nebol'sin 1855: 19–20］，逆に言えば，直接ロシア人が行くことなく，間接的に貿易に従事することが可能であった．このようにムスリムが新疆で商業活動を行いえたしくみについては，次節で詳細に論じることとしたい．

② シベリアに来る商人への貿易従事の許可

一方，シベリア辺境を訪れる外国からの隊商を，ロシアはどのように受け入れていただろうか．18世紀後半において，「外国籍」商人は，ロシア国内取引用「旅券」（第二ギルド商人と同等の権利を付与する）を20ルーブル支払うことで獲得し，シベリア要塞線の各都市とニジニ＝ノヴゴロド定期市で取引することができたという［Apollova 1976: 345］．

その後，ロシアの1822年規約は，カザフの牧地において隊商を移動させる外国籍アジア人——ロシア史料では，おもに「タシュケント人」あるいは「ブハラ人」と呼ばれる（以下，総称として本章では「外国籍商人」とする）——には通行税を課さないことを定め，貿易振興的な政策を取っていたと言える[26]．対するロシア籍商人についても，ニコライ1世は，オレンブルク県と西シベリアにおける全ギルドへ，アジア諸民族との交換取引を開放していた[27]．

ロシア辺境を訪れる「アジア人商人」[28]の権利については，1825年の段階で，ロシア内地での取引は3定期市[29]に限ること，イランとの間に締結されていたグリスターン条約に依拠することなどを確認していた[30]．オレンブルクにおいてロシア商人の反発が生じたように［Kiniapina et al. 1984: 218–219］，西シベリアでも，彼らの権利についてはしばしば問題となり，タシュケント人やブハラ人

---

25) 1818年，タラのブハラ人の荷物がタルバガタイへ向かった事例は［Valikhanov 1985-2: 253］．彼らのエスニシティーについては［Ziiaev 1968; Noack 2000］．タラやトボリスク出身者が多かった．
26) 1822年規約の第192–194項である．33年10月20日，オムスク州会議の文書においてもこの条項を確認している［GAOmO: f.3, op.1, d.1241, l.11ob.］．
27) 他地域では第一ギルドにのみその権利があった［Shpaltakov 1987: 218；森永 2004］．
28) オムスク州会議の文書（1834年10月12日）での定義では，「商業証明書 kupecheskie svidetel'stva を持たないアジア商人」とされている［GAOmO: f.3, op.1, d.1365, ll.18–19］．
29) イルビート，ニジニ＝ノヴゴロド（塩谷［2006: 48］がこの都市をロシアとアジア間の流通のハブと位置づけている），コレンヌイ（またはクルスキー Kurskii とも）を指す．
30) 1825年6月27日（28日裁可），アジア委員会議［VPR14: 210–212］．

などの「外国人商人 *torgovye gosti*」に，異族人についての規約（1822年）や1807年布告（manifest）[31] が適用されることを確認する動きもあった[32]．結局は，1834年に定められたブハラ人およびタシュケント人についての規則により，上に示した1825年アジア委員会決議が西シベリアでも有効であり，外国籍商人はギルド税を支払うことなく卸売り業（optovoi torg）に従事すること，また3国内市場で取引を行うことが認められた[33]．こうして，ロシア籍の有無を問わず多くのムスリム商人がこの地域の貿易に携わっていたのである．

③　関税の徴収

ロシアはたんに外来の商人を優遇するだけではなく，彼らがもたらした新疆からの商品には関税を課していた．キャフタで内密にロシア商人に課税していたものと同様の税率をキャフタ税率（tarif）[34] として適用したほか，1818年に定めたアジア税率[35] も併用していたのである．すでに示したように，税率の違いから，商品の産地についてはしばしば不正な申告がなされたため，統計資料の情報をいっそう不正確なものにしている．

④　護衛

新疆へ向かう隊商の護衛のために，ロシアのコサック部隊が派遣されることがあった．これはオレンブルク要塞線でのブハラへの隊商の護送に共通する政策であった[36]．原則として，商人側の要請によって西シベリアの当局が派遣を

---

31)　この1月1日付け布告は，「Манифест о дарованных купечеству новых выгодах, отличиях, преимуществах и новых способах к распространению и усилению торговых предприятий」という名で，ロシア臣籍の宣誓を行っていない「外国人」にギルドに加入することを禁じていた．
32)　1824年10月24日付け，オムスク州会議の文書 [GAOmO: f.3, op.1, d.424, ll.32–38ob.]．
33)　[TsGA RK: f.806, op.1, d.7, l.105; GAOmO: f.3, op.1, d.1365, l.10]．また [シチェグロフ 1943: 605; Ziiaev 1968: 36; Shpaltakov 1987] なども参照．
34)　1800年のキャフタ貿易取締り法による [Sladkovskii 1974: 195]．これは，1840年に改定された [Nebol'sin 1855: 323]．
35)　[Shcheglov 1993: 214; Sladkovskii 1974: 195] を参照．18世紀にアストラハン，オレンブルク等で個別に定められていたアジア（ペルシャ，中央アジア等）からの商品に対する税率を一本化したもの．Krasovskii [1868: 248] は，以後ロシアからの輸出について関税が減少したことを指摘している．
36)　1824年，外務大臣ネッセルローデがオレンブルク軍務知事エッセンに宛てて，カザフやヒヴァの略奪から守るために護衛が必要であるとの認識を示した [VPR13: 411–412]．

決定していた．1829年の事例では，セミパラチンスクの商人の要請に基づき，同地からタルバガタイへの隊商護衛のために30人のコサックとコサック少尉を派遣した[37]．このようなロシアの軍隊による護衛の例は，西シベリアにおいては，1839年ころまで見られたという [Liubimov1: 326]．

このように，ロシアの視点から見れば，国内外のムスリム商人が，西シベリアから新疆へ向かう通商の形態が成立していたことが理解されるだろう．西シベリアにもたらされた商品は，銀（すなわち「元宝銀」と呼ばれた馬蹄銀），中国産木綿織物（露語 biaz'），中国産藍色布 (daba)，カザフ草原からの家畜であった．

(3) 新疆と西モンゴルにおける清朝の方針と実態

繰り返しになるが，清朝は原則としてキャフタでのみロシアに貿易を許していた．新疆においては，カザフ人と「アンディジャン人」[38]にのみ入境を許可していたが，それは，新疆における境界が閉じていないことを意味しており，すでに提示したいくつかの例からも明らかなように，さまざまな抜け道により，ロシア国籍商人，あるいはロシア商品は新疆に入って来ていた．その理由の1つとして，清朝の官員が私的に関税を徴収しようとしていたことも考えられる[39]．ロシア国籍商人の入境にかんしても，1845年の時点で，清朝の大臣がそのことに自覚的であったことはよく知られている [Liubimov1: 316]．より早い例は，1829年に清のコブドの大臣がロシア側に伝えた認識で，「ロシア人による清朝領内での貿易は，露清間の条約に反している」にもかかわらず，「ロシア人はタルバガタイやコブドによく来て清朝人と商いをしている」ことを大臣は知っていたという[40]．また32年のロシア文書が，ロシアから商人が来ていることに，タルバガタイの参賛大臣は気がついていたことを示している[41]．

---

37) 1830年1月28日，シベリア税関区長官から財務大臣への報告 [TsGA RK: f.806, op.1, d.38, l.6ob.]．

38) 佐口 [1963: 366] がアンディジャン人に清側が旅券を発行する規定があったことを指摘する．

39) リュビーモフの聞き取りによると，1842年より，カザフから非公式に関税を徴収するようになっていた（リュビーモフ自身は，官員の懐に入る可能性を示唆する）[Liubimov2: 290, 303]．

40) 1829年6月25日，ブフタルマ税関からシベリア税関区長官へ [TsGA RK: f.341, op.2, d.26, ll.10–15]．

41) 1832年12月20日，ニュハロフからオムスク州長官宛て [GAOmO: f.3, op.12, d.17674, l.493]．タルバガタイの参賛大臣が，ロシアから来た商人らに示した認識についての報告である．

新疆におけるロシア商品の必要性については，1828 年の段階では，清の官員自らが否定していたが[42]，1845 年の報告として，ロシア外務省官員リュビーモフは，当地でロシア商品の需要があることを述べている［Aldabek 2001: 87］．清朝側としては，ロシア商品の輸入をたびたび禁止していたが[43]，実際には，ロシア商品が流入していたのだった．

清朝の貿易管理において，大きな役割を果たしていたのは，辺境の哨所として設置されていたカルン（卡倫）である．ここでは身元確認，商品のチェック，差し押さえなどが行われ，国境の防備あるいは清朝と異民族の関係がここにも投影されていたものと考えられる[44]．ムスリム商人が清朝国内から出国することは，近隣のクルグズの牧地に限られており[45]，遠隔地へ赴くことは原則として禁じられていたようである．それでも，例外的に，ニジニ＝ノヴゴロドを訪れた漢人商人の存在が知られ［Fletcher 1978b: 328］，また，清朝の通訳官ジョガイ（Dzhogai）[46]がロシアの官員に対して，貿易のためイルビートに行きたいという希望を伝えた事例がある．本書ではくわしく触れないが，清朝領内からも商人が私的な取引のためにブフタルマ方面へ赴く例もあったことは興味深い[47]．19 世紀初頭において，コブドに属するチンギスタイのカルンにおいて，周辺の

---

[42] 「アジア」（ここでは中央アジアの）商品により関心がある，と伝えていた（1828 年 9 月 18 日，シベリア税関区長官宛て報告）［TsGA RK: f.806, op.1, d.13, l.110］．

[43] 乾隆五十五年八月二十九日（丁丑）諭［高宗：巻 1361］など．

[44] ［野田 2005b: 047］．カルンについての総合的な研究として［宝音朝克図 2005］も参照．Korsak［1857: 422］によれば，カルンの役割について「ここで，人員と馬の数が数えられ，ヤルルク（旅券の類のもの）に記入され，それは隊商の長に手渡される．この書き付けによって隊商は先へ進むのである」と説明されている．

[45] 乾隆五十九年十一月一日（乙酉）に見える回民出卡貿易章程（カシュガル参賛大臣の永保らの奏）［高宗：巻 1464］．［Kuznetsov 1973: 20, 111］も参照．

[46] 1827 年 12 月 22 日，対外貿易部からシベリア税関区長官宛て［TsGA RK: f.806, op.1, d.13, l.36］．この中で「清朝人が来る時は，手厚く受け入れる」ように命じており，来る者は拒まないというロシア側の姿勢の表れと言える．ジョガイは，道光十八（1838）年の文書にチンギスタイ卡倫の通事として名が見える［宮中檔：405002164］．また道光二十三年九月十七日奉硃批，コブド参賛大臣果勒明阿等の奏文においては，ウリャンハイの家畜を盗んだカザフの捜索をカザフの公爵アジ（阿済）に命ずるよう指令を受けた通事としてやはりジョガイ（卓蓋）の名があがり，この方面で通訳に従事していたことは間違いない［漢文録副：8273-39/605（民族類）-1572］．

[47] ［Kasymbaev 1996: 48, 52; Kasymbaev 1990: 37］．1805 年にチンギスタイ卡倫から清の官員がブフタルマを訪れた例は，ラヴロフから遣清使節団大使ゴローフキン宛て文書（1805 年 8 月 20 日）に見える［RKO XIX: 208］．

カザフから家畜を私的に購入する例もあり[48]，規模は小さいものの露清間の交渉と取引が行われていたことを示している．

新疆における関税については，カシュガルにおいては，基本的に20分の1（品目によっては30分の1）であったという[49]．新疆北路については，1840年代に新疆に入った外国人の記録が，タルバガタイにおいて10パーセントであったことを示しており，都市ごとに異なる対応をするようになっていた可能性がある[50]．

貿易に対する規制としては，茶，大黄，アヘンなどの統制品・禁制品の存在が挙げられる．しかし，上述のロシア商品と同様に，清朝の西北辺境はこれらの品が取引される場となっていた．

茶については，1820年代のジャハーンギール＝ホージャの反乱（後述）によって新疆全土が混乱した時に，カザフ，コーカンド商人から没収したことがあった[51]．またイリにおいて，カザフの隊商にまぎれて出国し，茶を密輸出しようとするアンディジャン人に規制を加えていた[52]．その後定められたタルバガタイにおける茶の規定（道光十七 (1837) 年以前）は，茶葉の流出を防ぐために，カザフが来て貿易をする際にとくに注意してこれを巡査し，貿易が終わると，カルンまで送る前に検査をしてから護送するよう求めており，茶葉が国外に流出しないよう気を配っていたことがわかる［漢文録副：8295-29/605 (民族類)-1884］．にもかかわらずさまざまな形で茶は国外に流出していたのであり[53]，ロシアにもたらされた量について1836年以降の統計資料が残っている．1840年には「白毫 *baikhovyi*」茶・磚茶併せて1,800プード（1プード＝16.38 kg）近くが中央

---

48) ただし，このときチンギスタイの三等侍衛は，例に反したことを責められ，免職を要求された（嘉慶三 (1800) 年六月二日奉硃批，コブド参賛大臣富俊奏（満文月摺檔からの訳））［中蘇貿易史資料：197］．

49) ［佐口 1963: 366–367］．よりくわしくはMillward [1998: 100] による表を参照．

50) アンディジャン人に10パーセントが課せられていたとの報告がある［Abdul-bali: 389–391］．リュビーモフもタルバガタイを来訪する外国人から10分の1を徴収したことに言及している［Liubimov2: 290］．

51) ［佐口 1963: 338］．また，道光十二年二月二十二日長齢らの奏に添付されたコーカンド＝ハンへの文書訳文が，カザフの王ジャンホジャの例にならって，没収した茶葉を返還することに触れている［新疆稀見：108］．

52) 道光八年七月二十八日（丙寅），徳英阿奏［回疆剿擒逆匪方略 巻68: 5–6］．［佐口 1963: 372］にも同箇所の言及があるが，カザフの隊商とははっきりと関連付けがされていない．

53) 山本 [2009: 93] が，コーカンド系商人による茶の密輸出に言及している．

アジアを経由して輸入された．1849 年には，「白毫」茶 5,160 プード，磚茶 8,528 プードに達したのである [Korsak 1857: 440]．なお baikhovyi の語源については「白花 baihua」とする説もある．ロシア帝国の統計上では，磚茶（レンガ茶）と対になる概念として，紅茶の葉茶のことを品種を問わず baikhovyi と形容していた [Subbotin 1892: 44]．

大黄は，1822 年にキャフタ税関以外でのロシア国境への輸入が禁止され [シチェグロフ 1943: 550]，新疆北部でも禁止されていた [外交史料道光朝 巻 2: 39]．しかし実際は，1820 年ころの新疆からの出荷が確認できる[54]．

一方，逆方向のアヘンについては，1834 年からセミパラチンスク経由で清朝西北へもたらされるようになったという指摘がある [Krasovskii 1868: 258]．ロシアでは 1841 年に輸出禁止令が出され [シチェグロフ 1943: 629; Kiniapina 1963: 272–273]，翌年には露清政府間でもアヘン禁輸についての交渉が行われた[55]．しかしアヘンの場合も取引の多くの実例を史料中に見出すことができる[56]．その後も新疆への流入は続き，1845 年前後に，イルビートから新疆北部へアヘンが運ばれたことについて，リュビーモフが記録している [Liubimov2: 292, 302]．1846 年の例では，トロイツク，セミパラチンスクから 200 プードのアヘンをタルバガタイにおいて 3,600 ルーブル（10 元宝に相当）で取引したという[57]．

元宝銀も，規制にもかかわらず清朝国外へ流出していた．その実態について，西シベリアの各税関の統計資料が物語っている．1827 年の統計では，セミパラチンスク税関への輸入額（タルバガタイもしくはカザフ草原より）は，計 866,146 ルーブルに対し，銀（すなわち元宝銀）が 623,637 ルーブル，中国産木綿織物が

---

54) [Meiendorf 1975: 129]．初期の例では，1793–94 年のタルバガタイにおいて，大黄（Reven）の取引がセミパラチンスクとの間に成立していたことが知られている [Sibers; Fal'k 1999: 41]．大黄のロシアにおける需要については [佐口 1966: 151–153]．

55) 1842 年 5 月 1 日，ロシア元老院は，理藩院に宛てて，ロシアからのアヘン販売を禁止する旨を伝えた [俄文 2: 360]．

56) 1840 年ころのアヘン取引は [Konshin 1905: 16]，1842 年の例は，11 月 21 日，アヤグズ管区庁よりシベリア＝キルギズ辺境庁宛て文書 [TsGA RK: f.374, op.1, d.39, l.1]．清の国境を越える手前でアヘンを闇取引していたことは [アトキンソン: 143] に記述がある．

57) [Ianushkevich 2006: 190]．ここから元宝をルーブルに換算すると，1 元宝（50 両）が 360 紙幣ルーブルで取引されていたことになる．事実，ロシア内地において 375 紙幣ルーブルで換算されていたことについては [Liubimov2: 300]．なお，3.5 紙幣ルーブル（assignatsiia）が，1840 年以降用いられるようになった 1 銀ルーブルに相当する．

5,829 ルーブル，中国産藍色布が 84,388 ルーブルであった．同年のブフタルマ税関への輸入額（ナルン河，カザフ草原，ヤルカンド，タルバガタイより）は，88,192 ルーブルの総計に対し，銀が 60,394 ルーブルであり，オムスクにも元宝は，24,500 ルーブル分（7 プード）入ってきていた［TsGA RK: f.806, op.1, d.15, ll.3–57］．また，1843 年のセミパラチンスク税関への輸入品の統計によれば，カザフ草原から（おもに家畜）82,094 ルーブル，コーカンドからの 33,729 ルーブルに対し，清からは 228,848 ルーブルであり，内 84,648 ルーブル（75 プード 31 フント）を元宝が占めていた[58]．銀でロシア商品を購入したのは，1830 年代までだったという指摘もあるが［Fletcher 1978b: 328］，清朝側での銀による決済は引き続き行われていたと考えられる［Korsak 1857: 417］．カザフとの取引について検討してみても，清はバーター取引しか認めていなかったが，実際はカザフをも経由して元宝はシベリアに流れていったのである．カザフ社会内における元宝の流通については後述する．

すでに指摘されるように，新疆における取引は，清朝の官営貿易的性格を持っていた［佐口 1963: 313–314］．すなわち，これは管理貿易であり，岩井茂樹が定義した「互市」制度の内に含めることができるだろう［岩井 2007: 354–390］．廖敏淑の区分にしたがえば「関市」の形態をとる互市として，清朝側は管理しようとしていたわけである[59]．ただし上に見たように，政府による規制は実効性に乏しく，キャフタ条約の適用外であったこの地域の国際商業には，政府の統制からの多くの抜け道があったことがうかがえる．新疆における対外貿易を全体として見れば，カザフは馬や羊を綿布，絹織物に，コーカンド商人がショール，ヨーロッパ（ロシア）製品，生糸，馬などを絹織物，茶などへ換えていた［Wathen 1834: 376］．

清朝にとっての貿易の意味を考えると，ロシアに比べるとはるかに内向きの政策を取っており，それは，駐屯軍に必要なものを得るという目的がまずあっ

---

58) ［TsGA RK: f.806, op.1, d.162, ll.1–8］．イリからセミパラチンスクへの元宝の流れについて，コルサクが示す 1843 年のデータと一致する［Korsak 1857: 417］．

59) ［廖 2009: 26–28］．カザフの貿易も含めて，新疆における取引の具体的な手続きははっきりしておらず，さらにくわしい検討が必要である．

たことと，辺境の防備が念頭にあったことが影響していたと考えられる[60]．当時の清の経済全体における新疆の貿易の位置づけについては，岸本美緒が林および王の研究に拠りつつ，カザフの貿易が主要なものであったとみなしている［岸本 1997: 178］．ただし，カシュガルにおいてはより自由な形で取引が行われており，正確な数字を知ることは困難であるが，「アンディジャン人」らフェルガナやタシュケント地方出身の商人（以下，「コーカンド系商人」とする）による取引も考慮に入れておく必要があるだろう．

ここまでに見た露清の政策の違いは，両国の対中央アジア政策とも共鳴し，その後のカザフ草原をめぐる両国の態度にも大きく関わることになるが，その点については，第4節で再度確認したい．

3．露清貿易の媒介としてのカザフ

上に分析した露清の政策を背景として，本節では，この地域における貿易の中でカザフが果たしていた役割を考察する．露清両帝国とカザフ間の取引については——とくに清との貿易について——すでに判明しているところも多い．それらにより，カザフにとっての貿易の性格が，必需品を得るための交換であったことは示されている．そこで，以下では経済上の側面のみを議論するのではなく，貿易への関与によって両国との関係を有していたカザフの存在の意義を考察することに重点を置くこととしたい．カザフがおもに取引を行うことができた新疆北部（イリ，タルバガタイ）と，コーカンド系商人が支配的であった新疆南部（カシュガル，ヤルカンドなど）を区別し，ここでは前者を中心にして検討する．

（1） カザフと露清両国との取引

佐口透が整理したように，カザフはロシアのイルティシュ要塞線および新疆において貿易に携わっていた［佐口 1966: 238］．先に取引がはじまったのは，対

---

[60] たとえば官兵の食料となる羊が不足していれば，カザフより購買することになっていた［伊江集載: 115］．

ロシア貿易である．18世紀後半までのカザフとロシアの取引についてはアポローワの研究がある．オレンブルク要塞線[61]に次いで，ジューンガルの勢力が衰えた1750年代以降，イルティシュ線においても，家畜とロシア製品を交換する形でロシアとの貿易が始まった [Apollova 1976: 322]．とくに1764年に設置されたセミパラチンスクの取引場 (menovoi dvor) がよく知られている [Andreev 1998: 40; Krasovskii 1868: 215]．ここでは，中央アジア，とくにブハラからの商品ともカザフは家畜を交換していたという [Apollova 1976: 323]．カザフの隊商がスルタンの権限の下にあったことは，草原を通過する隊商からの通行税徴収を求めたアブルフェイズの請願からも知ることができる[62]．カザフが都市に拠点を設けず，むしろ隊商の通過を統制することに関心を向けていたことは，後で述べるコーカンド系商人の都市とのかかわり方とは対照的である．ロシアにとってカザフがもたらす家畜が価値のあるものだったことについては，オレンブルクにかかわる記述だが，「国家の取引にとって重要で意味のある品目である」とみなされ，またロシア製品との交換はロシア側にとっても利益になると認識されていた[63]．1824年の例では，ペトロパヴロフスクにおけるカザフの家畜の購入価格は，羊が4ルーブル，馬は200ないし300ルーブルとなっていた[64]．留意しておきたいのは，ロシアとの取引は原則として，要塞線上の税関のある都市で行われることになっていたことである [Kasymbaev 1986: 69]．カザフによる隊商がロシアの内地に取引のために入ることが許されるのは，1822年規約が定められた後のことであった．家畜以外にカザフが取引をしていたのは，狐・テン・狼等の毛皮であり，ロシアからは綿ビロード・なめし革・穀類・小麦などを得ている[65]．

　一方の清朝が遊牧民と家畜を取引する例を考えてみると，ジューンガル時代の実績として粛州での互市があった [蔡 2006: 78]．カザフ＝清朝間の貿易が開始されるのは，1757年に「公式」な関係が始まった後の，1758 (乾隆二十三) 年

---

61) 1747年の勅令で外国人には無関税と定めたが，東方のカザフには不便であった [Apollova 1976: 320].
62) ただしロシア当局からは拒否された [Apollova 1976: 325].
63) 1810年11月23日，陸軍大佐ストルコフによる財務大臣のための覚書 [VPR5: 617].
64) 1824年12月22日，陸軍中佐ルキンからオムスク州長官宛て報告の添付文書 [TsGA RK: f.338, op.1, d.351, ll.5–6].
65) 1828年のブフタルマ税関の統計 [Kasymbaev 1990: 28].

第6章　西シベリア=新疆間の露清貿易とカザフの関与

からである．

　カザフのアブライは，「自らの馬群を率い，自分たちに無い物を交換して得れば，甚だ益 umesi tusa となる」と述べ，清朝側でも，屯田と関連して「カザフとの貿易を，甚だ有益となす」という上奏があったことにより[66]，双方に利があることが確認され，貿易はまずウルムチで開始された（1765年まで）[67]．カザフがロシアへ清との関係を説明する際に，貿易が目的であることを一つの口実にしており，カザフにとっての貿易の重要性は明白なものだったと考えられる［野田 2005b: 034］．清朝側でも，軍馬[68]あるいは食用としての家畜を必要としており，カザフへの対価として布や茶などを用意できるという状況があった．

　カザフが家畜と交換する物品については，すでに林永匡と王熹が，軍機処満文月摺檔より詳細を明らかにしたが，絹織物として，取引量順に緞子，繻子，綸子，薄絹（紗）があった［林；王 1991: 458］．筆者が確認した史料を一例として示すと，乾隆三十四（1769）年の4–5月にかけて，カザフがもたらした馬は147頭で，等級に応じて，銀3両4銭，2両4銭，1両9銭の値で取引された．牛は11頭で，各2両2銭，羊は295頭で1頭につき4銭5分であった．清側からは，それに見合う分の緞・絹布と半花紅線（赤い線の入った織物）が取引され，計494両6銭であった[69]．のちにカザフとの主要な交換品となった回布（新疆南部産の綿布）は，1疋4銭で，タルバガタイの定例にしたがえば，馬10頭が回布30–50疋，牛10頭が20–40疋，羊100頭が75–80疋で取引され［塔爾巴哈台事宜　巻4: 7］，その代価となる回布の量は99,000余疋と定まっていた[70]．

　最初期のウルムチに続いて，のちにはイリ（1759年–），タルバガタイ（1765

---

66) 乾隆二十二年九月十四日（十月七日奉硃批），ジャオフイ，フデ奏［満文録副: 1671-016/47-1391］，および十月七日（丙寅），ジャオフイ，フデ奏［高宗: 巻548］．
67) 蔡家芸［2006: 217–222］によれば，3つの期間（1760–65年，1766–91年，1792–1850年）に時代区分でき，それぞれ勃興の段階，繁栄段階，持続発展段階と位置づけている．
68) 乾隆五十二（1787）年七月の例では，タルバガタイの大臣永保（ユンボー）が，カザフが飼育している馬牛羊について，軍隊に分け与えるために購入することを報告している［内閣大庫: 195882］．
69) 乾隆三十四年六月一日の奏文の添付文書［満文録副: 2317-43/85-3178］．乾隆二十九（1764）年九月までの詳細は，［中哈1: 中哈2］を参照（それらの一部を Ejenkhanuli［2009a］がカザフ語に訳している）．
70) カザフの場合について，嘉慶『大清会典』が，イリ・タルバガタイは，家畜と回布（綿布）を交換するという形でカザフと「互市」をする，とみなしている［嘉慶会典　巻52: 24–25］．

年-）が主要な取引の地となり，清朝は，この2つの都市でのみカザフ隊商の入境を許可するようになっていくのである．当初はカシュガル[71]においても貿易を許していたが，のちに原則として禁止した．これに対し，乾隆二十八 (1763) 年[72]，同三十三 (1768) 年にはアブライがカシュガルでの取引開放を求め [林；王 1991: 539]，その子アディル（阿第勒）＝スルタンも家畜をともなってカシュガルを訪れ，貿易することを求めた[73]．その理由として，南路における高い馬価があったという見方もある [林；王 1991: 536]．

新疆において，実際にカザフの取引が行われた場について考察すると，イリでは恵遠城西門外の「貿易亭」で取引を行うことになっていた [伊江彙覧: 76]．規定によれば，貿易亭に隊商が着くと，営務処が報告し，将軍が派遣した侍衛らが取引を監視せねばならず，兵民が「私的に交換すること」は禁止され，清朝が得た家畜は官庫に入った [伊江彙覧: 76–77]．つまり，清朝側の商人との直接取引が認められていなかったことに注意したい．イリの商品調達は，糧餉処が管轄し，現地での需要分も含めて，ヤルカンドなどから毎年回布を 99,084 匹，綿布は 15,000 斤を運び，内 20,000 疋の回布はタルバガタイへ転送していた．茶葉は毎年 115,000 斤を調達し，紬緞は各色合わせて 1,500 疋程度を見積もっていたとされている [伊犁文檔匯鈔: 274–276]．なお，イリの貿易亭については，のちにロシアの旅行者が「取引場 *menovoi dvor*」と記し，ロシアの辺境におけるカザフの貿易と重ねあわせて捉えていたことをうかがわせる[74]．

タルバガタイにおいても，東門外にやはり貿易亭が設けられていた [塔爾巴哈台事宜 巻3: 11]．リュビーモフは，それが「*maitaza*［すなわち買亭子］」と呼ばれていたことに触れている．さらに，商人たちは「クルガン」と呼ばれる場所に宿泊しなければならない，と述べ，キャラバンサライのようなものだとみな

---

71) カザフのカシュガル貿易禁止については，乾隆二十六年十二月二十一日奉硃批，アグイらの奏がある [中哈 1: 523–522]（逆頁）．
72) 乾隆二十八年七月五日，カシュガル参賛大臣永貴らの奏 [中哈 2: 285–283]（逆頁）．
73) このときは，必要な布がイリでは少ないことを理由に 2,300 余頭の羊を連れて来訪したが，「回子地方」（カシュガリア）でカザフが貿易することは禁じられているという原則を，清側は伝えている．嘉慶十三年七月十一日，范建豊らの奏 [宮中檔: 404011281]．嘉慶十三年七月二十日（甲申）諭 [仁宗: 巻 199] も参照．
74) [IKZI5: 59]（オレンブルク国境委員会議長ゲンス (Gens) と地理学者ヘルメルソン (Helmerson) による調査の記録 (1839 年刊) の露訳）．[佐口 1966: 240] の示唆もある．

第 6 章　西シベリア＝新疆間の露清貿易とカザフの関与　201

している [Liubimov2: 288]．これは，清朝史料の中で，「貿易亭のかたわらには土堡が設けられ，カザフはみなこの中で帳幕を張り居住する」[籌辦夷務始末咸豊朝: 5] と記されているものに比定できよう．クルバンガリーによると，この場所はサルト＝クルガンと呼ばれ，「mūytāza（買亭子）」の向かいにあったという [Qurban 'ali: 308]．

　なお，カザフの貿易の時期については，旧暦 4 月から 9 月の間に隊商が来る場合がほとんどであった[75]．ロシア側の観察では，「清朝のカルン近くに遊牧するカザフは，アンバン[大臣]がカルンの巡視のために出かけるときに，タルバガタイにおいて馬を売却するためにカルンを越えていく」とみなされていたので[76]，やはり雪が解けた後の春，夏の時期であったと理解できる．

　なお，清朝の西北においては，イリ，タルバガタイでカザフから得た馬をコブドへも回していた [科布多政務総冊: 57]．

　以上は，清朝から正式に認められた取引，いわゆる官貿易であったが，私貿易も見られた [林；王 1991: 541]．また，カザフの隊商は，狐革などのロシア商品を新疆へもたらすことがあった．たとえば，乾隆三十三 (1768) 年の事例では，清朝側は，キャフタにおける貿易が停止中であるため，ロシア商品を受け入れることはできるが，本来はロシア人が新疆へ品を運んでくることもカザフが中継することも禁止とする方針をあらためて確認している[77]．乾隆五十三 (1788) 年にアンディジャン人がセミパラチンスクからロシア商品を密輸しているという報告もあった[78]．その後の伊犂将軍保寧の奏に引用された上諭の中に，

　　アンディジャン，布魯特，カザフはみな外藩の人[79]で，彼らは卡倫外からロシアに行き貿易をするが，我らは [それに] 干渉しない．しかし，カシュガル，アクスなどの内地のムスリムが私的にロシアに行き貿易することは，我が方では当然禁止すべきである．ボーニンらに寄信すべし．「以後，アンディジャン，クルグズ，カザフがロシアに行って交換した品を伊犂などで

---

75)　[林；王 1991] による．[佐口 1963: 319] も参照．
76)　1835 年 3 月 12 日，ニュハロフからデセントロランへ [TsGA RK: f.338, op.1, d.701, l.144–145]．
77)　八月十三日，伊勒図（イレト）の奏文 [中蘇貿易史資料: 193–194]．
78)　十月二十日，ボーニンらの奏 [中蘇貿易史資料: 194]．
79)　引用は，所載の満文月摺檔よりの漢訳だが，原文は "tulergi aiman" と記していると推定される．カザフを外藩に含めるかどうかについては，第 7 章における議論も参照．

売るならば，即刻彼らに明白に曉諭せよ．「今，フレー［庫倫］はすでに貿易を閉鎖しており，汝らが持つロシアの商品を，我が国の人間に売ることは許さない…［中略］…」と」[80]

とあり，清朝政府は，カザフらがロシアで貿易することには構わなかったが，ロシア商品の輸入は厳禁していたことがわかる．その後も，ロシア品の受け入れは原則として禁止されていたが，イリでは困難でもカシュガルからはロシア商品が清朝に入ったという指摘もあるので［Nabiev 1973: 198］，あるいは規定の運用に南北で差があったのかもしれない．いずれにしても，清朝が規制する品が，新疆に入ってきていたことはたしかである．

私貿易，あるいは上記のような規定にそぐわない非公式の貿易の1つの証左として，元宝銀のカザフ草原における流通がある．これは，カザフからロシアに納めるヤサク（毛皮などで納める現物税）を，家畜現物ではなく，元宝（露語ではiambu）で代納することの許可を求める請願があったことから裏付けられる[81]．西シベリアの当局が状況を調査した結果，「スルタンや地位の高いカザフの許には，元宝は間違いなくある」という報告がもたらされた[82]．先に示したように，これらの元宝はロシア市場にももたらされ，またカザフが直接清朝の商品をロシア側へ持ち込む例も見られる[83]．こうして，ロシア商品を新疆に持ち込む，あるいは清朝の品をロシアに売るという形で，カザフがロシアのイルティシュ要塞線と中国新疆間を「中継」する商業に従事していたこともたしかである[84]．ただし，統計資料の区分がおおまかなため，その具体的な取引高について明らかにすることは難しい．

それ以外のカザフの役割を探ってみると，カザフ隊商も清朝のカルンにおいて身元確認を受けていたことに注目できる．イリやタルバガタイを訪れるカザフの隊商は，それぞれの部族を統率するスルタンが派遣したもので［林；王 1991］，スルタンからの書き付けによって身元を保証され，カルンを越えること

---

80) 五十四年正月九日奉硃批［中蘇貿易史資料：194–195］．
81) シベリア＝キルギズ庁の報告，1843年11月19日［GAOmO: f.3, op.12, d.17723, l.1］．
82) 1851年，西シベリア総局会議の議事録より［GAOmO: f.3, op.12, d.17723, l.15］．
83) 1825年6月13日，財務省対外貿易部からセミパラチンスク税関宛て文書［TsGA RK: f.478, op.2, d.109, l.3］．「カザフ草原からカザフによって持ち込まれる清の商品が，真に清朝のものであればキャフタ税率を，そうでなければアジア税率をかけるよう」指示を行っている．
84) 佐口［1966: 238］が引用するIbragimov［1953: 53］は，史料的裏付けが十分とは言えない．

ができた［野田 2005b: 046–047］．このように，カザフの隊商がスルタンからの証明を必要としたことは，次に示す仲介者としてのカザフの役割と大きく関係している．

（2） カザフの仲介

1805 年に当時のシベリア知事に寄せられた報告は，以下のように，西シベリアと新疆間の貿易を概観している．

> ただカザフのみが国境を越えることを許されているので，西の辺境都市における清朝人との貿易は，カザフのスルタンたちを経由して行われている．それゆえ，ロシアの商人は，スルタンらの好意を高い価格で購わざるをえないのである．このスルタンたちは，自分の個人の名前で，隊商を清の国境へ送り届け，［ロシアの］商人らをも自分に属する者とする一方で，途上しばしばさまざまな要求や強請をする．加えて，隊商はロシアの国境を離れると，いつも略奪される危険があるが，［隊商を］派遣するスルタンは，これを力によって護ることはしないのである．隊商の主人は，スルタンに所属する者とみなされ，貿易について［独自に］清朝の当局に請願をする権利をもはや持っていない．清朝の都市において，貿易は官の側からなされ，個人との貿易は，カザフにも，その名前で入った者にも許されていない．このために，我々［ロシアの］商人にとっては，そのような締め付けにより，儲けが少なくなっている[85]．

先に示したように，「アンディジャン人」とカザフのみが新疆での貿易が許されていたために，新疆での取引の希望を持っていた「ロシア商人」――ロシア人商人，ムスリム商人も含めロシア臣籍を持つ商人たち――は，カザフの仲介を得るしかなかったことを，この報告は明示している[86]．すでに見たように，清

---

85) 1805 年 8 月 11 日，シベリア要塞線査閲監ラヴロフからシベリア総督セリフォントフ宛て［RKOXIX: 204］．
86) 「18 世紀末から 19 世紀初にかけてロシア商人がイリやタルバガタイの地の貿易を行うことはすでに相当普遍であり，…［中略］…カザフ王公の通商証明あるいは手紙を携える必要性は消失した」という指摘があるが，この時期の設定は早すぎると考えられる［厲 1993: 44］．Kuznetsov［1973: 112］は，「1825 年からロシアよりジュンガリアへの輸出は際立って増加した．このときまでにロシア商品の販売の禁止はたんに形式的なものになっていた」と述べるが，それを可能にした仕組み――カザフの関与――については考察が不足している．

朝産の品に関心を寄せるロシアから，国内外のムスリムを新疆に派遣するという，いわば一方通行的な貿易の形態があったわけだが，少なくとも19世紀初頭までは，カザフの仲介に頼る必要があったことがわかる[87)]．ただし，上のように，それはロシアにとって益が少ないものとみなされていたことにも注意すべきである [RKOXIX: 204]．

　もちろん，ロシア商人は，カザフからのみ仲介を受けたのではなく，「アンディジャン人」からも名を借りることがあった．ウスチ=カメノゴルスクやセミパラチンスクからイリなどに向かうロシア国籍のタタール人もしくはタシュケント人について，「いつもタシュケントないしカザフの商人の名前で *pod nazvaniem*」新疆に入ると報告されている[88)]．ロシア臣民の清朝領内への通行はそのままでは許されないことはよく知られていたが，仲介に加えて，「アジア人の装い」──中央アジアのムスリムの振り──をすることによって，通行が認められるという認識を同時期の史料に見出すことができる．

　1807年にセミパラチンスクからイリへ赴いたタタール人のムルタザー=フェイズッディン=マルズィャンの記録は，「誰も個人とは取引をする権利を持たず，将軍と役人 *galadai* がキャラバンサライ［貿易亭のことであろう］に来て，金を払うのではなく，品物ですべての品を商う．彼らはここで関税も徴収する…［中略］…清朝人は外国人の中でただアンディジャン人のみをイリ *Kul'dzha* へ容れている．ただしアンディジャン人の格好によって，そこへはさまざまな人々が往来している．小ブハーリア［南新疆］の都市では，どこへも同じように通され，貿易も自由である」と記し，コーカンド系商人による仲介を示している [Nebol'sin 1855: 340–343]．またこのような方法でロシアから来た商人たちが，バーター取引で手に入れた木綿織物は，ロシアに戻った時に売却するか，カザフに売るためのものだったと言い [Nebol'sin 1855: 343]，カザフが逆にロシア籍商人を介して清朝産の品を手にすることもあったことを伝えている．

　おそらくリュビーモフがもたらした情報（1845年）によって，先行研究では，たんに「アジア人の服装」で新疆に潜入するとされてきた[89)]．しかし，本章の

---

87) Kasymbaev [1990: 41] が概観している．
88) 鉱山主任 (gitten-ferwalter) ポスペロフの報告（1805年1月以降）[RKOXIX: 860]．またここでは，「ロシア人商人は，危険なのでまったく行かない」とも述べている．
89) [Rozhkova 1949: 337; Kuznetsov 1973: 112; Sladkovskii 1974: 212] など．本書ではさらに

第 6 章　西シベリア＝新疆間の露清貿易とカザフの関与　205

以下の考察が示すように，その背景としてカザフの略奪と仲介，またコーカンド系商人の勢力の推移があったことを念頭に置かねば，ロシア籍商人が新疆に入ることができた理由を説明できないと筆者は考える．すでに検討したコブドの大臣の認識（1828 年）は，清朝領内で商いを行うロシア人は，「カザフの扮装をすることでのみ入ることができている」とみなしていた[90]．茶の持ち出しを制限されたアンディジャン人がカザフにまぎれてカルンを抜け出す例も知られているので[91]，清側では，両者の外見を大きく区別できなかった可能性は高い．また，ロシアでも，こうした扮装は「うわべだけの儀礼 *naruzhnoe prilichie*」であると認識していたことも指摘しておきたい[92]．

このようにして，カザフの仲介，もしくは変装による潜入の形でロシアのシベリア要塞線（イルティシュ河沿岸）から清朝の新疆各都市へ隊商が送られ，取引が試みられていた[93]．また上に示した例からは，1830 年前後を境として，清朝側でもこの事実を確認しながらも，従来の規定の運用にこだわっていたことが理解できる．

より具体的な例を見てみると，1811 年にセミパラチンスクからアクス（「監視所と税関がある」と史料中に記されている）へ隊商が向かったことが知られ[94]，この年のブフタルマ＝イリ・タルバガタイ間の取引高は 156,941 ルーブル 70 コペイカに達したという[95]．13 年にやはりセミパラチンスクからアクスへ向かったラファイロフは，321,045 ルーブル分の商いを行った［VPR7: 392］．筆者がかつて検討した通訳官プティムツェフの潜行（1811 年）も，スルタンの仲介により

　幾つかのパターンがあったことを示している．
90)　1829 年 6 月 25 日，ブフタルマ税関からシベリア税関区長官へ［TsGA RK: f.341, op.2, d.26, ll.10–15］．清朝側のイメージについては第 1 章図 1（乾隆年間に勅命により編纂された『皇清職貢図』より）を参照．
91)　［回疆剿擒逆匪方略 巻 68: 5–6］（1828 年）．
92)　1832 年 8 月 14 日，財務大臣への報告［TsGA RK: f.806, op.1, d.48, ll.93–93ob.］．イリ・タルバガタイにロシア商人が赴いたときの様子．
93)　Kasymbaev［1990: 40–41］もカザフの仲介の事実を指摘しているが，清朝側の事情は考慮されていない．
94)　1811 年 8 月 22 日，総督グラゼナプから外相ルミャンツェフ宛て［VPR6: 160］．キャフタ条約により，新疆でのロシア人の貿易は禁止され，アジア人にのみ許されていることにも言及がある．
95)　1811 年 9 月 30 日，グラゼナプからルミャンツェフ宛て［VPR6: 188］．19 世紀初頭のロシア＝新疆間の取引高については［Aldabek 2001: 51］も参照．

隊商に紛れてタルバガタイ・イリへ赴いたものだったのである［野田 2005b: 047］．1815 年から 27 年までのセミパラチンスク税関における対新疆の取引高は，新疆への輸出が 7–12 万ルーブル，新疆からは 14–26 万ルーブルとなっており，ロシアの入超であった［Aldabek 2001: 61］．

さらに，コーカンド人になりすまし，かつカザフの仲介を受けるという複合型の潜入も見られた．1825 年に大ジュズに派遣されたシュビンに同行した医務官ジッベルシュテインは次のような記録を残している．

> 我々［ロシアの］商人は，…［中略］…アンディジャン人の偽りの名前を借りた．このような改竄は，カザフのスルタンたちによって可能になるのだが，彼らは手紙によって隊商の所属がこの領域［タシュケント］にあることを証明した…［中略］…商人は，スルタンらからの手紙を受け取り，その要求にしたがって税を納め，貢物 tartu[96] を将軍へ支払うことを引き受けるのであった［Viatkin 1936: 254］．

この場合，タシュケントの商人に成りすましたロシア商人は，その偽りの身元をカザフのスルタンに証明してもらい，その代償として，金銭を支払うとともに，代わって清朝高官へ貢馬を納めたのである．同時代の旅行記によれば，「［ロシアの］商人たちは，贈物によって，有力なスルタンから清朝の都市の長に宛てた書き付けを得て，庇護者であるスルタンの所有物としてのみ，ロシアの隊商は［清朝領内に］入ることを許された」のであった[97]．このように，カザフの名義で清朝領に赴くためには，別の出費が必要となったことが明らかになっている．それでも，カルンで捕縛されたロシア商人の身元を，スルタンが証明した事例も見られるので[98]，スルタンの仲介の必要性は高く，さらに，略奪からの保護も目的の一つとなっていた．

---

96) 「贈物」を意味するテュルク語．カザフのスルタンが伊犂将軍に使者を派遣した際の文書にも，馬を「tartu」する，すなわち奉呈する，とある（1828 年の文書）［満文録副：4058-060/198-1898］（［Noda; Onuma 2010: 78］）．

97) ［Zhivopisnoe: 169］．著者不明の旅行記で，原著は "Voyage en Asie et en Afrique"（Paris, 1834）．エカテリンブルクを 1825 年 11 月 19 日に通過し，「最近，1826 年にレデブル［K. Ledebur, ドイツ出身の学者］がメイエルとともにアルタイを旅行した」との記載が本文中にあるので，1825–26 年の旅行記であることはたしかである．

98) 1830 年 7 月 9 日，ウスチ＝カメノゴルスク税関からシベリア税関区長官宛て［TsGA RK: 806-1-13-197］．

このようにして，カザフの仲介を受けて，新疆へ入ることができるようになったロシア商人の存在が明らかになった．カザフの隊商の長は，清朝ではアカラクチ（モンゴル語で「長」を意味する）と呼ばれていたようだが，ロシア人がこのアカラクチとなる場合もあった [野田 2005b: 048]．アカラクチが率いる隊商の制度は，まさにスルタンたちの保証の下に成立していたのだった[99]．

(3) 略奪と隊商の保護

西シベリアから新疆へ向かう隊商にとって，カザフは上のような仲介者であるだけでなく，最大の障害でもあった．それは，清朝の領域へ赴くためには，カザフの遊牧地を通過せざるをえなかったからである．バルムタと呼ばれる部族，支族間の紛争解決の手段としての略奪が知られているが [Martin 2001: 140–155]，ここでは，カザフ自身のものも含め隊商を襲う行為を指している．

略奪の事実は，被害を受けた者たちがロシア当局へ訴え出た場合に明らかになった．たとえばあるロシア籍タシュケント人は，かつて新疆からの帰路，カザフに襲われた経験があることを述べた上で，「［再び］イリへ行こうとしていますが，キャラバンを守るために，50から60人のコサックを率いた［ロシア］官員を附けるよう命じて戴きたいのです」と護衛を求める請願を行っている[100]．

すでに示したように，ロシア当局が隊商を護るために，コサック部隊の護衛を付けざるを得ない状況があった．ロシアは護衛という手段以外に，政治的な関係を背景にして，カザフに略奪をしないよう要請を行っていた．1813年にセミパラチンスクから清朝領のアクスに行ったロシア官員ブベノフが報告するところでは，新疆に向かう途上で，カザフのスルタン，ビイ，長老たちに対して，総督からの「貿易に携わる商人に略奪や迫害を行わないように」という命令を伝え，さらに「少しでも愚かな行為があった場合には，ロシアの法に従い厳正に」対応することになる，と伝えた．これに，カザフ大ジュズのアディル＝スルタンが応えて，ブベノフに自分のトレングト（家人）を同行させたことが知ら

---

99) Aldabek [2001: 47] が示すのは，1830年にまとめられた情報中の，カザフのスルタンから書き付けを受け取って隊商の長となるアカラクチである．

100) 1817年6月13日，ロシア籍タシュケント人長老ミルクルバン＝ニヤゾフから総督グラゼナプへの請願 [GAOmO: f.6, op.1, d.18, l.44]．

れている[101]．のちに，オムスク州長官を務めるブロネフスキーが，ロシアの方針を次のように概観している．すなわち，「アジア貿易に配慮すれば，ロシア政府は，中ジュズのスルタンたちを自分の側に引き付けることに最大の努力を払わざるを得ない」と述べ，サルト（アブルフェイズの孫）やスユク（アブライの子）の名を挙げて，「隊商は彼らに保護 zashchita されて，ブハラ，タシュケント，コーカンド，そして清朝の都市，イリとタルバガタイへ移動する」ことを指摘している [Bronevskii 1830: 233]．つまり，ロシアに従っているスルタンが隊商を護ることを期待するものであり，先述のロシアによる旅券も，このような期待に基づいて発行されていたと考えられる．ここまでの議論から，カザフの仲介には，草原における隊商の安全を保障するという側面もあったことがわかり，ロシアの商人が仲介を求めた一因をこれに求められよう．

1822年規約の制定以降は，カザフ側から積極的に隊商を保護する姿勢を見せることもあった．中ジュズのカザフのスルタンらは，

「我々［カザフ］の牧地を通ってロシアからカシュガルやコーカンド国へ行く商人たちを保護するように esän-sav ötkäzsünlär…［中略］…，［彼らに］迫害を与えないように zorliq va zombuliq qïlmasunlar」とあなた様は手紙にお書きになりました[102]．

と，総督からの書簡の内容を確認した上で，ロシアに従う者として，「我々は，我々の下にいるナイマン［中ジュズの一部族］のカザフ総員とともに，いかなる圧迫も行いません．またいかなる時も通行税 alim をこの商人たちから集めません」と，隊商を襲わないことを約束した．前後して，大ジュズのスルタンであるスユクと総督との間にも，同様のやり取りが交わされており[103]，カザフ草原において，ロシアの影響力が強まるにつれて，スルタンの協力を得ることが常態化していったと考えることができる．1827年のニコライ１世からトゥルスン＝チンギソフへの勅書において，トゥルスンに従うカザフが，ブハラやタシュケントに向かうロシア隊商を保護したことに言及するなど，ロシア側の期待は

---

101) 1814年，通訳官ブベノフからグラゼナプへの報告 [GAOmO: f.6, op.1, d.19a, l.6]．
102) 1825年10月28日以前，カザフ中ジュズのシャンカイ＝スルタンらから西シベリア総督カプツェヴィチ宛て書簡（タタール語）[VPR14: 289–290]．
103) 1825年8月30日，スユクからカプツェヴィチへの書簡 [VPR14: 253]．

明らかだったからである[104]。

　当時,西シベリア＝新疆間を移動していた隊商のルート・規模・扱っていた商品などは,カザフの略奪に対する訴えから知ることができる。略奪された側であるコーカンド商人らは,カザフがロシアに属するという前提に立ち,それをロシア当局に訴えていた。訴えを受けたロシア側では,管区庁に登録したカザフが加害者となった事案について,調査を行うよう各税関に指示を出していた[105]。なお,コンシンによれば,被告が出頭すれば強奪された品が戻ってくることもあったようである[Konshin 1900: 48–51]。

　カザフの略奪による被害の大きさについて,1835年に非ロシア籍ムスリム商人が申し立てたところによれば,セミパラチンスクからイリ,タルバガタイに赴くにあたって,以前はロシアによる保護のために安全を享受していたが,今では略奪は絶え間なく行われるようになり,貿易の停滞に大きな影響を与えていたという。とりわけ,「[ロシアの]管区庁からは離れた清朝のカルンの内側で遊牧し,自分たちをどちらの帝国にも属していないとみなし我が儘に振る舞うスルタンたち」[106]から,大きな被害を被っていることを訴えている。また,多くのスルタンが1822年規約[107]を楯に取り,ただ牧地を通過するだけの非ロシア籍アジア商人からも「通行税 *alym*」を徴収していることにも不満が寄せられた[108]。彼らタシュケント人,ブハラ人商人の認識に従えば,やはりロシア＝清朝間の貿易にとって最大の障害はカザフの略奪であり,この問題の解決は,ロシアのカザフ草原にかかわる政策において重大な関心事となっていたと考えねばならない。

---

104) 1827年4月4日,ニコライ1世からカルカラル管区アガ＝スルタンのトゥルスンへの勅書［VPR15: 67］。
105) 1836年3月28日,シベリア税関区長官からセミパラチンスク税関宛て［TsGA RK: f.478, op.2, d.75, ll.42–43］。
106) 具体的には,クゼイ支族のエラシッラ,ヌラスッラ,アブルフェイズ;セミズナイマン支族のベクサンジン;トゥマ支族のオスマン;ムルン支族のスパンクル;バイジギト支族のトラブの各スルタンが名指しされている。
107) 1822年規約第192–193項。通行税を徴収できるのは,牧地に滞在してカザフと商取引を行う商人に対してのみであった。
108) 1835年8月21日,セミパラチンスク税関長からシベリア税関区長官宛て［TsGA RK: f.806, op.1, d.74, ll.33–36ob.］。

（4） 通行税

　上に示した通行税をスルタンが要求した例を見てみると，イリからロシアへ戻るタシュケント人の隊商が，ムルン支族のジャンホジャ＝スルタンの牧地への道のりで，スルタンが派遣したトレングト（家人）によって，通行税としての贈物を要求された事例がある[109]．これは，1810年の報告に基づく情報だが，1822年規約を逆手にとって，1830年代になっても通行税の名目で徴収を行うスルタンが多かったことはすでに示したとおりである．40年代のケネサル反乱が収束するまではスルタンらへの支払いはあったが，その後は見られなくなったようである[110]．それ以外には，「トグズ togïz」もしくは「ビル＝トグズ」と呼ばれる贈物の慣行があり，滞在先のカザフの貴人に客人が贈るものであったが，大きな負担とはならなかったようである[111]．

　カザフの清朝との貿易について，公式の取引が1850年代まで安定して続いていたことは，これまでに指摘されている．しかし，カザフが中継するロシア＝清朝間の貿易，さらには，カザフの仲介による取引や，統計に残っていない私的な取引も加えて，品物の多様な動き方があったことがここでは結論づけられる．もちろん，この地域での取引高は，キャフタにおけるそれと比べれば少ないものであったが，この物と人の流れこそが，露清間の西方の境界においても両帝国を結び，また次節における貿易の構造の変化につながったことを本章では強調したい．

　また中継と仲介に加えて，略奪や通行税――ただし一部では隊商を保護することも余儀なくされていた――という負の意味でも，カザフがこの地域の貿易に大きく関与していたことが，本節の考察から明らかになった．

---

109)　1810年9月24日，スタルコフからルサノヴィチへの報告［TsGA RK: f.345, op.2, d.158, l.74］．
110)　［Nebol'sin 1855: 65］．
111)　これらは，文字通りには，「9」あるいは「1つの9」を意味する．カザフにとっての聖数である9種の品がよしとされたようである（1845年のタタール商人の報告）［Abdul-bali: 373］．

4. 貿易構造の変化

(1) コーカンド系商人の時代

　まず，すでに何度も名の挙がっている「コーカンド系商人」について，もう一度整理しておこう．遡れば16–18世紀にはブハラ商人がシベリアと中央アジアを結んでいたが [Burton 1997; Ziiaev 1983: 147]，18世紀後半からコーカンド系商人（コーカンド市をはじめとするフェルガナ地方出身者，またタシュケント出身者も含む）も台頭するようになっていた[112]．このことには，同時期の，ウズベクのミン部族を主体とするコーカンド政権の台頭も関係があるだろう．

　彼らは，ジューンガル時代は東トルキスタンとの間を自由に往来し[113]，イルティシュ河沿岸諸都市との取引にも役割を果たしていた[114]．さらに，ジューンガル滅亡後も，新疆と西シベリアをつなぐ役割を持っており，カザフの仲介と対照することができる．たとえば，18世紀後半のセミパラチンスクには，ブハラ人，カシュガル人に加えて，タシュケント人が訪れ，さまざまな絹製品や茶，大黄，キタイカ（南京木綿）[115]，元宝などをもたらしていた [Andreev 1998: 87]．同時期のウスチ＝カメノゴルスクへ中国の商品を運ぶタシュケント人の存在も知られている [Apollova 1976: 337]．逆の方向にロシアから新疆へ商品を運んだ「安集延人（アンディジャン）」については，すでに言及したとおりである．

　その後，1811年のコーカンド＝ハン国によるタシュケント征服があり，一時期混乱が見られた．1810年はコーカンドやタシュケントからペトロパヴロフスクに隊商が来ず，貿易額は下がったというのも，この影響であろう[116]．またこの結果，コーカンド＝ハン国は，それまでブハラ経由であったオレンブルク，シベリアへの道を確保することになったことも貿易の発展に重要な契機であった

---

112) テュルク語の表記では，「タシュケント人 *Taškäntlik*」（1845年の文書）[GAOmO: f.3, op.1, d.1961, l.412] や「コーカンド人 *Qoqandlik*」と記される [TsGA RK: f.806, op.1, d.38, ll.41–41ob.]（1830年，コーカンド人からシベリア税関区長官への略奪の訴え）．
113) 1830年2月6日，外務省から北京正教伝道団長宛て秘密訓令 [VPR16: 462]．
114) [Ziiaev 1983: 148]．ズィヤーエフはイルティシュ線と中央アジアの貿易をくわしく分析し，タシュケント商人の役割を強調するが，タシュケントを単純に「ロシア商品の市場」とみなしている所に議論の余地があると考えられる．
115) 17世紀にシベリアで名を博していた「キタイカ」について，Burton [1997: 368]の解説がある．
116) 1812年3月8日以前，グラゼナプから財務大臣グリエフ宛て [VPR6: 310]．

と考えられる．その後の新疆におけるコーカンド系商人の活動については，佐口透の研究にくわしい[117]．

より広い視野から見てみると，同じころに，ロシアによるコーカンド=ハン国との関係強化の試みがあったことに気がつくであろう[118]．これを受けて，コーカンドは使節をロシアに派遣し，ペトロパヴロフスク経由の経路開通と，ペトロパヴロフスク，オムスク，セミパラチンスクに住むコーカンド人への優待を求めている[119]．すでにロシアの政策と関連づけて説明したように，コーカンド系商人をはじめとするムスリム商人は，シベリア要塞線の各都市に居住し，ロシア臣籍を持つ者さえもいたからである．

また注目すべきことに，清朝に対しても，新疆南路のカシュガルにカーディー=ベクなる官を駐在させることをコーカンドのウマル=ハン（在位 1810–22 年）が1813 年に要求しており [佐口 1963: 389; 佐口 1971: 169]，コーカンドから露清両国への働きかけを共時的に把握することができる．ブハラ商人の場合だが，本国と西シベリア，新疆との間をどのようなルートで動いていたかの目安として，一例を示しておこう．ブハラ人のミルニヤゾフは，ロシア内地のイルビートからセミパラチンスクを経由してタルバガタイへ行きイルビートの商品を清朝の茶，絹や木綿の織物と交換した．その後ブハラへ戻り，さらにセミパラチンスクを経由してイルビートへ行き，茶，ダバ（綿織物）などをカザン=タタール人に売ったのであった[120]．

その後，フェルガナに潜伏していたカシュガル=ホージャ家のジャハーンギー

---

117) [佐口 1963]．コーカンドと清朝の貿易については [Newby 2005] も参照すべきである．
118) 1811 年 1 月 12 日，財務大臣グリエフから外務大臣ルミャンツェフ宛て文書に，「総督グラゼナプが，コーカンドの領主に中ジュズのカザフのスルタンの子を送り，ロシアとの貿易関係に入らせようとした．領主は提案を受け入れ，ロシアとの貿易関係復活のために自分の代表団をロシア宮廷に派遣することを望んだ」と記されている [VPR6: 16–17]．
119) コーカンドの使者は，1811 年 12 月にルミャンツェフに上の請願にかかわる書簡をわたしている．ルミャンツェフの見解としては，これまでブハラを経由していたので，コーカンドとの直接取引は，ロシアにあらたな利益をもたらすかもしれない，と肯定的に受け止めていた [VPR6: 726]．1812 年 1 月 27 日付けのアレクサンドル 1 世からコーカンドのウマル=ハンへの勅書を使節は受け，そこではコーカンド側の「両国間に貿易関係を開くことについての同意」を確認したと伝えている [VPR6: 271]．Bukhari [102] がロシア=コーカンド間のペトロパヴロフスクにおける交渉に言及している．
120) 1836 年 1 月 25 日，ブハラ人ミルニヤゾフのセミパラチンスク管区庁への報告 [GAOmO: f.3, op.12, d.17976, l.55]．

ル＝ホージャが南新疆に侵入し，清朝に対する反乱を起こし（1826–28 年），さらにその兄のユースフ＝ホージャもカシュガルに侵入する（1830 年）など，新疆とくに南部は未曾有の混乱に陥った．また彼らの動きはコーカンド＝ハン国の支援を受けてのものだったので，すでにさまざまな研究者が言及するように，清朝は，コーカンド商人に対する規制を強化していた．佐口透が示すように，新疆の各都市（とりわけ南路）には多くのコーカンド系ムスリム商人が居住していたが[121]，清朝の規制によって追放され，あるいは貿易を禁止されるなど，その経済活動は大きな打撃を受けたのである[122]．イリの場合には，嘉慶二十四，二十五年，すなわち 1820 年前後からアンディジャン人が居住するようになり，1829 年には 1,466 名を数えたが，彼らはみな追放されている[123]．そのことは，ロシア史料にも反映されており，反乱前後の貿易の混乱とコーカンド商人らのロシア領への依存が報告されたのであった[124]．

この新疆におけるホージャたちの反乱は，通商関係の観点から見れば，西方のロシアをも巻きこんでいた．先述の新疆における混乱の報を受けたロシア政府は，さらなる情報収集と，コーカンドのハンにシベリア要塞線においてコーカンド臣民が貿易することの利を説くように命ずる方針を定めた[125]．折しもコーカンド＝ハン国はロシアへ使節を送っていた．ロシア外相ネッセルローデは，コーカンドのハン（マダリー，在位 1822–41 年）からの手紙にあった「全ロシア帝国とコーカンド領国との間の友好発展と相互のそして通商の関係継続についてのハンの提案」を確認した上で，「我が政府は，ロシアに長く従いカスピ海と中国領の間を遊牧するカザフの草原においても，コーカンド人を守ること

---

121) シベリア要塞線上の都市と同様に，コーカンド商人は，新疆各地に居住し，コミュニティーを形成していた［佐口 1963: 377］．

122) ［佐口 1963: 376］．数千人を越えるアンディジャン人が追放されたことについては，道光十年十二月十九日，伊犂将軍玉麟らの奏［外交史料道光朝 巻 4: 16–17］．

123) 道光九年二月一日（乙亥），伊犂将軍徳英阿らの奏［回疆剿擒逆匪方略 巻 78: 2–3］．佐口［1963: 378］も同箇所に言及．

124) 1827 年 3 月 30 日．対外貿易部からシベリア税関区長官へ［TsGA RK: f.806, op.1, d.1, 1.5］．「清朝人と中央アジア人との戦いによって，アジア人は自分たちの商品について，以前よりもロシア国境 predel を頼るようになった」と記している．同様の案件（同日付，対外貿易部からブフタルマ税関への秘密指令）は［TsGA RK: f.806, op.1, d.13, 1.5］．また Valikhanov［1985-2: 322］は，1827 年 3 月 17 日，カプツェヴィチからネッセルローデ宛ての報告の内容を掲載し，ロシア側が，コーカンド商人がペトロパヴロフスクに来ることに注意を払っていることがわかる．

125) 1827 年 5 月 5 日，アジア委員会議事録［VPR15: 105］．

努める」と伝え，コーカンド商人の貿易を保護する姿勢を見せた[126]．このような姿勢はコーカンドのハンへの勅書にも実際に反映されている[127]．

新疆南路におけるコーカンド商人については，後段で検討することにし，ここではまず北路におけるコーカンド商人の勢力を確認しておこう．イリからコーカンド系商人を追放した清朝は，以後貿易のために来るアンディジャン人の「逗留は1名たりとも許さない」方針であった[128]．ロシア側の記録（1832年）には，イリ，タルバガタイに入ることは，ロシア商人には可能だが，「タシュケント人にはかたく禁じられている」という記述が見られる[129]．またイリ，タルバガタイに「アジア風の服装」で入ったロシア商人によると，清朝人が，ロシア人に対して，他のムスリムに対するよりも良い待遇を見せたという[130]．北路においては，南路に設けられたアクサカル職（後述する）も見られず，コーカンド商人の勢力はホージャの反乱以後，より厳しく清朝の統制を受けていた．それは，結果として，ロシア籍ムスリム商人の台頭，さらにはロシア人自らの新疆への進出につながったのである．

清朝の警戒は，コーカンド＝ロシア間の外交にも及んでいた．1831年にコーカンドからロシアへの使者が到着した時に，ロシア側は，イルクーツク経由で「コーカンドの使者は受け入れていない」と清朝に伝えるよう指示を出すなど配慮を見せていた[131]．その後，清朝はロシア元老院に文書を出し，清の国境を侵したコーカンドの使節を拒絶するように求めている[132]．

その一方で，清朝は，新疆南路におけるコーカンドの侵入には抗しきれず，禁令を緩め，1832年にコーカンドとの「和議」を締結するに至った[133]．これ

---

126) 日付不明，ネッセルローデから使者たちへの文書［GAOmO: f.3, op.1, d.756, l.61］．
127) 1829年2月5日，ニコライ1世からマダリー＝ハンへの勅書［VPR16: 91］．
128) 1829年の奏文［回疆勦擒逆匪方略 巻78: 3］．
129) 1832年5月20日，ブハラ人からアクモラの部隊への報告［KRO2: 261］．
130) 1832年8月14日，財務大臣宛て報告［TsGA RK: f.806, op.1, d.48, ll.93–93ob.］．
131) 1831年5月30日，ネッセルローデからニコライ1世への報告［VPR17: 360］．この時のコーカンド使節については［Valikhanov 1985-3: 308–311］（"O kokandskom posol'stve"）も参照．
132) 1831年10月20日，理藩院から元老院宛て［俄文2: 345］．
133) ［潘 2006: 157–171］．その後1835年に条約が締結されたとするFletcher［1978c: 378］に対し，濱田［1998: 116］は慎重な態度を取っていたが，近年明らかにされたコーカンドから清朝に宛てた文書は，少なくともコーカンド側では「和約」と認識していたことを示している［濱田 2008: 93］．

第6章　西シベリア＝新疆間の露清貿易とカザフの関与

については潘志平の研究に詳しいが，注目すべきは，コーカンド側が求めた条件の中に，カシュガルにおける「商頭」[134]，すなわち貿易を司る役職の設置があったことである．コーカンドからの文書によれば，往来するムスリム商人に対する「支配権 fuqarālik」を求めるものだった．この役職は漢語史料中では「胡岱達（フダイダ）」・「呼岱達」[135] とも記される[136]．テュルク語では，むしろアクサカルと呼ばれていたようで，ワリハノフは，コーカンド＝ハン国が「条約を結びアクサカル aksakal を設置」したことに言及し[137]，またクルバンガリーは，「カシュガルにおけるホージャたちの乱が原因となって，フェルガナ［＝コーカンド］のハンが，アクサカル āqsaqāl の称号を持つ1人の役人を置いた」と記している[138]．このような要求があったことは，かねてより知られていたが，ここではむしろ，コーカンドの要求が，上に示した1810年代の状況と同様に，西シベリアにおけるコーカンド系商人保護の政策と共時的に行われていたことに着目したい．

その背景としては，繰り返しになるが，イルティシュ要塞線の各都市におけるコーカンド系商人のコミュニティー形成があった．1834年にセミパラチンスクに住むタシュケント人，コーカンド人らが述べたところによれば，彼らは40

---

134) 当時の訳文では「卡外進来的外夷回子求准我們設商頭管束（カルン外から入ってくる異国のムスリムについて，我々が商頭を設け管理することを許してほしい）」と訳されている［潘 2006: 162］．他の清朝の上奏文では，「派設商頭」することなどをコーカンド＝ハンが求めてきた，と理解されていた（道光十二年二月二十二日，長齢ら奏）［新疆稀見: 105］．チャガタイ語原文では，「カルンの外から入ってきた人々に対する支配権を授けてくださいますように qarāvulnïng tašiden kirgän ḫalq ādamïlarnïng fuqarālikini ... bersängiz」［潘 2006: 169］（ただし潘は「fuqarakini」と転写しているが，明らかに誤り）となっており，かなり文意が異なっている．［濱田 2008: 93］も参照．

135) たとえば道光十二年三月，興徳の上奏［宮中檔: 070910］．

136) これまでのところ，筆者の調査では北京第一檔案館所蔵の満文録副において，関連する奏文を見出せておらず，満洲語でどのような訳語が当てられているかは分かっていない．これまでの議論（［Fletcher 1978a: 84; Newby 2005: 65; 濱田 2008］）も参照．ある漢語文書は，「商頭は，ムスリムの言葉［回語］で呼岱達と呼ぶ」ことに言及しているので，今のところペルシア語に由来すると考えることにしたい［宮中檔: 406002873］（徳齡奏，咸豊二年（1853）十二月二十日）．

137) ［Valikhanov 1985-3: 147, 185–186］("O sostoianii Altyshara ili shesti vostochnykh gorodov Kitaiskoi provintsii Nan-Lu v 1858–1859 godakh")．

138) ［Qurban ʻali: 100, 366］．［Frank; Usmanov 2001: 7］にも指摘がある．詳細は文書史料より明らかになるが，このような記述は当地のムスリムの間でこの事実が周知であったことを意味している．コーカンドとカシュガルの間で取引された品目は，コーカンドからカシュガルへは，ロシアの鉄，鋳鉄，銅，Sukno（ラシャ羊毛），毛皮，Sitets（更紗），Kalinkor（ペルシャ製更紗），Vyboika（更紗），Nanka（南京木綿），Tsvetnoi plis（別珍）であり，カシュガルからコーカンドへは，茶，陶器，絹，元宝であった［Nebolʼsin 1855: 172］．

年前から貿易を行い，現地の住民との通婚もあったという．ロシア国籍を持っていなかった彼らは無税を享受していたため，各都市当局から追放の対策を採られることもあった[139]．

セミパラチンスクのアクサカルについては，クルバンガリーが次のように記している．

> ロシアの中にいる臣民へもアクサカルを置くことについて協議 *maṣlaḥat* が行われ，最初は，セミパラチンスクにおいてムウミンバイの子ミールクルバンバイへ［コーカンドの］ハン側からアクサカル職のヤルリク［勅書あるいは文書］が渡された．ロシアの側から［も］認められた [Qurban 'ali: 366]．

この記述は，コーカンドの使者がロシア当局に宛てた通知と関連付けられそうである[140]．それによれば，セミパラチンスクの「コーカンド臣民 *fuqarālarïmïz*」は「自分たちの法に基づいて *öz šarī'atlarïmïz buyïnča*」裁かれていなかったが，ロシア側から「恩恵 *marḥamatlar*」が示された結果，裁くことができるようになったという．これが，在外のコーカンド系商人を統括するアクサカルの職につながったと考えられる．ここにも「fuqarā」の語が用いられており，先のカシュガルにおけるアクサカルとの関連性も考えうる．またペトロパヴロフスクにおいても，コーカンドのハンが「1821年よりヤルリクによりケンジャタイ＝バイジャノフをアクサカルに任命し，西シベリア総督からも承認されていた」ことが知られており [Ziiaev 1983: 118]，これら西シベリアにおけるコーカンドの施策は，清朝への要求と同様の趣旨を持っていたのである．

こうして，1820–30年代の新疆の混乱を契機として，コーカンド＝ハン国の貿易における勢力圏はむしろ広がった．それは，とりわけ新疆南路，中央アジア，西シベリアを結ぶ貿易として把握できる．その政策の特色は，アクサカルと呼ばれる役人を置いて，現地のコミュニティーを掌握し，西シベリアと新疆南路をつなぐことにあり，カザフの貿易へのかかわり方とはまったく異なっていた．ただし，北路においては，コーカンドの影響力は低下したと考えられ，そこにロシア籍商人が商業に携わる余地もあったのである．

---

139)　1834年1月18日，対外貿易部宛て報告 [TsGA RK: f.806, op.1, d.7, ll.178–178ob.]．ペトロパヴロフスクとセミパラチンスクに在住の「アジア人」商人にかかわる問題に言及している．

140)　1829年4月28日，オムスク州長官デセントロラン宛て（チャガタイ＝トルコ語）[GAOmO: f.3, op.1, d.756, l.83]．

その後のコーカンドと清朝の貿易についてはニュービーの研究に詳しい [Newby 2005: 214]．アクサカルについて一例を挙げると，1840年のコーカンド=ハンへの書簡の漢訳において，フダイダ，すなわちアクサカルを通じて「汝の属下がアヘンを売ることは許されない」ことを通知する，というくだりがあり[141]，清朝側もアクサカルを利用して，貿易取締りを行おうとしていたことがうかがえる．

(2) カザフ草原の混乱

次の第7章で見るように，露清間の境界が明確になるにつれて，カザフと清朝との関係は限定されるようになった．

また北からのロシア管区展開と南のコーカンドの攻勢にさらされたこともカザフの貿易に影響を与えたであろう．並行してロシアはカザフの貿易への関与に干渉を加えつつあった．先に述べたように，隊商保護を半ば強制的にスルタンらに求めたほか，カザフの移動を制限しようと努め [Kasymbaev 1996: 65]，結果として，カザフによる隊商略奪は止むようになった [Kasymbaev 1990: 32]．さらに，1837–47年のケネサルによる反乱はとくに中ジュズ，大ジュズのカザフの牧地に大きな混乱をもたらした．その貿易への影響については，バルカシンが「西シベリアと中央アジアとの間の貿易活動に，ひどく影響を与えた」と述べている[142]．45年にトロイツクからタルバガタイへ赴いたタタール商人アブドゥルワリーも，ケネサル反乱が隊商を略奪するために，1844年までは新疆へ行こうとは考えなかったと記している [Abdul-bali: 372]．ロシュコワが整理した統計資料は，33–40年にかけて，ロシアの「カザフスタン」（ただし，カザフ草原西部も含むことに注意）との取引が輸出入ともに減少し，かわって中央アジアの諸ハン国との取引量が増加していることを示し，40年代はカザフへの輸出がまた増加したことを示している [Rozhkova 1949: 192, 309]．

カザフの清朝との取引について言えば，1845年に新疆北部へ潜入したリュビーモフの記録は，カザフが依然として家畜を売っていることを示している [Liubimov2: 303]．19世紀になると，カザフがどれだけ新疆に家畜をもたらし

---

141) 道光二十年の案件 [新疆地方歴史資料: 330–331]．[鴉片戦争檔案史料: 780–781] にも，やはりフダイダによる取締りに言及する奏文がある（同じく道光二十年）．
142) [Balkashin 1999: 25]（初出1881年）．

たかを示す情報はほとんど知られていないが，その代価となる回布の量は99,000余疋と定まっており[143]，少なくとも1849年までおおむねその量は維持されたようである[144]．実際にカザフが取引を行っていた額は，すでに示したように非公式のものを考えれば，より大きなものであったと考えられる．これにコーカンド系商人による中継や仲介が加わり，さらに，リュビーモフの時には，すでにロシア籍商人が新疆で貿易を行うことも珍しくなくなっていたのである．

ロシア籍商人の台頭の理由を考えてみると，清朝の境界周辺で遊牧をするカザフが，ロシアに従いはじめていたことがある．かつて（前節（3）を参照）は略奪者として名の挙がっていたバイジギト支族について，2人の有力なスルタン，サベクとドランバイが「ロシア臣籍に入る素振りを見せて」おり，新疆への路の安全を保証することはさほど難しくなくなっている，とリュビーモフは報告書の中で観察している [Liubimov1: 448]．このような状況も，ロシアにとっての新疆での貿易の可能性を高めたにちがいない．

（3） ロシアの企図

シベリア税関区長官の意見に見えるように，「今は遊牧民を含むアジア人が直接行っている清朝との取引は，次第にロシア人の手に移るだろう」という展望は，1832年の段階ですでに西シベリアの当局の中で形成されていた[145]．ロシア中央政府においては，1842年に，西シベリア＝新疆間の貿易の可能性について，本格的に議論が行われた [シチェグロフ 1943: 631]．たしかに，セミパラチンスク経由の新疆との貿易は，40年代になって発展を見せたという指摘がある [Rozhkova 1949: 336]．些細な事例かもしれないが，リュビーモフが同道したグリゴリー＝ザハロフというロシア人商人は，すでに1838，39年にタルバガタイで茶を購入し，隊商を率いるアカラクチとして，清のカルンでも「グルグル」の名で知られていた [Liubimov2: 286, 294]．ロシア人の清朝領内への入境さえ

---

143) 回布に加えて，綢緞も内地より毎年740疋が集められ，カザフとの交換に用いられていた ［伊江集載: 111］．

144) ［林；王 1991: 445–450］の表．咸豊元年二月十一日奉硃批，徳齢・布彦太の奏は，道光二十九年に，ヤルカンドからイリへ回布49,112疋，綿花1万斤が，カシュガルからは11,110疋，ホータンからは38,832疋，綿花5,000斤が運ばれたことを伝えている［内閣大庫: 169046］．

145) 1832年8月14日，財務大臣宛て報告 [TsGA RK: f.806, op.1, d.48, l.94ob.]．

も，リュビーモフ来訪時には公然の事実となっていたのである[146]．これにより，リュビーモフの報告書は，茶のロシアへの輸入が1839年から本格的になったこと，45年にはロシア籍商人の隊商はすでに定期的になっており，イリへは6月に1度，タルバガタイへは夏中見られたことを伝えているのである[Liubimov1: 314, 326]．同じ時期にタルバガタイに入ったタタール商人は，イギルマというカルンを通過する際に，「清朝皇帝の同盟者であるロシア皇帝の臣民」であることを堂々と告げ，当地の参賛大臣との面会時も同様の態度を示した．結果として，友好国であるロシアから来たという理由で貿易を許されたことをこの商人は証言している．したがって，かつて清朝が頑なに守っていた原則は，このときにはもはや形骸化していたと言える[Abdul-bali: 382]．

なお，新疆で取引される茶は福建産だった．それらをもたらすのはおもに山西商人であり[147]，リュビーモフのインフォーマントとなった「Dzhan-Dzhanguida」もその1人だった[148]．ロシア商人の常態化と同時に，これまで私的な取引が許されていなかった清朝の内地商人も新疆での取引を許されるようになり，まさに，ロシアと清朝の新疆における直接取引の機運は整ったのである．また，ロシアの積極的な方針の陰には，カシュガルにおける英国商品の存在や[Liubimov1: 343]，中央アジア市場におけるイギリスの影も考慮に入れなくてはならない[149]．1851年のロシア籍商人の新疆における直接取引の開始は，カザフ草原への進出という政治的な変動とも密接に関連しており，第7章でそれを確認したい．

小結

本章では，露清の貿易にかかわる政策を整理した上で，18世紀後半以降，本

---

146) イリのアンバン（大臣）は「タルバガタイで取引が許されているのは，アンディジャン人に対してであってロシア人にではないから，［ロシア商人を］アジアの装いで来させるように」と述べたことがリュビーモフの手稿に記されている［Liubimov2: 289］．
147) ［山本2009: 80］も参照．またキャフタにおける露清貿易への山西商人の関与については［塩谷2009］．
148) ［Liubimov2: 294, 291］．掌柜的（zhangguide）は「番頭」の意．「イリでは1845年から，タルバガタイではより早く中国商人との直接取引が可能になった」と指摘するRozhkova［1949: 337］は，おそらくリュビーモフに拠っていると考えられる．Khokhlov［1978: 102］なども同様．
149) ［Rozhkova 1949: 340］．1842年ころからブハラにイギリス商品が，イランやカンダハル経由で入っていたことについては［Nebol'sin 1855: 216］．

来禁止されていたはずの，露清間の隊商往来を可能にしたシステムを解明することができた．

　清朝と外交関係を持つようになったカザフ，コーカンドは新疆における貿易を許され，それゆえに，西シベリア＝新疆間の仲介を行うことができた．また彼ら自身も商品を中継する役割を持った．カザフの役割に注目すると，スルタンらの仲介に加えて，略奪や通行税の形で貿易に介入していたことが明らかになる．新疆への隊商派遣を行っていた西シベリアの商人は——ムスリム，非ムスリムを問わず——新疆への入境と，カザフ草原通行の安全のために，カザフの仲介を必要としていたのだった．19世紀初頭になり，タシュケントを勢力下におさめたコーカンド＝ハン国の勢いは増し，それは，ロシアの思惑とも符合していた．コーカンド系商人は，新疆における反乱にも乗じて，中央アジア，西シベリア，新疆南路を結ぶ貿易活動を展開することができた．一方で，新疆北路においては，彼らは勢力を失い，代わってロシア籍商人が直接の取引に乗り出そうとしていた．それには，ロシア帝国によるカザフのスルタンらの取り込み，すなわち臣民化が大きな意味を持っていた．この動きは，次章で詳述する1851年の露清間通商条約として結実し，イリ，タルバガタイでのロシアの取引は公式に認められるようになる．このような西シベリア＝新疆間貿易における構造の変化は，政治上の変動と大きく結びついており，カザフの商業上の主導権の低下も，ロシアの進出，コーカンドの勢力拡大，カザフ草原の混乱という諸要素が絡み合った結果と言える．露清の中央アジアに対する政策の差異は際立っており，ロシア側は，清朝との貿易を常に視野に入れながらカザフ草原併合を進めていたのである．

　カザフ，コーカンド系商人，ロシア籍ムスリム商人らが結んでいた西シベリアと新疆という2つの地域を区切るのは，ロシア帝国の境界にほかならなかった．カザフの東方関係におけるロシアの境界とは，清朝との境を意味しており，露清間の国境の成立とその中でのカザフの反応について，次章で検討することとする[150]．

---

150) Fletcher [1978b: 329] は，「ロシアのカザフへの支配は1830年代までに非常に強くなったので，清とカザフの貿易の外面は，もはや漢人とロシアの取引の事実を隠せなかった」とみなしているが，本章あるいは第7章の考察によれば，それはより遅い時期に求められ，かつコーカンド勢力の推移をも考慮に入れて論ずるべきだと筆者は考えている．

第7章

露清関係の変容と「カザフ=ハン国」の解体

はじめに

　露清帝国間のカザフの立場は，第3章で見たように，両国双方が自らへの帰属を主張するというきわめてあいまいなものであった．しかし，第2章においてすでに示したことだが，カザフを取り込もうとするロシアの管区の境界は，次第にロシア帝国の国境となり，清朝との境を分かつようになる．本章では，ロシア・清朝間の国境が次第に明確な形を表す中で，露清両帝国が，その間に位置していたカザフ=ハン国をどのように扱おうとしたのか，またロシアによるハン位廃止後，残されたカザフのスルタン（ハン家一族）たちが両国の間でどのように振る舞うことができたのかを検討する．それによって，露清国境がカザフの中ジュズ，大ジュズの遊牧地を分断する過程を示し，カザフ=ハン国の解体の結果として，その東方関係が失われていったことを明らかにできるだろう．

1．2帝国の辺境統治（西シベリア総督府と伊犁将軍府）

(1) ロシアの西シベリア総督府

　露清帝国の対カザフ政策を理解するために，まず両国の辺境統治について考えてみたい．ロシア帝国について，1822年以降の西シベリア総督府の創設経緯，行政上の役割についてはすでに整理を行い（第2章第3節），中ジュズの牧地に導入された管区制度があらたな境界を生み出す過程を示した．そのため，ここではその軍事的な役割に絞って検討することにする．西シベリアの防備は，18世紀初頭から設定された要塞線によって把握することができる．そのうちの

```
┌─────────────────────────────────────────────────────────────────────┐
│ 陸軍省 ── シベリア独立軍団 ── シベリア要塞線コサック軍団 ─┬─ 各管区庁 │
│          (西シベリア総督が     (オムスク州長官が団長を兼ねる) │                 │
│           司令を兼ねる)                                 └─ コクペクトゥ │
└─────────────────────────────────────────────────────────────────────┘
```

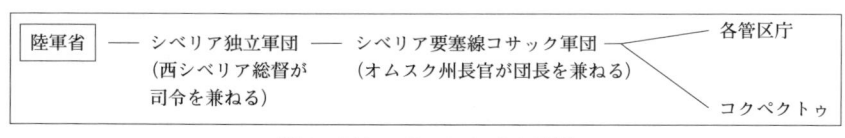

図1　西シベリアにおける軍制

イルティシュ要塞線上の都市[1]，すなわちオムスク，セミパラチンスク，ウスチ＝カメノゴルスクなどが，カザフとの関係を持っていたことは，第6章でも示したとおりである．のちに1822年規約により，カザフ草原に管区を設けることを定めたが，ロシアの意図は，国境外縁管区 (pogranichnye vneshnie okruga)[2] を増やすことによりシベリア (イルティシュ) 要塞線を南進させることにあった[3]．ここでは，カザフへの対策だけではなく，中・大ジュズの牧地に隣接する清朝との境界線が意識されていた．

シベリアに展開したロシア軍の主要なものは，1808年に編成されたシベリア要塞線コサック軍団 (Sibirskoe lineinoe kazach'e voisko) と，1816年に編成されたシベリア独立軍団であった．そもそも前者は独立軍団司令 (すなわちシベリア総督) の統帥を受け，のちにコサック軍団長をオムスク州長官が兼ねるようになると，コサック軍団もシベリア独立軍団の下に入った．また各管区庁にもコサック兵を配備し[4]，管区の正式な開設が遅れたコクペクトゥにも，部隊 (voennyi otriad) を派遣していた[5]．

シベリアの軍制は，行政機構と同様の階層構造になっていた．むろん変遷はあるが，1850年代までの大要として，図1を参照されたい．

(2)　新疆の成立 (伊犂将軍府[6])

ジューンガルの政権を滅ぼし，その残存勢力と言うべきアムルサナらを討った後，清朝はタリム盆地へ進み，1758年にカシュガリアをも平定した．こうし

---

1) 要塞 (krepost') や前哨 (forpost) から要塞都市へと発展したものだった．
2) もう1つの区分は近接管区 (blizlineinye okruga) である．
3) 1822年規約第316項を参照．
4) カルカラルやコクチェタウには，300人が配置されていた [Kozybaev et al. 2000: 308]．
5) コサック中尉のニュハロフが隊長を務めていた．
6) Khafizova [1995: 115] は，清朝の「総督制 *namestnichestvo*」と位置づけている．

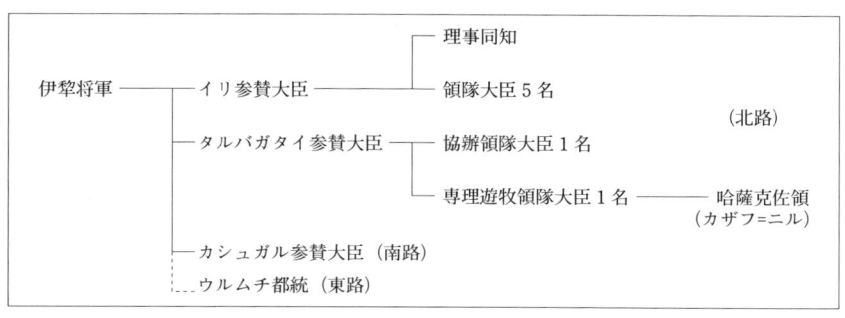

```
伊犂将軍 ─┬─ イリ参賛大臣 ──────┬─ 理事同知
         │                      ├─ 領隊大臣 5 名
         │                      │                    （北路）
         ├─ タルバガタイ参賛大臣 ─┼─ 協辦領隊大臣 1 名
         │                      └─ 専理遊牧領隊大臣 1 名 ─── 哈薩克佐領
         │                                                   （カザフ=ニル）
         ├─ カシュガル参賛大臣（南路）
         └─ ウルムチ都統（東路）
```

図 2　新疆における軍制

注）出典は［管 2002: 60-61 間］．なお東路は陝甘総督の指揮下にあるが，伊犂将軍の指令も受けた．

て新しく得たジュンガリアとカシュガリアを併せ「新疆」，すなわち新しい領土と名づけ，特別の行政と軍制とを設けることになった．新疆全体を統括したのは，「総統伊犂等処将軍」，いわゆる伊犂将軍であり（乾隆二十七（1762）年-），かつてジューンガルが都としていたイリ（グルジャ）の恵遠城に駐した．ここが新疆における清の多民族統治の拠点となっていたことは，その職責の 1 つが「外夷部落を統括する」とのちに説明されるようになったことからも明らかである［新疆識略 巻5: 官制］．ロシアの総督府がトボリスクという比較的奥地に留まっていたのに対して，イリはカザフ，クルグズの牧地に近く，前衛としての役割も持たされていたと言える[7]．

伊犂将軍の下には南路，すなわちカシュガリアを統括するカシュガル参賛大臣と，北路，すなわちかつてのジュンガリアを管轄するイリ，タルバガタイの各参賛大臣が置かれた．カザフが関係を持っていたのは北路の各官員，官署であり，カザフのニル（佐領）もここに編入されていた[8]．なお，タルバガタイ（綏靖）城は，乾隆二十九（1764）年にウルジャルの地（現在はカザフスタン共和国）に設けられ，のち三十一年に現在の塔城に移されたものである．清朝の新疆統治の特徴

7）ロシアに対する備えとしての意味もあった［管 2002: 97］．乾隆三十二年十月二十五日，乾隆帝からアグイへの勅諭は，将軍任命状であり，「伊犂は実に新疆の総会［=要］であり，将軍は諸路の鎮防を束ねる．ここに，とくに総管伊犂等処将軍とする」ことを示している［内閣大庫：080370］．伊犂将軍に任命されたのは，満蒙の旗人，とくに乾隆末期以降は蒙古旗人であった［村上 2009］．

8）［小沼 2003；小沼 2006］．ニルに編成されたカザフは，「遊牧する内属者」として分類され，それ以外のカザフとは区別されていた［嘉慶会典 巻52: 33］．第3章小結を参照．

は，現地社会の複合的な間接統治にあるが，北路についていえば，ジューンガル滅亡後の空地に東北からの満洲八旗やその他の少数民族からなる部隊を移住させ，またトルグート等に牧地を与え，ジャサク制を敷いていた［片岡 1991: 73］．

カザフにかかわる事務を見てみると，カルン線を勝手に越えて来るカザフを捕らえたとき，図2に見える理事同知という官が，営務処を経由して審理を行った．またこの官は，カザフが貿易のために運んできた品の検査（史料上では「稽査」）にも責任を持った［伊犂文檔匯鈔: 76–77］．将軍府内の機関の内，カザフの辺界（牧地）を巡査し，租馬を徴収するため毎年秋季に部隊を派遣する事務を司っていたのは印房である[9]．部隊は，満洲営をはじめ，シベ（錫伯），ソロン，チャハル，オイラト等の営から構成された混成部隊であり，通常は300名の編成であった[10]．これが，1761（乾隆二十六）年より始まった，チュー，タラス河方面やタルバガタイ以西に部隊を派遣し哨戒を行う「巡辺」と称される行軍であった[11]．本書の問題関心にかかわる伊犂将軍府の職責としては，国境の防備（巡辺，および次に述べる卡倫（カルン）による），皇帝謁見のための使節（入覲）にかかわる事務[12]，渉外（異民族との貿易，外交）が挙げられる．

ロシアが，上に見たように要塞線によって境界の防備に当たっていたのに対して，これに対峙する清側では，カルンを前哨として据え，それらを結んだ線を防衛線として構築していたことはよく知られている．クルバンガリーは，イリについて記述する際に，「東でのこの2つのまち［イリとタルバガタイ］の創設に対応して，ロシアは西から来て，ペトロパヴロフスク，セミパラチンスクの要塞を建設した」[13]という認識を示しており，清朝のカルン線とロシアの要塞線とは対称的な働きをしていたと考えることもできる．実際，ロシア側では，清のカルンについて，規模の小さな堡塁や哨所を意味する karaul, piket, redut

---

9) ［伊犂文檔匯鈔: 321］．夏季は布魯特（クルグズ）に対し部隊を派遣した．印房では割り当てを行い，営務処が各々の営に必要な人数を伝えていた［総統伊犂事宜: 232］．
10) ［伊犂文檔匯鈔: 345］．ロシア史料中にも，カザフ草原を訪れる清朝の部隊が300人の規模であることの言及がしばしば見られる．
11) ［厲 1995: 11–12］．また［小沼 2001］も参照．
12) 1800年にワリー=ハンが息子をイリに派遣し，北京へ赴くことを求めたが，伊犂将軍は，指令なしには不可能であるとして中央に照会をした，とロシア史料にあるのも，このような入覲使節管理の例と言えるだろう［Andreev 1998: 227］．
13) ［Qurban 'ali: 290］．ただし，正確な年代としてはロシア側の要塞建築の方がより早かった．

第 7 章　露清関係の変容と「カザフ＝ハン国」の解体　225

などの単語を用いて記し，自らの要塞線に重ね合わせて理解していたと考えられる．

　またロシアでは，早い段階から，将軍をはじめとする高官がイリに駐在していることを把握し，そのほかに，タルバガタイやコブドに参賛大臣がおり，巡察のための部隊をカザフに対して派遣していることも理解していた［野田 2005b: 036］．たとえば1765年の情報では，「イリ河沿いに大勢の清朝軍がおり，その総司令となっているのは将軍 zhanzhun batyr である」との報告がある[14]．一方，清朝側では，第2章で見たように初期にはシベリア要塞線のロシア軍人たちとの交渉[15]が知られたが，その後は，清朝側でカザフ草原におけるロシアの管区の存在を容認することなどできず，文献上でその存在が表に出てくることもなかったため，清朝側の認識を確認することは困難である[16]．

　なお，駐ウリヤスタイ定辺左副将軍が管轄する外モンゴルには，西部のコブド地方も含まれていた．この地はロシアとの境界にも近く，カザフの一部にも影響力を持っていた．コブドの参賛大臣による巡辺も，しばしばロシア軍と接触し，カザフの越境をめぐっても両国間の交渉がもたれた．それらについては本書でも検討するものの，タルバガタイ以南の清側の政策との違いはまだ十分に整理できておらず，その点は今後の課題となっている．

　民政制度の点から考えれば，新疆北路ではトルグートなどの遊牧民をジャサク，ニル制によって，南路ではテュルク系定住民をベク制度によって統治していたと言える［片岡 1991: 60］．このような新疆における統治は，清朝全体から見れば，理藩院が管轄する周縁部統治の一つと考えられ，内外モンゴル，青海，チベットなどと同列に見るべきものだったのである．

　このような新疆統治の中にあって，清朝はカザフをどのように位置づけていただろうか．第5章で考察したようにカザフには爵位を授けていた．上に示した北路におけるジャサク制度は，集団の首長に王，公などの爵位を授け，土地と人の支配を委ねるものだったにもかかわらず，ここにカザフを組み込んでは

---

[14]　1765年，ヤムイシェフ要塞のトラウンベルクの報告［AVPRI: f.122/2, d.14, l.234ob.］．
[15]　そのときは，マヨル（少佐）やカピタン（大尉）などの官名で呼んでいた．ロシア軍人をこのように官名で把握する傾向は，キャフタにおける交渉においても見ることができる．
[16]　道光二十七（1847）年においてすら，清朝の巡査部隊は，イリ周辺のカザフの遊牧地に異常がないことを形式的に報告するにとどまっていた（九月二十九日，薩迎阿の奏）［内閣大庫: 127049］．

いない．第2章でも取り上げたロシア籍商人とカザフの間の諍い (1808年) に関連する上諭は，ジャサク制下にあったトルグートと比べながら，カザフについて次のように述べている．

> トルグートの各部族の遊牧地は，みなカルンの内側にあり，安居楽業 [分に安んじ各々の業を楽しむ] しているが，ロシアとカザフが争っているのは，カルン線より遠く離れた場所においてであり，トルグートとは比べるべくもない[17]．
>
> 貿易のことがもとになって争うことは，外夷にはよくあることである．天朝はもとより過問 [=関与] すべきではないのである[18]．

この時点の清側の認識では，あくまでカザフは帝国外の異民族であり，爵位も巡辺時の徴税[19]も，カザフを帝国に取り込むことを意味しなかったのである．

そのような認識がもたらした結果については，次節でさらに考察を深めることとするが，清朝のカザフに対する認識を，帝国の支配秩序とも重ねてもう少し整理してみたい．なお，清朝の多元的支配の構造については，日本において多くの研究の蓄積があり，その成果にも依拠しながら以下の考察を進める．そもそも 1757 年にアブライが使者を送って来たときには，乾隆帝の諭は，安南や琉球などと同様に「臣属 harangga」として扱う意向を示している[20]．それに従えば，華夷秩序に基づく朝貢国として扱ったということになる．ただし，カザフの「朝貢」を管轄したのは，礼部ではなく，理藩院の徠遠清吏司であった [片岡 1991: 32]．乾隆『大清会典』には，「西北の朝貢については理藩院の項を見よ」とあるから，カザフの扱いとしては，朝貢を認めるが，地理的な関係から理藩院がそれを管轄するようになったと考えられる [乾隆会典: 巻56]．

規定の面から考察を進めると，同じ『大清会典』は「外藩の朝貢」の枠組み

---

17) 嘉慶十八年六月十八日 (辛丑) 諭 [仁宗: 巻270]．
18) 嘉慶十八年六月二十六日 (庚申) 諭 [仁宗: 巻270]．[佐口 1986: 426] も参照．
19) テュルク語でアルムと呼ばれ，冬季に清朝のカルン線内に入ったカザフから1パーセントの割合で家畜を徴収したもの．
20) 乾隆二十二年七月十七日 (丁未) 諭 [方略満文 正編巻41: 49b]．原文は「[カザフ] を安南，琉球，暹羅 (シャム) などの国と同様に，臣属として ...esebe An nan, Liu kiu, Siyan mu i jergi gurun i adali, harangga obume...」．漢文で起草された明発上諭 (原文では「羈縻」と表現) であったが [小沼 2006: 49–50]，本書第3章で述べた露清交渉の中でも，カザフの帰属をこの harangga の語によって議論しており，清朝の支配理念と結びつけて検討すべき内容だと考えられる．

として，カザフ以下クルグズ，アンディジャン（安集延）などを挙げている[21]．「外藩」の語は，一般的には，「藩部」と同義で，漢地とは異なった形で清朝の支配下に置かれていた内外のモンゴル，チベット，新疆（ハミ，トゥルファン，南路のムスリム）に相当すると考えられている[22]．しかし，カザフその他の中央アジア諸勢力が清朝との関係を構築し始めた18世紀半ばにおいては，彼らに対しても「外藩」の概念が適応されることがあったことはすでに示した通りである．それは，乾隆期から道光年間初期辺りまでは，「外藩」は，属人的な意味での清朝との結びつきを示す意味で用いられていたからだと考えられる[23]．18世紀の上奏文中で，カザフを「外藩 tulergi aiman」という「集団 aiman」を意識した表現で呼ぶ例もあったのは，まさにそのことを示しているだろう[24]．清朝がカザフを「アルバトゥ」とみなしていたこと（第2章参照）は，この文脈の中にも位置づけられよう．第3章末尾で整理した『西域図志』の記述において，「藩属」の語をもってカザフ以下の諸勢力を分類しているのも，空間よりもその関係に重点を置いているからにほかならないと考えられる．

第4章でも確認したように，ジューンガル平定後，清朝は西北における自らの領土はバルハシ湖まで広がったと捉えていた．したがって，カスピ海にまで牧地を展開していたカザフについては，空間的な支配と属人的な関係の範囲は一致していなかったと言える．

一方で「藩部」の語は，たとえば乾隆朝の『大清会典』には見られないことからもわかるように，後代になってから成立したものであった［片岡 1991: 35］．その概念の形成に大きな役割を果たしたと考えられる『皇朝藩部要略』の成立

---

21) ［乾隆会典: 巻80］．嘉慶朝の会典では範疇を示す言葉がなく，たとえばカザフについて，卡倫の外に居るとみなしている［嘉慶会典 巻53: 18］．このような乾隆期後半における清朝側の認識の変化は，［小沼 2010］が良く説明している．

22) 「外藩」として分類されていたカシュガリアのムスリムたちと違い，カザフなどには官を置かず干渉しなかったという指摘もある［斉；田 2004: 215］．

23) ［片岡 1998］を参照．トルグートと並んで，カザフ，クルグズを外藩として扱う文献はほかにも見られる［伊江彙覧: 81–82］．本書第5章も参照．嘉慶二十三（1818）年の『大清会典事例』になると，カザフ等の朝貢を定めるにあたり「外裔」の語を当て，狭義の外藩との区別は明確になりつつある［嘉慶会典事例 巻747: 21］．

24) カザフについて「大聖主の外藩のアルバトゥ」と呼ぶ．乾隆三十二（1767）年の伊犁将軍アグイの奏［満文録副: 2275-5 / 79-2222］（［Noda; Onuma 2010: 131］）．対応する上諭では「外夷」と訳しているが［高宗: 巻777］（乾隆三十二年一月十八（癸未）日諭），この満文の文脈では「夷」と解釈する必要はないだろう．［華 2006: 190］も同様の事例である．

は道光二十六 (1846) 年のことであり，この中ではカザフの項目は立てられていない．つまり，カザフを藩部という範疇に組み込むことは妥当とは言えない．のちに藩部の語が示すようになった空間は，近代化を目指した清朝が自らの領土として掌握に努めたように，清朝との属人的な関係の範囲と支配の及ぶ空間が重なる地域なのであり，そこからカザフ草原が抜け落ちてしまうのも当然であった[25]．

外藩や藩部のような清朝の公けの分類と呼ぶべき概念のほかに，清朝における認識，イメージを示す語もあった[26]．そのためカザフの位置づけも多様に解釈され，近年の研究においては，「名目的朝貢国」[佐口 1986: 434]，「外藩の外縁国」[片岡 1988: 256]，藩部と属国の特徴を併せ持つ「名義藩部」[張 2001: 155] などさまざまな定義が行われ，少なくとも単純に外藩と呼ぶべきものではないとみなされる傾向がある．

以上の考察をまとめると，カザフが地理的には狭義の「外藩」——モンゴル，新疆，チベット——のさらに外側に位置し[27]，広義の「外藩」に含められ，属人的な意味では，清朝が意図する国際秩序に緩やかに組み込まれた「藩属」[28] として朝貢を認められていたことはたしかである．カザフ——クルグズも同様だが——を定義することが難しいのは，むしろ清朝の想定する領域の内と外の双方に遊牧地を展開していたからであり[29]，さらに，彼らの清朝との結びつきが徐々に弱くなっていったからだ，と筆者は考えている [Noda; Onuma 2010: 132]．小沼孝博は，近著において，1770年代の清朝による辺境支配の強化に注目し，とりわけカザフについては，1779年の卡倫(カルン)線内での遊牧を受け入れる「内附」

---

25) [小沼 2006: 57] の議論も参照．片岡 [1998: 258] が示唆するように，藩部の語において「外」の文字が無いのは，むしろ「内」をイメージするようになるからであろう．

26) 『新疆識略』(1821年) では「カザフとクルグズのみが我が屏藩」([小沼 2001: 64] も参照) と表す．その他にも「外裔」([伊江集載: 115]) など清朝側の用語は一様ではなかった．さらに貿易の形態を示す概念としては，カザフは「互市」の範疇に組み入れられている (第6章参照)．

27) カザフのカルンを越えての越境がしばしば問題になっていたことも，清朝側の認識に大きく関連しているが，本格的な検討は本書では行っていない．清朝の越境への対応としてのニル (佐領) 編成については [小沼 2003; 小沼 2006: 55] を参照．清朝による越境の禁止の例としては [中哈 2: 88-87] (乾隆二十七年十月十二日，ウルムチ辦事大臣の奏)．

28) 皇帝の宗主権の下に「藩属」するという影響力の行使を表すものという理解もある [濱下 1997: xii]．本書第3章でも示した『西域図志』における分類を想起されたい．

29) 清朝はバルハシ湖までを自領とみなしていた (第4章図1)．またカザフの場合，一部にニルが編成されていたことも特徴的である．

政策の停止を,「清朝の「属地主義」が「属人主義」の概念を凌駕した瞬間」と位置づけている［小沼 2010: 320］．この時期の清朝の認識の変化を鮮明に描いた論考と見るべきだが，清朝とカザフの結びつきはなお継続しており，さらに，後のロシアとの接触の中で，清朝は，カザフの牧地の帰属と彼らの臣属との違いをより明確にすることを迫られていくことも考慮せねばならないだろう．

本節で明らかになった両帝国の異民族統治のあり方は，露清の辺境支配のみならず，両帝国に対するカザフ側の対応にも反映されており，カザフが置かれた立場をより明確にするであろう．以下では，清朝＝カザフ関係の変容がカザフの立場を不安定なものにし，それゆえに，露清間の交渉における扱いをも複雑にした点について検証したい．

2．露清関係におけるカザフ草原

(1) 両国政府間での交渉

すでに第3章で確認したことだが，カザフが清に帰順のための使者を派遣するよりも早く，1756年から，ジューンガルの処置をめぐって露清間で文書の往復があった．この中で，ジューンガルの長を自称したアムルサナの避難先としてカザフの牧地の帰属が初めて両国間で問題となっている．ロシアは，小ジュズのハンがカザフ全体を代表して宣誓を行い，人質を送ってきていることを根拠として，中ジュズのアブライらもまたロシアに帰属している，と主張していた[30]．一方の清朝は，カザフが清朝の臣となったことはたしかだが，その関係は人質や徴税によるものではなく，「爵位を与え，慈悲をもって賞する」ものであることを，ロシアに伝えていた[31]．さらに，カザフとロシアの関係についても，カザフには「二心あり」として自覚的でありながら，積極的に阻害しようとはしなかったのである[32]．結局，カザフが両国に帰属をもつというあいまいな状況は変わらなかった．清朝がジューンガル旧領のアヤグズ河，バルハシ湖

---

30) ［満文録副: 1677-012 / 48-1073］(1758年2月17日)．第3章第3節も参照．
31) 乾隆二十三年七月五日（1758年7月30日）の理藩院からロシア元老院宛ての文書による[Bantysh: 285]．
32) ［佐口 1966: 188］．また［高宗: 巻1094］(乾隆四四 (1779) 年十一月一日 (辛巳) 諭)．ただし19世紀における交渉の中では，清はこのような認識には一切触れていない．

図 3 北部の露清境界およびカルン
注) カルンは「十」で示したが,すべてのカルンではない.[沙俄侵略: 128–129 間]

までを自領とみなしていたことは明白であったが [Andreev 1998: 59–60],そこにはすでにカザフの遊牧地も含まれており,事態をなお複雑にしていた.

ここまでに整理したように,西のロシア側では管区制度を展開し,東の清朝側では巡辺を通じて辺境地帯の管理を行っていた.当然ながら,この2つが接近することで問題が発生し,両国間で交渉が行われたのである.

まず両帝国の境界が接近する過程について見てみよう.1805年の段階で,ロシア側は,清朝とカザフの境界について次のように認識していたようである.すなわち,中ジュズの遊牧地はシベリア要塞線に近く,ブフタルマ要塞から清の境界 (granitsa) に沿ってタルバガタイへ,そこから西へイリ,ボロタラ (Buratala) 河まで.大ジュズは,ブハラ,タシュケント,コーカンドの領域に近く,ボロタラ河から西へ清の境界に沿ってバルハシ湖まで[33],というものだった.つまりロシアから見てカザフを越えると清朝の領域があることはつねに意識されていたのである.同じころのロシア軍の報告は,「清の境界にもっとも近いブ

---

33) 1805年8月25日,ラヴロフのゴロフキンへの回答 [RKOXIX: 209].

第 7 章　露清関係の変容と「カザフ=ハン国」の解体　　231

フタルマ要塞は，最初の清のカルンから 80 露里である」ことを示し，また，カザフがザイサン湖方面で清の境界内に侵入し，遊牧を行っていることを観察している[34]．嘉慶三(1798)年には，コブドの管轄下にあるチンギスタイのカルンにおいて，ロシア人と取引をした侍衛のことが問題になるなど[中蘇貿易史資料: 197]，ロシアの南下につれて，まず北から両国の現地駐屯軍の接触が始まったのである．清朝側も，すでに何度か触れた嘉慶十三(1808)年の事件の際に，タルバガタイに所属する夏卡倫のカダス(哈達蘇)=カルンから 70 里の所にロシア人がいることを報告している[35]．なお，清朝が設置したカルンには一時的な夏卡倫と常設の冬卡倫とがあり，のちの国境画定の際は，常設の冬卡倫を基点に国境が定められたことはよく知られている[吉田 1974: 234]．ただし，この 19 世紀初頭の時点では，露清双方とも夏冬のカルンの区別をつけて境界を認識していたわけではなかったようである．

　こうした距離の近さゆえに，おそらくは上の嘉慶十三年の事件に関連して，カザフが境界を越えて問題を起こさないよう，清朝が各カルンに増員を行ったことを，ロシア側でも把握していたのだった[36]．

　ここで，カルンの管轄の区分について整理をしておくと，本書の考察に関連するのは，コブド参賛大臣，タルバガタイ参賛大臣，伊犂将軍がそれぞれ所轄するカルンになる[宝音朝克図 2005: 66–127]．コブド参賛大臣が所轄するカルンは，ブフタルマ河河口のコニマイラク=カルン以東であった．天山は北路と南路に分かれ，北路はコイマイラクのカルン以南，天山以北，バルクル以西，イシククル湖以北を指し，タルバガタイ参賛大臣はコニマイラクの対岸にあるコイマイラクのカルンから錫伯図カルン(シボト)(タルバガタイまで 100 里)．さらにバクトからアルチンダランまでを所轄した．それより以南以西のカルンが伊犂将軍の下にあったのである．タルバガタイに属するカルンの例では，70–80 里ごとに，10–20 人を配置することが定められていたようである[塔爾巴哈台事宜 巻3]．

　両国官員の接触が，実際に両国間の外交交渉にまで発展するのは少し後のことになる．以下，1820 年代の 2 つの事例を取り上げてみよう．

---

34) 鉱山主任(gittenferval'ter)ポスペロフの報告(1805 年 1 月以降)[RKOXIX: 859]．1 ヴェルスタ(露里)は，約 1 km に相当する．
35) [外交史料嘉慶朝 巻4: 13](伊犂将軍の上奏の引用)．
36) 1808 年 6 月 27 日，グラゼナプから外務大臣ルミャンツェフ宛て[RKOXIX: 736]．

第一の事例は，1825（道光五）年，バルハシ水系カラタル河流域のカザフ（大ジュズ）の牧地にロシア人が建てた家屋をめぐる交渉であった．事の始まりは，これについての情報を，カザフのスルタンが清朝の巡辺部隊に伝えたことにあった[37]．この家屋とは，大ジュズのスユク=スルタンが管区開設を求めた[38]ことを受けて，ロシアから派遣された部隊[39]が設けたものであった．

 これに対して清朝政府内で討議を行い，カザフの牧地の帰属が問題となった．伊犂将軍慶祥（チンシャン）の上奏文は，過去の奏文を根拠として，ロシアが家屋を設けた場所が「辺界」の内側，すなわち清朝領内であることを説明している[40]．

 乾隆二十二（1757）年に，我が朝が，大兵によりジューンガルを平定した後，逆賊アムルサナを追捕し，カザフの境内に至りました．カザフのハンはすぐさま臣を称し，内附しました．カザフの境は，伊犂から西北に数千余里離れ，カザフの北は，ロシアの境界と隣り合わせになっています．このときに我が朝が改めて釐定［＝画定］した疆界は，およそジューンガルを削平した地であり，聖朝の辺界として，アヤグズ，レプシ，カラタルに均しくオボ［境界の標識となる石塚］を立てました．カザフは臣服しているとは言っても，［清が］羈縻するにとどまっており，その寸土尺地［＝わずかな土地］をもけっして収めていなかったのです．

このように清朝の領土であるはずのカラタル地方において，カザフが遊牧をしている現状を正当化するために，続けて阿桂（アグイ）による乾隆三十二（1767）年の奏を引用している．『実録』に見えるアグイの奏文からは，あくまで卡内，すなわち清朝から見てカルン線の内側でカザフが冬季の間遊牧することを許し，代わり

---

37) ［野田 2002a］を参照．このスルタン（アブライ，またはクランの名で呼ばれた）については，ロシア側が収集した情報によれば，清朝にアルム税を納めていた［IKRI6: 229］．
38) その背景については［VPR14: 179］（1825年5月23日以前，ブロネフスキーからスユクへの書簡）．
39) ペトロパヴロフスク要塞司令シュビンの部隊である．その行動の詳細については［Gurevich 1983: 230–232］．
40) おそらく十月十三日付けの慶祥の奏［新疆龍堆奏議: 286–290］．この奏文は，『清代外交史料』編纂時には失われていたものである．『新疆龍堆奏議』は，道光年間の伊犂理事同知の奏議を収め，当該の奏文は，後で言及する道光二十九年時の上奏に附された摘録中に含まれている．［新疆稀見］も同じ内容の奏文を収載しているが日付などに違いが見える．本章では，『新疆龍堆奏議』のテキストに拠っている．

第7章 露清関係の変容と「カザフ=ハン国」の解体　233

に 1％の馬税を徴収するという内容しか把握できないのだが[41]，チンシャンが示した奏文は少し内容を異にしている．まず，「アヤグズ河以内でのカザフの遊牧を許していなかったが，乾隆帝の恩によりカザフに土地が賞借され，カラタル地方もその中に含まれている」と伊犂将軍は述べた．その上で，アグイの奏によれば，このような「卡倫外辺界内」，すなわち，カルン線の外側かつ清の境界の内側という領域で遊牧するカザフに租馬が課されていた，と続けたのである．チンシャンが過去の奏文を誤認しているのか，あるいはいまだ明らかになっていない奏文があるのかを判断することはできないが，少なくとも，カザフに対する過去の方針は，1820 年代にはこのように理解されていたのだった．

　烏里雅蘇台将軍の松筠(スンユン)のように，ロシアとカザフの関係に配慮する者もいたが[42]，伊犂将軍の先の上奏の中に含まれる「カラタル地方は実はカザフの領域ではなく，清朝が征服した土地である」という内容が重視された［新疆龍堆奏議：292］．これに基づいて，カラタル地方とカザフ遊牧民とを切り離し，カラタルは清朝領であることをロシアに対して主張する方針を定めた．その内容は清朝の理藩院からロシア元老院へ送られ，両国間の交渉に発展したのである．

　ロシアは，翌 26 年 5 月 10 日付けで返書を送った[43]．露清関係の基礎であるキャフタ条約 (1727 年) にカザフについての規定がなかったために，「［カラタルの］カザフは独立している」との認識を示し，清の主張を否定した．さらに，あくまで「カザフの大ジュズの請願にしたがって，ただ平和友好の意図によって，昨年，我々の少数部隊が彼らの牧地へ派遣された」ことを述べ，みずからの責任を回避することで，清との関係が悪化しないよう配慮していた．

　両者の主張を比較してみると，清側がカザフの臣従を前提に土地の帰属を問題にしていたのに対し，ロシア側はカザフの清朝への帰属を打ち消すことを重

---

41) 乾隆三十二年一月十八日 (癸未) 諭［高宗：巻 777］，もしくは同年三月十五日 (己卯)［高宗：巻 780］．アグイがこの方針を実際にカザフに伝えた際は，「冬季に雪が降った後，我がカルンを撤し，タルバガタイの山陰［北側］側の地に汝ら［カザフ］をしばらく住まわせ，春に我がカルンを元の場所へ設置した時には，慣例に従って，汝らを領界 jecen の外へ追い出す」と宣告をした (アグイ奏，五月六日)［満文録副：2275-5 / 79-2212］．馬税については［野田 2005b: 032］．
42) 道光五年十月初十日［新疆龍堆奏議：284］．
43) 1826 年 5 月 10 日 (四月十六日)，六月十三日受信［RGVIA: f.846, op.16, d.884, ll.1–3］(原案の写し)．［外交史料道光朝 巻 2: 20–21］は，当時の清朝政府で訳されたもの．［俄文 2: 330–331］はロシアからの来文をのちに翻訳したものである．第 3 章第 3 節でも言及した．

視していた．上のロシア元老院の文書を受け取った清は，「カザフ自身がロシア人の派遣を求めた」という文言に拘泥し，むしろカザフが妄言を重ねたことを責めるばかりであった[44]．その後の伊犂将軍徳英阿(ディンガ)の奏文でも，カザフは狡猾で，アンディジャン(安集延)人とともに貿易をしているが，その言葉も「詭詐[偽り]」であるとの認識が示されている[45]．

清との関係維持をはかるロシアは自ら家屋を撤去し，この件は不問に付されたが，カザフ草原における国境についてはじめて争われたこの事例が，のちの問題発生時に両国間の規範とされたことに注目すべきである．

第二の事例は，カザフ遊牧民の「越境」である．1826年，カザフの200家族が清朝領内からロシア領内に移動し，清の現地官吏が送還を要求する事件があった．西北端のコニマイラクのカルンからロシアのブフタルマ要塞に届いたモンゴル語書簡[46]は，清朝皇帝に税(alban)を納めるカザフの一部が，ロシア皇帝の領土(nutuğ)へ移動したことを問題にしている．ロシア側の調査の結果，この200家族がもともと清朝領内で遊牧し，コブド(外モンゴル西部を管轄する大臣が駐在)に税を納める存在であったことはたしかであった[47]．そのため，これらのカザフを捜索し，清のカルンに送還するよう西シベリア総督は当初の指示を下している．ただし，この時点では，先の26年5月10日の元老院の文書の内容，つまり，ロシア政府が「カザフ草原は独立しており清には属していない」とみなしていることを知らなかった[48]．あらたに外務大臣からの指示を得てからは，従来どおりのキャフタ経由の交渉を主張し，越境者の居場所もわからないとする非協力的な態度をとることになった．

この事例からは，西シベリア現地担当官が清側の要求を受け入れるつもりであったこと，第一の事例の影響を受けて，ロシアの方針が変わりつつあった様

---

44) 道光六年六月十三日，長齡への上諭［外交史料道光朝 巻2: 21-22］．
45) 道光六年十月十五日［漢文錄副: 8045-10 / 593-3231］．
46) 道光六 (1826) 年五月十三日［TsGA RK: f.338, op.1, d.449, l.6］．当時の西シベリアには満洲語の通訳官がおらず，清朝現地官との交渉はモンゴル語によっていた．別の案件になるが，コニマイラク=カルンからブフタルマ要塞宛てのモンゴル文書簡においては，「所属している *qariyatu*」という語を用いて，ロシアに属しているカザフの存在を示している (道光十二年五月二十日)［GAOmO: f.3, op.12, d.17674, l.323］．このような現地での交渉に見えるカザフの帰属問題も今後の検討課題の一つである．
47) 11月14日，西シベリア総督からオムスク州長官宛て指令［TsGA RK: f.338, op.1, d.449, l.21］．
48) のちのシベリア委員会の認識による［TsGA RK: f.338, op.1, d.701, l.53］．

子を知ることができる．このように，1820年代においては，ロシアは清朝との関係を壊さないように配慮しており，カザフのロシアへの帰属を声高に主張することはなかったのである．

（2）　管区開設にともなう現地での交渉

その後もロシアは清朝領に接近し，アヤグズ管区およびザイサン湖西方のコクペクトゥ管区の開設を試みたことで，露清間にさらなる問題が生じることとなった．その際には，清側の新疆，ロシア側の西シベリアといういわば現地の官吏，軍人同士の交渉が行われた．このような現地における交渉については，ロシア側の文書史料に記録が残されている．一方，清側の史料は乏しいのだが，これは現地での交渉が清朝中央まで報告される場合がまれであったことを意味しているのかもしれない．

1831年8月9日，アヤグズ管区が開設され，そのアガ＝スルタンとしてサルト＝スルタンが選出された．これは，清朝が想定する自領域内にロシアの管区が設けられることを意味していた．その際に生じた問題についてはすでに筆者は部分的に明らかにしているが［野田 2002a: 129–132］，ここで，アヤグズに続いて実質的に開かれたコクペクトゥ管区の問題とあわせて改めて論じることにしたい．コクペクトゥの場合も，1830年，ロシア人がこの地に家屋を設けたことに端を発している．これは管区開設をにらんだ西シベリア総督の指令によるものだったが［Konshin 1905: 3］，翌31年にタルバガタイの領隊大臣[49]が，巡辺によって，清朝の領域内においてアヤグズ，コクペクトゥの建築物と部隊を発見し[50]，清のガルダイ[51]とコサック隊長ネドレゾフの交渉が行われた．ネドレゾフの報告するところに従えば，ガルダイらは，ロシア軍がこの地にいる理由を問い，加えて王爵を受けているジャンブベク＝ハンホジン（ジャンホジャ＝スルタン）がロシア軍により夏営地から追い出されたと訴えてきたことを伝えた．

---

49)　ロシア語文書においては，Batyr ambanと記されていたようである．1864年のタルバガタイ条約締結時に，meyen-i amban，すなわち領隊大臣の任にあったボルゴスは，タルバガタイ分団司令で，伊犂将軍の補佐にして，Baturuの称号を持つ，と記されているからである［Skachkov; Miasnikov 1958: 46, 49］．

50)　1831年5月30日，通訳官コルニロフからシベリア要塞線コサック軍司令官ゴルデエフ宛て［TsGA RK: f.338, op.1, d.701, ll.16–17］．

51)　満洲語の「gala-i da」，すなわち「翼長」に相当する．

対するロシア側は,「ロシアの皇帝に従うカザフのヴォロスチに平穏を取り戻し,また清朝政府に従うカザフとの平和で争いのない生活を取り戻すため」に軍を動かしたことを述べ,ジャンホジャへの圧力を否定した[52]. 同年7月に通訳官コルニロフが交渉を行ったときも,ブコン卡倫を守る清朝のガルダイは,王ジャンホジャの冬営地に今後ロシア人が何らかの圧迫を加えることがあるかどうか,を尋ねており,先の清朝官員と同様の目的があったと考えられる[53]. 清の認識によれば,「コクペクトゥ河流域は,清に属し,我が国の境界であるはず」であり [TsGA RK: f.338, op.1, d.701, l.19ob.],王ジャンホジャがロシアの圧迫を訴えたという理由からネドレゾフに後退することを求めた. なお,ジャンホジャは,「アヤグズ管区開設の際にロシア皇帝への忠誠を誓わず,清朝宮廷から王の位を得ていた」とみなされていたスルタンであった[54].

さて,ネドレゾフは,上官の命令なしには後退することはできないとして時間を稼ぎ,その間に西シベリア総督は,清朝のこの2つの抗議に対して,この地を譲り渡すのか,あるいは彼らを撃退するかについて,中央政府のシベリア・アジア両委員会に照会した. 両委員会が整理した議論の要点は,以下の3点にまとめられる[55].

① アヤグズ管区開設の必要性: サルト自身の請願に加えて,清朝の都市との貿易路にあたるためロシアにとっても防備は不可欠である.

② サルト=スルタン[56]: ロシアの臣籍下にありながら,同時に清朝政府の保護下にもあり,それは新疆の都市における貿易の便と権利のためであった. 中ジュズ内では,公 (Gun) の官位を受けていることは周知されている. サルトがこのような「二重帰属状況 dvoedanstvo」にあることをロシアは黙認していたが,こうした状況を清朝政府は知らないようである.

---

52) 5月30日に,6名のガルダイが到来した際の交渉について (1831年6月1日,ネドレゾフからニュハロフへの報告の写し) [GAOmO: f.3, op.12, d.17674, ll.135–136ob.].

53) 31年8月3日,ニュハロフからオムスク州長官デセントロラン宛て [GAOmO: f.3, op.12, d.17674, l.178].

54) 1832年4月25日,ニュハロフからデセントロラン宛て [TsGA RK: f.338, op.1, d.745, l.12].

55) 1831年12月28日,32年1月14日のシベリア・アジア両委員会議事録の抜粋 [TsGA RK: f.338, op.1, d.701, ll.50–51].

56) 1831年7月23日付け,オムスク州長官宛ての文書において,清朝の部隊が調査に来たことをみずから報告している [TsGA RK: f.338, op.1, d.701, l.32].

③　国境：　清朝は 1825 年において，カラタル河をロシアとの国境線（pogranichnaia cherta）とみなしていたが［TsGA RK: f.338, op.1, d.701, l.50］，アヤグズ河を国境とはみていなかったようである．しかも，ロシアは 26 年にカラタルが清に属しているとはみなしていないこと[57]を伝えてあり，返答がない以上，これを黙認している理藩院と，撤退を求める今回の現地官との間で認識は共有されていない．

この結果，委員会が決議した具体的な今後の方針は次の 3 点にまとめることができる．

・清朝政府との公式な交渉には入らない
・コクペクトゥとアヤグズの部隊は，清の国境に近づけずにその地に留める
・もし清が武力を以って後退を迫ってきたときには，衝突を避けつつ，両国の公式な交渉なしには退けないことを現地官が厳しく伝える

このような方針がロシア政府内で決定された後も，現地での交渉は続いていた．32 年 4 月，清朝のガルダイは，イリの大臣の命を受けて，「ロシアの建築物の撤去を求めるため」にコクペクトゥのコサック部隊長ニュハロフを訪れた．その理由は，やはりジャンホジャの請願にあったため，ロシア側は，彼らはすでにロシアの統治下から去ったこと，ロシアの保護下にあるカザフみずからの要請によってニュハロフ自身が軍を指揮し，この場を占めていること，前年に 1 度移動しているので，再度の移動は困難であることを伝えている．その後，コクペクトゥ東方のブコン河のカルンへロシア官員を派遣したときには，清朝側の態度は軟化しており，「ロシア人による居住はステップにおいて認められるが，平穏に平和に行うように．そして王のジャンホジャを圧迫 pritesnenie しないように」と要求するにとどまっている[58]．

---

57)　すでに見たように，カザフは独立しているという認識を元老院は理藩院に伝えていた．ただし理藩院側での訳文は「どの国に帰属すべきなのかは，かつて定めた条約では議論をしていなかった」［外交史料道光朝 巻2: 20］とあり，ややニュアンスが異なっている印象を受ける．
58)　32 年 4 月 30 日，ニュハロフからオムスク州長官宛て［GAOmO: f.3, op.12, d.17674, l.317］．このような清朝の管区容認の見解は，33 年 11 月 1 日，西シベリア総督から外相への文書にも見える［GAOmO: f.3, op.12, d.17674, ll. 487–488］．そこに見えるタシュケント人の情報によれば，「清朝政府は，ロシア軍の存在について，両国間の友好同盟に基づいて，ロシア人がカザフ草原に住む zaselenie のは妨げないが，あくまでもタルバガタイや清の卡倫に関わらない場合である」とあり，このような方針が清朝の官員の間にあったことをうかがわせる．

ニュハロフと清のアンバン（大臣）との交渉については，『東方五史』も「少佐ニュハロフの語り *mayur Nukulofnïng nutqï*」という一節を設け，清朝側との交渉の中で下手に出ながらも，中央アジア商人の要請に従って軍を派遣したと説明し，撤退することに応じないニュハロフの様子を描写している[59]．

　その後，清朝が商人を通じて，ロシアに撤退を勧告したことが知られている．タルバガタイを訪れていたタシュケント商人の報告によれば，タルバガタイの参賛大臣は，タシュケント商人，タタール商人らを招請し，「汝らはみなロシアの商人である…［中略］…［ロシアに］戻る際に，「次の春に私［大臣］が行く前に，占有する土地を離れ撤退するように」と軍の長に伝えるよう命ずる」と述べたのであった[60]．

　ロシア側では，西シベリア総督ヴェリヤミノフが，このような清朝側の「脅し」に対して，1832年1月9日のアジア・シベリア両委員会議事録の内容を確認し，タルバガタイで清が軍を集めているかどうか調べさせるように指示を出していた[61]．清朝側はさらに，33年にタルバガタイの領隊大臣が交渉を行ったときにも，清朝の提案を実行に移さなければ，2国間に不穏な事態が生じるかもしれないと脅し，管区の後退を求め続けていた．ただし，交渉を通じて大臣と親しくなっていたニュハロフは，そもそもの原因となったジャンホジャの請願をやめさせるよう清側の大臣から依頼を受けたことも報告しており，清朝側がどこまで真剣に撤退を要求していたのかは疑わしいところもある[62]．

　最終的に，上述のアジア・シベリア両委員会における議論を受けて，西シベリア総督府においても，新しい方針が決定されることになる．

　　断固として清の要求を認めず，もし彼らが強引に力を行使しようとするな

---

59) ［Qurban 'ali: 372–373］．興味深い史料として，32年8月21日付け，ティモフェイ（すなわちニュハロフ）からタルバガタイのアンバン宛て書簡の訳文が残されている．これは，目的を達せられなかった清朝官員が，自己正当化のために，「どこに清の国境があるのか分からない」というニュハロフの主張を記すよう依頼して作成されたものである［GAOmO: f.3, op.12, d.17674, l.338］．

60) 32年12月20日，ニュハロフからオムスク州長官宛て［GAOmO: f.3, op.12, d.17674, l.493］．同様の内容は，1832年にタルバガタイからコクベクトゥに来たタシュケント商人の証言にも見える［Konshin 1905: 10］．

61) 33年1月16日［GAOmO: f.3, op.12, d.17674, l.415］．

62) 33年9月5日，ニュハロフからオムスク州長官宛て［GAOmO: f.3, op.12, d.17674, ll.490–492ob.］．アンバンの撤退要求は，33年9月26日，アヤグズ管区からオムスク州長官宛てにも見える［GAOmO: f.3, op.12, d.17674, ll.531–532］．

第 7 章　露清関係の変容と「カザフ＝ハン国」の解体　239

ら，武力を以って撃退せよ」[63]．

シベリア独立軍団司令の 1833 年の訓令には上のように記され，もはや清に対して遠慮する必要はなくなったのであった．ロシア部隊は撤退することなく，アヤグズ管区もそのまま存続し，コクペクトゥについても，36 年にコサック村ができた後，44 年には正式に管区が開設され，ロシアの統治下に入ることになる．あくまでロシア史料に見える内容だが，その後，ロシアと清朝の間には和平条約，すなわちキャフタ条約があることに加え，ロシア人が清の辺境のカルン (beket) に対していかなる圧迫もしていないことを清朝側も確認し，コクペクトゥに来ることはなくなったようである[64]．

ただし一つ留意しなければならないのは，上の内容は，あくまで北方の，つまりタルバガタイ方面の境界にかかわる内容であった点である．1825 年以来問題となっていたセミレチエにおける大ジュズの遊牧地については，区別して検討する必要がある．上に示したように，ロシア側が，カラタルが清朝に属しているとはみなしていないことを 26 年の文書ですでに伝えた，という認識を持っていたことは事態を複雑にしていた．

このことを念頭に，1831 年前後の大ジュズのスルタン，スユクの請願の問題を考えてみよう．31 年に，スユクがカラタル河付近の大ジュズの牧地に管区を開設することを改めて請願した時，これを総督に報告するにあたり，1825 年の事件が想起されていた．すなわち，「1825 年にこのジュズに我々の調査団が滞在した時に清の理藩院が示した不満」を思い出したのである[65]．

この事案を総督ヴェリヤミノフが外相ネッセルローデへ照会したとき，総督は，清朝との関係悪化が貿易に及ぼす影響，すなわちキャフタにおける取引の停止について危惧を示した．というのも，「清朝政府が，カラタル河，アクス河などが清朝領内を流れるとみなしている」ことを総督は知っていたからである[66]．これに対するネッセルローデの回答は，「ロシアにとってもっとも利益

---

63)　1833 年 11 月 1 日，総督からオムスク州長官宛て [TsGA RK: f.338, op.1, d.701, l.121]．
64)　1833 年 7 月 15 日，ニュハロフからオムスク州長官宛て報告 [GAOmO: f.3, op.12, d.17674, ll.485–486]．
65)　1831 年 3 月 24 日，オムスク州長官から西シベリア総督宛て [TsGA RK: f.338, op.1, d.543, l.4]．
66)　1831 年 5 月 23 日，司令官ヴェリヤミノフから外相ネッセルローデ宛 [GAOmO: f.3, op.12, d.17677, ll.20, 22ob.; KRO2: 251]．

となる清との［キャフタにおける］貿易が損なわれる可能性がある」と判断した上で，スユクの請願の方は，うまい口実をつけて拒否すべきであるとの指示を与えた[67]．

同じころ，スユク＝スルタンはコーカンド＝ハン国の攻勢についてもロシアに訴えていた[68]．ソ連期に編纂された『カザフ＝ロシア関係』所載の文書史料は，大ジュズのスルタンがコーカンドの圧迫からの保護を求めていたことを記すのみで，その結末を明らかにしていない[69]．実際のロシア外相の指示を確認してみると，すでに清朝政府に「スユクはカザフの間に導入された新しい統治の範囲外にいる」[70]と伝えてあるので，カザフ草原の遠隔地における新たな行動（predpriiatie）は控えて，これ以上の北京の理藩院との交渉を避けるように，という内容だった．その一方で，外相ネッセルローデは32年時のことと考えられるタルバガタイの大臣の来訪についても言及し，ここでは，31年末–32年初のシベリア・アジア両委員会の決議を確認することを求めている[71]．やはり，北部（タルバガタイ方面）と南部（アヤグズ河からイリ河にかけて，すなわち狭義のセミレチエ）間の方針の違いを見ることができるのである．

ここに取り上げたスユク＝スルタンの請願の考察から明らかになったことを確認しておこう．南のセミレチエについては，1825年の事例のように清の反発があることを恐れたロシアは，清朝に対してより十分に配慮をする必要があった[72]．それは，ロシア帝国がカザフ草原の向こう側につねに清朝の存在——換言すればカザフ＝清朝関係——を意識していたからにほかならない．清朝との関係保持に努めたのは，キャフタ経由の貿易関係の維持も理由の一つである．

---

67) 1831年9月18日［GAOmO: f.3, op.12, d.17677, ll.31–32; VPR17: 483］．
68) 1832年7月5日，オムスク州長官宛て［KRO2: 262–263］．またスユクはアヤグズ管区にも，タシュケントのコシュベギが税（sakāt）［ママ］を要求してきたことを訴えている（1832年5月18日）［GAOmO: f.3, op.12, d.17677, l.62］．清朝に対しても，アキンベク＝スルタンが，コーカンドのコシュベギの圧力を訴えていた（道光十三年十一月六日，テイシュンボーの奏（十二月五日奉硃批）［宮中檔: 066010］）．
69) Shoinbaev［1982: 169–171］も，清への配慮については言及をしていない．
70) これに相当する元老院から理藩院への文書は，確認できていない．
71) 33年2月7日付け，西シベリア総督宛て［GAOmO: f.3, op.12, d.17677, l.78ob.］．
72) この南北でのロシアの対応の違いについては，［野田 2008］において十分に論じ切れなかったので，このように補足しておく．

しかし，その後カザフ草原を揺るがすケネサル反乱が1846年に収束すると，ロシアは大ジュズの牧地に本格的に進出する．その過程で，後述するように49年にロシア軍が清の部隊に発見されたときには，もはやセミレチエについても清への配慮は見られなくなっていた．また第6章で示したように，新疆における貿易開放の交渉も並行して進めており，1830年前後までの状況とは一変していることが理解される．このような露清関係におけるカザフの扱いのさらなる変化については，第4節でも掘り下げて論じることとしたい．

こうして，1830年代に入ると，シベリア委員会の決議を受けて，ロシアは北部において積極的な方針に転換し，カザフに対しても影響力を拡大していった[73]．その方法は，清朝を刺激しない形でカザフへの支配を確立していくことであり［野田 2002a: 131］，清朝との問題発生の際には，爵位を受けたカザフのスルタンたちを前に立てて——彼らの希望によってカザフ草原に軍を進めたという口実で——交渉にあたることであった[74]．また明確な規定のない中央アジアをめぐる露清関係では，現地の官署による交渉がときに求められた[75]．そこからは，両帝国の性格が透けて見えるだけでなく，カザフが清朝との関係を失わざるをえなかった理由も見えてくるだろう．つまり，露清の交渉からは，両帝国の境界認識とあわせて，解体の途にあるカザフ＝ハン国との関係を両国がどのように処理しようとしていたのかが浮き彫りになるのである．

3．変動の中のスルタンたち

(1) 1830年代の清朝の政策の変化

イリ河以北についての清朝の認識，領域観は，上に見たように，バルハシ湖とアヤグズ河までを自領とみなすものだった．イリ河以南については，厲声や小沼孝博の研究が示しているように，チュー，タラス両河流域までを同様に自領とみなし，巡辺の部隊も派遣していた．しかし，1832–34年にかけて，部隊

---

73) 具体的な状況については［野田 2008: 246–248］．
74) たとえば1825年の大ジュズの問題のときは，公爵アブライらが矢面に立ち，清朝政府からの叱責を受けた．
75) 清朝の中央と地方の外交交渉における不一致については［川島 2004: 29］．

の派遣は著しく規模が小さくなったという[76]．厲声は「防務政策の緊縮」とみなし［厲 1995: 15］，また小沼はこれを「「西北辺疆」の収縮」と位置づけて，18世紀後半とは異なり，カルン外の地には不干渉政策を取るようになったと述べる[77]．しかしながら，すでに本章が示しているように，コブドやタルバガタイが管轄する北部においては，カルン外への不干渉の態度は 19 世紀初頭から現れており，北と南を区別して論じる必要があるだろう．この時イリ河以南の辺防に携わっていた伊犂将軍特依順保テイシュンボーも，かつて北方のウリヤスタイ将軍として，ウリャンハイ地方に侵入してくるカザフの対応にあたっていた経験を持つ．当時は，カザフを駆逐し，あらたにカルンを設けることを上奏していた[78]．イシククル湖，チュー河，タラス河方面における巡辺について 1835 年（道光十四年十二月）に決定された新たな哨戒制度も，このテイシュンボーが提議した内容に基づいていたのである[79]．このような経緯を考慮すると，清朝は，まず北部においてカザフやロシア人の越境を経験し，その後南部においてコーカンド，カザフ，クルグズに対する警戒を強めるようになったと考えられる[80]．1830–40年代にかけて，北部の辺境においては，カザフのカルン線越境を厳しく取り締まっていたことが，『大清実録』からも明らかであり，第 2 章第 3 節で論じた両帝国の境界は，よりはっきりと姿を現してくる．

　ここまで見たように，清朝では，カルン線外の出来事には不干渉の態度をとる方針が徐々に確立されていった．現地の官員もカルン線を越えて来るカザ

---

76) ［厲 1995: 15–16; 小沼 2001: 70］．「ビシュケクは遠いので，この 30 余年［巡辺に］行っていなかった」という上奏もあった（道光十二年九月二十九日（壬申）諭）［宣宗：巻 220］．これを受けて，道光十二年十月一日，伊犂将軍玉麟が，チュー，タラスまでは行かずに，ただイシククル湖まで行くことを定める章程を上奏したことが背景となっている［厲 1995: 15］．
77) ［小沼 2001: 68–70］．小沼［2010: 330］は，清朝の対外的不干渉の原則が 1770 年代に確定したと述べたが，その後の爵位継承問題には介入していた．「カザフは我が卡外の藩籬である」とみなされていたことが，道光十三（1833）年十月二十八日（乙丑）の上諭からわかる［宣宗：巻 244］．
78) 道光二年六月十七日，理藩院議覆［漢文録副：8272-54 / 605 (民族類 22)-1311〜1312］．カザフがカルン線を越えて来ないようにすること，五月にカルン線から出た後，ウリャンハイの西の境界にカルンを 4 ヵ所設置し，防備にあたることを上奏している．
79) 道光十四年十一月二十八日，テイシュンボー奏［新疆地方歴史資料：288］．［小沼 2001: 69］も参照．
80) 一連の清朝の対応が，前章で述べたコーカンドによるカザフ（クルグズへも）の圧迫と関連していることは言うまでもない［潘 1991: 148–150］．

第 7 章　露清関係の変容と「カザフ=ハン国」の解体　　243

フは厳しく処罰したが，ロシアがカザフの遊牧地に開設した管区には敢えて干渉しない結果となっていた[81]．その理由として，南西からのコーカンドへの対応に労力を費やしていたことも挙げることができる．また，清朝政府が，西北辺疆に対する視線を改め，防備を考えるようになったことも考慮するべきである［茂木 2001: 59-60］．道光年間にはいくつかの新疆統治政策変更論が知られている［片岡 1991］．中には龔自珍のようにカザフやクルグズを帝国の領域の視野に入れていた者もいたが［榎 1992: 142］，それが清朝のカザフに対する方針に影響を与えることはなかったようである．その背後のロシアの存在についても，『海国図志』で知られる魏源が道光二十二 (1842) 年の『聖武記』において，中央アジアからインドに至ろうとするロシアの政策について論じるものの［榎 1992: 212-213］，そのロシアがカザフ草原に統治を展開しつつあったこととは結びついていなかった．このような方針を持つ清朝と，対照的に積極的な政策をとったロシアとの間で，カザフのハン一族 (スルタン) はどのように振る舞えたのだろうか．その問題を以下で検討してみたい．

(2)　スルタンたちの動向

　1822 年規約の制定によって，ハン位は廃止された．それを受けて，管区導入を請願するスルタンがいた一方で，ロシア統治の拡大に公然と反対する者もいた．第 5 章で考察したように，当初管区開設を請願していたグバイドゥッラ=スルタンは，清朝の汗爵を受けることに失敗したのちに，ハン位復活と管区廃止を要求したが，受け入れられることはなかった［TsGA RK: f.338, op.1, d.476, ll.9-12］．その叔父にあたるカスム=スルタンは，グバイドゥッラがロシア軍に拘束されたときに，抗議を行い[82]，「グバイドゥッラは父アブライと兄ワリーを継いで，ハン位 khanstvo を認められました」と主張し，ロシア軍による拘束に疑問を呈している[83]．さらに，コクチェタウ管区の廃止をロシア当局に訴えるなど，ロシア統治への反対の姿勢は明らかであった．事実，その子供たちサ

---

81)　この問題について清朝の中央政府にもたらされたであろう情報や，その対応はきわめて興味深いが，さらなる調査を必要とする．
82)　1824 年 9 月 17 日，総督カプツェヴィチ宛ての書簡［KRO2: 215］．
83)　1825 年 6 月 24 日，オレンブルク軍務知事宛て［MIPSK: 137］．

ルジャン,とりわけハンを名乗ったケネサルのロシア統治に対する抵抗は,カザフ草原中部から東部にかけての最大の反乱となったのである.

また,ロシアに従わない道を選び,清朝領内に移る者もいた.前述のジャンホジャ゠スルタンは,「アヤグズ管区開設の際にロシア皇帝への忠誠を誓わず,清朝宮廷から王の位を得て」いたのであり,ロシアからも,「管区内にはいない」,すなわちロシアに従っていない,と判断されていたようである[84].

その弟スバンクルは,管区開設を要求したこともあったが[85],アヤグズ管区開設時にアガ゠スルタンの地位をめぐってサルト゠スルタンに敗れ,1833年の冬に清朝領内へ移動した[86].スバンクルは,清朝史料では台吉爵を持つ者として知られ[87],国境周辺でロシアやコーカンドの隊商を襲い,またロシアに従うカザフを脅かしていた[88].同じころに清朝領内に移動した中ジュズのスルタンの中には,ロシアへの反逆を疑われる者がいたにもかかわらず,ロシア側では基本的にスバンクルの宥和に努めていたようである[89].スバンクルとロシア,清朝との関係については『東方五史』が詳しく記し,スバンクルは,タルバガタイの官員に対して,「ロシアが圧制 *jabr* を行った」ことを訴えたとされている [Qurban ʻali: 468].スバンクルが清朝に保護を求めたのは,次のような認識に拠っていたと考えられる.タルバガタイのアンバンとの直接交渉を求めたにもかかわらず,要求が容れられずに追放されたスバンクルは,自らの被り物を示しつつ,

---

84) 1833年6月4日,ボノマレフからニュハロフへ.清のバトゥル゠アンバンとの会話において,このように回答した [GAOmO: f.3, op.12, d.17674, 1.476].またジャンホジャの息子たちはタルバガタイにいたという.

85) 1825年,ニコライ1世宛て [MIPSK: 129–135].

86) 1833年10月21日,コサック中尉コズロフからニュハロフ宛て [GAOmO: f.3, op.12, d.17674, 1.543].

87) [宣宗:巻317] 道光十八年十二月二十五日(壬辰)諭.「哈薩克台吉蘇完胡里(スバンクル)」らが,騒動を起こしたカザフを捕らえたことにより賞されている.

88) 1835年2月5日アヤグズ管区からマスラソフへの訓令の写し [GAOmO: f.3, op.1, d.1463, 1.3].[Konshin 1903: 40] も参照.

89) 36年10月13日,オムスク州庁から西シベリア総督宛て文書では,スバンクルがロシアを去ったのは,ロシア政府への敵意からではなく,他のスルタンらとの個人的な諍いが原因であることが確認されている [GAOmO: f.3, op.1, d.1559, 1.36].その後スバンクルとその兄弟クチュクは,オムスク州長官タルイズィンに宛てて元の遊牧地に戻りたい旨を伝えている [GAOmO: f.3, op.1, d.1559, 1.49, 50].それに対しては,37年7月30日のオムスク州長官からスバンクルへの手紙の訳文があり,平穏を守るように指示している [GAOmO: f.3, op.1, d.1559, 1.51].

> この石はあなたのハン[清朝皇帝]が与えた石[90]です．Iī（例），すなわち法に基づけば，私に支援を与えること，また助けることは，あなたがたの責任，責務なのです[Qurban 'ali: 450]．

と，清の官員に言い放ったという．この記述は，清朝との関係が，カザフの保護を保障するものだという認識がスルタンたちの間にあったことを示唆していよう．その後清朝の領域を去ったスパンクルは，最後までロシアの説得を容れず略奪を止めることはなかった．その結果，コクペクトゥから派遣された部隊によって捕えられ（1839年7月）[Konshin 1903: 40-50; Qurban 'ali: 467-468]，彼の同族のスルタンたちもこの時ロシア領内に移されている．

　逆に，清朝領内に牧地を持つにもかかわらずロシアの保護を求める請願も見られた．最初の例は，アヤグズ管区のアガ＝スルタンとなったベクスルタンの動向である．『東方五史』が記すところでは，ロシアが，「臣民となるならばアヤグズ管区庁に来て帳簿に登録するように，ならないならば，ウルジャルを越えて清朝 Hitāy へ行け」とベクスルタンらに迫ったときに，清の大臣（アンバン）はカザフの訴えを聞かなかったとされている．また，その後ロシアがウルジャルとアラコル湖まで手を伸ばした時には，カザフのいくつかの支族がイリ北方のアラタウに遊牧するベクスルタン＝トレに助けを求めた．ベクスルタンがこのとき「清朝から公 gong の位を受けていた」ことが理由であったが，その後，ロシア軍がアラコル湖を越えて来たとき，「ベクスルタンはロシアが来たことをタルバガタイのアンバンに知らせたが，アンバンから回答はなかった」といい，ロシアが「ベクスルタンを自分たちの臣民とする」結果に終わっている[91]．実際，ベクスルタンは1839年6月25日にロシア臣籍の宣誓を行っている[Konshin 1905: 82-83]．スルタンらがどのようにロシア，清朝との関係を認識していたかを見ることは困難であるが，スパンクルの例とあわせて，『東方五史』の内容か

---

90) 清朝から与えられた石をはめこんだ帽子（頂戴）を指す．スパンクルは1838年に，宝石頂双眼花翎を受けていた．「花翎」は孔雀の羽飾りを指す．本章図4には別のスルタンが清朝から受けたと思われる帽子が描かれている．

91) 以上は[Qurban 'ali: 373-374]．[Qurban-'Ali 2005: 19]においても「ベクスルタンがハン位にあった」とし，すなわちアヤグズ管区のアガ＝スルタンであったことを示している．なおフランクによる注釈はジョチ＝スルタンの子とするが，アブルフェイズの子アガダイの子であることは，[Qurban 'ali: 460]に記載がある．

らは，カザフ側の期待あるいは要請にもかかわらず，カザフをロシアから保護する姿勢を清朝は見せていなかったことが理解できるだろう．

その後，ベクスルタンは，清朝から課されていたアルムと呼ばれる税についてロシアに不満を訴えるまでになっていた[92]．ベクスルタンの1843年の報告（テュルク語による）は，清がアルムを要求してきたことについて次のように訴えている．

　　我々のアウル［集落］に清朝 Čürčüt の人間が来て…［中略］…我々にアルム *alum* を要求してきました［TsGA RK: f.374, op.1, d.1497, l.4］.

アルムを今後支払うべきかというベクスルタンの問いに対して，「貴君は，彼ら［清朝］に断固として断るべきであり，このような支払いはロシア政府に行えばよく，彼らの従属下には入らぬように」と，辺境長官（pogranichnyi nachal'nik）ヴィシュネフスキーはきびしく求めたのだった[93]．

最後の例は，中ジュズ，バイジギト支族のドランバイ＝スルタンである[94]．1846年，ドランバイは，「我が民 *yürt elimiz* へ幸い *yaḫšïlïqlar* を与えなければならない」ことを理由として，ロシア領内への移動を請願した[95]．これについて，「バイジギトのカザフは長年清朝の臣民であり，貢納を行い，夏冬は清朝領，すなわちカルンの向こう側で遊牧していた．ドランバイ＝スルタンがオムスクに来た目的は，その民を皇帝陛下の偉大な庇護下に受け入れることを要求するためであり，それにより，ロシア内外の近隣の同族との友好関係を享受しようとするものであった」[96]と，ヴィシュネフスキーは総督に報告している．つまり，ロシアに属するカザフとの諍いを収めるために，ドランバイはオムスク

---

92) ［野田 2008: 247–248］．清側の記録からも，年々アルムとして納められる頭数は減っていることがわかる．毎年春にタルバガタイ参賛大臣が報告した頭数を比べてみると，乾隆四十五年四月六日，前年に越冬したカザフからの税馬は620頭．乾隆六十年五月二十八日，268頭．道光二年六月二十九日，道光元年の冬を越したカザフからは210頭．道光三十年五月二十五日奏においては，91頭であった［新疆察哈爾蒙古満文檔案: 211, 289, 387, 470］．

93) 1844年1月22日［TsGA RK: f.374, op.1, d.1497, ll.2–2ob.］．

94) すでに1839年の時点で，その兄サベクがロシアに入る動きを見せていた［Konshin 1903: 50］．1845年にタルバガタイを訪れる途上にドランバイのもとに滞在したタタール商人は，ドランバイが北京に赴いたことがあり，そのときに galadai の官位を授けられた，と記している［Abdul-bali: 380–381］．

95) 1846年9月25日［TsGA RK: f.374, op.1, d.1767, l.3ob.］．

96) 1847年2月8日［TsGA RK: f.374, op.1, d.1767, l.18］．

第 7 章　露清関係の変容と「カザフ＝ハン国」の解体　247

を来訪したのだった．前後して，同じように清朝領内を遊牧するクゼイ支族の
ブテケ＝スルタンもオムスクに赴き，ロシアの臣民となることを願った[97]．た
だし，清朝領内にとどまりながらもロシア皇帝の恩恵にあずかろうとする彼ら
の請願はこの時は認められていない［Konshin 1905: 50-55］．

　このドランバイについては，「サベクとドランバイは，清朝政府にはまったく
不満足である．なぜなら，政府は彼らを支援せず，ロシア人と何か事が起こっ
た時にもまったく守ってくれなかったからである」と，第 6 章で言及した外務
省官員リュビーモフが記録を残している．これも，清朝のカルン線付近で遊牧
するスルタンたちが，清朝に保護を期待していたこと，かつその希望は叶えら
れなかったことを裏付けている［Liubimov2: 304］．清朝からの爵位が清の保護を
保障しなくなると，スルタンらの役割はさらに低下し，彼らがロシアの圧力の
前には無力であったことを，本節における考察は示している．

　第 5 章で確認したように，清朝は，爵位を与えたスルタンを通じてカザフの
帰属を確かめていた．ロシアも，ハン位を廃したとは言え，ハン家一族である
スルタンとその統率下にある支族を単位（ヴォロスチ）としてカザフの帰属を理
解しようとしていた．そのため，スルタンが選択した帰属は，ロシア統治の拡
大を把握する上で大きな意味を持っている．また，これら露清国境付近で遊牧
していたスルタンたちの動向への両帝国の対応は，露清の政策の違いをも鮮明
に映し出していると言えよう．

4.　大ジュズの併合をめぐる摩擦と 1851 年の露清通商条約締結

　前節に見たように，清朝はカルンを基点とする境界線の維持に努め，カザフ
とロシアあるいはコーカンドから受けていた圧迫にも原則として不干渉の態度
を取り，カザフのスルタンが抱いていた期待にも応えていなかった．

　一方で，ロシアはカザフを帝国の管区内に取り込み，南進を続けていた．ニ
コライ 1 世の統治期（1825-55 年）は，ロシア政府全体としては，ヨーロッパの
革命運動への介入や中近東・バルカン戦線に力を注いでいた時期に当たる．西

---

[97]　1846 年 12 月 14 日，西シベリア総督からアヤグズ管区庁宛て指令［TsGA RK: f.374, op.1, d.1767, l.12］．

シベリアにおいては，ゴルチャコフが1836年に総督に就任(–50年)した後，改革案を提出し，それは38年の制度改革として実現した(第2章を参照)．トボリスクから南のオムスクに首府機能は移り，カザフの牧地，ひいてはその中央アジア諸ハン国や清朝との境界における不穏により多くの注意を払うことが可能になったのである[Bezvikonnaia 2005: 136]．そのとき起きていたカザフ＝ハン一族のケネサルによる反乱は，西シベリアのみならずオレンブルク管轄下のカザフをも巻き込み，同時期のロシアによるヒヴァ遠征も重なって，その鎮圧に力を注ぐ必要もあったであろう．もはや筆者の力量を越えるので詳細には踏み込まないが，この時のロシアの対中央アジア政策は，オスマン帝国を巡る英露の角逐を背景として，インド方面から北をうかがう英国への対応でもあったのである．

1846年にケネサルの反乱が収束するのと前後して，大ジュズのスルタンたちはロシア政府に請願書を送り，ロシア臣籍を誓っている．こうして大ジュズの牧地への足がかりを得たロシアは，セミレチエに進み，47年にコパル要塞を設け，翌48年には大ジュズ監督官(dolzhnost' pristava Bol'shoi ordy, 西シベリア総督に従う)を設けた．初代監督官に就任したのは，男爵M. M. ヴランゲリである．この結果，セミレチエを自領とみなしていた清との間にふたたび摩擦が生じるのは必然であった．本節では，両帝国がこの問題をどう処理し，カザフの処遇がどのように定まったのかを考察したい．

(1) 大ジュズのテゼク＝スルタン

大ジュズをめぐる露清間の摩擦を検討するにあたり，まずアルバン部族を統率していたテゼク＝スルタン(図4)の動向に注目してみよう．露清間の交渉は，1848(道光二十八)年八月，清朝に属するモンゴルからカザフが馬を盗んだ事件を契機としていた．伊犁将軍の薩迎阿(サインガ)は，道光二十九年九月二十六日(露暦1849年10月29日)の上奏文[98]において，馬を捜索した巡辺の様子を伝えている．清の部隊はカラタル方面で，ヴランゲリ男爵(baron)と思われる人物(漢語史料中では「巴蘭(バラン)」)と遭遇した．「カザフが盗んだ馬を探しに来た」[中俄三上: 9]と告げる清の章

---

[98] 十一月十七日奉硃批［新疆龍堆奏議: 257–274］（［新疆地方歴史資料: 339］によれば九月十七日奏）．

第 7 章　露清関係の変容と「カザフ＝ハン国」の解体　　249

京[99]）に対して，ヴランゲリは，カザフは「我々が税を徴収する対象である」と主張して，道を譲らず再三の説得にも応じなかったという．続けてこの奏文は，彼らが「撤回」するようロシア元老院に求めることを提議した．この結果，理藩院の抗議は十月二十日付けでロシア元老院に送られている[100]．この時，伊犂将軍は 1825 年時の交渉に範を求め，今回はカザフからではなく清の佐領の報告であるから，ヴランゲリの執拗さは真実であるとみなしたのである[101]．

図 4　テゼク＝スルタン（ワリハノフ画）
注）　[Valikhanov 1972: 115]

　そこで，イリの官員は，カザフの台吉である鉄色克（テゼク）を派遣して様子を探らせた[102]．十月にイリに戻ったテゼクは，「ロシア人は西に遠ざかり，カザフの遊牧地は平穏である」と差しさわりのない報告を行っている．このときテゼクは，清の爵位（台吉）を受け，アルムを納め，家畜の貿易にも携わっていたが，同時にロシアとの関係も持っていたことに注意しなければなるまい[103]．テゼクは，ヴランゲリが返還に応じなかった家畜の捜索を清の官員から命じられたが［TsGA RK: f.3, op.1, d.329, l.14］，翌 1850 年 5 月 31 日の文書が明らかにしているように，その指示書をテゼク自らがロシア側にもたらした．家畜をイリに届けたテゼクは，その後ロシアのコパル要塞に赴き，清朝側が家畜送還を喜んだことを報告さえしている[104]．
　その後，ようやくロシア元老院からの回答が清に到着した[105]．ヴランゲリが

99）　清朝の武官職名，この時は，ソロン佐領の富珠爾泰（フジュルタイ）が巡辺の部隊を率いていた．
100）　理藩院から元老院への行文［新疆地方歴史資料: 340–341］．清側は「カラタルなどの場所は，清朝の戡定した疆土」であることを主張した．
101）　道光二十九年九月十七日摘録（[新疆稀見: 480] の日付による）[新疆龍堆奏議: 306]．
102）　道光二十九年十二月二十七日奏［新疆龍堆奏議: 331］．
103）　テゼクの生涯をまとめたものとして［Khafizova 2002］．
104）　7 月 5 日付け [TsGA RK: f.3, op.1, d.327, l.3]．
105）　咸豊元年一月二十四日（1851 年 2 月），ロシア元老院から理藩院宛て（二月十五日の奕山（イシャン）への諭の添付文書）[中俄三上: 5]．

「この地のカザフはもともとロシアの所属であるので，ロシアの官員が調査を行う」と回答したことを確認し，続けて「ロシア所属のカザフのスルタン 1 名を派遣し，イリに［家畜を］送り届けさせる」との報告が中央にもたらされたことを伝えるだけだった．このカザフのスルタンとは上のテゼクにほかならず，ここで清はようやく大ジュズのカザフとロシアの浅からぬ関係を知るのであった．元老院の書簡は，「コパルに要塞を建設したのは，カザフが再三ロシアに対して，かの地に営地を設けることを求めてきたためである」と従来と同様に，カザフに責任を負わせるような釈明を行っている．

　これを知った清朝政府は，次の伊犂将軍の奕山（イシャン）らへ，近年カザフが清にアルムを納めているのかどうか，ヴランゲリは現在どこにいるのか等を調べさせた106)．この結果，イシャンらは，テゼクやアキンベク107)はアルム税を支払っており，カザフと清朝との関係は失われていないことを確認し，かつヴランゲリは清の境界から北八十余里という離れた場所にいるとの情報を得たため，これ以上の問題には発展しなかったようである108)．

　この上奏文は，最後に，ロシアが貿易について協議するためにイリへ連絡を取ってきたことを伝えている．実は，このとき大ジュズの牧地の問題と並行して，イリ，タルバガタイにおける露清貿易について交渉が行われていた．後段で詳細に検討するが，カシュガルを含め 3 ヵ所での取引を望むロシアに対し，清側は 2 ヵ所のみを主張して譲らなかった．その理由の一つを，1851 年 4 月 20 日のイシャンの上奏文は次のように述べている．

　　異国たるロシアはカザフ地方で，以前より租税を集め，苦役を課している．
　　いまカシュガル貿易を請うとすれば，かならずやイリ西南のカザフに続い
　　てクルグズにも苦役を課し，かつ［彼らから］租税を集めるであろう109)．

通商条約そのものは 1851 年 7 月に締結されるが，上の奏文からも，カザフの遊牧地にロシアが影響力を強める様を，清の現地官員が目の当たりに感じていたことが理解されるだろう．51 年 12 月 15 日の西シベリア総督の訓令はすべてを代弁しているかのようである．

---

106)　二月十五日上諭［中俄三上：4–5］（［籌辦夷務始末咸豊朝：130］では十四日付け）．
107)　公の爵位を持つアキンベクの弟がテゼクと記されているが，実際はその従兄弟にあたる．
108)　六月二十日，イシャンらの奏文［中俄三上：8–11］．
109)　咸豊元年四月二日，イシャン奏［籌辦夷務始末咸豊朝：147–148］．

清の認識はいまだ変わらず，大ジュズの牧地を自らに帰属するものとみなしているが，一方で，ロシア［統治］がすでに「名目的ではなく実質的に」定着している様を見ている…［中略］…清朝の現地部隊がこの地［カラタル］に派遣されてきたら，「この地はロシア領である」と説明することができる[110]．

こうして，カザフがロシアの「臣民」であり，かつカザフ草原もロシア帝国に属するということが，かつての形式的な段階（臣籍の宣誓による属人的把握）から，次第に実質的な意味（ロシア統治の展開）を持つようになっていったのである．つまり，すでにハンを失い，清朝からの爵位も保護につながらなくなったカザフのハン一族の多くは，彼らの牧地とともにロシア帝国に編入されることになるのである．1822年以来，権威を失いつつあったスルタンたちは，ロシア帝国の臣民となることを余儀なくされ，ここに，カザフ＝ハン国は完全に解体されたと言ってよい．

この後もロシアは南進を続け，47年のコパル要塞につづき，54年にはヴェールノエ要塞を現在のアルマトゥの地に建設した．この動きは，1856年のアラタウ管区開設へと発展し，クルグズに対する影響力をも強めることになる．1867–68年の臨時規定の制定により，コーカンド領内のカザフを残して，ロシアによるカザフ草原併合は完了するのであった．

(2) 1851年の条約

上に見た大ジュズの牧地にかんする露清交渉が進んでいた一方で，道光三十(1850)年四月三日，理藩院は，新疆における貿易についてロシアとの交渉に入ることを上奏した［籌辦夷務始末咸豊朝：6］．これによって，両国の間では，大ジュズの問題と並行して，イリ，タルバガタイにおける露清貿易について本格的な交渉が行われることになった．この交渉の結果締結された条約が，第6章で検討したカザフ草原経由の露清貿易にも大きな意味を持っていたことは言うまでもない．前章末尾で触れた，カザフの貿易における役割の低下に反比例するように，ロシア籍商人のイニシアティブはより大きくなっており，それがついにこの1851年条約をもって公式に認められたからである．

---

110) 大ジュズ監督官ペレムイシュリスキー宛て［TsGA RK: f.3, op.1, d.330, l.7］．

ロシアがかねてより西シベリア＝新疆間の直接取引を望んでいたことは，すでに示したとおりである．別の背景としては，南京条約締結後のイギリスの影響力をロシアが意識していたことも挙げられるだろう[111]．さらに，ここまでに検討したロシアの大ジュズへの進出の影響もある．事実，1847年のロシア外相ネッセルローデの上申にあるように，大ジュズをロシアの影響下に置いたのは，「西中国，とりわけカシュガルとの貿易」のためでもあった［KRO2: 335］．たしかに，1848年初頭のネッセルローデから大ジュズ監督官への訓令には，貿易が課題であることが示されている．大ジュズを帝国に取り込むことは，ロシア政府の新疆との貿易への希求と無縁ではありえなかった［Rozhkova 1949: 335］．

アントノフが説明するように，1845年にイリ，タルバガタイを調査したロシア外務省のリュビーモフの報告は大きな契機となり[112]，上のような西シベリア現地での意見も取りまとめた上で，ロシア政府は清朝に対して提言を行った．この交渉は，ロシアが定期的に派遣する正教伝道団を経由して行われたことも露清関係の考察の上で興味深い[113]．1847, 48年には，伝道団を経由してロシア元老院名義の文書が理藩院に届けられた．ロシアは，キャフタに加えて，イリ，タルバガタイ，カシュガルという新疆の3都市での貿易を求めた．これに対して，理藩院は，コニマイラク卡倫付近での取引が禁じられた先例を確認しつつ，キャフタ以外の貿易は認められていないという原則に固執していた[114]．

しかし，道光二十九年十二月（1850年）の伝道団交替（新団長はパラディ[115]）の際に随行したロシア軍人が，再度理藩院に文書を呈すると，清朝政府内でも本

---

111) 1846年1月19日，シベリア税関区長から財務省対外貿易部長宛て［TsGA RK: f.806, op.1, d.157, l.11ob.］．
112) 46年5月にネッセルローデに提出された［Antonov 1982: 153］．リュビーモフの報告を分析した米鎮波が指摘するように，貿易路の安全のためにも，清朝のカルン線付近に遊牧するカザフをロシア帝国の臣民とすることが求められた［米 2005: 44］．
113) 伝道団長ポリカルプ（Polikarp）がその使命を帯びていた［Antonov 1982: 154］．このアントノフの論文は，1850年2月の道光帝の死と，その後の条約締結への急展開とを関連付けている［Antonov 1982: 157–158］．
114) 理藩院の文書（日付なし）［宮中檔：077666］．「ロシアには，キャフタにおける交易を除いて，決して他所での通商を許さない」ことを確認したこの文書は，道光三十年四月三日の理藩院の奏文の基になったと考えられる．
115) パラディについては［井上 1991］．またその北京での露清間交渉への関与については［陳 2008］や［Ipatova 1993］も参照．

第7章　露清関係の変容と「カザフ=ハン国」の解体　253

格的な検討が行われることになる[116]．十二月二十五日に，機密文書（密寄）として送られた上諭は，「ロシアが内密に貿易をしていることは，すでに耳目を覆いがたい」という現状を踏まえた上で，「今回のロシアの文書が，イリなど三ヵ所での貿易を強く求めていることははっきりしており，これをただ拒絶して事が大きくなることは，適当ではない」と見解を述べ，伊犁将軍サインガに，現地の事情をくわしく調査することを求めた[117]．

伊犁将軍らの上奏によれば，3ヵ所の内，カシュガルでは障碍が多いことが明らかになった．その理由として，最辺境の地であることに加え，イギリスがインド方面から迫っていることも考慮し，ロシアに許せばイギリスもまた貿易を希望するであろうこと，コーカンド人など外来の者を含むムスリムと正教徒であるロシア人との摩擦が懸念されることを挙げていた[118]．言うまでもなく，これらの懸念は先に示したロシア支配の拡大の恐れとも関連していた．この結果，理藩院はカシュガルを除く2ヵ所での貿易を認めるにいたった[119]．次いで，元老院書簡（1850年9月8日）への返書において，翌春にイリへロシア使節が来て条文の交渉を行うよう提議したのだった[120]．

先に述べた大ジュズの牧地をめぐる露清交渉は，まさにこの時に行われていたのだが，実は，ロシア史料から，イリの「ウクル=アンバン」[121]が，カルン線を越えて大ジュズの牧地に出てロシアと交渉する意思を持っていたことが知られる．ロシア軍人グトコフスキーが，その真意を書簡で確かめたところ，アンバンの回答は，「たしかに最初の哨所まで出向くことを希望している．というのも，自分に任されている事案[122]は，北京からペテルブルクへ伝わっており，

---

116) 道光二十九年十二月二十五日に理藩院も上諭を密奉していたことについては，咸豊元年十月十三日，イシャン，ブインタイ奏［宮中檔: 406001383］．
117) 伊犁将軍サインガおよび参賛大臣イシャン宛上諭［嘉慶道光両朝上諭檔: 601］．同様の内容の聖訓は，［羽田 1961］にも引用されている．この羽田の論考は，清朝側の事情をよくまとめている．
118) 道光三十年三月二十一日（1850年5月），サインガらの奏［籌辦夷務始末咸豊朝: 2–3, 5–6］．
119) 四月三日，理藩院議覆の附件［籌辦夷務始末咸豊朝: 7–8］．
120) ［Antonov 1982: 159］．すなわち，道光三十年十一月二十六日付けの理藩院よりロシア元老院宛て文書に相当する［四国新檔: 16］．
121) 清朝の官員．満洲語「*uheri da* 総管」は，ロシア史料の中で，しばしばukurdai, ukur-ambanなどと表記される．
122) カラタルに居るロシア人の問題を指している．

ペテルブルクからロシア皇帝の命令ですでに［ロシア側の］官吏が派遣されていると確信しているからだ」というものだった[123]．つまり，清朝の現地官にとっては，ロシアがカルン線のすぐ近くまで迫ってきたことは当然の認識となっており，一方，理藩院が条約交渉をイリで行うよう提示したことは，清朝中央でもこのような認識が共有されつつあったことを意味している．

1851年になり，7月7日にイリに到着したコヴァレフスキーらが交渉を行い，いわゆる「イリ通商条約」[124]は1851年7月25日（陰暦七月十日）に調印された．イシャンらの奏文にその状況は詳述されている[125]．また同時にイシャンらはロシアに宛てて，先に議論された懸念には触れずに，品物が少なく貿易は難しいという理由で，カシュガルにおける取引を最終的に拒絶したのであった[126]．

この条約の要点は，新疆北路の2つの都市を開放し，ロシアの領事 (konsul') を置き，「貿易亭」すなわち商館 (faktoriia)[127] を設け，無関税で取引を行うことにあった［吉田 1974: 217–218］．羽田明は，これを「キャフタ条約などの延長であることには変りはない」とみており［羽田 1961: 737］，貿易においては，たしかにキャフタ体制を引き継ぐものであった．ただし，新疆においては，この条約がその後両国間で行われる一連の境界画定交渉の起点として，政治的な——より正確には領土的な——問題と関連していたことが重要な意味を持っていると考えられる．

条約締結後は，西シベリア当局が発給する旅券によりロシア商人の清朝領内への通行が可能になり[128]，新疆北部経済へのロシアの関心は領事館および商館を拠点として保持されることになった．この条約により，ロシア人が直接取引

---

[123]　「この件は，現地の指揮権の範囲を越えている」とも付言したという（50年9月7日，グトコフスキーから総督ゴルチャコフ宛て報告）［TsGA RK: f.3, op.1, d.327, ll.15–18］．なおゴルチャコフは，要塞のあるコパルには清の官員を近づけないよう，前もって指示をしていた（7月24日，グトコフスキー宛て）［TsGA RK: f.3, op.1, d.327, l.12］．

[124]　漢語では「伊犂塔爾巴哈台通商章程」，露語では，「両国臣民のための，イリとタルバガタイにおける貿易を開く通商条約 Torgovyi traktat dlia poddannykh oboikh gosudarstv, koim otkrybaetsia torgovlia v Ili i Tarbagatae」．

[125]　咸豊元年七月二十三日，イシャンらの奏［中俄三上: 12–14］．

[126]　同日付の伊犂将軍・参賛大臣からロシア宛て文書［中俄三上: 14–15］．

[127]　1843年12月14日，セミパラチンスク税関長から西シベリア総督への意見書に，すでにタルバガタイに商館を設けることが貿易の発展につながるという認識が見えている［TsGA RK: f.806, op.1, d.157, ll.13–14ob.］．

[128]　1860年の例［TsGA RK: f.3, op.1, d. 372, l.14］．

を行うようになった結果については，茶貿易の場合だけをとっても，むしろキャフタからも清の商人が新疆へ集まってくる状況になっていたとの報告がある[129]．本格的な検討は別に譲らなければならないが，ここからも，新疆における貿易は，条約締結以前の状況とはまったく異なる様相を呈するようになったことが容易に推測できるだろう．

　繰り返しになるが，ロシアの大ジュズ併合の背後には，新疆における貿易への直接関与という狙いがあったのであり，それはより大きな視野でとらえると，英国とのイラン，アフガニスタン，中央アジア，そして清朝領内における市場競争があった[Rozhkova 1949]．

　こうして政治的に，ロシアが大ジュズの牧地に進出を果たすと同時に，貿易においてもかつての構造は一変し，カザフと露清帝国の関係も新しい時代を迎えようとしていた．のちに，露清間の国境は1864年以降の条約で画定され，かつて清朝が主張していた領域は，カザフの遊牧地の大半をロシアが手中にすることで，ロシア帝国領と定まったのである．

小結

　本章では，18–19世紀においてカザフの置かれた状況をもっとも鮮明に示す事例として露清交渉の中でのカザフ草原を考察した．西シベリアおよび新疆という帝国辺境において，両帝国は軍備を配し，異民族統治に当たるなど相似的な動きも見せていた．しかし，本章の事例が示すように，両帝国のカザフへのかかわり方の違いは際立っていた．ロシアは当初より，カザフを臣民とみなし，それを実質的に支配するために段階を踏んでさまざまな施策を行っていたことがわかる．一方の清朝にとって，カザフはあくまでも「駕馭[＝制御]すべき」[130]異民族にほかならず，ロシアの攻勢を受けても，カザフの土地を護るというよりは，カザフ草原を自らの領域とは切り離した上で，自領の確保に努めていた．1750年代以来の清＝カザフ関係にもかかわらず，カザフのスルタンたち

129）　1853年12月5日，1851年以降のイリにおける貿易についてのロシア商人の覚書[GAOmO: f.3, op.3, d.3485, l.5]．
130）　道光六（1826）年九月十日諭[外交史料道光朝　巻2: 23]．

が寄せた期待にも応えることはなかったのである．そのため，1831年のアジア・シベリア両委員会においてロシアの積極的な方針が決議されると，それ以降カザフ草原における清朝の影響力は失われていった．カザフ草原を越えて接近したロシア＝清朝間の境界は，帝国間の国境となり，それは，カザフの帰属をも規定することになった．また，境界が視覚化され，ロシアと清朝が直接境を接することによって，かつてカザフが果たしていた貿易上の仲介的な役割が消失するのも当然のなりゆきであったと言える．

　このような露清の方針の違いに，カザフ自身がどの程度自覚的であったかを考えることは，史料の制約上きわめて困難である．かつて，アブライ＝ハンやワリー＝ハンの代に行っていた二方面外交も失敗し，帝国に対する反乱も成功を見ず，カザフのスルタンたちはいずれかの帝国への帰属を選択することを余儀なくされたのであった．

　それでも，1864年のタルバガタイ条約以降も，カザフ草原における露清国境地帯は動的であり，新疆ムスリム反乱の影響もあり，越境は日常的なものであった．たとえば，中ジュズのブテケ＝スルタンは，1865年に清朝領からロシア領内へ移動したが[131]，のちに再び清朝領内へ戻り，ロシアによるイリ地方占領期を経て，子孫は辛亥革命を迎えている．また1916年におけるロシア領内のムスリム大反乱の際に，多数のカザフ，クルグズ遊牧民が中国側へ逃亡したことはよく知られている［Kozybaev et al. 2000: 649］．序章で触れたように，ソ連時代でさえも国境を越える移動があり，この地域の動性はその後も引き継がれていったことを最後に示して，本章の結びとしたい．

---

131)　1865年10月3日，ブテケはロシア領に移り，清朝皇帝への不満を訴えた［Noda 2006］．

終　章

中央ユーラシア国際関係史の展開

　本書は，18世紀から19世紀半ばまでの中央ユーラシアの国際秩序を，カザフ＝ハン国と露清帝国の3者間関係の視点から――とくにカザフ＝清朝関係を中心に――考察している．その際に，カザフ草原東部，新疆（清朝），西シベリア（ロシア帝国）という3地域をつないでいたカザフ遊牧民の役割を示した点，カザフ＝清朝関係が，露清関係およびカザフ＝ロシア関係から受けた影響を意識しながら考察を進めた点に大きな特色がある．

　3部で構成される本書の概要は次の通りである．

　まず序章で，当時のユーラシアの国際関係とその中でのカザフ＝ハン国の位置づけを整理した上で，西シベリアのイルティシュ要塞線（とくにその東部）＝カザフ草原東部＝新疆北部が地域的一体性を持っていたことを指摘した．それを受ける第一部では，第1章においてカザフ＝ハン国にかんする研究史の再検討を行った．1960年代の領域をめぐる中ソ対立の影響を受けて，ソ連，中国両国におけるカザフ草原史にかかわる歴史叙述は，当時の国家の論理に制約され，1757年のカザフの清への「帰順」に代表されるカザフ＝ハン国と清朝との関係そのものも見えなくなっていたのである．そこで，18-19世紀のカザフ＝ハン国史を再考するための手法として，カザフ，ロシア，清朝という3者間の関係の見直しが必要となることを再確認した．また，カザフと両帝国との関係を通史的に整理することにより，カザフ＝清朝関係は，カザフ＝ロシア関係と常に連動しており，双方を相対化して考えることが有効となることが明らかになった．そのための新しい史料として，露清両帝国の文書史料に加え，新疆北部のタルバガタイに住んだタタール人ムッラー のクルバンガリーによる『東方五史』（1910年刊）は稀有な価値を持っている．その理由は，独自の記述内容に加えて，クルバンガリーが意識していたイスラーム知識人・ムスリム商人のネットワークが，まさに序章で提起した3地域を結び，カザフ遊牧民の移動圏，経済圏と

も重なっていたからである．以下の各章でも，ここに示された3地域の一体性を念頭に置いた上で，カザフ＝清朝関係を考えることになる．続く第2章では，もう一方の柱となる18世紀初頭から19世紀前半までのカザフ＝ロシア関係を概観し，その関係について両者の間の認識のずれを検討した．ロシアのカザフへの対応は，つねに清朝を意識したものになっており，上で設定した構図の有効性を示してもいる．

　第二部では，カザフ＝清朝関係について，その起源，清朝側の認識，関係の基盤となっていた爵位制度を事例として抽出し，それぞれ分析を行った．そこで明らかになったのは，やはりカザフ＝ハン国の清朝との関係も，独立して考えるべきものではなく，ロシアとの関係も含めた中央ユーラシアの国際関係全体の中でとらえるべきことであった．

　第三部では，19世紀前半におけるカザフ＝ハン国と露清帝国との関係の変容，中央ユーラシアの国際秩序の変化について考察した．その結果，本書が焦点を当てるカザフ草原東部・西シベリア・新疆北部は，経済的な意味でも，政治的な意味でも強い結びつきを持っていたことが改めて示された．そこではカザフが一定の役割を果たしていたが，1820年代以降ロシアが積極的な政策を取る中で，露清帝国間におけるカザフ遊牧民の役割が限定される過程も明らかになった．またロシア＝清朝間の境界が定まることで，カザフ＝ハン国の解体が露わになった状況を解明したと言える．

　上の概要と重なる点もあるが，やや視点を変えて，各章における考察が明らかにした点を年代に沿って以下に整理しておきたい．

　本書の記述は，カザフ＝ハン国がロシア帝国との関係を深める契機となった1730年のアブルハイル＝ハン（小ジュズ）によるロシアへの遣使から始まっている．アブルハイルをはじめとするカザフのハン一族は，西方のロシアに対して「臣籍」を請願し忠誠を誓ったが，それはカザフにとって帝国への完全な従属を意味しておらず，カザフ＝ハン国側とロシア側の間には認識のずれがあった．

　カザフのハンたちがロシア帝国との関係を模索していた背景には，当時中央ユーラシアにおいて勢力を拡大していたジューンガルの存在があった．ジューンガルはもとより清朝との抗争を繰り返していたが，カザフ草原に勢力を伸ばし，さらにロシアとも接触するようになった結果，露清間にジューンガルをめ

終　章　中央ユーラシア国際関係史の展開　259

ぐる交渉が発生することになる．ただし 1727 年に両国が締結したキャフタ条約は，中央ユーラシアにおける問題を規定しておらず，露清間の交渉は非公式に進められた．

　第 3 章が導き出したように，1731 年にロシアを訪れた清朝使節トシによる提議の内容は，その後の露清交渉を大きく左右することになった．そのことは，55 年にジューンガル政権が崩壊した後の，アムルサナをはじめとするジューンガル残党勢力にかかわる問題に見ることができる．ロシア領内に逃亡したアムルサナらの送還をめぐって，31 年のトシ使節の文言が想起されたが，このときに，アムルサナを含むジューンガル以外に，ジューンガルの影響下にあった南アルタイ諸族，さらにはアムルサナの逃亡先であるカザフ（中ジュズ）の帰属も問題となっていた．それまでの清朝＝ジューンガル＝ロシアの関係に埋没していた，アルタイやカザフの存在が浮上したのである．

　1756–58 年の露清間外交文書を整理すると，清朝は一貫して，ジューンガルおよびアルタイの清への帰属を主張し，カザフについても，57 年に清朝に帰順したと見ていたことが分かる．一方のロシアは，キャフタ条約とトシ提議とを使い分けながら，独立していたジューンガルとその下にあったアルタイがロシアの臣籍を請うたこと，カザフは従前よりロシアの臣民であったことを主張していた．露清双方にとって，ジューンガル逃人問題解決のためにカザフを自らの陣営に引き入れることが不可欠となったため，両国はともにカザフの帰属を主張し，結果として，アルタイ諸族とともに，カザフは両帝国に帰属するあいまいな立場に置かれた．この事実は，この時点ではカザフ＝ハン国が緩衝的な存在として自立していたことを示すとともに，両帝国がお互いにカザフに対する権利を主張し続ける根拠にもなっていた．

　上のような経緯によって清朝に「帰順」し，関係を認められたカザフについて，清朝はどのような認識を持っていたのだろうか．清朝から見たカザフ遊牧民は，少なくとも 18 世紀後半においては，広義の「外藩」として位置づけられるものであり，朝貢使節を前提として，爵位を与え辺境での貿易を認めるものであった．また第 4 章が整理した，カザフ固有の部族連合である 3 ジュズと，清朝側が区分していた三「部」にかかわる清朝史料の記述から，当時のカザフ遊牧社会の内情にある程度迫ることができる．1750 年代のジューンガル遠征に

よってカザフの遊牧地に達した清朝の部隊は,このとき多くの情報を集めていたからである.しかし,その後18世紀末にかけて,ジュズごとに見たカザフ＝清朝関係はそれぞれ変容し,それと連動して,清朝史料上の三部の概念も変化していることが明らかになった.三部は最終的にカザフ＝ハン家の系統を意味するようになったが,このように清朝がハン一族を単位としてカザフ遊牧社会を把握しようとしていたことは,第5章が扱った爵位の問題に直結していると考えられる.1757年以降,カザフ＝ハン一族に対して清朝から与えられていた爵位は,その継承時の儀式とも結びつき,ハン一族(スルタン)の権威づけにとって大きな意味を持っていたのである.このようなハン一族と清朝の関係は,モンゴル王公が清朝皇帝と結んでいた関係と並列に考えられる.

他方,ロシアとの関係においても,ハンの称号は重要な意味を持っていた.カザフ＝ハンの称号は,1820年代までロシア帝国からも認められていたが,ロシアに対する「臣籍」の概念と同様に,カザフとロシアの間には称号の意味をめぐる認識のずれが存在していた.また,3ジュズの内,小ジュズと中,大ジュズとの間では,後者が清朝との関係を強く持っていたために,ロシア側でははっきりと区別を設けて対応していた.

露清双方との関係をもっともよく保っていたのは,1757年にいち早く清朝に使者を送り「帰順」した中ジュズのアブライの一族であった.アブライはのちにハンに即位し,清朝からも汗の爵位を受けて,両帝国間における「二方面外交」を展開した.アブライの子ワリーの時代もその方向性は継続された.清朝への「朝貢」使節の派遣,爵位授与に加えて,カザフ＝清朝関係の根幹を成していたのは,貿易であった.カザフは,コーカンドと並んで新疆における貿易を許されていたのである.すでに西シベリアのイルティシュ要塞線の都市との取引を行っていたカザフは,この地域において露清間を中継した.また新疆に入ることを許されていなかったロシア籍商人をカザフのスルタンが仲介した.その前提としては,第6章が示した,18世紀後半以降の露清帝国のブフタルマ経由の貿易への関心がある.またカザフは,略奪や通行税という負の意味でも西シベリア＝新疆間の隊商にかかわっていた.

このような露清帝国間のカザフの役割に大きな変化をもたらしたのは,ロシア帝国がおもに中ジュズ諸部族の遊牧地に対して1822年に導入した新しい行

政制度であった．おもに中ジュズを管轄した西シベリア総督府（1882 年からはステップ総督府に継承された）は，辺境機構として，ロシア帝国の総督府制度の中に位置づけられる［松里 2008a: 56］．以後，ロシア帝国は清朝の境界を注視しながら，自らの管区の設置に努めていく．管区制度の展開は，カザフの牧地がロシア帝国の法域に——間接的にではあれ——組み込まれることを意味していた．それにより，ロシア治下のカザフとそれ以外の（清朝やコーカンドに従う）カザフとの区別は明瞭になりはじめ，西シベリアのロシア境界は，しだいに清朝との国境線となっていったのである．

そのような状況の中で，カザフが清朝から受けていた爵位も意味を失いつつあった．第 5 章後半が検討したように，1824（道光四）年，ワリーの子グバイドゥッラは「汗 han」の位を継承することに失敗した．そこからは，グバイドゥッラがロシア皇帝に忠誠の宣誓を行い，アガ＝スルタンという公職に就いていたために，ロシアの法に反することができず，自ら清朝からの爵位を辞退することを余儀なくされたことが明らかになる．それを象徴的に示しているのが，グバイドゥッラから清朝の参賛大臣宛ての上申書（タタール語）であった．この事件のあとも，カザフのスルタンらは清朝との関係を維持しようとしていたが，その動きもやはりロシア帝国が定めた 1822 年の新しい「規約」にはそぐわなかった．

ロシア側では，清朝の汗爵の位をカザフの伝統的なハンの位と重ね合わせて理解しており，そのため，ロシアが不要と判断したハン位と同等の価値を持つ汗爵をグバイドゥッラに継承させることは容認できず，露清関係にも配慮しつつも清朝を牽制していた．ロシアは並行して，カザフの対外交渉への統制をも強めていったのである．

第 6 章が論じたように，経済的側面においても，カザフの役割は変容する．19 世紀になると，コーカンド＝ハン国の勢力増大を背景として，コーカンド系商人が，中央アジア，ロシア，新疆を結ぶ貿易活動で役割を果たすようになる．ただし，新疆北部については，1820 年代のジャハーンギールらの反乱以降，コーカンド系商人は拠点を失い，ロシア籍商人の進出が見られた．それは，清朝のカルン線付近で遊牧するカザフのスルタンたちにまでロシア帝国の支配がおよび，安全が確保されたこととも結びついていた．貿易におけるこのような

構造の変化は，西シベリア＝カザフ草原＝新疆北部を結んでいたカザフ遊牧民の役割が失われる過程の一側面として捉えることができる．

　1820年代以降のカザフが置かれていた立場については，カザフ草原をめぐる露清交渉の比較検討から理解することができる．第7章が検討したように，そもそも露清帝国の異民族支配の構造は相違していた．第3章が示したカザフ＝ハン国のあいまいな立場に対して，ロシアは，カザフを名実ともに臣民とするために，段階を踏んで統治下に組み込むことを試みていた．まず新疆北部で接触が始まった露清の現地官同士の交渉において，ロシアはしだいに清朝への強い態度を見せるようになっていた．逆に清朝側では，19世紀になると，カルン線外のカザフには干渉しない方針を立て，自領の確保に努めていた．カザフのスルタンらが清朝に寄せていた保護の期待にも清は応えず，1831年以降，カザフ草原東部における清朝の影響力ははっきりと失われていった．その結果，ロシア帝国と清朝の国境線によって，カザフの牧地は分断されていく．より南方に位置する大ジュズについても，時間の差はあれ両帝国の方針は共通していた．1850年前後の通商条約締結のための交渉から，このときには大ジュズの牧地（セミレチエ）にまでロシアが進出していたこと，その現実を清朝は認めざるをえなかったことが判明したのである．

　このようにして，本書の各章が明らかにした諸点から，中央ユーラシアの国際関係史の展開を把握することができるだろう．むろん，本書が当該の時代のすべての問題を扱い得たわけではない．今後解決すべき問題として，カザフ＝ロシア＝清朝という三角形の構図に当てはまる事としてトルグート東帰（1771年）の問題がある．ヴォルガ下流域のトルグート遊牧民は，まさにカザフ草原を通過して新疆へ「帰還」したのであり，カザフによるトルグートへの干渉や帰属をめぐる露清交渉の検討を通じて，本書の議論とも関連付けることができると考えられる．また露清関係については，東シベリアを経由した露清交渉との比較の可能性がある．

　第2章，第7章で確認した中ジュズにおけるロシア統治と管区庁の役割については，本書では概観するにとどまっており，さらにくわしい検討が必要である．とくに，カザフが略奪や越境を行った場合に，どのように審理が行われ，罰が科されたのかという問題は，本書の境界にかんする議論とも深く結びつい

終　章　中央ユーラシア国際関係史の展開　　263

ているからである．

　本書が1851年を区切りとしている理由にもなっているが，同年の通商条約締結後，64年のタルバガタイ条約によって露清のこの方面における国境が画定されるまでの間に，露清関係に関する情報量は格段に増加する．第7章で，露清帝国によるカザフの遊牧地の分断にもかかわらず，国境を越える動きが見られたことを示したが，別に筆者は1864年の新疆ムスリム反乱時の越境について検討を進めている［Noda 2006］．その後もイリ事件に代表されるように，露清間の国境地帯は不穏な情勢にあり［野田 2009a］，その中でカザフ遊牧民が果たしていた役割を明らかにすることも大きな課題として残されている．

　同じく遊牧を生業とし，カザフと同様にロシア帝国とも清朝とも関係を持っていたクルグズについて，本書ではほとんど言及していないことに再度触れておきたい．序章でも述べたように，クルグズ遊牧民の歴史との比較は，カザフ＝ハン国史の研究にとっても意義は少なくない．しかし，これを含めることでかえって議論が錯綜することを恐れ，本書ではあえて考察の対象としないこととした．18–19世紀のクルグズの動向を明らかにすることも，本書の議論の発展には不可欠のことと考えている．

　各章の考察と課題を振り返った上で，本書全体にわたる要点・意義をまとめておこう．

　まず，カザフ＝ハン国を中心とする中央ユーラシアの国際関係史において，1757年以来の清朝との関係がカザフ＝ロシア関係に影響していた点がある．カザフ＝ハン一族は，爵位の制度を通じて清との臣従関係を持ちながらも，ロシアへは，ロシアの臣民となっている姿を見せ続けることで自らに有利な状況を作り出そうとしていた．それに対して，ロシアは清朝のカザフへの影響力の程度を見極めながら，少しずつ自らの支配をカザフ草原に拡げていったのである．一方の清朝においては，辺境の防備には努めるものの，関係開始時に持っていたカザフに対する関心はその後希薄となり（第4章・第7章参照），しだいにその不干渉の方針が顕在化するようになった．

　次に，ロシアのカザフ＝ハン国併合の過程，なかでも中ジュズ，大ジュズ地域の併合の中で，露清関係が重要な役割を担っていた点である．ロシアのこの地域における領土的膨張は，新疆における貿易への期待と深く結びついていた．

ロシア帝国は，清朝とのさまざまな交渉を通じて，清朝の希薄になりつつあるカザフへの関心を確かめた上で，中ジュズ，大ジュズのカザフの遊牧地へ進出したのだった．このような中央アジアをめぐる露清関係は，この地に対するロシアの影響力を公けには認めない清朝の方針もあり，表には出てこなかったが，本書における露清双方の文書史料の比較により，初めてその交渉のあり方を視野に収めることが可能となった．

　第三に，本書が重点を置くカザフ＝清朝関係の検討によって，境界についての認識が明らかになった点である．これは，カザフ，ロシア，清朝の３者がそれぞれ抱いていた自らの境界もしくは国境線についての認識を解明すると同時に，序章において設定した西シベリア＝カザフ草原東部＝新疆北部という地域が，帝国間の国境線によって分断される過程を示すことにもなった．ただし第１章でも確認したように，上のような分断は政治的側面にとどまり，経済上の関係やイスラームによるつながりは，形を変えながらその後も継続していたことに留意しなければならない．またこのような視角からの分析によって，ロシア・中国という大国に挟まれた現代カザフスタンと重なる領域を持っていたカザフ＝ハン国の歴史について，近代以降の国境にとらわれずに問い直すことが有効であることが示されるだろう．

　最後に，露清帝国間の交渉の中にかいまみることのできるカザフの帰属について，これを明確にした点である．これによって，1757年においては露清双方に属するというあいまいな状況に置かれていたカザフの帰属は，しだいに清朝を離れロシアへと傾いていったことが，はっきりと確認できる．これは，逆に言えば，露清両帝国の異民族支配・統治のあり方を相対化することを意味し，同じように露清帝国に挟まれていたモンゴルや東北アジアの状況との比較も可能になるだろう．カザフの帰属について言えば，ロシア帝国の方がより早く，属人的な関係だけではなく，そこに属地的な関係をも含めて——すなわち空間的な意味でも——帝国に「従う」人々との関係をとらえるようになった結果，清朝との境界は明確な形を持ち，カザフの遊牧地の帰属も固定されていったのである．換言すれば，両帝国において属人的・属地的把握の双方が接合していく過程を検証したことにもなるが，少なくとも当のカザフにとって，もたらされた結果はまったく異なっていた．

終　章　中央ユーラシア国際関係史の展開　265

　総合すると，カザフ＝ハン国の対外関係史研究において，カザフ＝ロシア関係のみからの再構築には限界があり，カザフ＝清朝関係，さらには露清関係を踏まえた上で見直すことの意義を本書の考察を通じて確認できたと考える．カザフ・ロシア・清朝間の関係が構成する三角形の各辺は，それぞれ他の2辺で示される関係を映し出す鏡となって我々の前に姿を現している．

　18–19世紀のカザフ＝ハン国を取り巻く情勢は，露清帝国，すなわち東西のまったく異なる国際秩序のせめぎ合いに大きく左右され，そこにおいて，カザフ遊牧民が固有に持っていた伝統は，さまざまな方法で帝国と向き合おうとしていた．それが，ロシア帝国への併合という形ではあったが，一つの区切りを迎えるのが1851年のことであり，以後はより近代的な文脈でカザフおよびそれを取り囲む露清関係の歴史も語られることになる．

　帝国間で境界を定めたはずの中央アジアにおける露清国境は，その後も中国西北のムスリム反乱，ヤークーブ＝ベクによる動乱，ロシアによるイリ事件の舞台となり，常に境界線は混乱し流動的であった．その中でカザフ遊牧民も移動を繰り返していたことはすでに述べた通りである．カザフの動向も含めて，19世紀後半以降の新疆およびロシア領中央アジアにおける歴史の展開と，清朝＝ロシア帝国間の交渉とは，依然として深い関わりを持っていたはずである．

　その後も，カザフ＝ハン国の領域を受け継いだ現代のカザフスタン共和国にいたるまで，この地域は――上海協力機構がいみじくも示しているように――ロシア（ソ連）・中国という大国の思惑に大きな影響を受け続けている．それでも，豊富な資源を背景にカザフスタンが独自の外交・国際関係を築こうとしていることもたしかであり，カザフスタンを含む中央ユーラシア地域の現状と今後を考えるにあたり，本書が明らかにする3者間関係の構図を踏まえることは，たんなる歴史的背景の整理にとどまらず，国際関係理解のために必要な視角を提供できるのではないだろうか．

　本書が示した19世紀半ばまでの中央ユーラシアを軸とする国際関係の変動が，これらの問題を考察することにもつながれば幸いである．

参考文献一覧

※本文中での略号：書誌の順で示している

未公刊史料

AVPRI: Архив внешней политики Российской империи, Москва
GAOmO: Государственный архив Омской области（РФ），Омск
RGVIA: Российский государственный военно-исторический архив, Москва
TsGA RK: Центральный государственный архив Республики Казахстан, Алматы
漢文録副：中国第一歴史檔案館蔵軍機処全宗漢文録副奏摺
満文録副：中国第一歴史檔案館蔵軍機処全宗満文録副奏摺
月摺：中国第一歴史檔案館蔵軍機処全宗満文月摺檔
宮中檔：台湾故宮博物院蔵宮中檔奏摺及軍機処檔摺
内閣大庫：台湾中央研究院歴史語言研究所蔵明清史料（内閣大庫檔案）

日本語史料

トゥリシェン：トゥリシェン『異域録――清朝使節のロシア旅行報告』（今西春秋訳注，羽田明編訳）（東洋文庫）平凡社，1985年．
アトキンソン：アトキンソン『ユーラシア横断紀行』（水口志計夫訳）白水社，1966年．

漢語・満洲語史料

籌辦夷務始末同治朝：『籌辦夷務始末同治朝』光緒六（1880）年（台北：文海出版社，1971年）．
籌辦夷務始末咸豐朝：『籌辦夷務始末咸豐朝』同治六（1867）年（北京：中華書局，第一冊，1979年）．
大清一統輿図：天龍長城文化芸術公司編『大清一統輿図』北京：全国図書館文献縮微複製中心，2003年（清乾隆二十五年銅版印行の復刻）．
俄文 1：国立北平故宮博物院文献館編輯『故宮俄文史料――清康乾間俄国来文原檔』（王之相，劉澤榮繙訳）北平，国立北平故宮博物院，1936年．
俄文 2：国家清史編纂委員会編訳組『歴史研究』編輯部合編『故宮俄文史料』北京，国家清史編纂委員会，2005年（初版『歴史研究』編集部編『故宮俄文史料――1670–1846年，中俄外交史的珍貴史料』（王之相，劉澤榮訳）1964年）．
方略漢文（前編・正編・続編）：傅恒等撰『欽定平定準噶爾方略』前編・正編・続編，乾隆三十七（1772）年刊（北京：全国図書館文献縮微複製中心，1990年）．
方略満文：*Jun gar i ba be necihiyeme toktobuha dodogon i bithe jingkini banjibun*（財団法人東洋文庫所蔵本）正編．
高宗：『大清高宗純皇帝実録』．
光緒会典事例：『欽定大清会典事例』1220巻，光緒二十五（1899）年．
皇清職貢図：『皇清職貢図』9巻，乾隆二十六（1761）年序（早稲田大学図書館蔵）．
回疆剿擒逆匪方略：『欽定平定回疆剿擒逆匪方略』曹振鏞等纂，道光十（1830）年（近代中国史料叢刊，沈雲龍編，台北：文海出版社，8冊）．
回疆則例：『蒙古律例・回疆則例』道光二十二（1842）年刊（北京：全国図書館文献縮微複製中心，1988年）．
嘉慶道光両朝上諭檔：中国第一歴史檔案館編『嘉慶道光両朝上諭檔』第54冊，桂林：広西師範大学出版社，2000年．
嘉慶会典：『欽定大清会典』80巻，嘉慶二十三（1818）年．
嘉慶会典事例：『欽定大清会典事例』920巻，嘉慶二十三（1818）年．
科布多政務総冊：『科布多政務総冊』（『科布多事宜』台北：成文出版社，1969年）．

乾隆朝上諭檔：『乾隆朝上諭檔』（中国第一歴史檔案館編），第三冊，檔案出版社，1991年．
乾隆会典：『欽定大清会典』100巻，乾隆二十九（1764）年．
仁宗：『大清仁宗睿皇帝実録』．
四国新檔：中央研究院近代史研究所編『四国新檔』（俄国檔）南港：中央研究院近代史研究所，1966年．
塔爾巴哈台事宜：永保編，興肇増補『塔爾巴哈台事宜』（『中国方志叢書』台北：成文出版社，1969年．
西陲要略：祁韻士『西陲要略』嘉慶十二（1807）年（台北：台湾商務印書館，用光緒八年同文館聚珍版景印，1963年）．
西陲総統事略：汪廷楷；松筠；祁韻士『西陲総統事略』嘉慶十四（1809）年序．
西域水道記：徐松『西域水道記』道光三（1823）年（台北：台聯国風出版社，1967年）．
西域図志：傅恒修；褚廷璋等編『欽定皇輿西域図志』乾隆四十七（1782）年刊（台北：文海出版社，用国立中央図書館蔵本景印，1965年）．
新疆察哈爾蒙古満文檔案：『清代西遷新疆察哈爾蒙古満文檔案全訳』（呉元豊ほか主編），新疆人民出版社，2004年．
新疆地方歴史資料：新疆社会科学院歴史研究所編『新疆地方歴史資料選輯』北京：人民出版社，1987年．
新疆龍堆奏議：『新疆龍堆奏議』（国家図書館蔵歴史檔案文献叢刊）北京：全国図書館文献縮微複製中心，2005年．
新疆稀見：『清代新疆稀見奏牘匯編』（馬大正，呉豊培主編）道光朝巻，新疆人民出版社，1996年．
新疆図志：袁大化；王樹枏編『新疆図志』宣統三（1911）年刊．
新疆識略：徐松；松筠『欽定新疆識略』道光元（1821）年（台北：文海出版社，1965年）．
宣宗：『大清宣宗成皇帝実録』．
外交史料道光朝：『清代外交史料』（故宮博物院編）北平，道光朝巻，1932–1933年（台北：成文出版社，1968年）．
外交史料嘉慶朝：『清代外交史料』（故宮博物院編）北平，嘉慶朝巻，1932–1933年（台北：成文出版社，1968年）．
五本歴史：庫爾班阿里（新疆少数民族社会歴史調査組訳印）『五本歴史』中国科学院民族研究所，1962年．
鴉片戦争檔案史料：『鴉片戦争檔案史料』上海：上海人民出版社，1987年，第1巻．
伊江彙覧：格棒額『伊江彙覧』（中国社会科学院中国辺疆史地研究中心『新疆稀見史料彙輯』（中国辺疆史地資料叢刊，新疆巻）北京，1990年，1–88頁）．
伊江集載：『伊江集載』（中国社会科学院中国辺疆史地研究中心『新疆稀見史料彙輯』（中国辺疆史地資料叢刊，新疆巻）北京，1990年，89–124頁）．
伊犂文檔匯鈔：『伊犂文檔匯鈔』（国家図書館蔵歴史檔案文献叢刊）北京：全国図書館文献縮微複製中心，2004年．
中俄一下：中国第一歴史檔案館編『清代中俄関係檔案史料選編』第一編下冊，北京：中華書局，1979年．
中俄三上：中国第一歴史檔案館編『清代中俄関係檔案史料選編』第三編上冊，北京：中華書局，1981年．
中哈 1：『清代中哈関係檔案彙編（一）』（中国第一歴史檔案館；哈薩克斯坦東方学研究所編）北京：中国檔案出版社，2006年．
中哈 2：『清代中哈関係檔案彙編（二）』（中国第一歴史檔案館；哈薩克斯坦東方学研究所編）北京：中国檔案出版社，2007年．
中蘇貿易史資料：孟憲章『中蘇貿易史資料』北京：中国対外経済貿易出版社，1991年．
総統伊犂事宜：永保『総統伊犂事宜』（中国社会科学院中国辺疆史地研究中心『新疆稀見史料彙輯』（中国辺疆史地資料叢刊，新疆巻）北京，1990年，125–276頁）．

欧文史料（アラビア文字による文献も含む）

Abdul-bali: "Рассказ троицкого 2-й гильдии купца, Абдул-Бали Абдул-Вагапова Абу-Бакирова, о путешествии его с товарами из Троицка в Чугучак, и о прочем" // *Географические известия*, Вып. 2, СПб, 1850, с. 371–410.

AN (2, 3): Мухаммад-Казим, *Наме-йи 'аламара-йи Надири* (мироукрашающая надирова книга), издание текста и предисловие Н. Д. Миклухо-Маклая; указатели Г. В. Шитова, т. 2–3, Москва: Изд-во Восточной лит-ры, 1966.

Andreev 1998: Андреев, И. Г., *Описание Средней орды киргиз-кайсаков*, Алматы, 1998. (初版 СПб, 1785 年).

Bakunin 1939: Бакунин, В., "Описание истории калмыцкого народа" // *Красный архив*, 94, т. 3, 1939, с. 189–254.

Bantysh: Бантыш-Каменский, Н. Н.,*Дипломатическое собрание дел между российским и китайским государствами, с 1619 по 1792-й год*, Казань, 1882.

Bronevskii 1830: Броневский, Г. М., "Записки о киргиз-кайсаках Средней орды" // *Отечественные записки*, 1830, ч. 41–43.

Bukhari: 'Abd al-Karīm Buḫārī, *Afġān va Kābul va Buḫārā va Ḫīvaq va Ḫōqand ḫānlarnïng…* (Histoire de l'Asie Centrale (Afganistan, Boukhara, Khiva, Khoqand)), par Mir Abdoul Kerim Boukhary, Publiée, traduite et annotée par Charles Schefer, T.1, Paris, 1876. (rep. Amsterdam, 1970).

Dobrosmyslov 1900: *Материалы по истории России: Сборник указов и других документов, касающихся управления и устройства Оренбургского края* (Сост. А. И. Добросмыслов), Оренбург, Т. 1, 1900.

Ejenkhanuli 2009a: Б, Еженханұлы (құрас.), *Қазақ хандығы мен Цин патшалығының сауда қатынастары туралы қытай мұрағат құжаттары*, т. 1, Алматы: Дайк-пресс, 2009.

Ejenkhanuli 2009b: Б, Еженханұлы (құрас.), *Қазақ хандығы мен Цин патшалығының саяси-дипломатиялық қатынастары туралы Қытай мұрағат құжаттары*, т. 1, Алматы: Дайк-пресс, 2009.

Eshmukhambetov; Zhekeev 1999: Ешмухамбетов, С.; Жекеев, С. сост. *Из истории казахов*, Алматы: Жалын, 1999.

FI: Shir Muhammad Mirab al-Mutakhallis bi-al-Munis & Muhammad Riza Mirab al-Mutakhallis bi-al-Agahi, *Firdaws al-iqbāl* (ed. by Yuri Bregel), Leiden; New York, 1988.

Frank; Usmanov 2001: A. J. Frank; M. A. Usmanov eds., *Materials for the Islamic history of Semipalatinsk: two manuscripts by Ahmad-Walī al-Qazānī and Qurbān'ali Khālidī*, Berlin: Das Arabische Buch, 2001.

Ianushkevich 2006: Янушкевич, А.,*Дневники и письма из путешествия по казахским степям*, Павлодар: ЭКО, 2006.

IKRI2: Е. В. Ерофеева сост., *История Казахстана в русских источниках XIV–XX веков*, том II, Алматы: Дайк-пресс, 2005.

IKRI3: Е. В. Ерофеева сост., *История Казахстана в русских источниках XIV–XX веков*, том III, Алматы: Дайк-пресс, 2005.

IKRI4: Ерофеева, Е. В. сост., *История Казахстана в русских источниках XIV–XX веков*, том IV, Алматы: Дайк-пресс, 2007.

IKRI6: Е. В. Ерофеева; Б. Т. Жанаев сост., *История Казахстана в русских источниках XIV–XX веков*, том VI, Алматы: Дайк-пресс, 2007.

IKRI8-1: Б. Т. Жанаев сост., *История Казахстана в русских источниках XIV–XX веков*, том XVIII, часть I, Алматы: Дайк-пресс, 2006.

IKZI5: *История Казахстана в западных источниках XII–XX вв.* (пер. с нем. Л. А. Захаровой), том V, Алматы: Санат, 2006.

JN: Maḥdīḫān Astarābādī, *Jahāngušā-yi Nadirī*, ed. Sayyid Abd-allah, Tehran, 1341/1962–1963.

Kestel' 1998: Кэстель Джон, *Дневник путешествия в году 1736-м из Оренбурга к Абулхаиру, хану Киргиз-Кайсацкой орды*, Алматы: Жибек жолы, 1998. (перевел с немецкого Вольфганг Штаркенберг)

Khalid 2006: Халид, Қ., *Тауарих хамса*, Павлодар: ЭКО, 2006.

Konshin 1900: Коншин, Н. "Материалы для истории Степного края: I. Открытие Аягузского округа; II. Каракиргизская депутация 1824 г." // *Памятная книжка Семипалатинской области на 1900*, Вып. IV, Семипалатинск, 1900, с. 1–117.

Konshin 1902: Коншин, Н. "Материалы для истории Степного края: III. О заграничных обстоятельствах; IV. Заметка о киргизских родах и султанах в Каркаралинском крае" // *Памятная книжка Семипалатинской области на 1902*, Семипалатинск, 1902, с. 1–54.

Konshin 1903: Коншин, Н. "Материалы для истории Степного Края: V, К истории Каркаралинского и Аягузского округов в 30-х и 40-х годах XIX ст." // *Записки Семипалатинского Подотдела западно-сибирского отдела Императорского Русского географического общества*, Вып.1, Семипалатинск, 1903, с. 1–109.

Konshin 1905: Коншин, Н. "Материалы для истории Степного Края, VI" // *Записки Семипалатинского подотдела Западно-сибирского отдела ИРГО*, вып. 2, 1905, с. 1–127.

Korsak 1857: Корсак, А., *Историко-статистическое обозрение торговых сношений России с Китаем*, Казан, 1857. (Перепечатано из Ученых Записок книжки 1-й за 1856 г.)

KRO1: *Казахско-русские отношения в XVI–XVIII веках: сборник документов и материалов*, Алма-Ата, 1961.

KRO2: *Казахско-русские отношения в XVIII–XIX веках (1771–1867 годы): сборник документов и материалов*, Алма-Ата, 1964.

Levshin 1996: Левшин, А., *Описание киргиз-казачьих или киргиз–кайсацких орд и степей*, Алматы: Санат, 1996. (初版は 1832 年)

Liubimov 1: "Поездка Н. И. Любимова в Чугучак и Кульджу в 1845 г. под видом купца Хорошева" // *Туркестанский сборник*, т. 544. (初出 Веселовский, Н., *Поездка Н. И. Любимова в Чугучак и Кульджу в 1845 году под видом купца Хорошева*, СПб., 1909.)

Liubimov 2: "Путевой журнал поездки на Восток Н. И. Любимова. 1845 года" // Валиханов, Ч. Ч., *Собрание сочинений*, т. 4, Алма-Ата, 1985, с. 278–326.

Materialy dlia: "Материалы для истории киргизской степи" // *Сборник газеты Сибирь*, т. 1, 1876, с. 435–460.

Meiendorf 1975: Мейендорф, Е. К., *Путешествие из Оренбурга в Бухару*, Москва, 1975. (初版 1820 年)

MIKKh: *Материалы по истории Казахских ханств XV–XVIII веков*, Алма-Ата, 1969.

MIKSSR: *Материалы по истории Казахской ССР (1785–1828 гг.)*, Т. 4, Москва; Ленинград: изд-во АН СССР, 1940.

MIPSK: *Материалы по истории политического строя Казахстана*, т. 1, Алма-Ата, 1960.

MOTsA (1, 2): ответственные редакторы: Гуревич, Б. П.; Ким, Г. Ф., *Международные отношения в Центральной Азии, XVII–XVIII вв.: документы и материалы*, Москва, кн. 1, 1989; кн. 2, 1989.

Poezdka: "Поездка из Орска в Хиву и обратно, совершенная в 1740–41 годах поручиком Гладышевым и геодезистом Муравиным" // *Географические известия*, издаваемые Росс. геогр. общ. СПб., 1850, Отдел II., с. 511–599.

Potanin 2005: Потанин, Г. Н., *Избранные сочинения в трех томах*, т. 3, Павлодар, 2005.

QTQD: Еженханұлы, Б. аударған, *Қазақстан тарихы туралы Қытай деректемелері*, т. 3, 2006.

Qurban ʻali: Qurbān ʻAlī Ḫālidī, *Tavārīḫi Ḥamsa-yi Šarqī*, Qāzān, 1910.

Qurbanghali 1992: Құрбанғали Халид, *Тауарих хамса* (аударған: Б. Төтенаев; А. Жолдасов), Алматы, 1992.

Qurban-ʻAli 2005: Qurbān-ʻAli Khālidī, *An Islamic biographical dictionary of the Eastern Kazakh Steppe, 1770–1912* (ed. by A. J. Frank; M. A. Usmanov), Leiden: Brill, 2005.

RDO: Моисеев, В. А. ред., *Русско-джунгарские отношения (конец XVII-60-е гг. XVIII вв.): Документы и извлечения*, Барнаул: Азбука, 2006.

RKO1: *Русско-Китайские отношения в XVIII веке: материалы и документы*, Москва, т. 1. (1700–1725), 1978.

RKO2: *Русско-Китайские отношения в XVIII веке: материалы и документы*, Москва, т. 2. (1725–1727), 1990.
RKOXIX: *Русско-Китайские отношения в XIX веке: материалы и документы*, Москва, т. 1, 1995.
Rychkov 1999: Рычков, П. И., *Топография Оренбургской губернии*, Уфа: Китап, 1999.（初版1762年）
Salgharauli 1998: Салғараұлы Қ. құрастырған, *100 құжат*（Қазақ хандығы мен Чиң империясы арасындағы қарым-қатынастарға байланысты құжаттар), Алматы: Санат, 1998.
Sbornik: *Сборник договоров России с Китаем, 1689–1881 гг.*, Санктпетербург, 1889.
Shakarim 1991: Шәкәрім, Құдайбердіұлы, *Түрік, қырғыз-қазақ һәм хандар шежіресі*, Алматы, 1991.（初版 Orynbor, 1911年）
Shangin 2003: Шангин, И. П.*Дневные записки в канцелярию Колывано-Воскресенского горного начальства о путешествии по Киргиз-кайсацкой степи*, Барнаул: Аз Бука, 2003.
Sivers; Fal'k 1999: Сиверс, И., *Письма из Сибири*; Фальк, И., *Описание всех национальностей России*, Алматы: Ғылым, 1999.
Skachkov; Miasnikov 1958: *Русско-китайские отношения, 1689–1916: официальные документы*, (составители, П. Е. Скачков; В. С. Мясников), Москва: Изд-во восточной лит-ры, 1958.
TsIKKh (1, 2): *Цинская империя и Казахские ханства. Вторая половина XVIII–первая треть XIX в.* (составители К. Ш. Хафизова; В. А. Моисеев), ч. 1–2, Алма-Ата: Наука, 1989.
Tynyshpaev 1998: Мухамеджан Тынышпаев, *История казахского народа*, Алматы: Санат, 1998. （初版 Тынышпаев, М. *Материалы по истории киргиз-кайсацкого народа*, Ташкент, 1925.）
Unkovskii: Н. И. Веселовский, *Посольство к зюнгарскому Хун-Тайджи Цеван Рабтану капитана от артиллерии Ивана Унковского и путевой журнал его за 1722–1724 годы*, СПб, 1887.
Valikhanov 1985 (2–4): Валиханов, Ч. Ч. *Собрание сочинений*, т. 2–4, Алма-Ата, 1985.
Viatkin 1936: Вяткин, М. П., "Путевые записки лекаря Зибберштейна" // *Исторический архив*, № 1, 1936, с. 223–258.
VPR (1–17): *Внешняя политика России XIX и начала XX века: документы Российского Министерства иностранных дел*, Москва, 1960–2006, t. 1–17.
Wathen 1834: Wathen, W. H. "Memoir on the U'sbek state of Kokan, properly called Khokend, (the ancient Ferghana,) in Central Asia," *The Journal of the Asiatic Society of Bengal*, 3–2, 1834, pp. 369–382.
Zhanaev et al. 2002: Жанаев, Б. Т.; Иночкин, В. А.; Сагнаева, С. Х. сост., *История Букеевского ханства, 1801–1852 гг.: сборник документов и материалов*, Алматы: Дайк-Пресс, 2002.
Zhivopisnoe: *Живописное путешествие по Азии, составленное на французском языке под руководством Эйрие и украшенное гравюрами*（Перевод Е. Корша, издание А. С. Ширяева), Том 2, Москва: типография Николая Степанова, 1839.

日本語参考文献
赤坂 2005：赤坂恒明『ジュチ裔諸政権史の研究』風間書房，2005年．
秋山 2010：秋山徹「クルグズ遊牧社会におけるロシア統治の成立――部族指導者「マナプ」の動向を手がかりとして」『史学雑誌』119–8, 2010年，1–35頁．
井上 1991：井上紘一「パラディウスの南ウスリー踏査記――翻訳と解説」畑中幸子；原山煌編『東北アジアの歴史と社会』名古屋大学出版会，1991年，123–194頁．
岩井 2007：岩井茂樹「清代の互市と"沈黙外交"」夫馬進編『中国東アジア外交交流史の研究』京都大学学術出版会，2007年，354–390頁．
岩下 2007：岩下明裕「中国の国境線とそれをめぐる外交」川島真編『中国の外交：自己認識と課題』 [異文化理解講座6] 山川出版社，2007年，192–213頁．
宇山 1997：宇山智彦「20世紀初頭におけるカザフ知識人の世界観――M.ドゥラトフ「めざめよ，カザフ！」を中心に」『スラヴ研究』44, 1997年，1–36頁．
宇山 1999：宇山智彦「カザフ民族史再考――歴史記述の問題によせて」『地域研究論集』2 (1), 1999年，85–116頁．

宇山 2005：宇山智彦「旧ソ連ムスリム地域における「民族史」の創造——その特殊性・近代性・普遍性」酒井啓子・臼杵陽編『イスラーム地域の国家とナショナリズム』東京大学出版会，2005 年，55–78 頁．
榎 1992：榎一雄「新疆の建省——二十世紀の中央アジア」『榎一雄著作集』第二巻，汲古書院，1992 年，113–244 頁．
大石 1996：大石真一郎「カシュガルにおけるジャディード運動——ムーサー・バヨフ家と新方式教育」『東洋学報』78 巻 1 号，1996 年，120–95 頁（逆頁）．
岡 2007：岡洋樹『清代モンゴル盟旗制度の研究』東方書店，2007 年．
小沼 2001：小沼孝博「19 世紀前半「西北辺疆」における清朝の領域とその収縮」『内陸アジア史研究』16 号，2001 年，61–76 頁．
小沼 2006：小沼孝博「清朝とカザフ遊牧勢力との政治的関係に関する一考察——中央アジアにおける「エジェン—アルバト」関係の敷衍と展開」『アジア・アフリカ言語文化研究』72，2006 年，39–63 頁．（［Noda; Onuma 2010: 86–125］はその改訂増補版）
小沼 2010：小沼孝博「1770 年代における清‐カザフ関係——閉じゆく清朝の西北辺疆」『東洋史研究』69–2，2010 年，1–34 頁．
片岡 1991：片岡一忠『清朝新疆統治研究』雄山閣，1991 年．
片岡 1998：片岡一忠「朝賀規定からみた清朝と外藩・朝貢国の関係」『駒沢史学』52，1998 年，240–263 頁．
川上 1980：川上晴「アブライの勢力拡大——18 世紀カザフスタン史に関する一考察」『待兼山論叢』14 号（史学篇），1980 年，27–49 頁．
川島 2004：川島真『中国近代外交の形成』名古屋大学出版会，2004 年．
岸本 1997：岸本美緒『清代中国の物価と経済変動』研文出版，1997 年．
呉 2000：呉元豊（村上信明；楠木賢道訳）「満文月摺包と『清代辺疆満文档案目録』」『満族史研究通信』9，2000 年，7–16 頁．
小松 1983：小松久男「ブハラとカザン」『内陸アジア・西アジアの社会と文化』（護雅夫編）山川出版社，1983 年，481–500 頁．
小松 1998：小松久男「危機と応戦のイスラーム世界」『岩波講座世界歴史 21　イスラーム世界とアフリカ』岩波書店，1998 年，3–78 頁．
小松ほか 2005：『中央ユーラシアを知る事典』（小松久男ほか編）平凡社，2005 年．
坂井 1994：坂井弘紀「英雄叙事詩が伝える「ケネサルの反乱」」『イスラム世界』44 号，1994 年，19–36 頁．
坂井 2001：坂井弘紀「叙事詩に見るアブライ＝ハンの系譜と生い立ち」『千葉大学ユーラシア言語文化論集』4 号，2001 年，121–140 頁．
佐口 1963：佐口透『18–19 世紀東トルキスタン社会史研究』吉川弘文館，1963 年．
佐口 1966：佐口透『ロシアとアジア草原』吉川弘文館，1966 年．
佐口 1971：佐口透「国際商業の展開」『岩波講座世界歴史 13』岩波書店，1971 年，149–176 頁．
佐口 1986：佐口透『新疆民族史研究』吉川弘文館，1986 年．
佐々木 1996：佐々木史郎『北方から来た交易民——絹と毛皮とサンタン人』日本放送出版協会，1996 年．
塩谷 2006：塩谷昌史「19 世紀半ばのニジェゴロド定期市における商品取引の構造変化」『社会経済史学』72 (4)，2006 年，441–463 頁．
塩谷 2009：塩谷昌史編『帝国の貿易——18–19 世紀ユーラシアの流通とキャフタ』東北大学東北アジア研究センター，2009 年．
シチェグロフ 1943：シチェグロフ（吉村柳里訳）『シベリア年代史』日本公論社，1943 年．
澁谷 1996：澁谷浩一「康熙年間の清のトルグート遣使——所謂密約説の再検討を中心に」『人文学科論集（茨城大学人文学部紀要）』29 号，1996 年，71–93 頁．
澁谷 2002：澁谷浩一「現地からの報告——ロシア帝国外交文書館の中国関係文書について」『満族史研究』1 号，2002 年，92–112 頁．
澁谷 2006：澁谷浩一「キャフタ条約の文書通信に関する条項について——条約締結後の清側によるロシア側書簡受領拒否問題をめぐって」『人文学科論集（茨城大学人文学部紀要）』45 号，2006

年，33–56 頁．

澁谷 2007： 澁谷浩一「ウンコフスキー使節団と 1720 年代前半におけるジューン＝ガル，ロシア，清の相互関係」『人文コミュニケーション学科論集』2 号，2007 年，107–128 頁．

承志 2009： 承志『ダイチン・グルンとその時代──帝国の形成と八旗社会』名古屋大学出版会，2009 年．

杉山 2007： 杉山清彦「大清帝国支配構造試論──八旗制からみた」『近代世界システム以前の諸地域システムと広域ネットワーク』(平成 16–18 年度科学研究費補助金 (基盤研究 (B)) 研究成果報告書，研究代表者：桃木至朗)，2007 年，104–123 頁．

杉山 2008： 杉山清彦「大清帝国のマンチュリア統治と帝国統合の構造」左近幸村編著『近代東北アジアの誕生──跨境史への試み』北海道大学出版会，2008 年，237–268 頁．

スルタンガリエヴァ 2008： グルミラ＝スルタンガリエヴァ (宇山智彦訳)「南ウラルと西カザフスタンのテュルク系諸民族に対するロシア帝国の政策の同時性 (18–19 世紀前半)」『ロシア史研究』82 号，2008 年，61–77 頁．

立石 2006： 立石洋子「スターリン期のソ連歴史学界における民族史論争──歴史上の英雄の評価を中心に」『ロシア史研究』78 号，2006 年，96–112 頁．

田山 1953： 田山茂「17, 18 世紀におけるオイラート族の統治機構」『史学研究』50，1953 年，104–116 頁．

田山 1967： 田山茂『蒙古法典の研究』日本学術振興会，1967 年．

杜山那里 2010： 杜山那里 (デュセンアイル・アブディラシム)「タルバガタイ参賛大臣宛文語カザフ語文書 1 種」『西南アジア研究』72 号，2010 年，65–78 頁．

豊川 2000： 豊川浩一「18 世紀ロシアの南東植民政策とオレンブルクの建設──I.K. キリーロフのいわゆる『草案』について」北海道大学スラブ研究センター『ロシア・イスラム世界へのいざない』(スラブ研究センター研究報告シリーズ No. 74)，2000 年，11–27 頁．

豊川 2006： 豊川浩一『ロシア帝国民族統合史の研究──植民政策とバシキール人』北海道大学出版会，2006 年．

長峰 2009： 長峰博之「「カザク・ハン国」形成史の再考──ジョチ・ウルス左翼から「カザク・ハン国」へ」『東洋学報』90–4，2009 年，466–441 頁 (逆頁)．

野田 2002a： 野田仁「露清関係上のカザフスタン──1831 年アヤグズ管区開設まで」新免康編『中央アジアにおける共属意識とイスラムに関する歴史的研究』(平成 11 年度–13 年度科学研究費補助金研究成果報告書)，2002 年，119–133 頁．

野田 2002b： 野田仁「清朝史料上の哈薩克 (カザフ) 三「部」」『満族史研究』1，2002 年，16–30 頁．

野田 2005a： 野田仁「カザフスタン中央文書館所蔵史料と中央アジア史研究の動向」『イスラム世界』64 号，67–78 頁．

野田 2005b： 野田仁「露清の狭間のカザフ・ハーン国──スルタンと清朝の関係を中心に」『東洋学報』87–2，2005 年，029–059 頁．

野田 2006： 野田仁「清朝によるカザフへの爵位授与──グバイドゥッラの汗爵辞退の事例 (1824 年) を中心に」『内陸アジア史研究』21 号，2006 年，33–56 頁．

野田 2007a： 野田仁「カザフ・ハン国とトルキスタン──遊牧民の君主埋葬と墓廟崇拝からの考察」『イスラム世界』68，2007 年，1–24 頁．

野田 2007b： 野田仁「18 世紀中央アジアにおける露清関係──ジューンガル政権崩壊からカザフ，アルタイ諸族の帰属問題へ」『史学雑誌』116–9 号，1–37 頁．

野田 2007c： 野田仁「清代檔案史料と中央アジア史研究──『清代中哈関係檔案彙編』の出版に寄せて」『満族史研究』6 号，162–173 頁．

野田 2008： 野田仁「第 7 章 露清関係とカザフ草原──帝国支配と外交の中の地域認識」『地域認識論──多民族空間の構造と表象』(『講座スラブ・ユーラシア学』第 2 巻) 講談社，2008 年，231–257 頁．

野田 2009a： 野田仁「イリ事件再考──ロシア統治下のイリ地方 (1871–1881 年)」『イリ河流域歴史地理論集──ユーラシア深奥部からの眺め』(窪田順平・承志・井上充幸編) 松香堂，2009 年，141–188 頁．

野田 2009b： 野田仁「中央アジアにおける露清貿易とカザフ草原」『東洋史研究』68–2，2009 年，

1–31 頁．
野見山 1977：野見山温『露清外交の研究』酒井書店（初出「清雍正朝対露遣使考」『福岡大学法学論叢』6 巻 1・2 号，1961 年，33–77 頁）．
羽田 1961：羽田明「伊犂通商条約の締結とその意義」『和田博士古稀記念東洋史論叢』講談社，1961 年，729–739 頁．
濱下 1997：濱下武志『朝貢システムと近代アジア』岩波書店，1997 年．
濱田 1973：濱田正美「ムッラー・ビラールの『聖戦記』について」『東洋学報』55，1973 年，31–59 頁．
濱田 1983：濱田正美「19 世紀ウイグル歴史文献序説」『東方学報』55，1983 年，353–401 頁．
濱田 1998：濱田正美「モグール・ウルスから新疆へ」『東アジア・東南アジア伝統社会の形成』（岩波講座世界歴史 13）岩波書店，1998 年，97–119 頁．
濱田 1999：濱田正美「現代の中央アジア 1——中央アジアと中華民国および人民共和国」『中央アジア史』（アジアの歴史と文化 8）同朋舎，1999 年，198–209 頁．
濱田 2008：濱田正美「北京第一歴史档案館所蔵コーカンド関係文書 9 種［含チャガタイ語文］」『西南アジア研究』68，2008 年，82–111 頁．
濱本 2009：濱本真実『「聖なるロシア」のイスラーム——17–18 世紀タタール人の正教改宗』東京大学出版会，2009 年．
バルトリド 1937：ウエ・バルトリド（外務省調査部訳）『欧洲殊に露西亜に於ける東洋研究史』1937 年．
藤本 2008：藤本透子「ポスト・ソビエト時代の死者供養——カザフスタン北部農村における犠牲祭の事例を中心に」『スラヴ研究』55 号，2008 年，1–28 頁．
堀 1999：堀直「新疆の「地方史」」『内陸アジア史研究』14 号，1999 年，1–23 頁．
松里 2005：松里公孝「地域研究史学とロシア帝国への空間的アプローチ——19 世紀の大オレンブルクにおける行政区画改革」『ロシア史研究』76 号，2005 年，38–49 頁．
松里 2008a：松里公孝「境界地域から世界帝国へ——ブリテン，ロシア，清」『ユーラシア——帝国の大陸』（講座スラブ・ユーラシア学 第 3 巻）講談社，2008 年，41–80 頁．
松里 2008b：松里公孝「プリアムール総督府の導入とロシア極東の誕生」左近幸村編著『近代東北アジアの誕生——跨境史への試み』北海道大学出版会，2008 年，295–332 頁．
宮脇 1995：宮脇淳子『最後の遊牧帝国——ジューンガル部の興亡』講談社，1995 年．
宮脇 1996：宮脇淳子「ロシアにおけるチンギス統原理」『ロシア史研究』58，16–24 頁，1996 年．
宮脇 2005：宮脇淳子「17–19 世紀モンゴル史料の分析——年代記と文書」『史資料ハブ 地域文化研究』No. 5，2005 年，106–125 頁．
村上 2009：村上信明「乾隆五二年における蒙古旗人の伊犂将軍任用の背景——乾隆後半の藩部統治における旗人官僚の人事に関する一考察」『東洋文化研究』11，2009 年，55–85 頁．
茂木 2001：茂木敏夫「中華世界の構造変動と改革論——近代からの視点」毛里和子編『現代中国の構造変動 7 中華世界——アイデンティティの再編』東京大学出版会，2001 年，51–77 頁．
森川 1983：森川哲雄「アムルサナをめぐる露清交渉始末」『歴史学・地理学年報』7 号，1983 年，75–105 頁．
森永 2004：森永貴子「イルクーツク商人とキャフタ貿易——1792～1830 年」（ロシアの中のアジア／アジアの中のロシア (1)）『スラブ・ユーラシア学の構築』研究報告集 (3)，北海道大学スラブ研究センター，2004 年，1–36 頁．
柳澤 2001：柳澤明「中国第一歴史档案館所蔵のロシア関係満文档案について」『満族史研究通信』10 号，2001 年，38–57 頁．
柳澤 2003：柳澤明「1768 年の「キャフタ條約追加條項」をめぐる清とロシアの交渉について」『東洋史研究』62 (3)，2003 年，600–568 頁（逆頁）．
柳澤 2009：柳澤明「清朝とロシア——その関係の構造と変遷」『清朝とは何か』（岡田英弘編）別冊環 16，藤原書店，191–200 頁．
山室 2003：山室信一「「国民帝国」論の射程」『帝国の研究——原理・類型・関係』（山本有造編）名古屋大学出版会，2003 年，87–128 頁．
山本 1987：山本俊朗『アレクサンドル一世時代史の研究』早稲田大学出版部，1987 年．

山本 2009：山本進「清代新疆の茶流通」『名古屋大学東洋史研究報告』33，2009 年，77–98 頁．
吉田 1965：吉田金一「雍正年間に清国からロシアに派遣された二回の使節について」『紀要』（川越高等学校図書館）第二集，1965 年，2–9 頁．
吉田 1971：吉田金一「第四章　シベリア - ルート——ロシアと清朝の交渉」『西欧文明と東アジア』（榎一雄編（東西文明の交流 5））平凡社，1971 年，302–357 頁．
吉田 1974：吉田金一『近代露清関係史』近藤出版社，1974 年．
吉田 2004：吉田世津子『中央アジア農村の親族ネットワーク——クルグズスタン・経済移行の人類学的研究』風響社，2004 年．
廖 2009：廖敏淑「清代の通商秩序と互市——清初から両次アヘン戦争へ」岡本隆司；川島真編『中国近代外交の胎動』東京大学出版会，2009 年，23–43 頁．

漢語文献

阿拉騰奥其爾；呉 1998：阿拉騰奥其爾；呉元豊「清廷冊封瓦里蘇勒坦為哈薩克中帳汗始末——兼述瓦里汗睦俄及其縁由」『中国辺疆史地研究』第 3 期，1998 年，52–58 頁．
宝音朝克図 2005：宝音朝克図『清代北部辺疆卡倫研究』北京：中国人民大学出版社，2005 年．
蔡 2006：蔡家芸『清代新疆社会経済史綱』北京：人民出版社，2006 年．
陳 2008：陳開科『巴拉第与晩清中俄関係』上海：上海書店出版社，2008 年．
樊 2004：樊明方『唐努烏梁海歴史研究』北京：中国社会科学出版社，2004 年．
潘 1991：潘志平『中亜浩罕国与清代新疆』中国社会科学出版社，1991 年．
潘 2006：潘志平『浩罕国与西域政治』烏魯木斉：新疆人民出版社，2006 年．
管 2002：管守新『清代新疆軍府制度研究』烏魯木斉：新疆大学出版社，2002 年．
哈薩克族簡史：哈薩克族簡史編写組『哈薩克族簡史』烏魯木斉：新疆人民出版社，1987 年．
何 1998：何星亮『辺界与民族』北京：中国社会科学出版社，1998 年．
華 2006：華立「嘉慶四–五年哈薩克王位承襲問題与清廷的対応方針」故宮博物院編『故宮博物院八十華誕曁国際清史学術研討会——論文集』北京：紫禁城出版社，2006 年，181–192 頁．
姜 1998：姜崇崙『哈薩克族歴史与文化』烏魯木斉：新疆人民出版社，1998 年．
李 2002：李丹慧「対 1962 年新疆伊塔事件起因的歴史考察」『北京与莫斯科——従聯盟走向対抗』桂林：広西師範大学，2002 年，480–509 頁．
李 2004：李丹慧「1964 年——中蘇関係与毛沢東外患内憂思路的転変」欒景河主編『中俄関係的歴史与現実』開封：河南大学出版社，2004 年，557–574 頁．
厲 1993：厲声『新疆対蘇（俄）貿易史——1600–1990』烏魯木斉：新疆人民出版社，1993 年．
厲 1995：厲声『中俄伊犁交渉』烏魯木斉：新疆人民出版社，1995 年．
厲 2004：厲声『哈薩克斯坦及其与中国新疆的関係——15 世紀–20 世紀中期』哈爾浜：黒竜江教育出版社，2004 年．
林；王 1991：林永匡；王熹『清代西北民族貿易史』北京：中央民族学院出版社，1991 年．
米 2005：米鎮波『清代西北辺境地区中俄貿易——従道光朝到宣統朝』天津：天津社会科学院出版社，2005 年．
斉；田 2004：斉清順；田衛疆『中国歴代中央王朝治理新疆政策研究』烏魯木斉：新疆人民出版社，2004 年．
清代辺疆満文檔案目録：『清代辺疆満文檔案目録』（中国第一歴史檔案館；中国人民大学清史研究所；中国社会科学院中国辺疆史地研究中心編）桂林：広西師範大学出版社，新疆巻（6–11 巻），1999 年．
沙俄侵華史：中国社会科学院近代史研究所『沙俄侵華史』北京：人民出版社，第 3 巻，1981 年．
沙俄侵略：《沙俄侵略中国西北辺疆史》編写組『沙俄侵略中国西北辺疆史』北京：人民出版社，1979 年．
王 1980：王治来『中亜史』北京：中国社会科学出版社，1980 年．
王 1989：王治来『中亜近代史——十六–十九世紀』蘭州大学出版社，1989 年．
小沼 2003：小沼孝博「論清代唯一的哈薩克牛彔之編設及其意義」『清史論集——慶賀王鍾翰教授九十華誕』（朱誠如主編）北京：紫禁城出版社，2003 年，568–575 頁．
新疆簡史 (1, 2)：新疆社会科学院民族研究所編『新疆簡史』1–2 冊，烏魯木斉：新疆人民出版社，1980

年.

張 2001：張永江『清代藩部研究——以政治変遷為中心』哈爾濱：黒竜江教育出版社，2001 年.
周，郭 1993：周建華；郭永瑛『塔塔爾族』北京：民族出版社，1993 年.

欧文文献

Abdykalykov; Pankratova 1943: М. Абдыкалыков и А. Панкратова ред., *История Казахской ССР: с древнейших времен до наших дней*, Алма-Ата: Казогиз, 1943.

Abil' 2005: Абиль, Е. А., *История государства и права Казахстана*, 3-е изд., Караганда: "Учебная книга", 2005.

Aldabek 2001: Алдабек, Н. А., *Россия и Китай: Торгово-экономические связи в Центрально-азиатском регионе XVII–XIX вв.*, Алматы, 2001.

Altan-Ochir 2007: Алтан-Очир, "Исследование даты смерти Аблай-хана" // *Мировые цивилизации и Казахстан*, часть 1, Алматы: Қайнар университеті, 2007, с. 156–160.

Antonov 1982: Антонов, Н. К., "Истории заключения русско-китайского договора 1851 г. в Кульдже // *Документы опровергают: против фальсификации истории русско-китайских отношений*, Москва: "Мысль", 1982, с. 148–164.

Apollova 1976: Аполлова, Н. Г., *Хозяйственное освоение прииртышья в конце XVI первой половине XIX в.*, Москва, 1976.

Arghinbaev et al. 2000: Х. Арғынбаев; М. Мұқанов; В. Востров, *Қазақ шежіресі хақында*, Алматы: Атамұра, 2000.

Aristov 2001: Аристов, Н. А., *Усуни и кыргызы или кара-кыргызы: очерки истории и быта населения западного Тянь-Шаня и исследования по его исторической географии*, Бишкек: Фонд "Сорос-Кыргызстан", 2001. (初版 *Усуни и кыргызы или кара-киргизы: Очерки истории и быта населения западного Тяньшаня и исследования по его исторической географии*, ч. 1, СПб, 1893.)

Artiqbaev 2004: Артықбаев, Ж. О., *Қоғам және этнос*（*XVIII ғасырдағы қазақ қоғамының этноәлеуметтік құрамлымы*）, Павлодар: ЭКО, 2004.

Artykbaev; Alpysbesuly 1999: Артыкбаев, Ж. О. и Алпысбесулы, "Казахское шежире: к проблеме методологии" // *Отан тарихи*, 2, 1999, с. 5–10.

Artykbaev 2001: Артыкбаев, Ж. О., *Материалы к истории правящего дома казахов*, Алматы: Гылым, 2001.

Artykbaev 2006: Артыкбаев, Ж., "К. Халид и традиционные школы и формы казахского шежире" // *Тауарих хамса*, Павлодар: ЭКО, 2006, с. 266–280.

Aseev 2001: Асеев, А. А., "О выступлении Габайдулы Валиханова против административных реформ в Среднем жузе. 20-е гг. XIX в." // *Россия и международные отношения в Центральной Азии*, Барнаул, 2001, с. 61–66.

Auezov et al. 1957: *История Казахской ССР*, Т. 1 (редакционная коллегия, М. О. Ауэзов и др.), Алма-Ата: Изд-во Академии наук Казахской ССР, 1957.

Babkov 1912: Бабков, И. Ф., *Воспоминания о моей службе в Западной Сибири (1859–1875 гг.)*, СПб., 1912.

Balkashin 1999: Балкашин, Н., "Торговые движение между Западной Сибирью, Среднею Азиею и Китайскими владениями" // Зиновьев, В. П. et al. ed., *Сибирь и Центральная Азия: проблемы региональных связей*, Томск: Томский гос. университет, вып.1, 1999, с. 21–45. (初出 *Записка Западно-Сибирского отдела императорского русского географического общества*, Омск, 1881, кн. 3, с. 1–31.)

Bartol'd 1943: Бартольд, В. В., *Очерк истории Семиречья*, Фрунзе: Киргизгосиздат, 1943.

Basin 1971: Басин, В. Я., *Россия и казахские ханства в XVI–XVIII вв.: казахстан в системе внешней политики Российской империи*, Алма-Ата: Изд-во "Наука" Казахской ССР, 1971.

Bekmakhanov 1947: Бекмаханов, Е., *Казахстан в 20–40 годы XIX века*, Алма-Ата: Казахское объединенное государственное издательство, 1947.

Bekmakhanov 1957: Бекмаханов, Е. Б., Присоединение Казахстана к России, Москва: Изд-во Академии наук СССР, 1957.
Bekmakhanova 1968: Бекмаханова, Н. Е., "Царское правительство и инстститут султаната Среднего жуза в XIX в." // *Известия АН Каз. ССР*, Сер. Общественных наук, 1968, № 2, с. 34–40.
Bekmakhanova 1980: Бекмаханова, Н. Е., *Формирование многонационального населения Казахстана и северной киргизии*, Алма-Ата, 1980.
Beurdeley 1972: Beurdeley, Cécile; Beurdeley Michel, *Giuseppe Castiglione: a Jesuit painter at the court of the Chinese emperors*, translated by Michael Bullock, London: Lund Humphries, 1972.
Bezvikonnaia 2001: Безвиконная, Е. В., "Кокчетавский внешний окружной приказ в 20–30-е гг. XIX в." // *Степной край: зона взаимодействия русского и казахского народов, XVIII–XX вв.*, Омск: Омский государственный университет, 2001, с. 46–48.
Bezvikonnaia 2005: Безвиконная, Е. В., *Административно-правовая политика российской империи в степных областях западной сибири в 20–60-х гг. XIX вв.*, Омск: изд-во Омского педагогического института, 2005.
Bodger 1980: Allan Bodger, "Abulkhair, Khan of the Kazakh Little Horde and His Oath of Allegiance to Russia of October 1731," *Slavonic and East European Review*, 58: 1, 1980, pp. 40–50.
Borisov; Koloskov 1977: Борисов, О. Б.; Колосков, Б. Т., *Советско-китайские отношения, 1945–1977*, Изд. 2-е, дополненное, Мосва: "Мысль", 1977.
Boronin 2002: Боронин, О. В.,*Двоеданничество в Сибири XVII-60-е гг. XIX вв.*, Барнаул: Азбука, 2002.
Boronin 2004: Боронин, О. В.,*Двоеданничество в Сибири XVII–60-е гг. XIX вв.* (Издание второе, исправленное и дополненное), Барнаул: Аз Бука, 2004.
Budagov: *Сравнительный словарь: турецко-татарских наречий, со включением употребительнейших слов арабских и персидских и с переводом на русский язык*, составилъ Лазар Будагов, т. 1–2., Санктпетербургъ: Тип. Имп. академии наук, 1869–1871.
Burton 1997: Burton, A. *The Bukharans: A Dynastic, Diplomatic, and Commercial History, 1550–1702*, New York, 1997.
Bykov 2002: Быков, А. Ю., "Проекты и реформы Н. С. Мордвинова и М. М. Сперанского по управлению Казахстаном в начале XIX века" // Моисев, В. А., Боронин, О. В., сост., *Востоковедные исследования на Алтае*, Выпуск III, Барнаул, с. 55–70.
Bykov 2003: Быков, А. Ю.", "Россия и Казахстан (XVII–XIX вв.)" // *Тюркологический сборник: 2002: Россия и тюркский мир*, Москва: Восточная литература, 2003, с. 51–117.
Bykov 2005: Быков, А. Ю., "К вопросу о ликвидации ханской власти у казахов младшего жуза" // *Восточный архив*, №13, 2005, с. 8–21.
Bykov 2006: Быков, А. Ю., "Ханская власть у казахов: звание и/или должность" // *Этнографические обозрения*, №3, 2006, с. 127–148.
Chekhovich 1970: Чехович, О. Д., "Сказание о Ташкенте" // *Письменные Памятники Востока 1968*, Москва, 1970, с. 172–195.
DiCosmo 2003: Di Cosmo, N., "Kirghiz Nomads on the Qing Frontier: Tribute, Trade, or Gift-Exchange?" in Di Cosmo, N.; Wyatt, Don J. eds., *Political Frontiers, Ethnic Boundaries, and Human Geographies in Chinese History*, London: Routledge Curzon, 2003, pp. 351–372.
Eckmann 1966: Eckmann, Janos, *Chagatay Manual* (Indiana University publications; Uralic and Altaic series; v. 60), Bloomington: Indiana University; The Hague: Mouton, 1966.
Ejenkhan 2005: Еженхан, Б., "Қазақ хандығының 1809 жылы Цин патшалығына жіберген дипломатиялық миссиясы" // *Шығыс*, №1, 2005, 153–168 б.
Erofeeva 1987: Ерофеева, И. В., "Значение верхнеиртышских городов в торгово-экономическом освоении Казахстана и Юго-Западной Сибири в XVIII–середине XIX в." // *Торговля городов Сибири конца XV–начала XXв.*, Новосибирск, 1987, с. 225–236.
Erofeeva 1990: Ерофеева, И. В., "Русско-джунгарские отношения в 40-х гг. XVIII в. и Казахстан (посольство К. Миллера)" // *Из истории международных отношений в Центральной Азии:*

средние века и новое время, Алма-Ата: Гылым, 1990, с. 43–67.
Erofeeva 1997: Ерофеева, И. В., "Казахские ханы в ханские династии в XVIII–середине XIX вв." // *Культура и история Центральной Азии и Казахстана: проблемы и перспекты исследования,* Алматы, 1997, с. 46–144.
Erofeeva 1999: Ерофеева, И., *Хан Абулхаир: Полководец, правитель и политик,* Алматы, 1999.
Erofeeva 2001: Ерофеева, И. В., *Символы казахской государственности: позднее средневековье и новое время,* Алматы: издательский дом "Аркаим", 2001.
Erofeeva 2003: Ерофеева, И. В., *Родословные казахских ханов и кожа XVIII–XIX вв.,* Алматы: "Print-S", 2003.
Fletcher 1978a: Fletcher, J., "Ch'ing Inner Asia *c.* 1800," *The Cambridge History of China* (J. K. Fairbank ed.), vol. 10, part 1, Cambridge, 1978, pp. 35–106.
Fletcher 1978b: Fletcher, J., "Sino-Russian relations, 1800–62," *The Cambridge History of China* (J. K. Fairbank ed.), vol. 10, part 1, Cambridge, 1978, pp. 318–350.
Fletcher 1978c: Fletcher, J., "The heyday of the Ch'ing order in Mongolia, Sinkiang and Tibet," *The Cambridge History of China* (J. K. Fairbank ed.), vol. 10, part 1, Cambridge, 1978, pp. 351–408.
Frank 1998: Frank, Allen J., *Islamic historiography and "Bulghar" identity among the Tatars and Bashkirs of Russia,* Leiden: Brill, 1998.
Frank 2003: Allen Frank, "Islamic Transformation on the Kazakh Steppe, 1742–1917: Toward an Islamic History of Kazakhstan under Russian Rule," Hayashi Tadayuki ed., *The Construction and Deconstruction of National Histories in Slavic Eurasia* (Sapporo: Slavic Research Center, Hokkaido univ., 2003), pp. 261–290.
Frank 2008: A. J. Frank, "The Qurban-'ali Khalidi manuscript collection in Almaty," *Шығыс,* No. 1 (9), Алматы, 2008, pp. 39–45.
Gosmanov 1996: Госманов, М., *Ябылмаган китап яки чәчелгән орлыклар,* Казан: Татар. кит. нәшр, 1996.
Gurevich 1983: Гуревич, Б. П., *Международные отношения в Центральной Азии в XVIII-первой половине XIX в.,* Москва.（初版 1979 年）
Hauer 1952–55: Hauer, E., *Handworterbuch der Mandschusprache,* Wiesbarden, 1952–1955.
Hofman 1969: Hofman, H. F., "Qurbān 'A. v. Ḫālid 'Ayāġūzī Čūġūčā(k)-/(q)ī Ḫālidī qāri'," *Turkish Literature: A Bio-bibliographical Survey,* III-1, vol. 5, Utrecht, 1969.
Ibragimov 1953: Ибрагимов, С. К., "Из истории внешнеторговых связей казахов в XVIII в." // *Ученые Записки Института Востоковедения,* т. XIX, 1953, с. 39–54.
Imbault-Huart 1881: Imbault-Huart, Camille, *Recueil de documents sur l'Asie centrale,* Paris: Ernest Leroux, 1881.
Ipatova 1993: Ипатова, А. С., "Пекинские письма П. Тугаринова к Н. И. Любимову (40-е годы XIX в)" // *И не распалась связь времен…,* Москва: Восточная литература, с. 164–185.
Kappeler 2001: Andreas Kappeler, *The Russian Empire: a multiethnic history,* transl. Alfred Clayton, Harlow (England): Longman, 2001.
Karmysheva 1971: Кармышева, Дж. Х., "Казахстанский историк-краевед и этнограф Курбангали Халиди" // *Советская Этнография,* №1, 1971, с. 100–110.
Kasymbaev 1986: Касымбаев, Ж. К., *Под надежную защиту России,* Алма-Ата, 1986.
Kasymbaev 1990: Касымбаев, Ж. К., *Города восточного Казахстана в 1861–1917 гг. (социально-экономический аспект),* Алма-Ата, 1990.
Kasymbaev 1996: Касымбаев, Ж. К., *Казахстан-Китай: караванная торговля в XIX–начале XX вв.,* Алматы, 1996.
Kasymbaev 1999–2001: Касымбаев, Ж., *Государственные деятели казахских ханств (XVIII век),* т. 1–4, Алматы: Білім, 1999–2001.
Khafizova 1995: Хафизова, К. Ш., *Китайская дипломатия в Центральной Азии (XIV–XIX в.в.),* Алматы, 1995.
Khafizova 2002: Хафизова, К., "Султан Тезек и его время" // *Вестник Университета "Каинар",*

Алматы, 2002, с. 3–14.
Khafizova 2004: Хафизова, К., "Вали-хан и его отношения с Россией и Китаем" // *Взаимодействие Казахстана с сопредельными странами в XVIII–начале XX в.: современный взгляд на проблему*, Актобе, 2004, с. 9–16.
Khafizova 2007: Хафизова, К. Ш., *Казахская стратегия Цинской империи*, Алматы: Институт экономических стратегий, 2007.
Khairullin; Khamidullin 1998: Хайруллин, Г. Т.; Хамидуллин, А. Г., *Татары*, Алматы: Білім, 1998.
Kharuzin 1889: Харузин, А., *Киргизы Букеевкой орды: Антрополого-Этнологический Очерки*, выпуск 1, Москва: Императорское общество любителей естествознания, антропологии и этнографии, состоящее при Императорском Московском Университете, 1889.
Khodarkovsky 1992: Michael Khodarkovsky, *Where Two Worlds Met: the Russian state and the Kalmyk nomads, 1600–1771*, Ithaca: Cornell univ. press, 1992.
Khodarkovsky 2002: Michael Khodarkovsky, *Russia's Steppe Frontier: The making of a colonial empire, 1500–1800*, Bloomington: Indiana univ. press, 2002.
Khokhlov 1978: Хохлов, А. Н., "Внешняя торговля Китая с 90-х годов XVIII в. до 40-х годов XIX в." // *Государство и общество в Китае*, Москва, с. 86–120.
Kiniapina 1963: Киняпина, Н. С., *Внешняя политика России первой половины XIX в.*, Москва.
Kiniapina et al. 1984: Н. С. Киняпина, М. М. Блиев, В. В. Дегоев, *Кавказ и Средняя Азия во внешней политике России: вторая половина XVIII–80-е годы XIX в.*, Москва: Изд-во Московского университета, 1984.
Kozhirova 2000: Кожирова, С. Б., *Российско-китайская торговля в Центральной Азии, вторая половина XIX–начало XX вв.*, Астана, 2000.
Kozybaev et al. 2000: *История Казахстана с древнейших времен до наших дней в пяти томах*, т. 3 (ред. коллегия: Козыбаев, М. К. и др.), Алматы, 2000.
Krasovskii 1868: Красовский М., *Область сибирских киргизов* (Материалы для географии и статистики России, собранные офицерами генерального штаба, Т. 16), Ч.2, СПб., 1868.
Kundakbaeva 2005: Кундакбаева, Ж. Б., *"Знаком милости Е.И.В. …": Россия и народы Северного Прикаспия в XVIII веке*, Москва: АИРО-XXI, 2005.
Kurapov 2007: Курапов, А. А., "Новые материалы о китайских посольствах в Калмыцкое ханство в 1714 и 1731 гг." // Мургаев, С. М. ред., *Калмыкия в российско-китайских отношениях: исторический опыт и современность*, Элиста: Джангар, 2007, с. 73–83.
Kuznetsov 1973: Кузнецов, В. С., *Экономическая политика цинского правительства в Синьцзяне в первой половине XIX века*, Москва: Наука, 1973.
Kuznetsov 1983: Кузнецов, В. С., *Цинская империя на рубежах Центральной Азии (вторая половина XVIII–первая половина XIX в.)*, Новосибирск: Наука, 1983.
Martin 2001: Virginia Martin, *Law and custom in the steppe: the Kazakhs of the Middle Horde and Russian colonialism in the nineteenth century*, Richmond, Surrey: Curzon, 2001.
Martin 2004: Virginia Martin, "Kazakh Oath-Taking in Colonial Courtrooms: Legal Culture and Russian Empire-Building," *Kritika: Explorations in Russian and Eurasian History* 5: 3 (2004), pp. 483–514.
Masanov 1984: Масанов, Н. Э., *Проблемы социально-экономической истории Казахстана на рубеже XVIII–XIX веков*, Алма-Ата: Академия наук Казахской ССР. Институт истории, археологии и этнографии им. Ч. Ч. Валиханова, 1984.
Matsuzato 2004: Кимитака Мацузато, "Генерал-губернаторства в Российской империи: от этнического к пространственному подходу" // И. Герасимов и др. ред., *Новая имперская история постсоветского пространства*, Казань, 2004, с. 437–444.
Mikhaleva 1982: Михалева, Г. А., *Торговые и посольские связи России со среднеазиатскими ханствами через Оренбург: вторая половина XVIII–первая половина XIX в.*, Ташкент, 1982.
Millward 1998: Millward, James A., *Beyond the Pass: economy, ethnicity, and empire in Qing Central Asia, 1759–1864*, Stanford, Calif.: Stanford University Press.
Moiseev 1983: Моисеев, В. А., *Цинская империя и народы Саяно-Алтая в XVIII в.* Москва, 1983.

Moiseev 1988: Моисеев, В. А., "Некоторые вопросы казахско-джунгарских отношений в советской историографии" // *Вопросы историографии и источниковедения Казахстана*, Алма-Ата, 1988, с. 134–150.
Moiseev 1991: Моисеев, В. А., *Джунгарское ханство и казахи: XVII–XVIII вв.*, Алма-Ата, 1991.
Moiseev 1995 : Моисеев, В. А., "К вопросу о государственности у казахов накануне и в начальный период присоединения Казахстана к России" // *Восток*, №4, 1995, с. 22–26.
Moiseev 1998: Моисеев, В. А., *Россия и Джунгарское ханство в XVIII веке: очерк внешнеполитических отношений*, Барнаул, 1998.
Moiseev 2001: Моисеев, В. А., "Ликвидация ханской власти в Среднем жузе и 'дело Габайдулла Валиханова'" // *Россия-Казахстан*, Барнаул, 2001, с. 12–19.
Mollendorff 1892: Mollendorff, P. G. von, *A Manchu Grammar, with analysed texts*, Shanghai: Printed at American Presbyterian Mission Press, 1892.
Muqametqanuli 1996: Мұқаметқанұлы, Н., *XVIII–XX ғасырлардағы қазақ-қытай байланыстары*, Алматы, 1996.
Nabiev 1973: Набиев, Р. Н., *Из истории Кокандского ханства (феодальное хозяйство Худояр-хана)*, Ташкент, 1973.
Nebol'sin 1855: Небольсин, П., "Очерки торговли России со Средней Азией" // *Записки Императорскаго Русскаго географическаго общества*, кн.10, 1855.
Newby 2005: Newby, L. J., *The Empire and the Khanate: a political history of Qing relations with Khoqand c. 1760–1860*, Leiden; Boston: Brill, 2005.
Noack 2000: Noack, C., "Die sibirischen bucharioten: Eine muslimische Minderheit unter russischer Herrschaft," *Cahiers du Monde russe*, 41/2–3, 2000, pp. 263–278.
Noda 2004: Нода Джин, "Взаимосвязи казахов с Хивинским ханством и государством Надир-шаха (1730–40-х гг.)" // *"Историко-культурные взаимосвязи Ирана и Дашт-и кыпчака в XIII–XVIII веках": Материалы международного круглого стола*, Алматы: Дайк-Пресс, 2004, с. 128–132.
Noda 2006: Noda Jin, "The Qazaqs in the Muslim Rebellion in Xinjiang of 1864–65," *Central Eurasian Studies Review*, Cambridge (MA), Vol. 5, No. 1, 2006, pp. 28–31.
Noda 2007: Noda Jin, "Russo-Chinese Trade through Central Asia: Regulations and Reality"（北海道大学スラブ研究センター冬季シンポジウム "Asiatic Russia: Imperial Policy from the Muslim and Eastern Perspectives"（2007 年 12 月）におけるペーパー，2011 年刊行予定）
Noda; Onuma 2010: NODA Jin, ONUMA Takahiro, *A Collection of Documents from the Kazakh Sultans to the Qing Dynasty* (Central Eurasian Research Series, Special Issue 1), Tokyo: Department of Islamic Area Studies, Center for Evolving Humanities, Graduate School of Humanities and Sociology, Univ. of Tokyo, 2010.（Noda, "Introduction," pp. 1–8; Noda, "An Essay on the Title of Kazakh Sultans in the Qing Archival Documents," pp. 126–151; Onuma, "Kazakh Missions to the Qing Court," pp. 152–159 を含む）
Nusupbekov et al. 1979: редколлегия Нусупбеков, А. Н. и др., *История Казахской ССР: с древнейших времен до наших дней: в пяти томах*, т. 3, Алма-Ата: Изд-во "Наука" Казахской ССР, 1979.
Pelliot 1960: Pelliot, P., *Notes Critiques d'histoire Kalmouke*, Paris, 1960.
Potapov 1953: Потапов, Л. П., *Очерки по истории Алтайцев*, Москва, 1953.
Potemkin 1941: Потемкин, В. П. ред., *История дипломатии*, Москва: Гос. социально-экономическое изд-во, 1941.
Qozbay Tegi 1993: Қозбай Тегі Қ., "Ата тарихы туралы сыр" // *Известия НАН РК Серия об. наук*, No. 1, 1993, 4–18 б.
Radlov 1989: В. В. Радлов, *Из Сибири: страницы дневника*, Москва, 1989.（原著 Wilhelm Radloff, *Aus Sibirien*, Leipzig, 1884.）
Rechkina 2003: Речкина, И. А., "Организация мусульманского правления в казахской степи в конце XVIII–начале XIX вв." // *Степной край Евразии: историко-культурные взаимодействия и*

современность (Междунар. Евраз. форум: Тез. докл. и сообщ. III науч. конф.), Омск: ОмГУ, 2003.

Remnev 1995: Ремнев, А. В., *Самодержавие и Сибирь: административная политика в первой половине XIX в.*, Омск: Изд-во Омского ун-та, 1995.

Rozhkova 1949: Рожкова, М. К., *Экономическая политика царского правительства на Среднем Востоке во второй четверти XIX века и русская буржуазия*, Москва: Изд-во Академии наук СССР, 1949.

Rozhkova 1963: Рожкова, М. К., *Экономические связи России со Средней Азией: 40–60-е годы XIX века*, Москва: Академии наук СССР, 1963.

Sabol 2003: Sabol, Steven, "Kazak Resistance to Russian Colonization: Interpreting the Kenesary Kasymov Revolt, 1837–1847," *Central Asian Survey*, 22, No. 2/3, 2003, pp. 231–252.

Saray 1984: Mehmet Saray, *Rus işgali devrinde Osmanlı devleti ile Türkistan hanlıkları arasındaki siyasi münasebetler, 1775–1875*, İstanbul: İstanbul Matbaası, 1984.

Sela 2003: Sela, Ron, *Ritual and Authority in Central Asia: The Khan's Inauguration Ceremony* (Papers on Inner Asia, No. 37), Bloomington, Indiana: Indiana University, 2003.

Shakhmatov 1964: Шахматов, В. Ф., *Казахская пастбищно-кочевая община: Вопросы образования, эволюции и разложения*, Алма-Ата: Академия наук Казахской ССР, 1964.

Shcheglov 1993: Щеглов, И. В., *Хронологический перечень важнейших данных из истории Сибири, 1032–1882 г.г.*, Сургут. (初版 1883 年, 邦訳 [シチェグロフ 1943])

Shkunov 1997: Шкунов, В., "Татарские купцы в российско-восточной торговле (вторая половина XVIII–первая половина XIX вв.)" // *Гасырлар аваз*, 1997–3/4.

Shoinbaev 1982: Шоинбаев,Т. Ж.,*Добровольное вхождение казахских земель в состав России*, Алма-Ата: Казахстан, 1982.

Shpaltakov 1987: Шпалтаков, В. П., "Среднеазиатские торговые люди в Сибири в XVIII-XIX вв." // *Торговля городов Сибири конца XV–начала XXв.*, Новосибирск, 1987, с. 215–224.

Sladkovskii 1974: Сладковский, М. И., *История торгово-экономических отношений народов России с Китаем, до 1917 г.*, Москва: Наука, 1974.

Spasskii 1820: Спасский, Г. И., "Киргиз-кайсаки Большой, Средней и Малой орды" // *Сибирский вестник*, Ч.IX–XI, СПб., 1820.

Struve 2007: Струве, П. Б., *Торговая политика России*, Челябинск: Социум, 2007. (初版 СПб: Издание кассы взаимопомощи студентов СПБского политехнического института Императора Петра Великого, 1913.)

Subbotin 1892: Субботин, А. П., *Чай и чайная торговля в России и других государствах*, С.-Петербург, 1892.

Suleimenov; Basin 1981: Р. Б. Сулейменов; Б. Я. Басин, *Казахстан в составе России в XVIII-начале XX века*, Алма-Ата: Наука, 1981.

Suleimenov; Moiseev 1988: Р. Б. Сулейменов; В. А. Моисеев, *Из истории Казахстана XVIII века: о внешней и внутренней политике Аблая*, Алма-Ата: Наука, 1988.

Sultangalieva 2000: Султангалиева, Г., "Татарская диаспора в конфессиональных связях казахской Степи (XVIII–XIX вв.)" // *Вестник Евразии*, 2000, № 4 (11), с. 21–35.

Sunderland 2007: Willard Sunderland, "Imperial Space: Territorial Thought and Practice in the Eighteenth Century," Jane Burbank et al. eds., *Russian Empire: Space, People, Power, 1700–1930*, Bloomington: Indiana University Press, 2007, pp. 33–66.

Tillett 1969: Tillett, Lowell, *The Great Friendship: Soviet historians on the non-Russian nationalities*, Chapel Hill: University of North Carolina Press, 1969.

Tolybekov 1971: Толыбеков, С. Е., *Кочевое общество казахов в XVII–начале XX века*, Алма-Ата: Наука, 1971.

Trepavlov 2007: Трепавлов, В. В., *"Белый царь": образ монарха и представления о подданстве у народов России XV–XVIII вв.*, Москва: Восточная литература, 2007.

Tulepbaev 1982: *Навеки вместе: К 250-летию добровольного присоединения Казахстана к Рос-*

сии, под общ. ред. Б. А. Тулепбаева, Алма-Ата: Наука, 1982.
Tulibaeva 2001: Тулибаева, Ж. М., *Казахстан и Бухарское ханство в XVIII–первой половине XIX в.*, Алматы: Дайк-Пресс, 2001.
Turova 2002: Турова, Л. П., "Николай Яковлевич Коншин (1864–1937). Население Восточного Казахстана в его трудах" // *Материалы международной научно практической конференциши: взаимосвязи и взаимвлияние народов Восточного Казахстана в хозяйственной и культурной деятельности XVIII–XXI в.в.*, Усть-Каменогорск: Восточно-Казахстанский областной акимат, 2002, с. 35–40.
Usmanov 1998: Usmanov, M., "Tatar settlers in Western China (second half of 19th century to the first half of the 20th century)," *Muslim Culture in Russia and Central Asia from the 18th to the Early 20th Centuries*, Vol. 2, Berlin: K. Schwarz, 1998, pp. 243–269.
Valikhanov 1972: Валиханов, Ч. Ч., *Собрание сочинений в пяти томах*, Алма-Ата: Изд-во Академии наук Казахской ССР, 1972, т. 5.
Vel'iaminov-Zernov 1855: Вельяминов-Зернов, В. В., *Исторические сведения о киргиз-кайсаках и сношениях России со Средней Азией со времени кончины Абул-хайр хана*, Т. 2, Уфа, 1855.
Viatkin 1941: Вяткин, М. П., *Очерки по истории Казахской ССР*, Том первый, с древнейших времен до 1870 г., Москва, 1941.
Viatkin 1998: Вяткин, М., *Батыр Срым*, Алматы, 1998. (初版 Москва-Ленинград, 1947)
Voskresenskii 2004: Воскресенский, А. Д., *Китай и Россия в Евразии: Историческая динамика политических взаимовлияний*, Москва: Муравей, 2004.
Zimanov 1960: Зиманов, С. З., *Политический строй Казахстана конца XVIII и первой половины XIX веков*, Алма-ата, Изд-во Академии наук Казахской ССР, 1960.
Ziiaev 1968: Зияев, Х., *Узбеки в сибири XVII–XIX вв.*, Ташкент, 1968.
Ziiaev 1983: Зияев, Х. З., *Экономические связи Средней Азии с Сибирью в XVI–XIX вв.*, Ташкент, 1983.
Zlatkin 1964: Златкин, И. Я., *История Джунгарского ханства (1635–1758)*, Москва, 1964.
Zobnin 1902: Зобнин, Ф. К., "К вопросу о невольниках, рабах и тюленгутах в Киргизских степях" // *Памятная книжка Семипалатинской области на 1902*, Семипалатинск, 1902, с. 1–99.

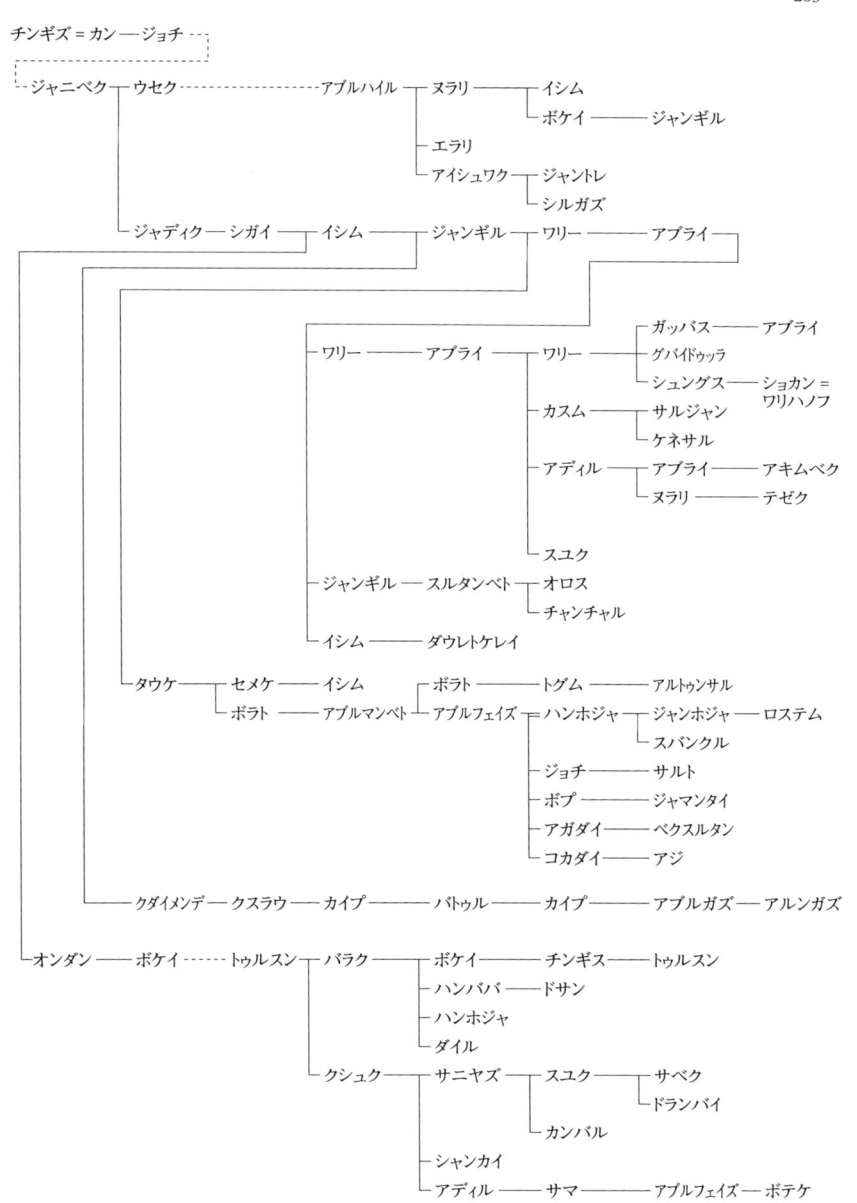

カザフ＝ハン国系図

初出一覧

序　章　書き下ろし
第 1 章　書き下ろし
第 2 章　"Взаимосвязи казахов с Хивинским ханством и государством Надир-шаха (1730–40-х гг.)," *Историко-культурные взаимосвязи Ирана и Дашт-и кыпчака в XIII–XVIII веках* [Noda 2004] +「露清関係とカザフ草原——帝国支配と外交の中の地域認識」『講座スラブ・ユーラシア学』第 2 巻 [野田 2008] 第 1 節＋書き下ろし
第 3 章　「18 世紀中央アジアにおける露清関係——ジューンガル政権崩壊からカザフ，アルタイ諸族の帰属問題へ」『史学雑誌』116-9 号 [野田 2007b] に加筆
第 4 章　「清朝史料上の哈薩克（カザフ）三「部」」『満族史研究』1 号 [野田 2002b] に大幅に加筆＋ "An Essay on the Title of Kazakh Sultans in the Qing Archival Documents," *A Collection of Documents from the Kazakh Sultans to the Qing Dynasty* [Noda; Onuma 2010]（一部）
第 5 章　「清朝によるカザフへの爵位授与——グバイドゥッラの汗爵辞退の事例（1824 年）を中心に」『内陸アジア史研究』21 号 [野田 2006] に加筆
第 6 章　「中央アジアにおける露清貿易とカザフ草原」『東洋史研究』68-2 号 [野田 2009b] ＋ [Noda 2007]
第 7 章　書き下ろし＋ [野田 2008]（一部）
終　章　書き下ろし

あとがき

　本書は，2008年9月に東京大学大学院人文社会系研究科へ提出した博士学位請求論文『カザフ＝ハン国と露清帝国』を元に，平成22 (2010) 年度東京大学学術研究成果刊行助成を受けて刊行される．

　本書のテーマとなっている18–19世紀のカザフスタンを取り巻く国際関係史の研究に取り組むことを本格的に決意したのは，修士課程進学後の2000年のことであった．およそ10年の時間をかけて一つの区切りをつけることができたことになる．

　学部時代には，やはりカザフスタンを中心とする地域を対象にして，より早い16世紀の諸問題に取り組んでいたが，きわめて乏しい史料状況と自分の能力不足により，方向転換を余儀なくされたことが，この課題に取り組むきっかけであった．また故・佐口透博士の一連の著作からも大きな刺激を受けた．

　とはいえ，新しく選んだ18–19世紀の中央ユーラシアの歴史についても，日本国内で得られる史料は乏しく，様々な場所での調査が必要となることは明らかであった．しかし幸いなことに，博士課程進学後，平和中島財団の助成を受けて，2002–2004年にかけてカザフスタン共和国のアルマトゥ市にある教育科学省附属東洋学研究所に留学することができた．この地での調査と生活から得た経験とは，現在にいたるまでの私の研究に大きな影響をおよぼしている．私を受け容れてくれた彼の地の人々すべてに感謝しなければならないが，東洋学研究所所長のM. Abuseitova氏にとりわけ大きな謝意を示したい．

　留学後，今度は中国側の史料の収集が必要になったが，富士ゼロックス小林節太郎記念基金「小林フェローシップ」(2005年度) の助成により北京に滞在することが可能となった．そのことにより，私の研究の中で，多少なりとも東西のバランスが取れるようになったかもしれない．またこの頃，日本国内では研究者の数も乏しい中央ユーラシア研究の成果報告と意見交換の場を求めて，国外の学会への参加を模索していたが，米国の中央ユーラシア学会 (CESS) への

参加を可能にしてくれたのは，布施学術基金学術研究費（東京大学文学部，2006年度）であった．

その後，日本学術振興会特別研究員に採用され，追加調査と博士論文をまとめるための非常に貴重な時間を得ることができた．この間，財団法人東洋文庫において受け入れてくださった新免康先生に御礼申し上げる．結果として，およそ2007年度までの研究成果をもとにして博士論文を執筆することとなった．論文審査を担当された小松久男・吉澤誠一郎・石井規衛・新免康（中央大学）・宇山智彦（北海道大学）の各先生には，本書をまとめる上でも有用となる多くのご意見をいただいた．また吉澤先生には本書の刊行助成申請に際しても大きなご助力をいただいている．先生方には深く感謝申し上げたい．

自分の関心の赴くままに勝手ばかりをしてきた私を，学部の専門課程進学以来見守ってくださっているのは小松久男先生である．そもそも修士論文以来向き合っている『東方五史』のテキストも，小松先生がトルコより将来されたものがなければ，私は手に取ることもできなかった．本書の記述が，露清の二帝国の視点だけではなく，中央アジアにとっての歴史にもなっているとすれば，それはすべて小松先生のご指導とお力添えのお陰であり，ただ感謝申し上げるばかりである．

上述のように，本書の刊行は東京大学学術研究成果刊行助成によっている．日本ではまだまだマイナーな存在である中央アジア地域を対象とする図書の刊行を，このような形でご支援いただいたことに特別の謝意を示したい．また審査に際しては，匿名の審査員から貴重なコメントを頂戴した．改稿のために与えられた時間は限られていたが，それらの点は可能な限り盛り込むよう努めた．申請の段階から刊行にいたるまで，すべての作業を引き受けていただいた東京大学出版会の山本徹氏には心よりお礼申し上げる．

本書をまとめるにあたっては，現在の勤務先である早稲田大学イスラーム地域研究機構における，佐藤次高機構長をはじめとする皆様のご配慮にも負う所が大きい．その他にも，これまで私が関わってきた様々な研究プロジェクトから得た刺激と経験とは，すべて今日までの研究の糧となり，本書の内容にも反映されているはずである．関係の方々のお名前を列挙することはできないが，ここに感謝の意を表する次第である．なお本書は，平成21–22年度科学研究費

補助金（研究活動スタート支援，研究課題「露清間の国境画定から見た中央アジア諸民族の帰属・民族意識の研究」）の成果の一部でもある．

　最後に，私事にわたり恐縮だが，研究の道へ進むことを許し見守り続けてくれている両親と祖父，また，大学入学以来の同志であり，今は人生の伴侶ともなっている渡辺美季に感謝の気持ちを伝えることをお許しいただきたい．

2011年2月　東京

野田　仁

索　引

人名索引

あ 行

アグイ（阿桂）　223, 232
アディル＝スルタン　73, 142, 207
アビリス＝ハン　128, 136–138, 152
アブライ＝ハン　2, 19–20, 22–26, 28–29, 30, 52–54, 58–60, 92–93, 100, 104, 110–114, 123–124, 126, 128–129, 132–134, 138, 140–141, 143–146, 154, 226, 229, 256
アブルフェイズ＝スルタン　133–134, 141
アブルハイル＝ハン　28, 46–52, 54, 56–57, 89, 91, 93, 110, 112, 130
アブルマンベト＝ハン　52–54, 58, 93, 126, 132, 134, 139, 141, 144
アムルサナ　96–97, 100–107, 109–111, 113–115, 126, 229
アユーキ　46, 54, 58
アルトゥンサル＝スルタン　55, 174–175, 178
アレクサンドル1世　66
アンドレーエフ Андреев И. Г.　20, 153
アンナ　51, 94, 104, 108
イシャン（奕山）　250, 254
イレト（伊勒登）　144
ヴェリヤミノフ Вельяминов И. А.　177, 238–239
ヴェリヤミノフ＝ゼルノフ Вельяминов-Зернов В. В.　22
ウマル＝ハン　212
ウンコフスキー Унковский И.　92, 95
エカテリーナ2世　40, 185
エリザヴェータ　57

か 行

カスム＝スルタン　61, 173, 243
カプツェヴィチ Капцевич П. М.　63, 69, 162
ガルダン＝ツェリン　52–53, 89, 92–93, 95, 113, 123
キリーロフ Кириллов И. К.　49, 56

グバイドゥッラ　55, 63, 122, 150, 159–168, 170–172, 174–177, 243
クルバンガリー　24, 33–43, 216, 224
グレーヴィチ Гуревич Б. П.　28, 62, 85, 94, 138, 140, 150, 168, 184
ケネサル＝カスィモフ　42, 65, 175, 210, 217, 244, 248
乾隆帝　152–153, 226, 233
コンシン Коншин Н.　23, 146

さ 行

サインガ（薩迎阿）　248, 253
佐口透　5, 32, 125, 133, 152, 183–184, 197, 212
サルト＝スルタン　178, 208, 235–236, 244
ジャハーンギール　194, 212
ジャンホジャ（ジャンブベク）＝スルタン　153, 210, 235–237, 244
シュンデネ（順徳訥）　102–103, 105, 111
ジョチ＝スルタン　55, 153
ジョルバルス＝ハン　56–57, 137
スパンクル＝スルタン　76–77, 244
スペランスキー Сперанский М. М.　65–66, 68
スユク＝スルタン　41, 73, 208, 232, 239–240
スンユン（松筠）　233

た 行

ダイル＝スルタン　55, 123, 143–146
タウケ＝ハン　46, 56, 122
テウケレフ Тевкелев А. И.　48, 112, 121
テゼク＝スルタン　248–250
チンギズ＝カン　1–2, 51, 123, 146, 154
ツェワンラブタン　89
道光帝　160
トゥルスン＝スルタン　161
トシ（とその提議）　89, 90, 94–103, 105–108, 110, 114–115, 259

ドランバイ=スルタン　218, 246–247
ナーディル=シャー　50–52
ニコライ1世　190, 208, 247
ヌサン（努三）　124, 128
ヌラリ=ハン　51, 57, 64, 112–113, 140–143
ネッセルローデ　Нессельроде К. В.　63, 162, 213, 239–240, 252
ネプリュエフ　Неплюев И. И.　53, 98, 100

は　行

バブコフ　Бабков И. Ф.　21
バルトリド　Бартольд В. В.　24
バンティシュ=カメンスキー　Бантыш-каменский Н.　21, 85, 94, 101, 103
ハンホジャ=スルタン　153, 156
ピョートル1世　45
フデ（富徳）　103, 106
ブテケ=スルタン　36, 247, 256

ブフゴルツ　Бухгольц И. Д.　88, 92
ベクスルタン=スルタン　36, 245–246
ベクマハノフ　Бекмаханов Е. Б.　18
ボケイ=スルタン　63

ま行・や行

ミルレル　Миллер К.　53, 92
ヤコビ　Якоби В. В.　59–60, 102, 107
吉田金一　6, 94, 184

ら行・わ

リュビーモフ　Любимов Н.　186, 193, 195, 204, 217, 247, 252
リョーフシン　Левшин А. И.　5, 17, 20–21
ロウザン=ショノ　89, 90
ワリー=ハン　21, 59–62, 135, 144–145, 155, 158, 256
ワリハノフ　Валиханов Ч. Ч.　23, 156

地名索引

あ　行

アフガニスタン　139–140
アヤグズ（河）　31, 34, 42, 229, 232, 235–237, 239, 241
アルタイ　97–98, 102–103, 107–109, 114–116, 185, 259
アンディジャン（人）　116, 185, 201, 204–206, 213, 227
イリ　23, 40, 194, 199–200, 205, 214, 223, 225, 249–250, 252–253
イリ河　129
イルクーツク　91, 169
イルティシュ（河）　43, 88, 91, 93, 108, 117, 129, 186
ウスチ=カメノゴルスク　31, 39, 107, 110, 138, 222
ウファ　46, 91
ウルムチ　139, 199
オムスク　66, 88, 222, 246–247, 248
オレンブルク　45, 81, 187, 191, 198

か　行

カシュガリア　222
カシュガル　90, 139–140, 194, 200, 208, 212, 250, 252–253
キャフタ　115, 117, 165, 168, 185, 191, 234, 240, 252
コクペクトゥ　235–237, 239, 245
コニマイラク　231, 234, 252
コブド　77, 187, 192, 201, 225, 231, 234

さ　行

ザイサン湖　235
ジュンガリア　223
シルダリア　128–129, 142
セミパラチンスク　23, 34, 39–40, 106, 124, 129–130, 187–188, 195, 198, 201, 211, 216, 218, 222, 224
セミレチエ　40, 93, 240–241, 248, 262

た　行

タシュケント（人）　56, 79–80, 93, 128–130,

136, 138–139, 141–142, 145, 204, 211
タラス河　31, 142, 224, 241–242
タルバガタイ　23, 33–34, 36, 40–41, 76, 78, 187, 192, 194, 199–200, 205, 215, 223, 225, 238, 244, 250, 252
チュー河　31, 124, 129, 142, 224, 241–242
チンギスタイ　193
トボリスク　45, 91, 169, 223
トルキスタン(都市)　52, 57, 129, 139, 141

な 行
西シベリア　66–67, 81, 220–222

ニジニ＝ノヴゴロド　190

は 行
バダフシャン　116, 139
バルハシ湖　31, 124, 129, 227, 229–230, 241
ヒヴァ　50, 52, 248
ブハラ　61, 90, 116
ブフタルマ　117, 185–187, 205, 230, 234
フレー(庫倫)　162, 202
北京　113
ペテルブルク　63, 70

事項索引

あ 行
アガ＝スルタン　68–70, 74, 160, 170–172, 174–175, 178, 235, 244–245, 261
アヘン　194–195, 217
アマーナト　52
アラシュ　35, 37, 122–123
アラビア文字　47, 144, 165
アルパトゥ　55, 111, 167, 227
アルム(貢馬)　246, 249, 250
伊犁将軍　223, 231–232, 242, 248, 250, 253
イリ通商条約(1851年)　220, 251, 254
イルティシュ要塞線　40, 91, 115, 197, 202, 215, 257
ヴォロスチ волость(郷)　69–70, 72–73, 120–121, 145, 173, 236, 247
ウリャンハイ(タンヌ＝ウリャンハイ)　87, 97–99, 101, 108–110
エジェン　111
オトク(鄂托克)　4, 124, 133, 135

か 行
外藩　116, 201, 227–228
外務省・外務参議会(ロシア)　48, 61, 66, 173–174
カラカルパク　89, 91
カルン(卡倫)　78–79, 193, 202, 224, 228, 230–232, 234, 242, 246–247

管区　68–75, 80, 160–161, 165, 168, 173, 221–222, 230, 235–236, 239, 243–244, 261
絹(織物)　155, 196, 199, 211, 212
キャフタ条約　7, 85, 87, 94, 96, 99, 101, 106–107, 114–115, 117, 163, 169–171, 185, 196, 233, 254, 259
クルグズ　14, 116, 126, 141, 193, 201, 227–228, 243, 256, 263
元宝(銀)　192, 195–196, 202, 211
元老院(ロシア)　90, 95, 101–103, 107–108, 117, 233, 252–253
皇帝(清朝．ボグドハンなども含む)　22, 60, 157, 166, 177
皇帝(ロシア)　49, 52–53
コーカンド(＝ハン国)　35, 79, 116, 140, 140, 185, 187, 196, 208, 212–214, 216, 220, 240, 247, 261
コーカンド系商人　185, 211–216
コサック　191–192, 207
互市　7, 196, 199, 228
コーラン(クルアーン)　48, 69

さ 行
シベリア要塞線　93, 100–101, 110, 190, 205
ジャサク　224–226
爵位　58, 64, 76, 79, 122, 135, 147, 149–168, 170–171, 174, 178–179, 225, 229, 241, 247
ジューンガル　2, 24, 46, 50, 52–53, 85, 89,

93, 100, 103, 106–107, 109, 113–116, 119, 124, 126, 130, 211, 229
小ジュズ　46–50, 52–53, 56–57, 64, 91, 93, 111–113, 119–120, 127–128, 130–134, 142–143, 155
臣籍(ロシア)　47, 49, 53–55, 73–74, 97–99, 107, 112–113, 115, 203, 212, 218, 245, 248, 251, 258
宣誓(忠誠の誓い)　49, 52–55, 58–59, 69, 75, 113, 115, 165, 245

た　行

大ジュズ　42, 49, 57, 79, 112, 119–120, 125, 127–128, 130–134, 136–137, 141, 143, 217, 230, 232–233, 239, 247, 251–252, 255
タタール(人)　34, 37, 40–41, 189, 204
タルバガタイ条約(1864年)　2, 108, 256
茶　185, 194–196, 199–200, 204, 211–212, 219, 255
中ジュズ　20, 36–37, 42, 49, 52–53, 58, 67, 92, 100, 109, 111–113, 119–120, 122, 126–128, 130–132, 134–135, 143, 146, 217, 230
朝貢　7, 10, 20, 61, 116, 149–150, 155, 157–158, 226–227, 260
テュルク(語，文)　12–13, 55, 58, 144, 156–157, 165, 189
トゥヴァ　87
『東方五史』　24, 33–34, 38, 40–43, 146, 157, 238, 244–245, 257
トルグート　46–47, 49, 86, 89–92, 94–97, 225–226
トレングト　122

は行・ま行

バシキール(バシコルト)　47, 49, 91, 97
バラバ＝タタール　108, 116
ハン(位)　1, 56–59, 62–65, 68, 70, 141, 144–145, 156, 173–175, 221, 243, 247, 260–261
藩属　30, 116, 227–228
藩部　227–228
汎テュルク主義　38
ヒヴァ＝ハン国　2
ブハラ＝ハン国　2
ボケイ＝オルダ　64, 143
綿布　185, 192, 195–196, 199–200, 204, 211–212, 218

や行・ら行・他

満洲語(満文)　86, 101, 112, 156
ヤサク　49, 71, 75, 98, 109, 111, 202
理藩院　6, 90–91, 101–103, 107–108, 117, 233, 237, 239, 251–253
ルウ(部族)　120–121
1822年規約　65, 67–68, 73, 75, 80, 159, 163, 169–170, 174, 209, 222, 243

著者略歴
1974年　三重県に生まれる
1999年　東京大学文学部卒業
2007年　東京大学大学院人文社会系研究科博士課程単位修得退学
　　　　日本学術振興会特別研究員を経て，
現　在　早稲田大学イスラーム地域研究機構　次席研究員（専任講師）

主要著書・論文
A Collection of Documents from the Kazakh Sultans to the Qing Dynasty（小沼孝博との共著），Tokyo: Department of Islamic Area Studies, Center for Evolving Humanities, Graduate School of Humanities and Sociology, The University of Tokyo, 2010.
「イリ事件再考——ロシア統治下のイリ地方（1871–1881年）」（窪田順平・承志・井上充幸編『イリ河流域歴史地理論集——ユーラシア深奥部からの眺め』松香堂，2009年）．
「露清関係とカザフ草原——帝国支配と外交の中の地域認識」（宇山智彦編，北海道大学スラブ研究センター監修『講座スラブ・ユーラシア学』第二巻，講談社，2008年）．

露清帝国とカザフ＝ハン国

2011年3月22日　初　版

［検印廃止］

著　者　野田　仁（のだ　じん）

発行所　財団法人　東京大学出版会
代表者　長谷川寿一
113-8654　東京都文京区本郷 7-3-1 東大構内
http://www.utp.or.jp/
電話 03-3811-8814　Fax 03-3812-6958
振替 00160-6-59964

印刷所　研究社印刷株式会社
製本所　誠製本株式会社

©2011 Jin Noda
ISBN 978-4-13-026139-5　Printed in Japan

Ⓡ〈日本複写権センター委託出版物〉
本書の全部または一部を無断で複写複製（コピー）することは，著作権法上での例外を除き，禁じられています．本書からの複写を希望される場合は，日本複写権センター（03-340-1-2382）にご連絡ください．

佐藤次高ほか 編	イスラーム地域研究叢書［全8巻］	A5	各4800円
小松久男 著	革命の中央アジア	四六	2600円
濱本真実 著	「聖なるロシア」のイスラーム	A5	7200円
栗生沢猛夫 著	タタールのくびき	A5	8900円
羽田　正 著	イスラーム世界の創造	四六	3000円
岡本隆司／川島　真 編	中国近代外交の胎動	A5	4000円
飯島　渉／久保　亨／村田雄二郎 編	シリーズ20世紀中国史［全4巻］	A5	各3800円

ここに表示された価格は本体価格です．御購入の際には消費税が加算されますので御了承下さい．